TRAVERSÉES
DE LA FRANCE

DU MÊME AUTEUR

Le « Royaume arabe » ou l'Algérie sous Napoléon III, Institut de hautes études internationales de l'université de Genève, 1974.

Le Radeau de Mahomet, Lieu Commun, Paris, 1983 ; Flammarion, « Champs », 1984. Traduit en anglo-américain par George Holoch sous le titre *The Raft of Mohamed*, Paragon House, New-York, 1987.

Assassinat d'un poète, suivi d'un inédit de Jean Sénac : *Heures de mon adolescence*. Préface de Tahar Ben Jelloun, Jeanne Laffitte, Marseille, 1983.

Une Croix sur le Liban, Lieu Commun, Paris, 1984 ; Gallimard, « Folio-Actuel », 1985. Prix France-Liban.

Villes du Sud, Balland, Paris, 1990 ; Payot-Voyageurs, 1993 et 2001.

Petit Journal lusitan, Domens, « Méditerranée vivante », Pézenas (Hérault), 2001. Avec 12 photos de José Afonso Furtado.

Le Fil rouge portugais. Voyages à travers les continents, Bartillat, 2002

Participation à des ouvrages collectifs :

Cités géantes, Fayard, Paris, 1978.

Entretiens avec Le Monde, t. IV : « Civilisation », La Découverte-*Le Monde*, Paris, 1984.

Pour une nouvelle politique étrangère, sous la direction de Patrick Wajsman et François Joyaux, Hachette, Paris, 1986.

L'Islam dans le monde, La Découverte-*Le Monde*, Paris, 1986 et 1991.

La Guerre d'Algérie, La Découverte-*Le Monde*, Paris, 1989.

Vivre avec l'Islam ?, sous la direction d'Annie Laurent, Saint-Paul, Versailles, 1996.

L'Antiracisme dans tous ses débats, sous la direction de Lucien Bitterlin, *Panoramiques*-Arléa-Corlet-*France-Pays arabes*, Condé-sur-Noireau (Calvados), 1996.

Algériens-Français : bientôt finis les enfantillages ?, sous la direction de Mouloud Achour, Guy Hennehelle et Noureddine Saadi, *Panoramiques*-Corlet-*Marianne*, 2003.

A paraître :

Les Chrétiens d'Orient, Librio-*Le Monde*, 2004.

Petits carnets d'un grand-reporter.

Turquie. Libye. Mexique.

Jean-Pierre Péroncel-Hugoz

TRAVERSÉES DE LA FRANCE

Hexagone et Outremer

BARTILLAT
21, rue Servandoni – 75006 Paris
bartillat@wanadoo.fr

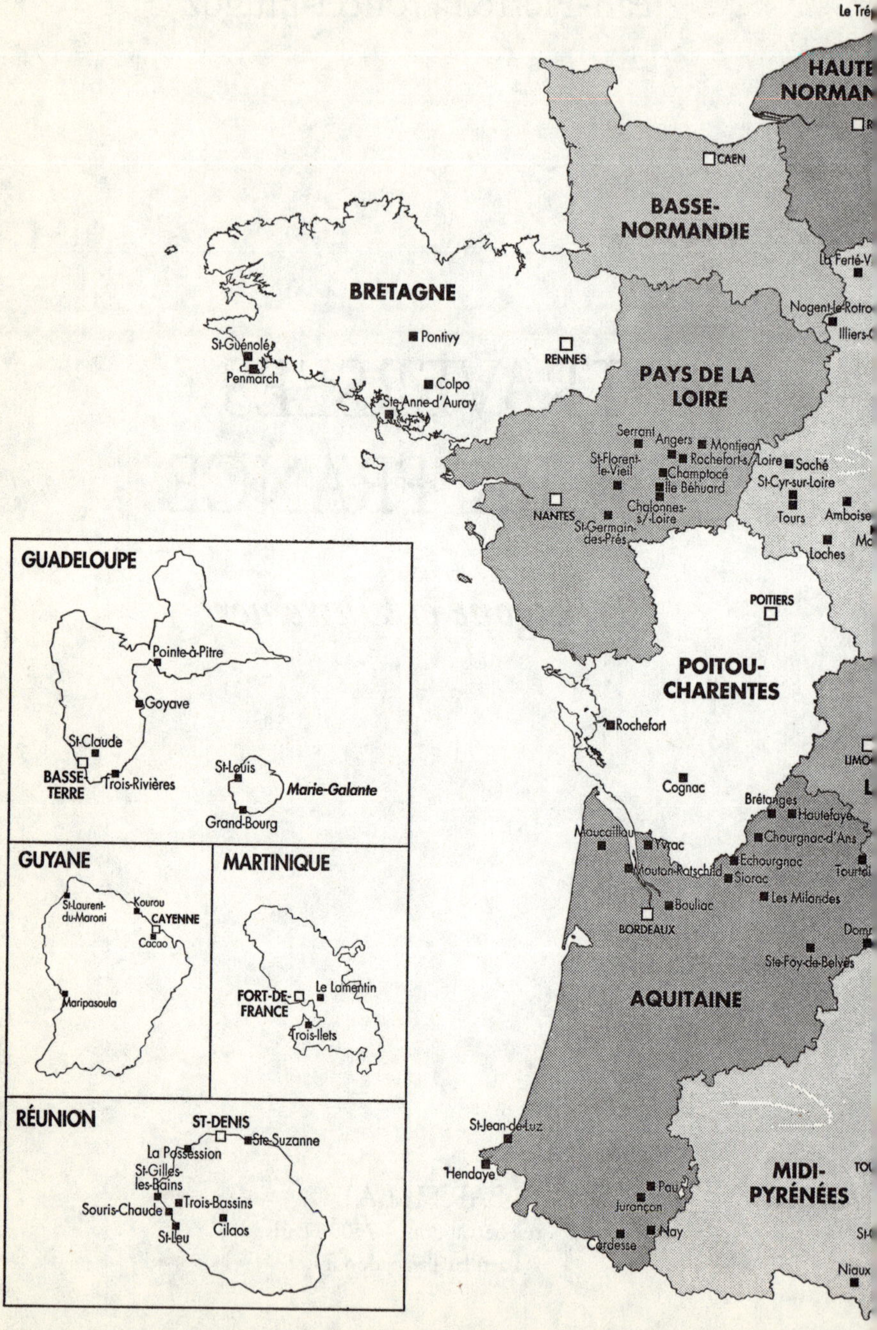

La France des régions avec les principales localités apparaissant dans ce liv

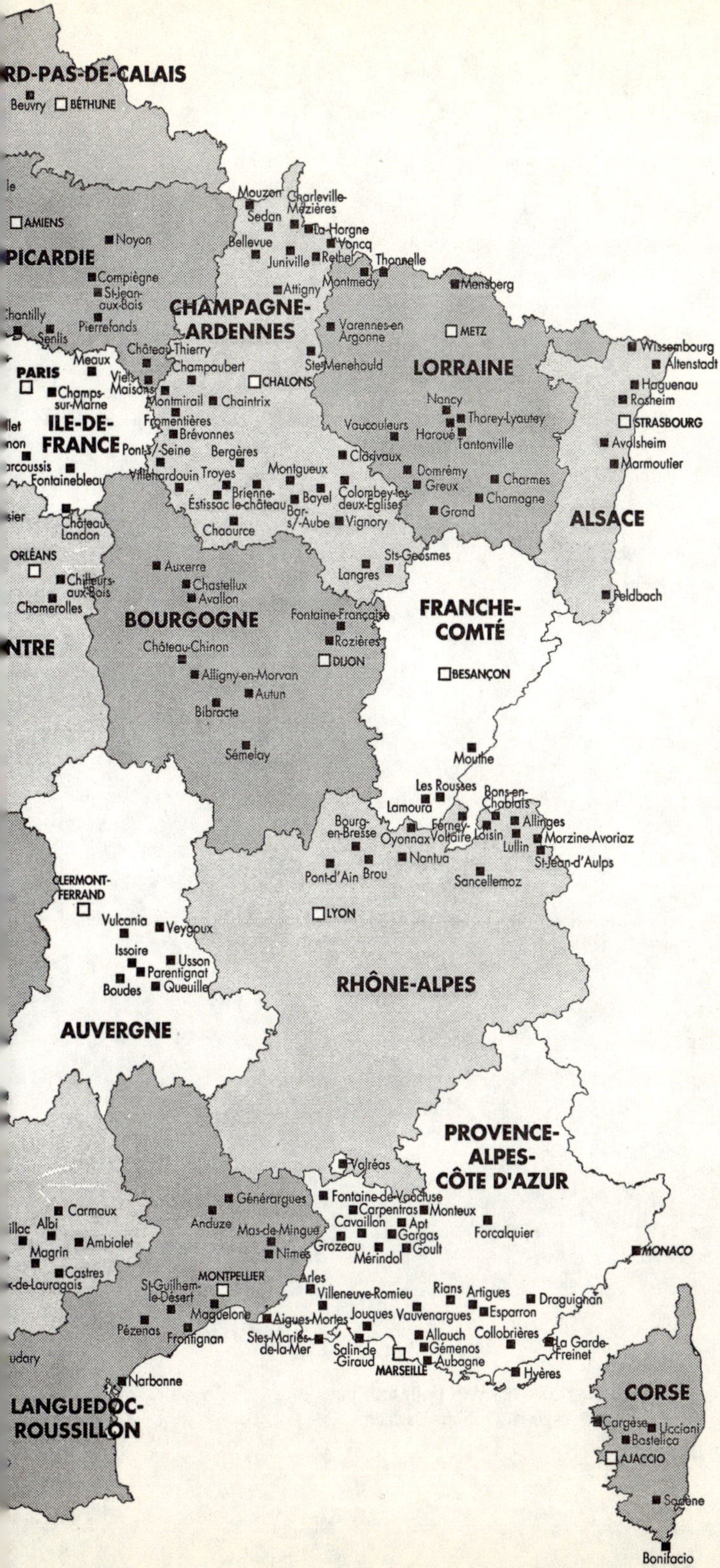
RD-PAS-DE-CALAIS
Beuvry
BÉTHUNE
AMIENS
Noyon
PICARDIE
Compiègne
St-Jean-aux-Bois
Pierrefonds
Senlis
Meaux
PARIS
Champs-sur-Marne
ILE-DE-FRANCE
Fontainebleau
Château-Landon
ORLÉANS
Chilleurs-aux-Bois
Chamerolles
Mouzon
Charleville-Mézières
Sedan
La Horgne
Bellevue
Voncq
Juniville
Rethel
Thonnelle
Attigny
Montmedy
Mensberg
CHAMPAGNE-ARDENNES
Château-Thierry
Champaubert
Viels-Maisons
CHALONS
Montmirail
Chaintrix
Fromentières
Brévonnes
Pont-s/-Seine
Bergères
Villehardouin
Troyes
Montgueux
Brienne-le-château
Éstissac
Bayel
Colombey-les-deux-Églises
Bar-s/-Aube
Vignory
Chaource
Varennes-en-Argonne
Ste-Menehould
METZ
LORRAINE
Nancy
Thorey-Lyautey
Vaucouleurs
Haroué
Tantonville
Clairvaux
Domrémy
Greux
Charmes
Chamagne
Grand
Sts-Geosmes
Langres
Wissembourg
Altenstadt
Haguenau
Rosheim
STRASBOURG
Avolsheim
Marmoutier
ALSACE
Feldbach
Auxerre
Chastellux
Avallon
BOURGOGNE
Fontaine-Française
Rozières
Château-Chinon
DIJON
Alligny-en-Morvan
Autun
Bibracte
Sémelay
FRANCHE-COMTÉ
BESANÇON
Mouthe
Les Rousses
Lamoura
Bons-en-Chablais
Allinges
Bourg-en-Bresse
Oyonnax
Ferney-Voltaire
Loisin
Lullin
Morzine-Avoriaz
Nantua
St-Jean-d'Aulps
Pont-d'Ain
Brou
Sancellemoz
LYON
RHÔNE-ALPES
CLERMONT-FERRAND
Vulcania
Veygoux
Issoire
Usson
Parentignat
Boudes
Queuille
AUVERGNE
PROVENCE-ALPES-CÔTE D'AZUR
Valréas
Générargues
Fontaine-de-Vaucluse
Carpentras
Monteux
Anduze
Cavaillon
Apt
Mas-de-Mingue
Gargas
Forcalquier
Grozeau
Goult
Nîmes
Mérindol
MONACO
Carmaux
Albi
Ambialet
Magrin
Castres
MONTPELLIER
St-Guilhem-le-Désert
Arles
Villeneuve-Romieu
Rians
Artigues
Draguignan
Maguelone
Aigues-Mortes
Jouques
Vauvenargues
Esparron
Pézenas
Frontignan
Stes-Maries-de-la-Mer
Allauch
Collobrières
La Garde-Freinet
Salin-de-Giraud
Gémenos
MARSEILLE
Aubagne
Hyères
Narbonne
LANGUEDOC-ROUSSILLON
CORSE
Cargèse
Ucciani
Bastelica
AJACCIO
Sartène
Bonifacio

Retournons à nos moutons !
François Rabelais
Tiers Livre (1546)

Quitter son pays est la plus grande joie,
après celle d'y rentrer.
Paul Morand
Lewis et Irène (1924)

J'ai horreur des guides, des lieux touristiques.
Alain Gerbault
Sur la route du retour (1929)

ANTE SCRIPTUM
de l'auteur

Lorsqu'en 2002, les éditions Bartillat m'ont demandé, un peu avant la sortie de mon *Fil rouge portugais*, d'étoffer, afin de les publier en 2004, une bonne partie de mes reportages à travers la France – métropole et outremer –, écrits pour *Le Monde* au cours de la dernière décennie du XXe siècle et au début du suivant, j'ai hésité.

Mon acceptation n'est venue qu'après la relecture de ces courts récits de déplacements (un reportage chasse l'autre et on finit par tous les oublier, ne serait-ce que pour se libérer intellect et sens, en vue du prochain itinéraire à raconter aux lecteurs), quand je me suis rendu compte que, sans l'avoir vraiment cherché, au gré des invitations ou des ordres de mission, pratiquement aucune grande région française n'avait échappé à mes *bourlingages* et *bourlingueries* depuis 1990. Sans plan pré-établi, comme s'il s'était agi d'une quête presque instinctive de nos terroirs, après m'être frotté à tant de territoires étrangers ; d'une sorte de « Tour de France » tardif, un peu à l'ancienne façon des compagnons artisans mais par tronçons successifs, au fil des chemins vicinaux ou des lignes du *tégévé*.

Une quête, après retour au bercail, menée largement au hasard, donc, et avec pour seul principe de constamment ouvrir yeux, nez, oreilles, bouche, mains, cœur et esprit, surtout, comme conseille Cocteau, à partir de l'endroit « où s'arrête le guide » car alors « commence la beauté »[1]. Dès ce moment-là, la pérégrination devient profitable et, souventes fois, captivante, surprenante, « exotique » même pour un vétéran du reportage cosmopolite, ravi soudain de se sentir dépaysé en Gâtinais ou Comtat Venaissin alors qu'il ne l'est plus en Oman ou à Bruneï... « Lorsqu'on emploie trop de temps à voyager, on devient étranger en son pays » (Descartes, *Discours de la méthode*).

Autre plaisir du voyage en France : quand vous croyez connaître telle contrée, tel département, tel canton, il est presque toujours possible, tant le substrat est épais, d'y trouver du caché, de l'oublié, du neuf en somme, ou de dégager un nouvel angle pour fouiller le paysage ou le passé, rapprocher icelui du présent, les faire se télescoper au milieu des étincelles...

En rassemblant les résultats brefs ou un peu plus étendus, de ces parcours de *péregrin* (ou plutôt de pèlerin laïque mais appréciant les aimantages religieux), je n'ai pas voulu constituer une sorte de « catalogue », de « bottin » des horizons français. Simplement, j'ai ouvert, au gré de mes pas, quelques baies, fenêtres ou lucarnes personnelles sur l'immense, le prodigieux, le permanent spectacle qu'offrent l'Hexagone et ses prolongements ultramarins. Un spectacle d'ailleurs plébiscité chaque année par septante, nonante, bientôt peut-être cent millions d'étrangers, pulvérisant ainsi tous les records touristiques planétaires...

Ces chiffres, pas plus d'ailleurs que ceux de nos performances au tout premier rang des fournisseurs mondiaux de

1. Jean Cocteau, *Tour du monde en 80 jours* (1936)

produits alimentaires ou de services, peu relayés par nos gouvernants que hante tous la peur d'être taxés de « dérive cocorico », ces chiffres, donc, n'ébranlent en rien nos Français, toujours sceptiques – sauf exceptions notables, évidemment, mais elles ne donnent pas le ton – devant les attraits supérieurs de leur patrie.

Au reste, cette sous-estimation nationale n'est pas neuve, ayant débuté il y a au moins deux siècles, avec la naissance du concept de touriste, terme, autant qu'on sache, utilisé pour la première fois en français par l'obscur Louis Simond, auteur en 1810-1811 d'un *Voyage en Angleterre*, prudemment publié en 1816, après la paix franco-britannique. Simond s'était sans doute inspiré de l'expression française *grand tour* utilisée alors telle quelle par les Anglais pour désigner leurs visites en Europe latine.

Il reviendrait à Stendhal, avec ses *Mémoires d'un touriste* (1838), de lancer définitivement le mot, le dernier en la matière appartenant en revanche, à Balzac, du moins en ce qui concerne le naïf snobisme des Français les empêchant d'apprécier leur berceau à sa juste valeur : « Aucun pays ne peut lutter avec la France pour la beauté, pour la diversité des paysages, pour les effets du climat et la magnificence de la nature, car la France, grâce à sa situation, réunit tous les sites que l'on va admirer ailleurs à grand frais », écrivait donc en 1847 notre romancier, après avoir couru le Vieux Continent.

Dans ce même livre, hélas ! inachevé *(Les Méfaits d'un procureur du Roi)*, Balzac poursuit : « La Suisse est tout entière dans le département des Basses-Alpes [2], dans le département de l'Isère et dans le département de l'Ain. Les Pyrénées sont une seconde Suisse d'un caractère différent. La Provence entre Hyères et Marseille est une miniature de l'Italie et de

2. En 1970, les Basses-Alpes se sont prétentieusement rebaptisées, avec l'accord de l'Etat, « Alpes-de-Haute-Provence »... Tout étant dans le « Haute »... « Alpes-de-Provence » aurait bien suffi.

l'Afrique réunies. Le département des Landes, c'est le désert. De Lille à Dunkerque, vous avez la Hollande en diminutif. La Beauce, c'est l'Ukraine et ses steppes de blé, plus la civilisation. Entre Nantes et Saint-Nazaire, la Loire peut lutter avec les grands fleuves de l'Amérique. Mais ce qui n'a de rival en aucun pays, et qui laisse le Rhin au second ordre, c'est le Rhône et sa vallée, cent fois plus pittoresque, plus bizarre, plus varié que le Rhin. »

Et le père de *La Comédie humaine* de conclure : « Ce qui distingue la France, c'est des pays où se rencontrent réunis, adoucis, fondus les beautés des paysages situés en diverses contrées, la grandeur des montagnes, la douceur des vallées, les forêts et les ruisseaux, les étangs et les prairies, les curiosités de Tivoli jointes aux tableaux de la Forêt Noire et, parmi ces contrées qui sont le propre de la France, on devrait placer en première ligne le Morvan, etc. [3] »

Le dithyrambe de l'écrivain est-il une injonction à ne plus sortir de chez soi puisqu'on y aurait tout à portée de main ? Bien sûr que non car, pour arriver aux mêmes constatations que Balzac, il faut d'abord tester maintes terres étrangères. Après avoir sillonné le globe durant un quart de siècle, puis la France pendant une décennie, et constaté à travers cent pays que seuls l'Ibérie, l'Italie, la Turquie, l'Indochine et une partie du Maghreb pouvaient, par la densité de *bellesse* naturelle et artistique au kilomètre carré, rivaliser avec notre Hexagone et ses dépendances, je ne peux qu'abonder dans le sens du

---

3. Au sujet du peuple de France, si vilipendé de nos jours, je donnerai la parole à une voyageuse new-yorkaise, Edith Wharton (1862-1937), résidente à Hyères (Var) et à Saint-Brice-sous-Forêt (Seine-Saint-Denis) mais appartenant à la vaste tribu anglo-saxonne qui a presque toujours la dent si dure à notre égard. Voici ce qu'elle écrit, entre autres, dans *Les Mœurs françaises et comment les comprendre* (1919, édité en français par Payot en 1999) : « La race française est la plus humaine de toutes (...) Les défauts de la France sont les défauts inhérents à une civilisation ancienne et extrêmement indépendante, et elle en a les qualités. »

cher Honoré – et déposer mes quelques pierres au pied de sa magistrale péroraison.

Lesdites pierres, je les propose au chaland selon un classement alphabétique peu orthodoxe puisqu'il se réfère tour à tour à nos provinces géohistoriques, à nos bicentenaires départements ou même à nos antiques « pays » (la France métropolitaine en compte 420 « majeurs » et 1 800 « secondaires »[4], remis en honneur à la fin du XXe siècle au nom de l'écologie moderne), voire à nos plus récents découpages régionaux, à nos villes dès lors qu'elles ont sécrété un humus urbain *sui generis* ou encore à tel ou tel thème transterritorial comme la « Gaullie » ou la... « Balzacie »[5]. Je n'ai en effet rien voulu changer à la dominante qui m'était d'emblée venue en tête, ici et là, en parcourant monts et vaux de la France.

J-P. P-H.

4. Selon les chiffres croisés du ministère de l'Environnement et de la Délégation à l'aménagement du territoire et à l'action régionale (DATAR).

5. Terme utilisé par Roger Nimier dans *Arts* le 3 février 1960, puis par Philippe Maxence in *Petit voyage politique en Balzacie*, DMM, 1999.

CHAPITRE PREMIER

AIN

1

Les Titans de Nantua

A ma nièce Stéphanie Jeanne Chatelain

D'ouvrages d'art en œuvres d'art, une autoroute surplombant les vertigineuses cluses de l'Ain ouvre un enchaînement de portes sur les saveurs de la table, du paysage, de la mythologie et de l'histoire - ainsi que sur la « dent dure » d'André Gide...

Sapinières noires accrochées dru, vertigineusement, aux falaises ; miroirs lacustres bleu glacier ; crêtes tantôt neigeuses tantôt moussues ; pas un toit ni un pylône, l'horizon est indemne de traces et tracas humains. Nous sommes aux abords de la cluse de Nantua, taillée profond dans l'arc jurassien. Le balcon suspendu dans les airs, d'où on peut embrasser en sa plénitude ce panorama immémorial, est un simple tronçon d'autoroute, entre Lyon et Genève. Là se succèdent, sur vingt-trois kilomètres, dix-huit ouvrages dont neuf viaducs reposant parfois sur des piles de près de cent mètres de haut et pouvant s'étirer sur deux kilomètres, et trois tunnels, parmi lesquels le plus long souterrain autoroutier de France (trois mille trois cents mètres), sans compter des milliers de mètres cubes de murs de soutènement cyclopéens.

Ici, le kilomètre de voie a pu coûter jusqu'à vingt-trois millions d'euros, sans doute un record mondial pour une autoroute extra-urbaine. En plaine, le kilomètre autoroutier revient à environ cinq millions d'euros. Ces coûteux ouvrages d'art sont aussi, et pas seulement par leur prix, des œuvres d'art. Leurs formes hardies, élancées, se montrent d'autant plus capables de faire aimer une autoroute, même à l'inconditionnel des chemins vicinaux, qu'au lieu de défigurer la nature, ces jambages, ces arches, ces acrobaties de béton et goudron l'ont au contraire magnifiée et mise à la portée de tous. Le spectacle arracha ce cri au président Mitterrand : *« Mais c'est l'autoroute des Titans ! »* Ce beau nom est plus ou moins resté à la partie de l'A 40 (Mâcon-Bellegarde) reliant Pont-d'Ain à Châtillon-en-Michaille (quarante-cinq kilomètres), l'administration n'en finissant plus d'hésiter à l'adopter définitivement et officiellement (comme on dit ailleurs, plus banalement, autoroute du Soleil ou Esterel-Côte-d'Azur) depuis que Mitterrand s'est effacé. Et puis, nous lance un bureaucrate entre deux portes : « Ça fait pas un peu *macho*, Titans, non ? »...

Titans ou pas, cette voie aérienne est un succès auprès du public – vingt mille véhicules/jour –, encore, comme le remarque un autre fonctionnaire autoroutier, avec une expression en vogue, qu'« elle souffre d'un déficit d'image »... « Justement, lui rétorqué-je, si vous généralisiez "autoroute des Titans", ça donnerait une sacrée force à son image ! »

En outre, beaucoup d'utilisateurs de l'autoroute, donc, des Titans, ignorent qu'elle irrigue des terroirs bourrés de saveurs pour l'esprit et le palais. Jean-Antoine Winghart, lorsqu'il présida la compagnie Paris-Rhin-Rhône, se soucia pourtant d'accroître le lustre de l'itinéraire, convoquant même, aux côtés des six géants éponymes, Jason et ses compagnons, dont l'ombre planerait sur « ces enjambements audacieux et ces dentelles de béton ». Le périple des Argonautes, venus de l'Orient grec et dont la croyance antique place le retour vers la Méditerranée par Léman et Rhône, avait déjà inspiré aux ducs de Bourgogne l'ordre de la Toison d'or, que Napoléon plus tard essaya de récupérer et qui à présent dépend de l'archiduc Othon de Habsbourg et du roi d'Espagne.

La route des Titans permet une plongée grand écran sur une histoire et une réalité locales chatoyantes. Quel dépaysement de quitter un moment l'hypervitesse autoroutière, de s'enfoncer dans la supertranquillité verte de Nantua, trois mille âmes naïves au bord d'un lac ! Un lac sérieux auquel on doit une sauce universelle, dite « Nantua », à base d'écrevisses attrapées en été, et avec laquelle on mouille les quenelles de brochet. Un plat à la fois consistant et délicat dont vinrent se régaler à l'hôtel de France aussi bien Elizabeth Taylor que l'Aga-Khan III, à l'époque héroïque où les Titans en macadam n'avaient pas encore délivré Nantua de ses embarras automobiles.

Calvin, déjà, depuis Genève, n'avait pas manqué de maudire ces *catholards* nantuatiens attachés tout autant au pape qu'à leur voluptueuse cuisine. Cependant, la gourmandise ne copina point ici avec la mollesse : autour de l'abbatiale romane Saint-Michel tournent les âmes des résistants au calvinisme, au césarisme (l'élu Jean-Baptiste Baudin, qui mourut « pour vingt-cinq francs » sur une barricade à Paris en 1851, était natif de Nantua) et au nazisme. A l'intérieur de la nef, comme en écho à ces martyrs le plus souvent anonymes, est exposé *Le Supplice de saint Sébastien* vu par Delacroix avec un magnificent rouge nacarat. Un chef-d'œuvre digne du Louvre, qui vaut à lui seul d'abandonner un instant la *Via Titanica*.

Moins connus que ceux du Vercors, les résistants de l'Ain n'en donnèrent pas moins du fil à retordre aux soldats de la Wehrmacht. A Nantua subsiste la maison où le général Delestraint (mort à Dachau en 1945), chef de l'Armée secrète, organisa les maquis ainois. Dans le massif fait de cluses, cols et caches, au sud de Nantua, entre les cours du Rhône et de l'Ain, quelques centaines de gars tinrent tête à neuf mille Allemands. En 1944, en camion, à skis ou par avion, iceux tentèrent de déloger les résistants du Bugey et du Valromey, mais les maquisards se dispersèrent sur les sommets. La résistance à l'envahisseur est ici une tradition que les historiens André Berthier et André Wartelle rattachent aux combats gallo-romains de Chaux-des-Crotenay et Syam. Cette école veut d'ailleurs qu'Alésia soit située non pas en Côte-d'Or mais dans le Jura, sur l'acropole naturelle dominant le haut cours de l'Ain.

C'est notre fin de millénaire et le nouveau siècle qui, un peu plus loin, brillent de tout leur éclat industriel, à notre portée encore grâce à une bretelle connue sous l'appellation franco-américaine, peu heureuse, d'« autoroute de la Plastics Vallée »... Elle nous dépose néanmoins à Oyonnax, hier capitale française du peigne (le musée sur ce thème vaut son pesant de galalithe), aujourd'hui métropole continentale de la plasturgie, régnant sur mille deux cents entreprises répandues jusqu'à cinquante kilomètres alentour.

Ce foyer de l'innovation technique est également, comme par contraste, la porte sud du parc naturel jurassien. Un autre embranchement des Titans nous emmène à Bourg-en-Bresse, succulent pendant de Nantua avec au menu la seule volaille ayant jamais mérité une appellation d'origine contrôlée. Le ventre calé, l'esprit peut se déployer dans l'église-monastère-musée de Brou, où les mornes toits de tuile monochromes du XVIIIe siècle viennent enfin d'être remplacés par la quadrichromie médiévale d'origine, avec dessins géométriques à la bourguignonne.

L'édifice entier, à l'extérieur, en est transfiguré. L'intérieur, lui, Dieu merci, n'a pas changé depuis que Marguerite d'Autriche-Bourgogne (1480-1530), régente des Pays-Bas, marraine de Charles-Quint, y déchaîna, à coups de millions de ducats et d'artistes travaillant sans relâche, la flamboyance finale du gothique ; la donatrice hurlait ainsi son amour désormais sans objet, sa sensualité désertée par Philibert le Beau, duc de Savoie et d'Aoste, vicaire du Saint-Empire romain germanique, mort à Pont-d'Ain d'une pleurésie galopante à vingt-quatre ans, la laissant veuve au même âge alors qu'elle avait déjà été reine de France, répudiée par Charles VIII et veuve de l'infant héritier de Castille-Aragon...

Insensible à ce triple malheur, sobrement raconté par la victime dans *Discours sur ma vie et mes infortunes*, André Gide, ne laissant agir ici que la facette artiste de l'œil, nota dans son *Journal*, en août 1926 : « Eglise de Brou. Surcharge : luxe inutile et cosmopolite. Art acheté, importé, venu de loin. (...) Art-parure. Rien de moins chrétien, de moins spirituel que l'ornementation de Brou ! » L'écrivain a sans doute raison, mais en même temps cette inspiration profane, échevelée, paneuropéenne, fait de Brou, que la pauvre Marguerite ne vit pas terminée, la plus corsée des échappées offertes par les Titans.

Avril 1999

2
Les ambitions de Voltairopolis

Entre montagne française et lac helvétique, le rachat par l'Etat du château de Ferney a réveillé la passion du bourg frontalier pour son ancien seigneur et maître.

Lorsque Voltaire, de 1758 à 1778, vécut à Ferney, hameau français en pays de Gex, contigu au canton de Genève, les Fernéens voulurent rebaptiser le lieu du seul nom de l'écrivain. En 1793, quinze ans après son décès, la commune s'intitula Ferney-Voltaire, dénomination officialisée par le bien peu voltairien président Mac-Mahon en 1878, lors du centenaire de la mort d'Arouet le Jeune.

Aujourd'hui, avec le rachat par l'Etat du château que bâtit en pierre grise du cru l'inventeur de Candide, Ferney a l'impression de se réapproprier son patriarche et tire toutes sortes de plans, culturels ou touristiques, nationaux et internationaux, fondés sur cette « récupération ». Soudain réveillé par « la nouvelle des nouvelles », le bourg clame de toutes ses voix, de l'élu à l'aubergiste, qu'il aspire à devenir une sorte de *Voltairopolis* où tout serait marqué au coin du grand homme. A présent, Ferney, dans un vert paysage où tout est luxe et calme (quant à la volupté, elle ne saute pas aux yeux), c'est environ neuf mille âmes, y compris ses visibles « immigrées » voilées et ses invisibles « résidents étrangers » ; c'est un lycée international hypercoté et un gros marché du samedi – le plus cher de France mais encore intéressant pour les Genevois, qui ont le droit de ramener en Suisse pour trois cents francs helvétiques de marchandises par personne (et par jour) [1].

Ferney, c'est également deux bonnes vieilles statues de Voltaire, la fontaine donnée de son vivant par le philosophe jouant au bienfaiteur villageois, le logis de son secrétaire, sa manufacture d'horlogerie, sa ferme transformée en théâtre, etc. Le bonhomme est déjà un peu partout et pourtant les Fernéens avaient l'impression qu'il ne leur appartiendrait pas vraiment tant que sa demeure resterait privée ; non pas que la famille jurassienne, qui en était propriétaire depuis 1848, n'ait pas respecté les reliques voltairiennes ou qu'elle ait fermé l'édifice aux curieux, mais : « Ce n'était pas le bien de tous, c'était une maison familiale, séparée du monde extérieur par ses grilles, ses tilleuls et ses buis. Il fallait bien en respecter l'intimité. » Un endroit intimidant, donc.

Le rachat par le contribuable, qu'on le veuille ou non, transforme la propriété en un lieu froid, sans cris d'enfants ni aïeules causant sous la charmille ; en même temps, c'est évident, il libère maintes perspectives en vue d'élever l'édifice au rang de site utile et agréable pour tous. En commençant par aménager un accès public à la terrasse de Voltaire, d'où la vue est proprement sublime sur le Salève qui domine Genève, et au-delà sur le massif du Mont-Blanc.

1. Soit deux cent six euros.

L'autre idée qui tombe sous le sens, de dessiner à travers l'agglomération, tel l'itinéraire Cézanne à Aix-en-Provence, un « Chemin Voltaire », ne pouvait se réaliser que si le manoir en faisait pleinement partie. Le travail du théâtre ne trouvera une vraie résonance extérieure que lorsqu'il sera présenté dans la cour du château sous les feux télévisuels ; le prix Voltaire de littérature, créé par la Société des poètes de l'Ain, ne prendra du lustre que quand il aura été décerné avec pompe dans les murs où furent écrits *Tancrède*, *Epître à Horace*, *Le Taureau blanc*, *Irène*, etc.

La trace laissée par Voltaire dans l'esprit des Fernéens ne tient pas qu'à la littérature, elle provient également, et peut-être surtout, de l'action locale du « seigneur de Ferney ». Installé aux Délices, à Genève, en 1755, afin de se soustraire à la férule des jésuites français, Voltaire acheta Ferney en 1758-1759 pour échapper cette fois à la censure des disciples de Calvin... D'un village arriéré d'une centaine de paysans, le « réfugié » fit en deux ou trois lustres une cité-modèle d'un millier d'habitants : laboureurs usant de la charrue semeuse, maçons, artisans, horlogers fuyant le fisc genevois, etc. Ferney exporta jusqu'à des bas de soie. « J'avais appelé les métiers qui précèdent les arts », s'autofélicita le maître au paternalisme éclairé.

Le pourfendeur de l'Eglise catholique édifiait en outre les populations par sa présence benoîte à la messe dans la chapelle paroissiale rebâtie à ses frais : « La seule au monde à être dédiée à Dieu seul », soulignait le mécène avec emphase et malice. Une pyramide était prête pour garder le corps du futur défunt, lorsque dans sa quatre-vingt-quatrième année, il prit à Voltaire la fantaisie de revoir Paris où il n'avait plus mis les pieds depuis trente ans. Il en mourut. La nièce (et concubine) du défunt, Marie-Louise Denis, surnommée par Voltaire *Gros Cochon*, se sentait « exilée » chez les Gexois. A peine son oncle-amant avait-il trépassé qu'elle « échangea » le magnifique domaine de Ferney contre un banal appartement à Paris... Heureusement, les trente-deux meubles et objets certifiés « utilisés par Voltaire », dont son lit, sont toujours ici, noyau d'un futur musée.

On parle en outre de l'installation dans la « ville-refuge » d'un « Observatoire mondial des atteintes à la liberté de création »[2]. Déjà Ferney vient d'accueillir *Le Bisou*, monumentale statue de marbre blanc à l'érotisme charnu (voilà la « volupté » qui manquait dans le paysage !), due au sculpteur Vincenzo et à laquelle « l'asile artistique » a été accordé jusqu'à nouvel avis, du moment que les Genevois ont rejeté par votation l'installation de cette œuvre d'art torride dans leur cité toujours très calviniste...

Juin 1999

Livres :

– Marie-Françoise Poiret, *Le Monastère de Brou, chef-d'œuvre d'une fille d'empereur*, Centre national de la recherche scientifique, 1994.

*

– Voltaire, *Mahomet ou le fanatisme*, 1741.

– *Le rire de Voltaire*, anthologie, Le Félin, 1994.

– Sous la direction de René Pomeau, *Voltaire en son temps*, Fondation Voltaire, Oxford, cinq tomes en français, 1985-1994.

---

2. Cet organisme à l'intitulé pompeux n'a finalement pas vu le jour. Dommage car, sinon, il aurait pu exercer aussitôt *in situ* ses prérogatives, dès lors que, à Ferney-Voltaire même, un voile très complaisant a été jeté, de peur de « provoquer nos amis musulmans » *(sic)*, sur un banal projet théâtral censuré, affaire incroyable, résumée ainsi par Emmanuel de Roux in *Le Monde* du 16 juillet 1999 : « [*Mahomet*, pièce de Voltaire] ne pourra pas être représentée [à Ferney] à la suite de pressions de la communauté islamique de Genève... » Pressions transfrontières, donc, puisque Ferney est en France et Genève en Suisse...

CHAPITRE II

ALSACE

Roman Rose

Au dessinateur Hansi, in memoriam

Oublions un moment cathédrales à flèche et autoroutes futuristes pour regarder notre province rhénane avec des yeux du XIe siècle.

Changeons un peu d'Alsace ! Prenons les itinéraires dissidents, qui ne manquent point dans notre si francophile région germanophone. Par exemple, celui, longtemps ignoré, du premier art chrétien de la rive gauche du Rhin. Un « art fort, logique, cohérent, solennel, sans détours », remis en exergue naguère par Robert Will et Hans Haug, architecte et archéologue, complices en réhabilitation artistique. Une architecture toute de robustesse et de sévérité, exprimant des traits fonciers durables du tempérament local, une architecture où le miracle du grès des Vosges rose, rosé, rosâtre, selon la lumière, est venu tempérer la rigueur des lignes.

Cette pierre rosissante fut le matériau déjà du mystérieux Mur païen défendant le mont Sainte-Odile ; du Jupiter gallo-romain de Seltz (au musée d'Haguenau) terrassant un monstre anguipède ; de la flèche de Strasbourg, bien sûr ; des ponts médiévaux sur l'Ill, d'où on descendait parricides et infanticides dans des cages pour les noyer. La même pierre revêt encore certains enjambements de nos modernes autoroutes. Une couleur, un style, le roman rose, que nos voisins allemands surent souvent apprécier avant nous, même si, en revanche, beaucoup d'entre eux virent, et voient encore parfois, leur entendement germanique dépassé par cette Alsace énigmatique, arrimée définitivement à la France par le roi-soleil mais qui, bien avant, fait rare dans l'histoire du monde, avait disjoint ses affinités linguistiques et culturelles de son attraction nationale et affective.

Aujourd'hui, la Route romane, moins minutieusement balisée que le circuit des vins d'Alsace, parcourt néanmoins de haut en bas toute notre province rhénane, de Wissembourg à Feldbach, et même jusqu'à Bâle l'Helvète, *via* Neuwiller, Saint-Jean-des-Choux, Eschau, Sélestat, Murbach, Ottmarsheim et autres lieux. En tout, plus de cinquante basiliques, chapelles, couvents, tours et maisons illustrant l'art roman alsacien.

Démarrons au septentrion, à l'instar des amateurs d'outre-Rhin : à peine la frontière allemande franchie, l'humble village français d'Altenstadt offre d'emblée, derrière un paravent de tilleuls, son église paroissiale vêtue de simple roman campagnard, rose bien sûr, des XIe et XIIe siècles.

Presque seulette paraît, à côté du sanctuaire d'Altenstadt, la maison romaine de Rosheim (à un quart d'heure de taxi de l'aéroport international de Strasbourg), dressant ses trois étages mauves sous tuiles rouges le long de la rue vouée au général de Gaulle après l'avoir été au roi de Rome, mais tracée par les conquérants latins. Il faut aller jusqu'à Provins ou Cluny pour trouver en France d'autres demeures citadines presque millénaires en si bon état. Celle de Rosheim est apparemment inutilisée. « Pas besoin de cette vieille bicoque pour attirer le monde ! », tranche la marchande de glaces installée dans la même artère mais juste en face de ce « chef-d'œuvre du roman alsacien » qu'est Saint-Pierre-Saint-Paul, avec ses monstres sur les toits chevauchant des marmousets d'une manière que d'aucuns trouvent obscène, et ses trois nefs sombres que le soleil vient brusquement révéler. Seule note pas tout à fait concordante, le clocher rosheimois est gothicisant du XIIIe siècle... et il est jaune au lieu du grès rosé habituel !

Retour un peu au nord donc, vers l'abbatiale de Marmoutier – le « moutier de Maur » –, si on veut admirer un clocher roman garanti, et même, en l'espèce, trois clochers sur triple porte – « réplique fidèle et dernière en date de l'église-porche carolingienne », nous soufflent Will et Haug. C'est tout un pan du Moyen Age chrétien qui, du haut de cette vertigineuse façade, vous contemple, avec le rôle-titre joué par cette abbaye lors de la croisade en Terre Sainte de l'empereur Conrad III de Germanie et de Louis VII de France (flanqué de sa première épouse Eléonore d'Aquitaine) ; avec le culte populaire des reliques de la Passion qui s'ensuivit, donnant lieu ici à des cérémonies grandioses jusqu'à la révolution de 1789.

L'extérieur seul de cette forteresse ecclésiale est roman, l'intérieur alignant, lui, tous les styles, du gothique jusqu'au Louis-XV. Souvent, en Alsace, pour imaginer un édifice du XIe ou du XIIe siècle vraiment complet, il faut se livrer à un puzzle architectural mental, se remémorer destructions et retouches dues aux conflits, aux révoltes et également aux modes. Près d'Avolsheim, au Dompeter – *Dominus Petrus*, autrement dit Saint-Pierre –, dans la campagne strasbourgeoise non encore banlieue, les connaisseurs conseillent de faire taire son raisonnement, de remiser les manuels d'archéologie et de laisser s'ouvrir seulement les cœurs : Dompeter, entre ses tombeaux moussus, ses jardins potagers en exercice, ses allées de *Prunus novices* et son tilleul officiellement crédité de mille ans d'âge, se présente comme « le plus ancien lieu de prière chrétien en fonction de toute l'Alsace ».

Réaménagements et replâtrages ont été légion, de Charlemagne à Louis-Philippe, au point que le badigeon blanc a fini par l'emporter, une fois n'est pas coutume, sur le fameux revêtement rose. Dompeter fut consacré par saint Léon IX, le seul pape alsacien, en 1049. A notre époque, cette église n'a même plus un simple prêtre et elle est recrue de cambriolages. Elle est en revanche restée un autel devant lequel des jeunes couples du cru continuent à vouloir être mariés, à charge pour eux de nettoyer et parer la petite nef et de trouver un officiant... Les fiancés les plus mordus se chargent aussi, quand il le faut, de remplacer le « banc des amoureux » qu'ombrage l'énorme tilleul. Le roman devient là romantique. Les jours ordinaires, on n'entend au Dompeter que « le battement du cœur de Dieu, c'est-à-dire le silence », selon la définition d'un poète du coin au nom perdu.

Juillet 1995

Livres :

– Hansi, *L'Alsace heureuse* (1919).

– Robert Will, *Alsace romane*, Zodiaque, 1988.

*

Films :

– *L'Ami Fritz* de Jacques de Baroncelli, 1933. D'après Erckmann-Chatrian.

– *La Grande Illusion* de Jean Renoir, 1937. Avec Jean Gabin et Pierre Fresnay.

– *La Décade prodigieuse* de Claude Chabrol, 1971. Avec Orson Welles.

CHAPITRE III

ANJOU

1

A pied, sur la corniche ligérienne

A Guy Hennebelle, « émir de Chalonnes », in memoriam [1]

On y rencontre aussi bien le roi-araignée Louis XI que l'écrivain-ermite Julien Gracq ou le chef royaliste Bonchamps, ou encore le sculpteur républicain David d'Angers, le romancier stalinien Aragon, le pied-rouge repenti Hennebelle. Et aussi, heureusement, de reposants vendangeurs artistes...

Qui le croirait ? Et pourtant, les chiffres de la Fédération pédestre sont là : chaque année, dix millions de Français, épris de nature et de sport, loin des zones touristiques faisandées, empruntent les sentiers de grande randonnée. Ceux du

1. Né en juillet 1941, Hennebelle est mort en juillet 2003.

Val-de-Loire, dits « des mariniers », sont assez tentants, surtout par ces automnes locaux particulièrement doux, et où la moindre pelure, d'ailleurs, protège des légers crachouillis du ciel.

A hauteur de la région des Mauges, en Maine-et-Loire, entre l'île Béhuard et le promontoire de Saint-Florent-le-Vieil, par exemple, la rive gauche de la Loire, la Corniche angevine, est balisée sur une trentaine de kilomètres et plus ; trajet à découper à sa guise au cours d'une journée ou d'un week-end, en changeant de côté ou de bras fluviaux, ou bien en visitant des îles, au gré des capacités physiques et du désir de monuments ou de pause de chacun.

Les îles forment des réserves de verdure et de tranquillité ; cela n'a pas toujours été le cas, que ce soit sur la Batailleuse, nommée ainsi en souvenir des furieux combats médiévaux que livrèrent les insulaires afin d'en déloger d'indélicats marins vikings, ou bien sur l'île de Chalonnes, ancien asile de bagnards qui n'effrayaient pas les filles de ferme autant qu'on l'a dit...

A l'île Béhuard, ce petit bloc de Moyen Age venu directement du règne de Louis XI, il n'est pas incongru, avant de se mettre en marche, de renouveler le vœu de paix du roi-araignée, à moins qu'on préfère y lire quelques passages en vieux français des *Contes drolatiques* de Balzac. La minuscule chapelle reste posée, par miracle, en équerre, depuis cinq cents ans, sur un roc escarpé échappant aux crues du fleuve ; elle est cernée de courettes gothiques, d'escaliers à se rompre col et cul, et de jardinets encorbellés où septembre voit fleurir rouge le grenadier. Plus loin, on tombera sur palmiers et bananiers, preuves supplémentaires de la gentillesse du climat.

Attention, ensuite, à Chalonnes-sur-Loire (cinq mille âmes), trêve de réminiscences monarchiques ! Chalonnes est « républicaine », et ici cela signifie encore quelque chose dans la vie quotidienne, jusqu'au choix des fournisseurs ou des écoles. Les tenants de l'autre bord ne désarment pas pour autant :

en 1994, ils ont fait porter, sur un mur de l'église romane Saint-Maurille, la longue liste des civils fusillés en 1794, qui a l'avantage de répertorier presque tous les métiers de l'époque, y compris celui de *marinière* ; des femmes donc exerçaient jadis ce dur labeur sur ce qui était alors, et jusque vers 1850, le cours d'eau le plus navigué de France. Cette même Loire, hier fière d'être domestiquée, se présente aujourd'hui comme « le dernier fleuve sauvage de l'Union européenne »...

Ce bourg républicain est maintenant le repaire studieux de notre confrère Guy Hennebelle, *Halim Chergui* au temps de son séjour algérien quand il jouait au « pied-rouge », ayant été en effet un de ces mauvais et pourtant honnêtes conseillers, plus ou moins marxisants, qui, sans en prendre vraiment conscience, contribuèrent à mettre l'Algérie tout juste indépendante sur la voie d'un islamo-socialisme totalitaire, cafard et à tous égards ruineux ; Guy, au moins, s'est repenti haut et clair de cette erreur de jeunesse et, surnommé à présent, par aimable dérision, « l'émir de Chalonnes », c'est là qu'il fourbit des numéros de la peu conformiste revue *Panoramiques*, comme celui sur « Le lynchage médiatique ». Hennebelle rappelle volontiers le mot de De Gaulle, naguère de passage dans la localité : « Que deviendrait la France sans Chalonnes ? »... Interrogation plus vraie que jamais à l'heure d'une presse française chantant à peu près toute la même antienne, et où *Panoramiques* est devenue précieuse.

Délaissant pour une fois l'écoute de la pensée contemporaine, le ci-devant Halim Chergui se fait notre guide à Saint-Florent, patrie de M. Louis Poirier, plus connu sous son pseudonyme de Julien Gracq ; presque nonagénaire, le moins médiatique des grands écrivains français vivants, revenu de longue date du communisme, s'est retiré rue du Grenier-à-Sel, dans la maison de son père, un colporteur rural. On est au flanc du rocher de Glonne, haut lieu de confrontation puis de compassion entre Blancs et Bleus. L'imagination y réunit Bonchamps, David d'Angers et Aragon : le chef royaliste blessé interdisant, en 1793, avant de mourir à l'âge du Christ, que l'on tue ses quatre mille prisonniers républicains ; David, « le franc-maçon d'Angers », statufiant splendidement en 1825 l'ancien adversaire agonisant ; Aragon lançant cent ans plus tard sa triple apostrophe sur « le chouan à la poitrine puissante », « l'un des plus beaux paysages du monde » et « l'art national ».

La clé, c'est que le père de David d'Angers avait été sauvé par Bonchamps, ce qui explique l'ardeur de l'artiste, adulte, à concevoir le tombeau du général fleurdelisé où Aragon vit « une chose au monde sans paire : la grandeur de l'art et du sentiment mêlés ». Et qui vaut le détour, même du strict point de vue artistique.

Autre domaine d'un esprit différent, sur lequel chacun fatalement se réconcilie en Anjou, surtout en cette saison des vendanges : le vin. N'en sélectionnons qu'un, rare, d'une cuvée exceptionnelle comme 1990 –, afin d'accompagner un brochet beurre-blanc : le chaume, voire le *nec plus ultra* qu'est le quart-de-chaume. Ce sont des blancs nés naturellement sucrés et souples sur les coteaux du Layon, un peu à l'écart de la Corniche angevine, à hauteur de Rochefort-sur-Loire. Là, « comme pour le sauternes », on vendange tard, « parfois jusqu'à Toussaint et au-delà », quasiment grain par grain, et seulement quand la grappe est confite par le soleil, « jusqu'à coller au doigt » et à virer à la couleur roussâtre du poil de lièvre. Les vendangeurs ligériens doivent être de véritables artistes. La parcelle donnant le meilleur chaume s'appelle le Paradis...

Octobre 1998

2

A Saint-Germain-des-Prés, avec Constant Le Breton pour mentor

Le tranquille champion de la « peinture heureuse » nous met, sans l'avoir prémédité, sur les traces de Barbe-Bleue, Louis XIV, Napoléon Ier, Napoléon III, Pétain, de Gaulle...

Sans compter le quartier parisien autour de l'église de ce nom (dont la première appellation fut d'ailleurs Saint-Vincent), il existe en France quatre communes nommées Saint-Germain-des-Prés. La moins connue, peuplée de mille trois cents âmes, est en Anjou, sur la rive droite de la Loire. De tous les cours d'eau majeurs de l'Hexagone, l'antique *Liger* est sans doute à la fois le plus naturel et le plus chargé d'histoire – de Clovis aux Valois – et de littérature – de Rabelais à Proust.

De prime abord, pas de trace visible de cette fécondité dans le Saint-Germain-des-Prés du Maine-et-Loire : seulement des habitations individuelles, anciennes ou récentes, dont le tuffeau blanc joue les harmonies convenables avec le bleu des toits d'ardoise ; des demeures serrées autour de leur potager et d'une grosse église refaite sous le prince-président, au milieu de remous clochemerlesques consignés par le curé du temps dans son *Journal* (1842-1881). Les autres « événements du siècle » enregistrés par l'abbé Bonnin furent, à part les crues ravageuses du fleuve, les deux passages d'un certain Badinguet *alias* Napoléon III.

Si l'ecclésiastique avait vécu un peu plus longtemps, il aurait vraisemblablement ondoyé Constant Le Breton, né en 1895 dans une maison-épicerie-mercerie, 9 place de l'Eglise. C'est en l'honneur de celui qui se ferait connaître comme peintre que les Germanopratins de la Loire ont, en 1999, baptisé une rue et apposé une plaque dans leur village. Le commerce a disparu mais non point la demeure natale. Le jeune Constant n'avait que quelques mètres à franchir pour entrer dans le sanctuaire où il ressentit les premiers appels de l'art, devant les tableaux d'une montée au calvaire de belle pâte et beau format dus à un disciple de Delacroix, Dubois, mort ici à trente-trois ans.

La notoriété parisienne de Le Breton se ferait, elle, grâce à des portraits tout à fait laïcs, du fameux *Dullin au manteau rouge* (musée Carnavalet, Paris) à *Ingrid Bergman* (collection privée), sans oublier les « poilus » de l'Armée d'Orient (thème de la première exposition de Le Breton, envoyé en 1915 à vingt ans sur le front bulgare) et un *Pétain*, commande officielle non récupérée, que le Bénézit de la bibliothèque du *Monde* mentionne impavidement...

L'Anjou, cependant, devait être le seul inspirateur permanent d'une œuvre où le plaisir de peindre, sans se soucier des modes, produit une « peinture heureuse », dans l'esprit de Chardin ou Bonnard. En découvrant ses toiles sur Chalonnes, Ingrandes ou Montjean (où Le Breton eut son atelier dans un logis de mariniers, 26 quai Monseigneur-Provost), l'envie vient de rechercher les sites où l'artiste solitaire, non sans avoir lu auparavant, parfois, quelques pages de Rodin ou de Constable, posait son chevalet.

Après le lieu le plus modeste, Saint-Germain-des-Prés, dont le peintre a fixé les cieux mobiles des quatre saisons, la toile *Allée de peupliers à Champtocé* conduit naturellement à cette localité. Là, le paysage devient immodeste, en ce qu'il est dominé par des ruines sombres et menaçantes comme une encre de Chine à la Victor Hugo : Champtocé fut l'une des forteresses criminelles de Gilles de Rais (1404-1440), autrement dit Barbe-Bleue, en fait une sorte de Dutroux du Moyen Age. Ici, ni visite guidée ni son et lumière, contrairement à d'autres monuments de la région qu'ensanglanta aussi l'ancien maréchal de Jeanne d'Arc et qui sont exploités à fond, sans vergogne.

Réminiscence mérovingienne à Saint-Sigismond ; lieux-dits ou communes de Cure-Bourse, Charbon-Neuf, Clos-Rouillé, Barbe-Chat ou Bécon-les-Granits ; promontoire royaliste tragique de Saint-Florent-le-Vieil ; moulin sans ailes de Lancreau, moulin de Saint-Georges avec ailes ; haies creuses comme sous la chouannerie ; banal oratoire germanopratin de 1851 cachant dans son dos une *Pietà* médiévale : il n'est qu'à suivre le peintre pour glaner, sous ses pas connaisseurs, petits trésors cachés et points de vues imprenables. A Montjean, passons rive gauche avec les randonneurs suivant les sentiers de mariniers, poussons vers Chemillé, qui se targue d'être « la capitale des plantes médicinales ».

Dans ses environs, la masse vert-noir d'un parc attire l'œil, dissimulant la gentilhommière de l'Echo. Une plaque indique que de Gaulle y résida cinq fois, en 1919, 1925, 1939, 1950 et 1965. « Raisons familiales, je crois... », répond un naturel du pays peu loquace. Impossible de savoir plus précisément ce que fit ici le grand homme. « On ne visite pas ! » En revanche, pour se faire expliquer l'Evre, proche affluent de la Loire, tiré de l'anonymat depuis 1976 par le plus illustre de ses riverains, Julien Gracq, il n'est qu'à lire *Les Eaux étroites*, dans lesquelles, jadis, l'écrivain vit, entre autres, se dérouler « obscurément » son avenir...

En revenant vers Angers par la rive droite, on tombe sur Serrant, propriété d'aristocrates belges, mais cette fois on peut visiter. Et tel Napoléon qui, arrivant ici en 1808, eut le culot de s'écrier : « Je vois *enfin* un château en France ! », on n'est pas déçu. Au reste Serrant n'est pas un château, plutôt un palais, par ses proportions, ses cinq étages de schiste et de tuffeau, sa splendide cour d'honneur, son unité. Serrant est Renaissance, chef-d'œuvre méconnu, injustement écarté de la plupart des listes de châteaux de la Loire.

Après divers avatars dans le patrimoine de plusieurs serviteurs de l'Etat et la mémorable étape forcée d'un Louis XIV au carrosse embourbé, le palais conçu par l'architecte Jean Delespine échut, en 1749, aux Walsh, armateurs irlandais fidèles aux catholiques Stuart et donc durablement réfugiés en France. Appartenant à des étrangers, l'édifice fut épargné par la Révolution, ce qui permet aujourd'hui de le voir dans son « jus ».

L'escale napoléonienne est expliquée par le fait que l'impératrice Joséphine était la marraine d'une fillette Walsh. La chambre citron et crème, où Napoléon ne passa que deux heures, car il dut repartir à l'annonce de la capitulation de Baylen, en Ibérie, est restée en l'état. Son neveu, le futur Napoléon III, prit, lui, son temps. C'est ce que nous raconte encore le curé de Saint-Germain-des-Prés, invité à un repas donné à Serrant, en 1849, autour du chef de l'Etat. Le prêtre hésitait à aller rompre le pain avec le prince-président. Il s'y rendit finalement, et sa plume naïve rapporte que tout le canton, dans un bel élan d'opportunisme, était présent « au milieu de l'argent et du vermeil ».

Constant Le Breton se promena souvent du côté de Serrant mais ne l'a pas peint. L'artiste, à l'instar du curé, préférait la simplicité villageoise. Toutefois, il est mort, nonagénaire, à Saint-Germain-des-Prés, Paris VIe...

Septembre 1999

Livres :

– Balzac, *Contes drolatiques* (1832-1837).

– Julien Gracq, *Les Eaux étroites*, José Corti, 1976.

– Jean-François Chiappe, *La Vendée en armes*, Perrin, 1982. Trois tomes de 1793 aux Cent-Jours.

– Bernard Pierre, *Le Roman de la Loire*, Plon, 1997.

– Fédération française de randonnée pédestre, *De l'Anjou au Pays nantais à pied*, 1997.

– Jean-Marie Le Breton, *Constant Le Breton, un peintre dans le siècle 1895-1985*, L'Harmattan, 1999.

– Catalogue de l'exposition « Constant Le Breton, la peinture au fil des jours », 2002-2003, musée des Années 1930, Boulogne-Billancourt.

*

Téléfilm :

– *Cadoudal* de Jean-François Chiappe et Guy Séligmann, 1974.

CHAPITRE IV

AQUITAINE

In vino veritas

A mon confrère Jean-Pierre Quélin, in memoriam
A ma consœur Michèle Anaïd Champenois

A Mouton, chez Philippine de Rothschild, on vient pour le vin mais tout autant pour la tapisserie anamorphotique de Beauvais, les hanaps médiévaux d'Allemagne ou les étiquettes de bouteilles dessinées depuis 1924 par les artistes les plus en vue.

Sur l'innocent et banal coteau de Bouliac, entre clocher et champ de vigne, les quatre ou cinq pavillons habillés de fer acajou, costauds et de tailles inégales, font toujours le même effet bœuf qu'au moment de leur érection en 1988. Sorti tout armé du cerveau de Jean Nouvel (architecte de l'Institut du monde arabe à Paris), à l'instigation de Jean-Marie Amat, chef bordelais à tête d'intellectuel, le Saint-James appartient maintenant de plein droit, et même plus, au paysage hôtelier et gustatif aquitain. Il reste néanmoins une curiosité architecturale que l'on vient spécialement voir même si les visites, sauf pour la clientèle, ont été supprimées.

Les lits grèges trônant au milieu de la chambre, les salles de bains style clinique mais sans porte ni bidet, les lampes de chevet de la grosseur d'un œil de chat, les couloirs anthracite continuent de faire recette. Certes, dans le salon du petit déjeuner les sièges blancs ont été remplacés par des fauteuils noirs, le béton poli du sol a été nappé d'une moquette rouge franc et des lustres kitch façon *Valses de Vienne* ont été ajoutés. « Mais avec l'accord de l'architecte ! », précise celui des trois jeunes fils Amat chargé de l'administration. Il nous désigne aussi ces autres novations autorisées que sont les cabinets de verdure et la piscine-miroir peinte en noir, insérés dans le jardin regardant Bordeaux et la Garonne.

« On imagine des cavalcades dans les chambres, des meurtres dans les couloirs, des règlements de comptes à table, des feuilletons, des mystères – aussi bien que des histoires simples, des vacances par exemple, un peu de repos, encore, encore un peu d'oubli », vaticine Xavier Rosan dans *Le Festin*, rare revue culturelle d'Aquitaine.

Tout cela évidemment n'existerait pas, ne rimerait à rien sans le prodigieux environnement vinicole du Bordelais. Sur la rive médocaine du fleuve, Mouton n'a aucun édifice pour manuel d'architecture moderne à exhiber, ni même une vraie gentilhommière Directoire ou Charles-X, seulement un vin. « Le » vin, selon maints amateurs : Mouton-Rothschild.

Racheté en 1853 par la branche londonnienne de la célèbre dynastie banquière, Mouton manqua d'une voix, dit-on, de figurer sur « la très courte liste des très grands crus », élaborée en 1855 par la Chambre de commerce de Bordeaux à l'occasion de l'Exposition universelle de Paris. Ce n'est qu'en 1973, presqu'à la fin d'une vie consacrée à la haute viticulture, que le baron Philippe obtint la « réouverture exceptionnelle » du cercle ultrafermé des Margaux et autres Lafite et Latour, pour qu'y soit – enfin ! – admis Mouton.

Cette « longue marche » n'est pas seule à faire de ce haut lieu du goût un endroit différent : de nos jours, le maître de céans est une native de Mouton, Philippine de Rothschild, une femme donc, ce qui est une entorse à la loi salique héréditairement appliquée depuis que, vers 1750, prit son envol, à Francfort-sur-le-Main, la famille de commerçants en soieries et de changeurs travaillant à l'enseigne de L'Ecusson rouge *(Zum Roten Schild)*. Qui plus est, Philippine est catholique, par sa mère Elisabeth de Chambure, dans une vieille lignée israélite ; enfin, elle est mariée à l'acteur Jacques Sereys et fut elle-même actrice avant d'officier au milieu de financiers et de tastevins, non sans succès d'ailleurs, puisqu'elle a étendu au Chili l'empire viticole américain inauguré en Californie par son père.

La successoresse a également enrichi le musée privé installé dans d'anciens chais de Mouton en 1962 par André Malraux – alors ministre d'Etat aux affaires culturelles du Général –, au nom de l'antique principe bacchique selon lequel « tout ce qui touche au vin touche à l'art ! ». Dans ces caves, où mûrissent lentement, en fûts et barriques de chêne, des générations de crus fameux produits par les septante-cinq hectares alentour, trois cents objets, les plus divers et jusqu'aux plus cocasses (par exemple, des chaussures à boire) de Sumer à Picasso, illustrent comme nulle part ailleurs la conjonction, la conjuration de la Vigne et de l'Art.

A l'instar de la reine-mère d'Angleterre en 1977, près de vingt-cinq mille personnes défilent chaque année devant la tapisserie anamorphotique de Beauvais, les hanaps médiévaux d'Allemagne ou les étiquettes commandées par la maison depuis 1924 aux artistes les plus cotés du moment : Cocteau, Carzou, Braque, Dali, César, Miró, Soulages, Delvaux, Balthus, etc.

Parfois tout cela sent quand même un peu trop le bon goût, le grand genre et le convenable... Aussi nul ne se fâche, au contraire, lorsque de jeunes vignerons en goguette, après la tension physique et psychique des vendanges, et sans doute avant d'aller tirer un coup à Bordeaux, viennent remuer l'air et beugler en chœur, chez Philippine, quelque vieille chanson française peu convenable comme *Dieu me fasse toujours la grâce...*, recensée déjà sous Louis XIII :

Dieu me fasse toujours la grâce
D'avoir du vin dedans ma tasse
Des jeunes culs et des perdrix !
(...)
Car sans vin, la foutrerie
Morbleu, je ne donnerois pas
Un vié d'âne de nostre vie.

Si, après la bonne chère et les beaux-arts, et à défaut de paillardises, on a envie de boucler la boucle par les coulisses, à savoir la vinification sous l'empereur Auguste ou sous le président Mitterrand, il suffit de s'arrêter, entre Pauillac et Bordeaux, à Maucaillou, « excellent cru bourgeois » remontant à 1875. Là, le propriétaire, Philippe Dourthe, a même prévu un système permettant de tester vos facultés olfactives, capitales autant que l'œil et les papilles, pour ceux qui, comme les Rothschild et les Amat, ou tout anonyme fidèle de Rabelais, veulent servir Sa Divinité le vin.

Décembre 1998

Livres :

– Stendhal, *Voyage dans le Midi de Bordeaux à Marseille* (1838).
– *Chansons de corps de garde*, Romillat, 1991.

– Pierre Leterrier et Jean-Pierre Xiradakis, *Fricassée de meurtres à la bordelaise*, gastropolar, La Table ronde, 1994.

– Robert Coustet, *Bordeaux, l'art et le vin*, L'Horizon chimérique, Bordeaux, 1995.

– Michel et Monique Pinçon, *Les Rothschild, une famille bien ordonnée*, La Dispute, 1998.

CHAPITRE V

ARDENNES

Rimbaud et Napoléon III, mêmes calvaires

A Mohamed El Moubarik, dit Belkass,
pour la Défense (et pour Sedan)

Au pays de la déesse Ardouina et des sangliers priapiques, chemins littéraires et guerriers font se rejoindre poètes et monarques, chasseurs carolingiens et spahis de 1940.

Tout commence, si l'on peut dire, au vieux village de Juniville, où, au début de la décennie 1880, M. Paul Verlaine – précédemment professeur d'histoire-géo dans une institution catholique de Rethel – était venu s'installer sans façon avec un adolescent de Coulommes, Lucien, un de ses anciens élèves. Le poète pensait pouvoir vivre en cultivant son champ de seigle junivillois... Il réussit surtout à scandaliser le voisinage et à produire quelques vers appelés à un retentissement mondial sous le nom, ironique sans doute, de « Sagesse », et où, en outre, il chantait la « beauté des femmes, leurs faiblesses, en ces mains pâles... »

Il fallut près de cent ans pour que l'opprobre à l'encontre de « l'Anglais », du « pisseur d'encre », du *garçonnard*, s'apaise et que le quartier rethelois du Four-à-Chaux accepte enfin qu'un lycée reçoive le nom de Verlaine... A Juniville, maintenant, on montre avec fierté le pauvre café Au Lion d'or, où l'écrivain acheva « Sagesse » dans les vapeurs de l'absinthe et le tapage des laboureurs en goguette : « Ce M. Verlaine était quelqu'un, vous savez !... » On sait.

A Juniville également avait débuté, le 25 août 1870, le calvaire de Napoléon III, qui devait se terminer le 4 septembre à Liège, où il apprit que sa dynastie venait d'être déchue à Paris, après qu'il eut, lui, l'avant-veille, à Bellevue, près de Sedan, capitulé entre les mains du roi de Prusse et du chancelier Bismarck. Le 26 août, après une halte à Tourteron, l'empereur des Français, pissant, lui, non pas l'encre mais le sang, à cause de sa gravelle, avait installé tant bien que mal son état-major au Chesne puis à Sedan, cherchant en vain à tomber au combat, au milieu d'indicibles douleurs physiques et morales.

Plus roboratif est le souvenir d'autres monarques dans la force de l'âge, pistant le sanglier, Charlemagne ou Clovis, par exemple, venant traquer la bête dans les bois proches d'Attigny ou de Thin-le-Moutier. L'empereur à la barbe fleurie gagna, paraît-il, son surnom de *Magnus* en maîtrisant les mains nues un de nos pachydermes d'Europe furieux, un *Singularis porcus* tout simplement... Exilée aujourd'hui au musée parisien de Cluny, la déesse locale Ardouina, Diane de nos ancêtres les Gaulois, chevauchait en amazone un sanglier à la virilité plus qu'évidente. Les adorateurs de cette leste divinité chasseresse inventèrent saucisson et jambonneau, spécialités antiques qui se retrouvent dans la fameuse noix de jambon sec au label bleu-blanc-rouge « Ardennes de France », ou dans le boudin blanc à l'oignon de Rethel, relancé par Richelieu, et depuis lors indétrônable. Il fallut être un Napoléon III en pleine débâcle physique et militaire pour, fin août 1870, à Mouzon, sur la route de Sedan, repousser une assiette de cochonnailles du cru...

Malgré usines et autoroutes, le paysage ardennais, tels que l'ont vu Verlaine amoureux ou Badinguet en déroute, a peu changé, avec son épaisse toison verte recouvrant des collines à vaches, avec de tout aussi épaisses frondaisons dissimulant les rivières. Un tiers du département est boisé profond. La formidable forteresse de Sedan, « la plus vaste de France et de Navarre », « formidable » certes, mais inexplicablement installée dans un trou, serait un jour la ratière du troisième Napoléonide. Du coup, aussitôt après 1870, la république « déclassa » à jamais la place-forte. « Tant d'ardeur, tant d'argent, tant de milliers d'heures de corvée, tant de blocs et de terre remués pour en arriver là ! », se lamente notre guide bénévole, un vieux colonel. Les « éléphants blancs » ne sont pas que de notre époque...

En fait, dans la région, la prouesse d'armes des temps modernes, bien moins connue que Sedan et autrement prenante, c'est la bataille de La Horgne, un peu à l'ouest de la route Rimbaud-Verlaine. Là, le 15 mai 1940, entre Poix-Terron et le val de La Horgne, se déroula, à cheval, sabre au clair, la « charge héroïque » des spahis – les cipayes français, corps créé lors de la conquête de l'Afrique du Nord. Des muscles sous cape rouge se lançant, pour l'honneur seul, contre l'acier des blindés allemands et stoppant un moment leur progression. La nécropole militaire, au mitan des labours et des bois, raconte un carnage qui explique en partie que, dès septembre 1940, l'Argonne voisine ait eu un maquis antinazi.

Le 29 août 1870, tandis que Napoléon III se traînait douloureusement entre Juniville et Sedan, le jeune Arthur

Rimbaud, seize ans, déjà auteur d'*Etrennes des orphelins*, s'enfuyait de sa cité de Charleville (pas encore couplée avec Mézières) vers Paris, *via* la Belgique. Ce n'est que lors d'une autre « fugue » dans la capitale, un an plus tard, qu'il *coupdefoudra* avec Verlaine. Les deux poètes, dès lors, se déplacèrent beaucoup, dans une sorte de fuite en avant, ensemble ou séparément, à l'étranger et en France, à travers les Ardennes notamment : Charleville, Roche, Bouillon, où il tentèrent de se réconcilier lors d'un repas ; Voncq, où Rimbaud, bien plus tard, rongé par la gangrène, revenu d'Aden en Ardennes, monterait dans son dernier train, pour aller mourir à Marseille, en 1891.

Cette errance, coupée de gueulantes et de coups de pistolet, se conclut en 1873 avec l'emprisonnement de Verlaine et l'écriture par Rimbaud d'*Une Saison en Enfer*, le seul de ses poèmes jamais publié de son vivant, grâce à une libéralité de sa mère. Verlaine, né à Metz mais d'origine ardennaise, aimait fort son terroir, que Rimbaud vomissait, comme il devait ensuite vomir Aden, Charleville de l'ex-*Arabia felix*. Les deux hommes-volcans, sortis de ces horizons de douce chlorophylle et de roches dures, contrastent du tout au tout avec cette autre plume jaillie des Ardennes : André Dhôtel (1900-1991). Professeur lui aussi, Dhôtel, au visage ingrat mais à la parole avenante, plusieurs fois refusé par des éditeurs parisiens, devait finalement connaître la gloire avec *Le Pays où l'on n'arrive jamais* (Femina 1955).

Dhôtel était natif d'Attigny, Aigly dans son œuvre. Cette ancienne halte-capitale mérovingienne au cœur de l'Austrasie franque, ce bourg surnommé « l'Impérial » ou « le Coquet » avant d'être ravagé par les Allemands en 1914-1918, est largement présent dans les romans dhôteliens, ainsi que Tourteron, Poix-Terron, Le Chesne, Vouziers et autres sites ardennais déjà marqués par Clio et Polymnie ; par le passage du duo Verlaine-Rimbaud ou de Napoléon III solitaire. Tous ces villages ou villes postés au long des voies militaires ou poétiques valent un arrêt, sans exception, car, partout, des panoramas sont saufs, des monuments ont survécu aux désastres des invasions, telle la glorieuse porte Charlemagne, à Attigny justement. Dhôtel, à force de hanter à pied la contrée, fut surnommé *le Promeneux*. On aurait dû donner le nom du paisible romancier aux cinq cents kilomètres de randonnées, remarquablement bien balisés, tracés sur les crêtes des Ardennes, avec pour point de ralliement Rilly-sur-Aisne.

Ne délaissez pas pour autant le chef-lieu ardennais au nom double ! Vous avez à tout le moins entendu vanter la place Ducale de Charleville, jumelle de la place des Vosges (ex-Royale) à Paris – et ce n'est pas par hasard, puisque la première fut conçue par un architecte de vingt-cinq ans, Clément Métezeau, frère de Louis, inventeur de la seconde. Mais connaissez-vous, à Mézières, la basilique Notre-Dame, campée sur une colline un peu à l'écart ? Elle fut célèbre lors de sa construction, y compris la nuit à la bougie, dans un gothique finissant en feu d'artifice pétrifié ; abritant notamment, en 1570, les noces de Charles IX de France avec Elisabeth d'Autriche. Depuis 1979, l'église connaît une nouvelle vie grâce aux mille mètres carrés de vitraux conçus par René Dürrbach ; donné comme « disciple de Picasso », l'artiste n'eut pas besoin de ce parrainage pour rendre à l'édifice sacré les « yeux » dont Victor Hugo, de passage, avait regretté la « crevaison », survenue lors de l'invasion germanique de la France en 1815, sous l'oncle de Napoléon III.

Octobre 2001

Livres :

– Arthur de Gobineau, *Ternove* (1847), Minard, 1990.

– André Dhôtel, *Le Pays où l'on n'arrive jamais*, Gallimard, 1955 ; *Pays natal*, 1960.

– Louis Girard, *Napoléon III*, Fayard, 1986.
– Pierre Petitfils, *Rimbaud*, Julliard, 1982.
– Claude Jeancolas, *Le Dictionnaire Rimbaud*, Balland, 1991.
– Henri Troyat, *Verlaine*, Flammarion, 1993.

CHAPITRE VI

ARTOIS

Béthune, aux funèbres et joyeux drilles

A Michel Van der Yeught

En visite dans l'Artois, le président du Sénat, des ministres ou des académiciens ont eu la surprise de se voir rendre les honneurs par un insolite groupe d'hommes en queue-de-pie, collerette bleu céleste, nœud pap, bicorne noir et baguette ornée de plantes aromatiques. Ce sont les membres de la confrérie des Charitables de saint Eloi de Béthune, qui compte huit cents ans d'activité...

Cette survivance bien en forme de la France médiévale, célèbre dans le Pas-de-Calais, n'est guère connue en dehors de ce département. De Béthune même, il vient surtout à l'esprit non point ses citoyens bienfaisants mais plutôt ses deux bourreaux : celui imaginé ou réinventé par Alexandre Dumas père et qui décapite Milady, faisant frissonner des générations d'adolescents ; celui, plus récent, qui donna le frisson à des foules d'adultes sous sa cagoule de catcheur superméchant.

Quelques-uns aussi se souviennent du Béthunois Buridan – philosophe scolastique bien oublié, quoique précurseur de Galilée et Descartes – lorsqu'on leur offre du « picotin de l'âne de Buridan »... Ces petites bûches de pur chocolat à la française (c'est-à-dire moins assassiné de sucre que les proches chocos belges) sont censées rappeler, selon le chocolatier béthunois Jacques qui les fabrique, l'âne du philosophe qui, ayant aussi faim que soif et se trouvant à portée d'eau et d'avoine, mourut d'inanition avant d'avoir choisi par où commencer son repas...

Aujourd'hui, Béthune, loin de cette anecdote que, pendant des siècles, déterministes et partisans du libre arbitre se jetèrent à la figure, essaie d'échapper à la malédiction de l'après-charbon et de l'émigration : en une génération, la ville a perdu près de trois mille habitants, en recensant à présent environ vingt-sept mille. Son maire, le très controversé Jacques Mellick, qui porta le magnifique titre de « ministre de la Mer » sans en être vraiment digne, a néanmoins su attirer à Béthune la section technique de l'université d'Artois et a couvert sa commune de chantiers sociaux ou urbanistiques : les travaux pour un garage souterrain, place Clemenceau, ont mis au jour un grand pan intact des anciennes fortifications en grès de la cité, opposant une fois de plus les tenants de l'économisme et ceux du patrimoine.

C'est tout à la fois à ce patrimoine issu d'une histoire plus que millénaire et à la vie quotidienne de la fin du XXe siècle qu'appartiennent les Charitables. Conservée aux archives d'Arras, rédigée en roman mâtiné de flamand, une lettre de Pierre de Nogent, prieur de Saint-Pry de Béthune, datée 1317, confirme que c'est en 1188 que fut établie la « Karité de messire saint Eloi ».

En ce temps-là, Philippe-Auguste – après Hugues Capet et avant Philippe le Bel, Louis XI et Louis XIII – venait de jouer les Saddam Hussein en s'emparant, non point du Koweït, mais de l'Artois que seule la paix des Pyrénées, en 1659, devait arrimer enfin, sans violence et pour toujours, à la France. Une fois de plus, le charroi des armées avait fait le lit des épidémies et les maréchaux-ferrants, sur le passage des officiers montés, s'en étaient mis plein les poches.

Cette corporation éprouva-t-elle le besoin de compenser les deniers acquis si facilement grâce aux misères de la guerre ? Deux forgerons, Gauthier, du faubourg béthunois de Saint-Pry, et Germon, du village proche de Beuvry, virent en rêve feu le saint évêque Eloi de Noyon, orfèvre et trésorier de Clotaire II et Dagobert Ier, avant de patronner les métallurgistes, et qui les menaça de sa crosse s'ils ne se remuaient pas pour assainir la contrée où les cadavres de pestiférés ou d'animaux n'étaient même plus enterrés.

Les deux forgerons se rencontrèrent le lendemain à la source de Quinty – qui, sous peupliers et saules pleureurs, marque toujours la limite entre les communes de Béthune et de Beuvry – et se mirent d'accord pour lancer ce qu'on appellerait maintenant une campagne d'hygiène. Ils furent suivis, car, au XIIe siècle, *mutatis mutandis*, un maréchal-ferrant, c'était un peu comme de nos jours un présentateur de télévision. Ça en imposait. Avec leurs « adhérents », ils eurent recours à la loi de 1901 (sous le régime de laquelle agissent aujourd'hui leurs lointains successeurs) de l'époque, c'est-à-dire qu'ils demandèrent à un moine, le prieur Rogon, de Saint-Pry, de leur rédiger une charte.

Ce texte, repris par Pierre de Nogent, n'a pas cessé d'être en vigueur, permettant aux Charitables de revendiquer le titre d'« association caritative la plus vieille de France [1], sinon

1. Cette aînesse est toutefois contestée par certaines confréries de « charitons » normands qui détiendraient des preuves les faisant remonter presque jusqu'à l'an mil.

d'Europe, n'ayant en tout cas jamais cessé son action, sauf sous la contrainte, entre 1797 et 1802 ». L'obligation première de la confrérie, depuis 1188, est de « porter les morts en terre ». Tous les morts de Béthune, sans distinction d'origine, de croyance ou de classe, et tous avec le même cérémonial, du vagabond anonyme de l'hospice au notable pourvu d'une chapelle particulière.

Dès l'origine, et durant les siècles ultrareligieux et hyperhiérarchiques que traversèrent les Charitables, il en fut ainsi, tel que le proclame une de leurs chansons aux accents très Brassens :

Toi, l'inconnu qui me ressembles,
Toi mon ami, toi mon frère,
Toi qui croyais au Ciel
Et toi qui n'y croyais pas,
Nous t'accompagnerons jusqu'à ta dernière demeure
Et la terre s'ouvrira.

Honnêtes gens ou condamnés à la peine capitale, victimes ou assassins, défunts contagieux ou morts de leur belle mort, soldats ou mercenaires, grenouilles de bénitier, libres penseurs provocants ou chrétiens tièdes, femmes volages ou dames patronnesses, juifs, musulmans ou Témoins de Jéhovah, finissent, à Béthune, entre les mêmes gants blancs et le même chapeau à la française des *confrères* de saint Eloi. Aussi loin qu'on remonte, cette étonnante égalité, laïque avant la lettre, n'a apparemment pas été contestée. Les Charitables ont d'ailleurs eu un prévôt israélite (d'origine polonaise) bien avant que le maire de Béthune soit lui-même issu de cette confession (M. Mellick est, par son père, d'origine biélorusse, et il a épousé une Franco-Portugaise).

L'Eglise catholique, qui fut probablement, pour des raisons autant sanitaires qu'humanitaires, à l'origine de ceux qu'on appela d'abord les Karitaules, ne chercha pas, semble-t-il, à régenter un groupement composé dès l'origine de non-religieux. Vers 1850, en pleine reprise en main de la France par les prêtres, l'évêque d'Arras demanda que le grand maître des Charitables – le *prévôt* – soit à l'avenir chapeauté par son curé. Le refus fut aussi net qu'a toujours été, au contraire, l'acceptation du clergé, s'il est mandé par la famille du défunt, dans le convoi funèbre. De n'importe quel clergé depuis que le catholicisme n'est plus la seule religion présente à Béthune.

En revanche, la république, en dépit du caractère non aristocratique et non corporatiste de la confrérie – depuis 1573 les fonctions de prévôt ne furent plus réservées à un maréchal-ferrant, – faillit lui porter un coup fatal lorsque, en 1904, sous l'influence du Petit Père Combes, apôtre hargneux de la séparation de l'Eglise et de l'Etat, elle donna aux municipalités le monopole des pompes funèbres. Il fallut une pétition à Béthune pour que ce monopole continue, dans la cité, par exception à la loi générale, à appartenir aux seuls Charitables.

Le représentant de la Troisième République débutante – après Charles-Quint, Louis XIV et Marie-Thérèse d'Espagne, Louis XV, Napoléon Ier et Charles X (lequel fut en outre le dernier prince français à être titré comte d'Artois), et avant l'armée britannique de 1914-1918, Pétain venant de Verdun, Poincaré, la Kommandantur des années 1940, de Gaulle arrivant d'Alger et Poher, président du Sénat en balade – dut reconnaître la confrérie de Béthune.

En 1648, avant même que l'Artois soit intégré définitivement au Royaume de France, le comptable des Charitables avait demandé des fonds à Louis XIV pour distribuer du pain aux indigents, très nombreux à la suite de la guerre franco-espagnole. Le nouveau possesseur de la contrée acquiesça aussitôt, facilitant ainsi l'intégration de la province conquise dans ses Etats.

Les « messieurs confrères » n'avaient pas attendu que leur ville appartînt au roi-soleil pour s'occuper aussi des vivants, en créant des hôpitaux ou en distribuant des vivres. La Sécurité sociale et l'élévation du niveau de vie ont rendu ce rôle presque caduc – à l'exception de colis de Noël ou d'aides ponctuelles pour les plus pauvres – mais la tradition s'est maintenue, chaque année en juin autour de la Saint-Jean, d'une distribution dans Béthune, par les Charitables, de quelque douze mille petits pains frappés du marteau des forgerons, emblème de leur protecteur, saint Eloi.

Afin de conférer quelque solennité à cette répartition, les confrères distribuent avant les pains, depuis le XVIe siècle, des *méreaux*, menues monnaies de plomb remplacées, après la Grande Guerre, par des bons en carton, sauf exception comme en 1988, où ces pièces d'un autre âge marquées de la devise des Charitables, « Exactitude, Union, Charité », ont été de nouveau émises. C'est en rapportant des méreaux à la confrérie, qu'ils soient en plomb ou en papier, que des pains vous sont offerts.

La remise du méreau par les confrères est habituellement suivie, du moins de la part des récipiendaires en ayant les moyens, d'un don en argent. C'est en principe la seule ressource des Charitables, à l'exception des offrandes de particuliers après des obsèques et d'une modeste subvention municipale. La cagnotte de la confrérie est également alimentée par les versements volontaires de ses membres et aussi, sur un compte séparé, par des amendes, ironiquement appelées « bouquets », qu'ils s'infligent entre eux pour manquements au règlement, par exemple si l'un d'entre eux a bavardé ou ri durant une inhumation, est arrivé en retard, etc.

Nos porteurs de bicorne passent néanmoins, à juste titre, pour de joyeux drilles, et leurs banquets sont fameux, tel celui, rituel, marquant chaque fin septembre la commémoration du « sommet » Gauthier-Germon. La confrérie de Béthune, en procession et tous étendards déployés, sans oublier le buste colorié de saint Eloi, rencontre au « poste-frontière » de Quinty, la confrérie de Beuvry – il existe en effet dans l'Artois une cinquantaine de charités villageoises semblables à celle dont nous nous occupons ici, mais Béthune est l'unique cité de quelque importance à avoir conservé la sienne.

Cet anniversaire, au cours duquel la confrérie entend également une messe, est baptisé Fête à *naviaux*, c'est-à-dire « à navets », légume populaire, indigène et franchouillard s'il en est, l'une des bases de l'alimentation au Moyen Age. La lecture des menus de ces festivités montre que par la suite, notamment à la Belle Epoque, les raves furent souvent remplacées par de la tête de veau ravigotte ou du saumon de la Loire à la russe... Avec la mode des régimes minceur, « les navets doux légèrement passés au beurre » se sont trouvés derechef bienvenus sur la table des confrères...

Et les « consœurs » ? Ce sont les épouses des Charitables. En dépit de la charte originelle, qui parle des « chacuns et chacunes » de la confrérie – le Moyen Age fut sur bien des points féministe –, les conjointes ne font pas formellement partie de la confrérie ; encore qu'elles doivent donner leur accord par écrit sur le Grand-Livre pour que leur mari soit adoubé, qu'elles gèrent les hôpitaux jadis possédés par les confrères et qu'elles participent de plein droit avec eux, chaque mois de mars, aux agapes dites *jambon du chéri*, financées par les pénalités ou des dons internes à l'association. Ce repas *charcutier* a lieu au milieu des rires et chansons.

Le *chéri* est l'un des derniers membres admis ; il porte la chandelle de saint Eloi lors des défilés et cérémonies et il est également chargé de surveiller l'application du règlement intérieur par ses collègues et de récolter les amendes.

Le prévôt, grand-maître de la confrérie, est désigné tous les deux ans par son prédécesseur, ce choix étant avalisé par le grand-conseil. Ce fut ainsi Rémi Carré, chapelier de son état. Avant lui, on relève le nom d'un ancien mineur de fond ou du bâtonnier André Delhaye. On peut exercer plusieurs fois la prévôté mais pas coup sur coup.

Les *mayeurs* sont les plus anciens confrères, ceux parmi lesquels le prévôt choisit son successeur. Quant au vénérable doyen, nommé à vie, il est le plus ancien prévôt et il fait figure de gardien des traditions. A l'autre bout de la hiérarchie, le *massier*, doté d'une masse de cuivre, apporte leurs convocations aux Charitables et s'occupe de leur local, où il vit avec sa famille. Il est le seul salarié – à mi-temps – de la confrérie.

On compte, à Béthune, une cinquantaine de Charitables, dont quarante en activité. *Idem* à Beuvry, qui n'a que dix mille habitants. La moyenne d'âge, comme celle de la nation, tend à s'alourdir. Le plus jeune Charitable béthunois a vingt-sept ans. Tous les âges, toutes les strates sociales et opinions politiques se retrouvent au sein de la confrérie.

A l'ombre de son beffroi de grès gris – bien moins vieux que les Charitables, puisque l'édifice actuel ne date « que » de 1388 –, qui fut le seul bâtiment de quelque importance à résister au tapis de bombes allemand de la Première Guerre mondiale, Béthune, la victime de cent conflits, la travailleuse sans rechigner, la septentrionale, n'en aime que plus festoyer. Comme les confrères après une station à la nécropole municipale. Cela éclate particulièrement chaque printemps avec la Fête à jeunes gens où, de nos jours, entre autos-tamponneuses et barbes à papa, Béthune élit « le plus beau couple de l'année ». Pendant ce temps, les Charitables dégustent le jambon du chéri.

Mars 1991 et décembre 2002

Livre :

– Martine Ségalen, *Les Confréries de la France contemporaine*, Flammarion, 1975.

CHAPITRE VII

AUNIS

Les bouddhas de Mme Sylvestre

A Andrée Marik
et à toutes les autres femmes du « clan Lagoutte » :
Françoise, Claudine, Marie, Hélène, Louise et Lisa.

Pour le peintre voyageur et marcheur Claude Lagoutte, tout avait commencé à dix ans dans le salon d'une veuve coloniale à Rochefort-sur-Mer.

Qu'est-ce qui a bien pu décider Robert Coustet, universitaire très classique, spécialiste d'Odilon Redon, enseignant depuis vingt ans l'histoire de l'art à l'université Michel-de-Montaigne à Bordeaux, à s'intéresser à la vie et à la peinture de Claude Lagoutte, mort à Paris en 1990, à l'âge de cinquante-cinq ans, après une existence personnelle et artistique généralement à l'écart des pistes reconnues [1].

1. *Le Monde* du 24 mars 1990.

« Ce n'est pas compliqué, nous répond M. Coustet, dans son appartement très balzacien, rue Esprit-des-Lois, à Bordeaux. J'enseigne aussi la peinture contemporaine, particulièrement dans ses aspects bordelais, et Claude Lagoutte, qui avait des attaches familiales par ici, y a également travaillé : ainsi, sa série des *Labours* a été réalisée vers 1975 à Yvrac, village de l'Entre-deux-Mers où il a vécu plus de dix ans avec sa femme et ses enfants. Son voyage à pied Bordeaux-Cognac lui inspira également une œuvre marquante.

En outre, ayant rencontré Lagoutte vers 1970, nous avons, au-delà même du terrain de l'art *stricto sensu*, trouvé des thèmes d'intérêt commun à partir de nos périodes respectives passées à l'étranger : j'ai enseigné au Cambodge, au moment du discours de Phnom-Penh [2], Lagoutte avait lui-même parcouru l'Indochine vers 1960, quand il appartenait au service de santé de l'Armée royale lao et se faisait la main en dessinant des temples bouddhiques ou des paillotes sur le Mékong. »

Peu à peu, le très strict professeur bordelais révèle un ancien séjour professionnel dans cette rugueuse Algérie des hauts plateaux dont Lagoutte constaterait un jour : « Sa lumière est d'une cruauté telle que tout ici semble sculpté au diamant » ; puis un autre séjour, au Brésil, d'où il rapporta une thèse de troisième cycle sur l'architecture de Rio-de-Janeiro au XIXe siècle, etc. Ces affinités géo-artistiques entre les deux « chercheurs » figurent sans doute parmi les raisons qui amenèrent l'universitaire à suivre de près l'évolution d'un peintre dont il apprécia « d'emblée l'indépendance tenace en même temps que les liens évidents de sa peinture avec l'art contemporain ».

L'étude de Robert Coustet sur Lagoutte, à la fois esquisse biographique et analyse picturale, album de reproductions et choix de textes inédits de l'artiste, permet notamment de

---

2. Discours par lequel de Gaulle, le 1er septembre 1966, démolit vertement, et prémonitoirement, la folle politique états-unienne en Indochine.

reconstituer l'éducation artistique du peintre. Commencée avec la préparation annuelle, des mois à l'avance, de la crèche de Noël dans sa ville natale de Rochefort-sur-Mer, elle fut vite enluminée par la brusque et merveilleuse intrusion d'univers lointains, vaguement inquiétants, dans la vie de l'enfant, ainsi que le peintre dans sa maturité devait le confesser à Olivier Germain-Thomas sur France-Culture : « Mon premier vrai choc avec l'art, c'est à Rochefort-sur-Mer, ville de retraités coloniaux, que je l'ai sans doute éprouvé vers l'âge de dix ans. Mes parents, qui étaient commerçants, m'envoyaient parfois apporter une commande chez une certaine Mme Sylvestre, veuve d'un résident de France qui avait été en poste au Cambodge au temps où Malraux pillait les temples khmers. Cette dame vivait dans une vaste maison silencieuse. En passant devant les portes ouvertes du salon aux persiennes fermées, j'apercevais des statues d'Asie miroitant dans l'ombre, et surtout un énorme Bouddha qui m'appelait vers d'autres mondes géographiques et intérieurs. »

Rochefort, c'est aussi la ville de Pierre Loti ; Aunisien comme lui, Lagoutte a également commencé sa vie d'adulte en portant l'uniforme français sous les tropiques : « Plus tard, en 1986, c'est à cause de trois romans de Loti lus par hasard que j'ai renoncé à mon habituelle marche en Inde pour rester en Turquie. » La boucle était bouclée, les racines récupéraient leur dû.

Après ce choc culturel décisif, l'adolescent avait poursuivi son auto-éducation par la lecture des ouvrages de Fromentin et Delacroix, puis du théoricien de l'art Marcelin Pleynet ; découvert Hantaï et Estève ; recueilli dévotieusement outre-Méditerranée les enseignements à la fois techniques et philosophiques, les deux totalement hors de tout courant reconnu, d'un vieux peintre de l'Ecole d'Alger, Pierre Famin, mort presque centenaire à Marseille en 1988. La formation de Lagoutte dut aussi énormément à ses constants déplacements professionnels ou privés, le plus souvent dans les endroits les moins courus en France ou à l'étranger, même si on y retrouve les indispensables passages par New-York[3] ou Lausanne (la visite de Lagoutte au musée vaudois d'Art brut fut l'un des chocs de ce *cursus*).

Influences des dépaysements évidemment détournées, puisque les seuls aspects « exotiques » des œuvres de Lagoutte – œuvres « abstraites » généralement réalisées au retour dans ses ateliers parisien ou bordelais et « filles de la mémoire et non pas de l'œil », sauf les *Carnets de route*, où les dessins figuratifs à l'encre noire ne sont là que pour étayer les remarques littéraires, architecturales ou autres de l'artiste nomade – sont représentés par l'utilisation, au reste non systématique, de matériaux, du papier à la terre, rapportés, dans la besace de l'artiste, d'Inde, de Saintonge ou d'Egypte.

Besace n'est pas un vain mot. Durant les trois ou quatre derniers lustres de sa vie, Lagoutte passa chaque année plusieurs mois à voyager seul, avec le plus léger bagage, accomplissant, au moins partiellement, à pied ou en tout cas grâce aux moyens de transport du cru, ces *Parcours, randonnées, trajets et traversées*, pour reprendre l'intitulé de l'exposition Lagoutte 1992 du Troisième Œil, galerie bordelaise ayant essaimé à Paris, précisément en partie autour du travail de ce créateur.

---

3. Une tendance, apparue à la fin du XXe siècle en France, veut qu'on supprime les tirets ou les traits d'union – cette charmante spécificité de notre langue – dans les noms propres d'origine étrangère ou même purement français, et qui, du coup, ont l'air de se déliter, et en tout cas se défrancisent. Libre à l'Anglo-Saxon ou à l'Ibérique d'écrire, selon leurs grammaires, *New York*, *Rio de Janeiro* et *Bouches du Rhône* ! Pour ma part, ça continuera à être New-York (et, bien sûr, « New-Yorkais » car, si on opte pour *New York*, au lieu de « New-York », il faut être logique et remplacer « New-Yorkais » par *New Yorker* ou « New Yorkais »...), Rio-de-Janeiro, Bouches-du-Rhône et aussi Jean-Paul II, Saint-Simon, Tizi-Ouzou ou Arabie-Séoudite – et non pas *Saoudite*, anglicisme injustifié. De même, je ne cesserai pas d'écrire Tananarive, Coïmbre, Bougie ou Smyrne car les remplacer, selon une tendance sœur de celle dénoncée *supra*, par *Antananarivo*, *Coimbra*, *Bejaia* ou *Izmir*, m'obligerait en bonne logique à ne plus parler également que de *London*, *Beograd* ou *Lisboa*..

Circuits au pas humain, dans une atmosphère « artisanale », dépaysants jusqu'à en être quelquefois dérangeants et voulus tels par un homme qui avait commencé sa carrière (et ses déplacements) comme biologiste de l'Armée française d'outre-mer. D'où sa présence, entre 1959 et 1972, au Laos, en Côte-d'Ivoire, en Algérie et au Congo, pays où, en 1972, des tableaux de Lagoutte furent exposés pour la première fois au monde.

Ambulations riches également en incidents prosaïques insolites, comme le jour où un flic algérien du très antifrançais régime Boumediène, ayant découvert le peintre en train de croquer, loin du bitume, un de ces mols coteaux du Sahel d'Alger fraîchement labourés, demanda à l'artiste de lui remettre sur-le-champ une réplique du dessin afin de la joindre à son rapport... Pour paraphraser tel petit-bourgeois de Balzac à propos de la mer : « Est-ce qu'on peint une motte de terre ? »

Ce qui avait amusé Lagoutte lors de cette intervention policière, et bien qu'il fût généralement assez peu sensible à la toile de fond historique de ses marches (il fit néanmoins halte un jour à Varennes-en-Argonne pour voir le lieu de l'arrestation de Louis XVI), c'est qu'il avait été interpellé à portée de vue de Dély-Ibrahim, village où les Français élevèrent un monument en forme de minaret à la mémoire du colonel Boutin (1772-1813), espion de Napoléon Ier, dont les reconnaissances sur la côte d'Algérie facilitèrent plus tard le débarquement à Sidi-Ferruch des troupes de Charles X... Une autre fois, c'est sur le chemin vicinal girondin qu'un brave pandore eut du mal à admettre qu'un officier de réserve circulât à la façon d'un chemineau d'antan...

Il y eut des itinéraires plus risqués, comme celui qui, en 1985, conduisit Lagoutte – entre une exposition à Bombay avec immersion totale durant quelque temps dans le milieu intellectuel indien (encore un rude dépaysement !) et la réalisation d'un devant d'autel pour le couvent dominicain

Saint-Jacques à Paris – à s'introduire illégalement dans un Tibet encore semi-claquemuré par l'occupant chinois ; à y courir le risque de s'y geler un membre ; à y vivre plusieurs semaines dans la crasse confite de minuscules hameaux, où notre visiteur clandestin, quoique habillé à la mode himalayenne, ne passa pas inaperçu mais ne fut pas dénoncé, ayant emporté avec lui quelques photos du dalaï-lama à la cause duquel, lui, presque toujours si indifférent à l'actualité politique, était personnellement attaché – tout en demeurant, bien entendu, « un inconditionnel de l'antique peinture chinoise »...

La « balade » tibétaine suscita des « feuilles de piste » parmi les plus typiques du comportement de Lagoutte : une aube où les jappements des chiens l'empêchent de dormir, il écrit, en dépit de l'encre qui tourne à la glace noire : « Laissé à Katmandou plusieurs livres écrits par les Tibétains émigrés, décidément trop antichinois pour être dans mes bagages. La lecture de mon lexique tibétain se révèle plus utile (...). Hélas ! je suis capable d'avoir des informations mais je suis aussi capable de vérifier qu'elles sont toujours fausses... [Il s'agit d'horaires de cars.] Il reste la marche et le stop. »

Plus loin, il explique en quelques phrases son attirance pour le monde du Gange et de l'Himalaya : « Depuis des années, j'ai trouvé en Inde, dans ce répertoire magnifique de formes et de couleurs, d'analyses sans fin et d'intuitions sublimes, un paradis que j'avais perdu. Puis le bouddhisme, enfant de l'Inde, plus exigeant, se passant de cette sublime facilité qu'est Dieu, m'a attiré vers le nord. J'étais ébloui par la grandeur d'un système où tout repose sur soi-même (...). »

Et la conclusion à la fois du plasticien et de l'individu : « Le voyage au Tibet m'attirait depuis longtemps puisqu'ici la doctrine s'est parée d'un art exceptionnel (comment s'adresser aux idées sans images ?) (...) Si l'Inde était le Paradis retrouvé, le Tibet représentait encore plus : la possibilité de s'en passer, la liberté retrouvée. »

Très peu présent dans les cercles parisiens, tant par goût que par nécessité (le temps non consacré aux déplacements et à la famille était entièrement absorbé par le travail d'atelier), Lagoutte eut néanmoins un jour la bonne surprise de découvrir dans *Paris-Match* un de ses « collages cousus », très « bleu-blanc-rouge », vendu par sa galerie à l'Etat, et rien de moins qu'accroché au-dessus du lit présidentiel dans les nouveaux appartements de l'Elysée où les Mitterrand rejouaient les Pompidou « amis des arts »... Toutefois, la légende indiquait le nom d'un autre peintre et il fallut que des amis d'un Lagoutte assez indifférent le forcent à demander un rectificatif à l'hebdomadaire...

Le président Mitterrand voulut ensuite connaître ce Charentais – comme lui – et un dialogue s'engagea sur cette lumière gris-bleu d'Aunis-et-Saintonge, antithèse absolue des éclairages sans pitié du plateau algérien, ces deux clartés pourtant également aimées et picturalement intégrées par Lagoutte. Certaines planches de l'ouvrage de Robert Coustet montrent en particulier combien la lumière aqueuse des Charentes peut se retrouver captée et assimilée dans des peintures « abstraites » de Lagoutte, par exemple *Marée-Oléron*, « technique mixte sur toile et papier », datée 1986.

L'entrevue élyséenne avait permis à François Mitterrand d'apprendre que le peintre était le gendre d'Andrée Marik, autre payse que le président venait de convier, sous les auspices de la fraternité provinciale, à sa table, et dont le pseudonyme cache une délicate poétesse charentaise, d'autre part inventrice d'une série de plats au cognac. Les seuls ouvrages [4] que Lagoutte acceptât jamais d'orner de ses dessins cursifs à l'encre de Chine – qu'il avait décrétés « mineurs » une fois pour toutes, quoique appréciés de pas mal d'amateurs – sont ceux d'une belle-mère qu'il adora. L'environnement féminin

4. Notamment *Le cognac gastronome*, d'Andrée Marik, Bachelier-Bidaud, Angoulême, 1989.

familial, nombreux et dynamique (on recensa une dizaine de femmes de sa famille, toutes très proches de lui), semble d'ailleurs avoir joué un rôle non négligeable pour l'équilibre intime d'un artiste qui reconnaissait volontiers apprécier ce « côté Chardin » de son existence, par contraste avec le « côté Fromentin » de ses errances internationales.

Interrompue brusquement par la mort au moment où, après force collages, coutures et peintures « flottantes », l'artiste avait amorcé un net retour vers la toile sur châssis, l'œuvre de Lagoutte n'en est pas moins, selon la conclusion de Robert Coustet, dotée d'« une impressionnante cohérence, au carrefour des grandes tendances de sa génération, de la bande dessinée et de l'art narratif au *pattern painting*, de Supports/Surfaces à l'implication corporelle dans le paysage. Mais sa totale indépendance l'écarta du dogmatisme [car], au-delà de toutes les théories, de toutes les remises en cause, il garda toujours l'idée que l'art avait une dimension spirituelle et que, modestement, il se voulut paysagiste et peintre ».

Plusieurs collections notables, et d'abord Beaubourg et la Banque nationale de Paris, n'avaient pas attendu la disparition du créateur pour s'offrir un Lagoutte. A l'initiative de Françoise Garcia, conservatrice au musée des Beaux-Arts de Bordeaux, cet établissement décida en 1991 de consacrer 50 000 francs à l'achat d'un Lagoutte, et la Caisse des dépôts et consignations a acquis *Taley*, vaste « toile libre cousue » de 1980 ; les successions de rouges de ce tableau sont peut-être le « souvenir » gardé par le peintre d'une de ses pérégrinations dans cette Inde qui, entre 1978 et 1989, le vit une douzaine de fois, et longuement, arpenter ses chemins de terre, emprunter ses autobus de campagne, dormir à la belle étoile, se baigner avec les pèlerins hindouistes sans pour autant adhérer à leurs croyances. L'artiste est mort en pleines retrouvailles catholiques, édifiant jusqu'à ses infirmières antillaises.

Janvier 1992

Livre :

– Robert Coustet, *Claude Lagoutte, 1935-1990*, William Blake et Centre régional des lettres, Bordeaux, 1991.

*

Principales collections possédant des Lagoutte au 1er janvier 2004 :

– Bordeaux : musée des Beaux-Arts ; Entrepôts Lainé.

– Paris : Centre Pompidou ; musée d'Art moderne ; Arts déco ; Bibliothèque nationale ; Mobilier national ; Caisse des dépôts et consignations, etc. (Egalement le devant d'autel du couvent dominicain Saint-Jacques, Paris XIIIe.)

– Cognac : musée des Beaux-Arts.

– Fonds national (et fonds régionaux) français d'art contemporain.

– Les galeries Troisième Œil à Paris et Bordeaux exposent régulièrement des Lagoutte.

CHAPITRE VIII

AUVERGNE

Les volcans de Giscard d'Estaing

A mon grand-père Jean Hugoz, in memoriam
A ma grand-mère Jeanne Hospital, native d'Issoire[1],
épouse Péroncel puis Hugoz, in memoriam

Le géant « complexe ludo-scientifique », voulu par l'ancien chef d'Etat dans les entrailles de sa province d'origine nous amène, de cratère en cratère, jusqu'aux « couzes », « planèzes » et « pailhats », autres particularités de la géoplastie auvergnate.

Avant de lancer, le 20 février 2002 avec mille écoliers habillés en rouge lave, un triple *Viva Vulcania !* pour ouvrir le Parc européen du volcanisme, Valéry Giscard d'Estaing

1. Cette ville du Puy-de-Dôme, rappelait parfois malicieusement ma grand-mère, s'était appelée *Quartier-sans-Culotte* sous la Révolution...

aurait peut-être pu saluer un savant oublié, Jean-Etienne Guettard, naturaliste des ducs d'Orléans et « inventeur » au mitan du siècle des Lumières, du fabuleux passé sismique auvergnat. On ne peut pas dire, en revanche, que l'actuel président de la région Auvergne n'ait pas fait preuve de « passion » à l'égard de sa contrée lors du baptême de ce mégacomplexe ludo-scientifique souterrain. Un peu comme si l'ancien chef de l'Etat avait en tête *L'Auvergne absolue*, de feu mon confrère de *La Montagne*, Alexandre Vialatte.

La passion n'excluant pas forcément la lucidité, VGE a exalté le nécessaire rôle dynamiseur attendu de Vulcania (un demi-million de visiteurs pressentis dès 2003) en faveur du tourisme au « royaume du Vert ». Et cela à l'heure où le thermalisme traditionnel n'a plus la cote ; où les autoroutes reportent toujours plus au sud la notion de « halte » ; où la jeunesse, déchristianisée et insuffisamment initiée à l'Histoire, bâille souvent devant chapelles et châteaux millénaires dont personne ne lui a parlé ou alors, souvent, en termes dépréciatifs...

C'est cependant par le truchement d'un emploi-jeune, qui connaît son sujet, que nous voyons dans le détail Saint-Austremoine d'Issoire, « plus vaste édifice roman d'Auvergne », où ce guide ne néglige pas de rappeler que la châsse du premier évêque d'Auvergne, volée en 1983, fut récupérée près d'une décennie plus tard à Honolulu, dans la colonie états-unienne d'Hawaï... Ni de signaler dans la foulée que le célèbre jacquemart profane issoirien, avec son faune en pied, est indûment conservé, depuis les guerres de Religion, par la cathédrale de Clermont-Ferrand... En contrepartie, c'est une vétérane de la librairie d'Issoire qui nous fera découvrir *L'Exil auvergnat de la reine Margot*, divertissant travail d'un sous-préfet au tempérament littéraire, Michel Moisan.

Du coup, nous voici à Usson, mini-cité « en bonnet du pape », autrement dit étagée sur trois niveaux, au flanc – naturellement ! – d'un ex-volcan. Là, en plus de quelques blocs basaltiques entre lesquels la première épouse d'Henri IV expia, durant près de vingt ans (entourée, rassurez-vous, d'une petite cour épicurienne), son libertinage, on se trouve face à l'un des plus spectaculaires « écrans larges » du Puy-de-Dôme : Livradois, Limagnes, intumescences volcaniques, val d'Allier, pays d'Issoire, donjon de Montpeyroux, masse de Parentignat, le « Versailles du Massif Central ».

Sans compter le « Dauphiné d'Auvergne » – car le Viennois ne fut pas seul à être gouverné par un *dauphin* avant son intégration à la France –, sous-région ignorée, balisée maintenant sur trente-six kilomètres et dévoilant une curiosité valant station au détour de chacun de ses cônes « égueulés » ou « emboîtés », de ses *planèzes* (plateaux pentus), *couzes* (affluents de l'Allier) ou *pailhats* (terrasses agricoles). A Boudes, village aux frontons en chapeau de gendarme, la surprise est un bon vin rouge, fruité mais pas trop, et gouleyant en diable, issu du « seul des vignobles locaux » ayant échappé au puceron phylloxéra du XIXe siècle. « Savez-vous, monsieur, qu'avant cette maladie, le Puy-de-Dôme se flattait d'être le premier département vinicole français et qu'Issoire avait pour devise “Bon vin à boire, belles filles à voir” ? »

Ni vignes ni belles, dans l'exquise solitude de la fin d'hiver, au balcon forestier de Queuille délivrant – mieux encore que d'avion, car ici le hublot est illimité – le spectacle panoramique du méandre de la Sioule. Son seul rival dans l'Hexagone est sans doute le cingle dordognot de Trémolat, mais si le cingle est un jardin dont la rotondité entière est cultivée, la boucle queuilloise est boisée à ras bord, sauvage à souhait.

Les mânes d'Alexandre Vialatte frémiront d'aise si, à quelques jets de lave du méandre, vous vous arrêtez au *gour* (lac) de Tazenat, emplissant un *maar* (ci-devant cratère explosif) où le père du *Fidèle Berger* venait se rafraîchir en été.

Si les buts de promenade sont légion, que dire alors de l'offre culinaire en Auvergne ? Potée, tripoux, museau de porc roulé, saumon naturel de l'Allier à la Régis (avec lentilles du

Puy), duxelle de champignons des bois, omelette au cantal de l'abbé Gourdon (licite en carême), filets de poulet bourbonnais à la Pierre-de-Nolhac (du nom d'une autre plume auvergnate émérite du XXe siècle), caramels de châtaigne, pâte d'abricots de Riom, etc.

La gastronomie de cette province doit également beaucoup à une modeste solanacée amenée à nous par Christophe Colomb et Parmentier : la pomme de terre. Aucune région de France n'a su en tirer aussi richement parti que l'Auvergne avec, pour être court, la truffade (sans la ruineuse et bien des fois décevante truffe) où la simple tomme fraîche de cantal est incorporée à la pomme de terre ; celle-ci, surtout si elle est charlotte ou roseval, donne de consistants aligots quand on l'unit à l'ail et à un fromage *ad hoc* ; mêlé au saindoux, aux lardons et à l'oignon, puis enrobé de pâte, le légume universel sous sa forme « belle-de-Fontenay » livre une tourte à damner les prescripteurs de régimes.

Si ceux-ci résistent, les chefs Mouty et Andant ont remis en lice, à leur intention, le velouté de topinambour, autre immigré américain, trop longtemps associé aux restrictions de l'Occupation et dont la récente réhabilitation n'est que justice alimentaire. Quant au toponyme « Chazeron », en Combrailles, marqué par une tour médiévale où le gouvernement de Vichy enferma certains de ses opposants, il fournit maintenant une appellation au gâteau à la noisette inventé en 1996 par le maître boulanger Nury. Le noisetier pourrait servir de symbole à l'Auvergne, où on le retrouve même implanté en littérature, ainsi dans le roman de Robert Sabatier – lequel était originaire de Saugues –, *Les Noisettes sauvages*.

Après de telles débauches, terminons par l'austère « manoir » de Veygoux, dominant Volvic, au milieu de prés et sylves. Cette pataude grosse ferme combrayaude, maintenant ouverte au public, recèle le souvenir du général Louis Desaix (né des Aix, en 1768), aussi noble que pauvre, héros pur du Rhin et du Nil, véritable vainqueur de Marengo (1800) où il tomba, propulsant involontairement Bonaparte vers la dictature suprême. La maison, où vécurent surtout sa mère et sa sœur, rescapées de la guillotine car, à Riom, sous la Terreur, nul n'accepta de dresser cet « instrument étrange », restitue, grâce à des aménagements et restaurations considérables, ce qui fut la quasi immuable vie quotidienne au pays des puys, du milieu du XVIIIe siècle au début du XXe siècle : un robuste alliage de frugalité et de truculence, dont l'esprit transparaît encore quelquefois sous l'opulence présente.

Mars 2002

Livres :

– Jules Vallès, *Jacques Vingtras* (1876-1886). Trois tomes.

– Alexandre Vialatte, *L'Auvergne absolue*, Julliard, 1950.

– Jules Romains, *Les Copains*, Gallimard, 1913.

– Gonzague Saint-Bris, *Desaix, le sultan de Bonaparte*, Perrin, 1995.

*

Films :

– *L'Eternel retour* de Jean Delanoy, 1943. Avec Madeleine Sologne.

– *L'Argent de poche* de François Triffaut, 1975.

– *Le Cri du hibou* de Claude Chabrol, 1987.

CHAPITRE IX

Balzacie

Les bons plans de « La Comédie humaine »

A Jean Carmet, inégalable interprète
de l'Abbé Birotteau et du Père Grandet,
in memoriam

L'essentiel est qu'en général le romancier « néglige les curiosités touristiques et privilégie le méconnu », de Gémenos à Saint-Cyr-sur-Loire, de la Nouvelle-Athènes au Vieux Paris.

Sacré Balzac ! Légitimiste, « catho tradi », comme on dirait de nos jours, adepte du patriarcat et du droit d'aînesse, il a tout pour déplaire à notre époque, et cependant il est resté jusqu'ici à l'abri de toute « relecture » iconoclaste, tant sa puissance littéraire et son génie d'invention demeurent des plus forts. Il continue donc de fournir des dictées aux instituteurs, des sujets aux thésards, des thèmes aux cinéastes et téléastes (ainsi *L'Interdiction*, de Jean-Daniel Verhaeghe en 1993), et même des idées de roman (*La Bataille*, de Patrick Rambaud, a obtenu en 1997 le Goncourt et un prix de l'Académie française).

Décidément à toutes les sauces, Balzac peut aussi être un guide original, à travers Paris, les régions, et même certaines contrées étrangères où quelquefois il ne mit pas les pieds... Un balzacomane norvégien n'en revenait pas de la précision avec laquelle le père de *La Comédie humaine*, dans *Séraphita*, évoque son pays – que l'écrivain ne visita point –, décrivant à merveille sa flore et même sa façon de skier, le tout sur fond d'androgynat mystique et de pensée swedenborgienne... Epoustouflant, non ?

Avec des scénarios moins biscornus, presque chaque titre de Balzac apporte des indications historiques ou paysagères susceptibles d'ouvrir des itinéraires neufs, loin de l'esprit moutonnier des guides courants ; que ce soit en Val-de-Loire ou dans la Nouvelle-Athènes, ce quartier intellectuel parisien aménagé sous la Restauration entre Notre-Dame-de-Lorette (d'où les lorettes) et le boulevard de Rochechouart.

Maints auteurs se sont essayés à reconstituer routes et horizons de Balzac, tel Amédée Ponceau en 1950. Les possibilités sont si vastes que le normalien Félix Longaud, dans son *Dictionnaire Balzac* (1969), en oublie la côte provençale sur la carte qu'il a consacrée au « domaine géographique français de *La Comédie humaine* », et alors que les *Mémoires de deux jeunes mariées* ont en partie pour cadre les environs de Marseille. Archéologue et balzacologue, Philippe Bruneau, déjà auteur d'un *Balzac et l'archéologie* (*Année balzacienne*, 1983), a publié, lui, un consistant *Guide Balzac* concernant toute la France.

Avec une minutie rarement atteinte, M. Bruneau inspecte un à un les sites « romancés » par Balzac, dont beaucoup servirent à la fois de muse littéraire et de décor intime à l'écrivain.

C'est le cas entre autres de La Grenadière, discrète closerie tourangelle où Balzac vécut trois mois de délices, en 1830, avec l'une des ses chéries, Laure de Berny, fille d'une « femme » de Marie-Antoinette. Démuni, il ne put acheter cette thébaïde. Il se vengea en mettant La Grenadière dans ses *Contes drolatiques* (hors *Comédie humaine* donc) et *Le Lys dans la vallée*, et surtout en en faisant le titre et le lieu d'un court roman tragique.

Cette maison de campagne existe toujours : propriété privée, très privée, elle ne se visite pas. Mais grâce à la prospection *in situ* du « fanatique » M. Bruneau, on peut la lorgner de près : « A Saint-Cyr-sur-Loire, continuer vers Saumur jusqu'à un feu tricolore ; tourner à droite, passer devant l'église, monter la rue de la Mairie jusqu'à la place de l'Hôtel-de-Ville. Pénétrer dans le parc et gagner son angle sud-est, c'est-à-dire à l'opposé de l'entrée. On se trouve (selon Balzac) sur une "pente si raide qu'il est très difficile de la gravir" et où "un vignoble de deux arpents [s'élevait] au-dessus de la maison". » De là, on a une vue plongeante sur La Grenadière.

Notre cornac s'entoure d'un plus grand luxe de détails encore pour nous faire cheminer autour de la cathédrale Saint-Gatien à Tours, ville où Balzac est né. Ce district est la toile de fond du *Curé de Tours*, chef-d'œuvre indéniable sur la psychologie des ecclésiastiques et des vieilles filles.

M. Bruneau doute de l'opportunité du panneau indiquant le logis des abbés, qui correspond pourtant, à quelques mètres près (mais *Le Curé de Tours* est un roman, non un plan d'occupation des sols !), à la description balzacienne. Cette incertitude confère d'ailleurs un piment presque policier à ces déambulations. L'essentiel est qu'en général, « Balzac néglige les curiosités touristiques et privilégie le méconnu ».

Une virée à Gémenos – oasis de fraîcheur et de charme, un peu à l'écart de l'anarchie permanente de Marseille et, l'été, de sa touffeur – illustre parfaitement la méthode du romancier. En route pour la Corse, en 1838, il avait apprécié ce havre. Il nous le restitue, transmuté par son imagination, grâce à l'artifice de la correspondance échangée entre des nouvelles mariées. La demeure gémenosienne de l'une des deux, ancien château de la famille d'Albertas datant des années 1700, est depuis 1898 la mairie de la petite commune, et elle est inchangée dans son aspect extérieur.

Même « les fenêtres sans aucune symétrie » de la façade de derrière, remarquées par Balzac, sont restées en l'état. Cartes postales disponibles sur place. A vingt-cinq kilomètres du Vieux-Port, au flanc de la Sainte-Baume de Marie-Madeleine et en vue du Garlaban de Pagnol, le village de Gémenos – où les Marseillais, comme pour illustrer l'intrigue balzacienne, aiment à venir se marier – nous parle du romantisme.

Autre décor de *La Comédie*, mais en pleine capitale, fortement marqué par le souffle du romancier, même s'il n'en subsiste que des murs et une enseigne : le *Rocher de Cancale*. Balzac y dîna souventes fois, dans un summum de sybaritisme gastronomique, et y fit souper plusieurs de ses héros, en particulier la terrible Dinah Piedefer, le soir de sa rupture avec un beau goujat, le journaliste Lousteau *(La Muse du département)*. Aujourd'hui, au *Rocher de Cancale*, il faut se contenter d'un café ou d'un plat du jour, mais l'excursion urbaine vaut quand même la peine, surtout si on a en tête les tribulations adultérines de Dinah.

Décembre 1997

Livres :

– Amédée Ponceau, *Paysages et destins balzaciens*, Le Myrthe, 1950.

– Philippe Bruneau, *Guide Balzac*, Hazan, 1997.

– Philippe Maxence, *Petit Voyage politique en Balzacie*, DMM, 1999.

*

Sélection de films d'après Balzac :

– *Le Colonel Chabert* de René Le Henaff, 1943. Avec Raimu.

– *Vautrin* de Pierre Billon, 1944. Avec Michel Simon et Madeleine Sologne. Adaptation de Pierre Benoit.

– *Le Père Goriot* de Robert Vernay, 1945. Avec Pierre Larquey.

– *Les Chouans* d'Henri Calef, 1947. Avec Jean Marais et Madeleine Robinson.

– *Le Lys dans la vallée* de Marcel Cravenne, 1970.

– *Le Curé de Tours* de Pierre Moustiers et Gabriel Axel, 1980. Avec Jean Carmet.

– *L'Interdiction* de Jean-Daniel Verhaeghe, 1993. Avec Jean-Louis Trintignant.

– *Eugénie Grandet* de Pierre Moustiers et Jean-Daniel Verhaeghe, 1994. Avec Jean Carmet.

CHAPITRE X

BÉARN

L'Anglaise du continent

A Philippe et Marie-Josée de Saint-Robert

Quand Pau « anglomanise » de concert avec Mascate ou Lahore et rappelle que le béret basque est béarnais, sans compter qu'il est originaire de Carthage...

S'il est une ville de France où inconvenant serait jugé le collégien osant entonner la vieille ritournelle estudiantine : « Et merde pour la reine d'Angleterre, qui nous a déclaré la guerre ! », c'est bien Pau. Au Cercle anglais, *established 1860*, mais où, en 1996, ne figurait plus qu'un ménage britannique parmi les membres, on est accueilli par l'opulente poitrine en marbre du buste de Victoria avant de tomber devant une photo d'Elizabeth II. Il a fallu attendre 1940 et la rupture entre le gouvernement de Vichy et celui de Sa Majesté britannique pour qu'un Français puisse présider ce cercle, mais, dès 1945, pour quelques années, les Anglais se ressaisirent de la présidence...

Le Pau Golf Club (PGC) est encore plus ancien (1856) et se flatte d'être « le premier en date des golfs du Continent ». Sur la cheminée est exposée une lettre de Buckingham Palace transmettant la satisfaction de Victoria d'avoir reçu la médaille du PGC. La tache verte des greens est la plus vaste de toutes celles qui étoilent la capitale du Béarn où, pour une fois, l'appellation « ville-jardin » n'est pas surfaite. La mini-oasis de palmiers de Chine, les mimosas du Brésil embaumant dès janvier, les couverts de magnolias, les camélias de Noël, les cèdres, les cyprès chauves, les citronniers en fruits, les bananiers, l'énigmatique *Liquidambar styraciflua*, rappellent volontiers les Palois, « ont été plantés jadis grâce aux hivernants anglais ».

Plus antique encore que le PGC est le Pau Hunt, fondé en 1842 par des amateurs anglais de chasse au renard. Il fallut montrer aux Français comment chasser le *fox*, car les premiers Britanniques venus le traquer ici furent horrifiés : « La plupart des chiens ne valent rien [et] s'agitent comme des porcs dans un champ de maïs. » « Les chasseurs sont habillés de façon ridicule. Le renard fut tué par la peur que causa tout le vacarme. » On dut attendre un siècle pour que des Français, qui entretemps avaient appris à traquer Goupil avec un peu plus de classe, fussent admis à diriger le Pau Hunt. Des chasses à courre au canidé roux continuent de se dérouler chaque samedi, et on ne se souvient d'aucune protestation de la Société protectrice des animaux ou de Brigitte Bardot.

Rue O'Quin, à St-Andrew's, un ministre du culte anglican, ne relevant que de l'évêque de... Gibraltar, célèbre la messe dans la langue d'Henri VIII. Ce sanctuaire, naguère encore flanqué de deux autres temples protestants, veut exprimer une certaine sympathie pour les indigènes catholiques puisqu'il contient une représentation religieuse, « unique en son genre », réconciliant saint Georges et sainte Jeanne d'Arc... Bref, à Pau, on ignore la guerre de Cent Ans, Fachoda, Dunkerque ou Mers-el-Kébir – et même l'exil de l'Ogre corse, puisque aucun préfet des Pyrénées-Atlantiques (ex-Basses-Pyrénées) ne s'est aventuré à changer le nom de sa résidence officielle, l'une des 300 « villas anglaises » de la cité : St-Helen's... D'ailleurs, nous avons assisté au Cercle anglais à une conférence – en français tout de même – sur Castlereagh, l'un des plus féroces adversaires de l'Empereur. Cette causerie se déroulait le même jour que l'ouverture, dans l'ancienne forteresse des rois de Navarre, d'une exposition des œuvres de lady Fortescue, dessinatrice britannique peut-être un peu espionne sans avoir l'air d'y toucher et qui, en 1818, arpenta les Pyrénées...

Tout ce qui précède survint parce qu'en 1814, des officiers de l'armée britannique furent bien accueillis par les Béarnais, ravis de voir ces forces contribuer à remettre au pouvoir à Paris les héritiers d'Henri IV ; parce que ces militaires, séduits par l'abondance du gibier et le climat le moins venté d'Europe, revinrent en villégiature à Pau. En 1838, sous la première Entente cordiale [1], un médecin écossais, Alexandre Taylor, ouvrit un cabinet pour les hivernants anglophones dans le chef-lieu béarnais et publia un ouvrage portant au pinacle les vertus climatiques du séjour dans sa ville d'adoption. Ce fut la ruée de la *gentry*, bientôt suivie de celle de riches anglomanes des deux hémisphères, invoquant « maladies de poitrine » ou « vapeurs » des jeunes filles à marier.

On diffusa des statistiques (fausses, bien sûr, comme la plupart des statistiques) prouvant que si, chaque année, un Viennois sur vingt-deux, un Parisien sur trente-deux mouraient, seul un Palois sur quarante-cinq passait de vie à trépas. Bientôt, sur vingt-cinq mille habitants, Pau compta cinq mille étrangers, majoritairement britanniques, mais aussi russes, américains, brésiliens, etc. L'historien Pierre Tucoo-Chala a

1. Voir le chapitre de ce livre consacré à la Normandie : « Louis-Philippe en vacances. »

découvert que même la veuve du président Lincoln, une métisse, s'était retirée à Pau, et que le président Grant, par préjugé racial sans doute, n'alla même pas la saluer lorsqu'il vint ici lui aussi. Car la terre entière tint alors à se montrer entre les tours moussues de Marguerite d'Angoulême et le casino tout neuf : de Napoléon III aux Bourbons de Naples, d'Alphonse XIII à Edouard VII, des officiers francs-maçons britanniques de la loge Orthez aux pionniers de l'air, aussi bien les frères américains Wright que Louis Blériot, enchantés de pouvoir évoluer dans l'air immobile de la plaine pyrénéenne. 1909 vit la création à Pau de la première école d'aviation du monde.

Cette immigration de haut vol faisait travailler soubrettes, maçons ou producteurs de jurançon, créant une atmosphère anglo-saxonne d'outremer qu'on peut retrouver encore de nos jours à Lahore ou Mascate, partout où les *British* ont transporté, avec un cérémonial que parfois ils n'observaient plus aussi strictement dans leur île, leurs goûts et leurs manies, leur amour du sport et leur sexualité transie.

Les dernières « maisons anglaises » ont fermé leurs portes après la crise de 1929. La plupart ont été reprises par la bourgeoisie locale, qui vit encore souvent aujourd'hui entre des boiseries chocolat et des gravures de chasse. Jusqu'à la municipalité socialiste qui a été heureuse de racheter, pour ses réceptions, la villa St-Basil's, dans le prolongement sélect du boulevard des Pyrénées, corniche ouverte en 1900. Les palaces ont disparu de ce quartier mais, dans le centre de Pau, l'hôtel Continental, inauguré en 1913, a maintenu les bonnes manières du temps. Quant à Raymond Casau, maître-cuisinier béarnais, il a ajouté à son restaurant un bar à boiseries de style purement britannique comme on n'en voit plus guère, même à Londres. Les Palois férus de « Pau, ville anglaise » sont loin d'être en voie de disparition. Il est un domaine toutefois où, anglomanes mais pas fous, ils ont résisté aux influences d'outre-Manche : la cuisine. Ainsi,

M. Casau peut toujours préparer son fameux lièvre à la royale, au vin de Madiran.

Ne quittons point le Béarn sans aller jeter un coup d'œil à une spécialité locale dont les Britanniques de Pau ne se sont jamais souciés mais qui, en revanche, intéresse au premier chef, c'est le cas de le dire, la « franchouillardise », puisqu'il s'agit du béret. Sachez d'abord que le béret basque n'est pas basque. Il est béarnais mais les Navarrais et les Basques ont aussi porté cette coiffe héritée du *byrrium* de Carthage, lequel se retrouve également dans la barrette ecclésiastique. C'est aux Basques, les plus migrateurs de tous les Pyrénéens, qu'il est revenu de faire connaître dans le monde ce couvre-chef qui, du Moyen Age à la Troisième République, fut tricoté par les bergers du Béarn. Maintenant, à Pau comme ailleurs, les hommes choisissent plutôt une casquette nord-américaine à longue visière... Cependant, l'industrie béarnaise du béret basque, la seule existant en France, a repris du poil de la bête grâce à la mode féminine, puis aux commandes militaires – les casques-bleus de l'ONU portent un béret traditionnel *made in Bearn*, pure laine.

L'une des trois manufactures bérétières actuelles, Blancq-Olibet, maison familiale établie à Nay, depuis la Restauration, a donné une nouvelle corde à l'arc de cette industrie semi-artisanale en lançant les « bérets-événements » pour congrès, régions ou célébrations. Des bérets sans fibres synthétiques (elles ne feutreraient pas), en vingt-sept coloris (y compris le brun clair des bergers d'antan).

Le béret est, depuis trois ou quatre générations, l'un des symboles de la France traditionnelle avec la baguette de pain et le vin. En Béarn, on accepte cette « sainte trinité », à condition que la boisson ne soit pas l'« affreux litron de gros rouge » mais le jurançon. Ce vin, uniquement blanc, qui a fêté, en 1996, le soixantième anniversaire de son « appellation d'origine contrôlée », remonte à un vignoble d'Aubertin, au XIIIe siècle. Les parcelles productives ne couvrent que huit cents hectares exploités par trois cent vingt vignerons, dont soixante pressent eux-mêmes leur raisin. A l'origine uniquement liquoreux, le jurançon donne aujourd'hui également des vins secs. Les Béarnais consomment le jurançon aussi bien en apéritif qu'avec la pièce montée des communions, la charcuterie de montagne ou le fromage de brebis.

A l'époque d'Henri IV, qui fut « baptisé » avec ce vin par son grand-père, le jurançon n'était sans doute qu'une piquette supérieure. C'est Louis XVIII, refaisant en 1820 le geste de son ancêtre sur la tête du futur Henri V, petit roi d'un jour en 1830, qui attira l'attention sur un cru déjà amélioré. En 1995, à Paris, un aréopage d'éminents sommeliers réunis par la revue *Grandes Lignes*, après dégustation à l'aveugle de cent vins, a décerné son prix à un jurançon gros-manseng, « vin de plaisir, légèrement aromatique », de Gisèle Bordenave, viticultrice de vingt-trois ans.

Quant à la baguette, les Béarnais la remplaceraient volontiers, dans la trilogie française, par la « poule au pot », slogan politico-social lancé à Paris vers 1600 par Henri IV, devenue ensuite l'un des pics de la gastronomie locale. Surtout si on a affaire à la poularde fermière de Christine Casaux-Estrem, à Cardesse.

Dans sa ferme-auberge, bien de famille depuis 1610, elle prépare sa farce avec du foie gras de canard, des abats de volaille, de la *ventrèche* (petit salé), des œufs, de la mie de pain et un peu d'ail. Cuit au torchon dans le bouillon de la poule, l'exquis amalgame sera servi à part, enrobé de chou et escorté de navets, carottes et poireaux. « Et sans béarnaise, sauce inventée à Paris, car à Pau on l'aurait faite à l'huile et pas au beurre ! »

Février 1996

Livres :

– Pierre Tucoo-Chala, *Pau, ville anglaise*, Snerd, Pau, 1979 et Librairie des Pyrénées et de Gascogne, 1999.

– Roger Grenier, *Villas anglaises à Pau*, avec des photos d'Anne Garde, Marrimponey-Villa Formose, Pau, 1991.

– Roger Delteil, *Le Vert-Galant*, La Bartavelle, Charlieu, 1995.

CHAPITRE XI

Bordeaux

Sang chaud, tête froide

A l'eurodéputé français souverainiste,
Paul-Marie Coûteaux

Devenue définitivement française en 1453 seulement, l'année où Byzance était prise par les Turcs, Vinopolis est restée la seule grande ville d'Hexagonie qui se suffit à elle-même, la seule où un quartier aristocratique, les Chartrons, fait encore la mode et la loi...

Une figure de vertu, une sûreté de soi déjà éprouvées ailleurs. Mais où donc ? Peut-être à Téhéran... comme si de secrètes coïncidences reliaient ce foyer de l'islamisme, Mecque du vin fin. Les *Lettres persanes*, déjà, furent conçues par un « président à mortier du parlement de Guyenne... ».

Bordeaux ville-quai, cité-salon. Avec les mêmes visages sur les deux sites. Une double vie, très officielle et très rentable.

« Le quartier des Chartrons fourmille de gens qui ont bien rempli leur poche » (lettre d'un Chartronais à un autre Chartronais, 1823). En gros, ça a duré de Colbert, parrain de la « Compagnie privilégiée des marchands bordelais », à de Gaulle dépêchant le beau gosse de la Résistance, Delmas dit Chaban, dans la métropole girondine encore ensorcelée par un maire socialo-vichyste, à nom de peintre ou de comédienne : Marquet.

Le commerce nourrissant le commerce de l'esprit. Et *vice-versa.* Voilà la vraie recette de Bordeaux, même si elle n'a pas inspiré la statuaire sur « cours » et « allées », préférées ici à boulevards et avenues. Montesquieu, nous rappelle son descendant, toujours « viticulteur-propriétaire dans l'Entre-deux-Mers », se félicitait, sous son bonnet de magistrat – le mortier – de ce que « le succès de *L'Esprit des lois* en Angleterre y contribue au succès de [son] vin ». Et réciproquement.

Téhéranoïde ou pas, Bordeaux est atypique en Hexagonie. François Mauriac (1885-1970) nous avait prévenus que son berceau était, à l'instar de Paris, « une vraie capitale », précisant : « Le plaisir essentiel qui nous attache à la ville et qui est la vie de relations, les Bordelais le goûtent mieux peut-être que les Parisiens. A Bordeaux, Proust aurait pu écrire *Du côté de Guermantes.* » Produit du lieu aussi, le chroniqueur Philippe Jullian (1919-1977), petit-fils de l'historien Camille Jullian, avait bien cerné les ingrédients du particularisme bordelais : « C'est la seule ville de province qui a l'allure d'une capitale et dont la société présente tous les traits d'une aristocratie se suffisant à elle-même. Moins avare que Lyon, plus distinguée que Marseille, moins sérieuse que Lille mais plus réservée que Toulouse, Bordeaux ne s'intéresse que fort peu à ce qui se passe à Paris [1]. »

Austère dans ses extérieurs, épicurienne dans l'intimité – ça, encore, c'est Téhéran –, Bordeaux, dès le siècle des Lumières, a inventé, à partir de ce chaud-froid social, un style qui conti-

1. Le *Dictionnaire du snobisme*, Plon, 1958, réédité chez Bartillat, 1992.

nue de faire florès en France et ailleurs : le « bon genre ». La couleur bordeaux même, qui réussit à être rouge sans tourner au criard, illustre un comportement dû, historiquement, à quelques centaines seulement d'immigrés : des protestants d'Angleterre, d'Irlande, de Hollande, de la Hanse, qui, sous leur francité acquise, ont bien pris garde de ne jamais oublier leurs origines.

Débarqués au XVIIIe siècle et à l'entour, sur la rive gauche de la Gironde, pour y négocier et exporter chez leurs coreligionnaires les crus que fabriquaient savamment ces empotés d'agriculteurs catholiques du Médoc ou d'Entre-deux-Mers, les nouveaux venus firent souche sur place, tout en se mariant le plus souvent entre eux.

En ce temps-là, le vin n'était que clairet – le *claret* des Britanniques –, breuvage pâle, aigrelet, léger et vite périssable – mais néanmoins enivrant. La vinification n'avait guère évolué depuis qu'Ausone naquit dans la romaine *Burdigala*, y gérant sans difficulté – déjà – sa « double casquette » de poète latin et d'exploitant-négociant vinicole. Durant la seconde partie du XVIIIe siècle, les progrès de la chimie (et un peu plus de propreté) permirent enfin de donner au vin corps, couleur et durée. Le premier millésime de très grande qualité fut 1811, « l'année de la comète ». L'Irlando-Bordelais Patrick Mitchell, en inventant la bouteille telle que nous l'utilisons encore aujourd'hui, mérita bien les deux rues bordelaises à son patronyme.

On comprendra que jamais homme ne fut plus haï en Gironde que l'Ogre corse, avec son fichu blocus continental. Les Bourbons, jadis nargués, furent accueillis avec transport : due au baron Gros, l'une des toiles les plus regardées du musée des Beaux-Arts[2] reste *L'embarquement de la duchesse*

---

2. La grande anomalie culturelle de Bordeaux, c'est l'exiguïté de son musée des Beaux-Arts, où l'accrochage moderne ne permet de montrer que quelques dizaines de ses trois mille ou quatre mille toiles, dont un seul Marquet sur la dizaine d'huiles portuaires splendides que le musée possède de ce peintre bordelais.

d'Angoulême, [fille de Louis XVI] *à Pauillac* [en 1815], au milieu des pleurs de ses fidèles bordelais. En retour, l'héritier de la dynastie fut duc de Bordeaux. Et cette commune est sans doute la seule de France à avoir conservé une artère – un quai, bien sûr – au nom de Louis XVIII, excellent roi méconnu, sauf à Bordeaux justement.

N'est-ce point son ministre de l'Intérieur, le Bordelais Louis-Joachim Lainé, qui, en 1821, ordonna à l'ingénieur des Ponts et Chaussées Pierre Deschamps de construire, entre Garonne et Chartrons, un entrepôt de quinze mille mètres carrés ? – « Une église romane pour marchandises », selon Pierre Veilletet. C'est le seul bâtiment « moderne » de la cité capable de rivaliser avec la grandeur de la Bourse des Gabriel ou de l'Opéra de Louis. Sur cette décennie 1820, où tout redémarre ici pour cent ans et plus, Balzac a laissé un roman peu lu, *Le Contrat de mariage*, délicieux, palpitant imbroglio juridico-financier dont sortirent victorieuses deux implacables Hispano-Bordelaises.

Sauvé cent cinquante ans plus tard grâce à d'autres dames des Chartrons, l'Entrepôt Lainé s'est mué en l'un des centres d'art contemporain les plus cités de New-York à Tokyo.

Un art dans sa variante dure, pauvre (quoique fort coûteuse...), provocatrice avec les tas de charbon du Grec Jannis Kounellis, les grilles de l'Espagnole Susana Solano ou les alignements d'ardoises de l'Anglais Richard Long. Cent mille personnes visitent chaque année cet espace. Les statistiques ne disent pas combien en ressortent éberluées...

Député-maire depuis 1947, Jacques Chaban-Delmas[3], qui est son « propre adjoint à la culture », se montre très fier des 30 % de son budget allant à celle-ci, avec priorité à la musique. Nul ne conteste à l'inventeur de la Nouvelle Société qu'il comprit, bien avant le reste de notre monde politique, l'impact

3. Dans ce double mandat, Chaban-Delmas a été ensuite remplacé par l'ancien Premier ministre de Jacques Chirac, Alain Juppé.

du « culturel ». Maintenant, ce domaine est arpenté par tous, et certains des choix chabaniens, par exemple la ligne suivie à l'Entrepôt, sont vivement critiqués par nombre de Bordelais. A leur tête, un jeune banquier socialiste, conseiller municipal, ancien collaborateur de Pierre Bérégovoy, passé de Rocard à Fabius, dînant avec l'archevêque, tombeur du *footballiste* Claude Bez, le longtemps imprenable président-trésorier des Girondins. Certes, parmi les chefs en herbe de l'opposition départementale, François-Xavier Bordeaux – oui, c'est sa véritable identité ! – demeure, selon un sondage de *Sud-Ouest*, moins connu en Aquitaine [4] que mon ex-confrère Noël Mamère, maire de Bègles, localité de la communauté urbaine [5].

Mais ce que martèle FXB, cours du Chapeau-Rouge, dans son bureau XVIIIe, plus vaste que celui du maire au palais Rohan, rencontre un fort écho en ville : « L'Entrepôt est dispendieux et nécrophage. C'est un lieu mort, vide, gris. Il faudra sans doute un jour revenir à la conception initiale d'un Beaubourg bordelais ouvert à plus d'époques et plus de disciplines, et attirant donc beaucoup plus de monde. »

L'Entrepôt-musée donne quasiment sur la « rivière » (ici, on désigne ainsi le fleuve, comme on se contente de dire « maison » pour un château ou un hôtel particulier). La berge méridionale est déserte, ponctuée de hideux hangars aux vitres cassées. « Le vin s'en va désormais par Marseille, Le Havre ou Rotterdam, où il se rend par route, c'est plus économique », nous indique Pierre Lawton, le jeune créateur d'une des récentes maisons de négoce, Alias (« à cause d'un roman de Maurice Sachs », laisse-t-il tomber d'un air fin, dans un souffle, guettant l'admiration que, de ma part, il pourra toujours attendre, au fond du regard de l'interlocuteur) ; qui

---

4. A telle enseigne qu'en 1995, n'ayant pas réussi à surmonter ce handicap d'une insuffisante notoriété personnelle, il s'est – au moins provisoirement – retiré de la vie politique bordelaise.

5. Celle-ci comprend sept cent mille habitants, dont un peu plus de deux cent mille pour Bordeaux *intra-muros*.

est en même temps l'héritier d'un des plus anciens patronymes irlando-huguenots des Chartrons. (A Bordeaux, Lawton se prononce *Loton*, à la française, mais Cruse, autre lignée fameuse de même origine, s'énonce *Crouze* à l'anglaise... Pauvres ruses naïves des snobs !)

La berge septentrionale de *Vinopolis* a toujours été déshéritée. Il fallut attendre la Restauration pour qu'on la relie aux façades classiques des quais sud. Chaban construisit deux autres ponts, mais aucune réalisation architecturale d'ensemble n'est encore venue conférer un peu de noblesse à la rive nord où, selon François-Xavier Bordeaux, il y a 30 % de chômeurs de plus que dans la cité-mère.

Côté sud, il n'y a nul besoin d'être écologiste pour serrer les poings quand on subit l'agression automobile entre fleuve et balcons Louis-XV, si bien rendue par les dessins de Jofo Duplantier (très populaires à la carterie de l'Entrepôt) sur le thème « La victoire des voitures ». Plutôt qu'une autoroute sur berge, les Bordelais préféreraient un trafic enfoui et une longue promenade de trois kilomètres semée d'arbres et de jeux. Grâce à une voyageuse allemande, nous savons que, sous Louis XVI, on travaillait sur le port fluvial même, à l'ombre de « tilleuls taillés en rond comme des ombrelles ». « Pas d'arbres ici, ce serait criminel ! », a protesté récemment un architecte new-yorkais, se mêlant de ce qui ne le regarde point. Heureusement, la vieille anglomanie des Bordelais les protège contre bien des lubies yanquies...

Au-delà du quai veillent les Chartrons, refuge de chartreux anglophiles durant la guerre de Cent Ans. Ce fut ensuite, et c'est toujours, le lieu de travail et de résidence de cette « aristocratie du bouchon » que Mauriac commença par dénigrer avant de « l'estimer plus qu'aucune autre aristocratie ». « Les Chartrons sont aujourd'hui un mythe », fulmine l'historien de l'art bordelais Robert Coustet, du fond de sa sombre bibliothèque, rue Esprit-des-Lois. Et c'est vrai que, faute de liquidités, l'influence des Chartronais s'est souvent diluée, ces derniers lustres, dans des multinationales. Les vins Cruse, rachetés par les pastis de Marseille, ce fut atrocement dur à avaler. Pourtant, un Cruse a recréé sa propre affaire. Un autre est devenu journaliste à *Libération*[6]. Son demi-frère, un Lawton, on l'a vu, a fondé Alias, en 1988. Leur mère à tous deux, Micheline Lawton, dite Banzet, n'a plus de cuisinière, mais elle s'est alliée avec Maïté, la loquace et charnue ancienne garde-barrière landaise, pour enseigner aux téléspectateurs – et avec quel succès ! – la gastronomie d'Aquitaine. Sur les cent Bordelaises sélectionnées par le mensuel *Contemporaine*, entre des « femmes nouvelles » comme la chirurgienne des yeux Françoise Lagoutte, la galeriste Anne-Marie Marquette ou la photographe Anne Garde, plus de dix sont des Chartronaises pur sang.

Le cours du Pavé-des-Chartrons, qu'un maire socialiste, avant-guerre, débaptisa méchamment au profit d'un adjoint à l'hygiène publique (le dermatologue Xavier Arnozan !) et gratifia d'une insolite statue de Jeanne d'Arc, persiste, depuis trois siècles, à être le périmètre le plus anglophile, le plus anglomaniaque de France[7].

Les domestiques recrutés en Grande-Bretagne refusant de frayer avec les serviteurs gascons, n'existent plus, mais un tailleur londonien vient encore régulièrement prendre les mesures des maîtres ; et ici, le menu est toujours organisé autour des vins, contrairement à ce qui se pratique partout ailleurs. Dans des pièces doucement éclairées, aux persans élimés, aux meubles à la même place depuis 1830, on déguste les meilleurs crus du monde avec les acheteurs anglais, belges, suisses, allemands, américains et, depuis peu, japonais.

De temps à autre, il s'agit d'un visiteur royal venu de Londres et jusqu'à Elizabeth II, dont le yacht s'ancre face à la ci-devant Bourse ; la reine peut voir que « son » église anglicane

6. Avant d'en être exclu pour « incorrection politique »...

7. Avec Pau, toutes proportions gardées. Voir notre chapitre « Béarn ».

trône toujours au cœur des Chartrons, même si un moment d'inattention des propriétaires environnants a permis, en face du temple, l'installation – *horresco referens* – d'un tapageur institut de beauté... Heureusement, dans les allées du cours Arnozan, par une bizarrerie urbanistique unique en France, de longue date réputée « provisoire », on roule toujours à gauche... Pas plus qu'Istamboul ne peut nier qu'elle fut Constantinople, Bordeaux ne risque d'oublier qu'elle fut anglaise jusqu'en 1453 (et intérieurement, bien au-delà), l'année même, figurez-vous, où Byzance devint turque...

Sans doute peut-on discuter l'affirmation de Stendhal selon laquelle « Bordeaux est, sans contredit, la plus belle ville de France » ; on discerne mal, en revanche, comment on pourrait infirmer la définition du romancier Philippe Sollers (né Joyau, en Bordelais), aux yeux de qui « Bordeaux est le nord du Sud, et le sud du Nord », car au Midi, la ville-chai a pris son savoir-vivre et au Septentrion, son savoir-faire. Sang chaud et tête froide. Quel modèle pour l'Europe de demain ! Encore qu'il ne faille pas trop rêver...

Avril 1992 et janvier 2003

Livres :

– Michel de Montaigne, *Les Essais*, mis en français moderne et présentés par Claude Pingannaud, Arléa, 2002.

– Joseph Macé-Scaron, *Montaigne, notre nouveau philosophe*, Plon, 2002.

– Balzac, *Le Contrat de mariage* (1835).

– François Mauriac, *Préséances* (1921).

– Albert Rèche, *Dix siècles de vie quotidienne à Bordeaux*, Seghers, puis L'Horizon chimérique, 1988.

– Pierre Veilletet, *Bords d'eaux*, Arléa, 1989.

– Louis Desgraves, *Voyageurs à Bordeaux du XVIIe siècle à 1914*, Mollat, Bordeaux, 1991

– Collectif, *Histoire de Bordeaux*, Privat, Toulouse, 1980.

– Paul Butel, *Les dynasties bordelaises de Colbert à Chaban*, Perrin, 1991.

– Maïté et Micheline, *La Cuisine des mousquetaires*, La presqu'île-FR3-Aquitaine, 1991

– Robert Coustet et Marc Saboya, *Bordeaux. Le temps de l'histoire. Architecture et urbanisme au XIXe siècle (1800-1914)*, Mollat, Bordeaux, 1999.

CHAPITRE XII

BOURGOGNE

Loin, très loin des grands crus

A mon filleul Baudouin Cristovéanu

Roborative histoire d'un Français moyen entiché de son terroir d'enfance au point de relever de ses mains les murailles formidables d'une forteresse médiévale et de les rendre de nouveau délicieusement accueillantes au voyageur.

La Bourgogne est essentiellement renommée pour ses vins. Cependant, l'ancienne Burgondie ne consacrant que 1,2 % de son territoire à la viticulture, on peut la parcourir durant des heures sans jamais apercevoir le moindre cep. Que de monuments, de curiosités, d'horizons d'une simple splendeur naturelle, la plupart méconnus, voire complètement inconnus ou celés, ne trouve-t-on pas, en revanche, sur son chemin ! Des sources de la Seine mises en perspective sous le Second Empire aux forges intactes de Buffon, d'Autun la Romaine à la crypte romane d'Auxerre. Dans ce souterrain, ce que saint Jean l'Evangéliste écrivit dans son Apocalypse, un artiste oublié du XIe siècle l'a peint : « Voilà un cheval blanc ! Celui qui le monte se nomme Fidèle et Véritable. » Bref, Jésus sur un coursier. Selon l'hippologue Jean-Louis Gouraud, la fresque auxerroise « est la seule connue au monde montrant le Christ à cheval ». Cette œuvre mal connue et bien conservée, comme son cadre médiéval, vaut un arrêt. La cathédrale Saint-Etienne d'Auxerre possède aussi un tableau représentant le martyre du patron de ce sanctuaire ; le disciple *Stephanos* fut lapidé il y a deux mille ans à Jérusalem, scène représentée ici par un artiste bourguignon anonyme de la Renaissance, à la façon d'un bas-relief antique enrichi de rouges, verts et jaunes. Vaut un second arrêt.

Ensuite, allons de l'avant vers cette pointe bourguignonne s'enfonçant entre confins champenois et franc-comtois et où un panneau indique Fontaine-Française (mais sans le kilométrage, selon une fort incommode nouvelle mode routière...). « Française », pourquoi ? Ça va de soi, non ? « C'est que, nous explique un édile, au temps pas si ancien des ambitions dijonnaises, espagnoles ou autres, ce bourg resta imperturbablement loyal au roi de France. »

La stèle, qui se présente soudain après un virage, au bord du macadam, célèbre-t-elle ce comportement ? « Non, mais un événement tout aussi oublié, arrivé *in situ* et qui fut l'un des soubresauts majeurs de la toute fin des guerres de Religion : la victoire d'Henri IV, ici même, en juin 1595, sur les troupes des envahisseurs hispano-ligueurs. » Imprudemment avancé, « tel un jeune homme », avec seulement cinq cents cavaliers, à travers la forêt de Velours (toujours debout et ainsi nommée de nos jours), le royal quadragénaire bouscula néanmoins quinze mille ennemis surpris au nid, avant d'être récupéré au beau milieu des morts et blessés par le gros de son armée.

A Rome, le pape sentit, c'est le cas de le dire, le vent du boulet et, du coup, annula l'excommunication de l'ex-parpaillot... La normalisation franco-catholique pouvait vraiment commencer.

Le soir du combat, le vainqueur dormit dans la demeure patricienne de Fontaine-Française que devait, au XIXe siècle, animer Honorine de Monaco (1784-1879). Selon Philippe Delorme, dans *Les Grimaldi, 700 ans d'une dynastie* (Balland), cette énergique dame patronnesse, née d'un Grimaldi non régnant, mais dynaste, et d'une Choiseul, elle-même mariée à un La Tour du Pin, eut parmi ses descendants Anne-Marie de Caumont-La Force qui, en 1949, devait contester la légitimité de Rainier III, nouveau chef de l'Etat monégasque, et se poser en rivale contestataire des princes régnant à Monte-Carlo, des « usurpateurs », d'après leur cousine installée en Bourgogne. A l'heure où nous écrivons, le château de Fontaine-Française continue d'appartenir aux ducs de Caumont, d'ascendance Grimaldi par les femmes. Mais la principauté azuréenne ignore la loi salique. Les deux principales artères fontenoises portent toujours les noms d'Henri IV et d'Honorine.

La sorte d'autel laïque au Béarnais élevé, donc, sous le Premier Empire, en bordure du champ de bataille, dans un milieu idyllique, arboré, aquatique, paisible, parcouru d'oiseaux, est derechef pas mal visité (et a même été délesté de son effigie d'Henri IV, qu'on a fini par remettre en simili-métal) depuis qu'on vient de plus en plus par ici afin de voir la forteresse de Rozières, littéralement ressuscitée par la volonté d'un seul homme.

Né il y a quarante ans, dans une ferme dépendant de Rozières et lui faisant face, exploitée par sa famille à partir de 1930, Bertrand Bergerot, actuellement contrôleur des chemins de fer, est l'auteur de l'exploit ayant consisté à ramener à la vie ce symbole de l'architecture médiévale finissante.

Enfant, il jouait dans l'immense château (huit cents mètres carrés de toitures) en train de s'effilocher et il n'avait pas encore vingt ans lorsqu'il persuada son père d'acheter (trois cent mille francs de l'époque) la forteresse aux héritiers d'un vieux marquis.

Derrière son doux nom latin, *Roseriae*, Rozières fut, dès l'origine, un endroit martial, surveillant un gué romain, encore décelable sur la Vingeanne. C'est à l'instigation des « quatre grands ducs de Bourgogne » (1364-1477) que les seigneurs de Saint-Seine fortifièrent en long et en large, et de surcroît bellement, ce carrefour stratégique. La formidable « maison forte » qu'ils plantèrent là allait faire les gros yeux à toute la contrée, et bien plus loin, jusqu'à son abandon progressif, dû non point à la révolution de 1789, mais au fardeau d'une maintenance inutile depuis que Fontaine-Française avait cessé d'être porte d'invasion, en raison de l'agrandissement du patrimoine capétien vers l'Est. Il fallut attendre 1680 pour que les propriétaires résidents, alors Claude-Bernard et Anne-Reine de Maillard, « civilisent » un peu le cadre et les conditions de vie très militaires de Rozières.

Bien qu'agent roulant de la SNCF, marié et père de deux enfants, Bertrand Bergerot, depuis plus de trois lustres, a consacré ses loisirs et ses économies à la restauration de l'ensemble des bâtiments, pratiquement sans subvention publique (sauf pour sauvegarder une échauguette et un plafond, la bâtisse étant classée) mais non sans aide manuelle de son entourage.

Entre deux missions dans les trains, M. Bergerot a donc appris sur le tas tous les métiers et arts du bâtiment : maçonnerie, charpente, serrurerie, plomberie, couvrage et autres ramonages (ces derniers se pratiquaient naguère en tirant au fusil dans les immenses cheminées...).

Installée maintenant dans la partie basse de l'édifice, sous de massives poutres tarabiscotées Grand Siècle, sauvées *in extremis* de l'effondrement, la famille Bergerot tient chambres d'hôtes dans les salles supérieures, où beaucoup d'éléments sont d'époque, des carreaux de sol en terre cuite vernissée comparables à ceux des chambres pontificales d'Avignon aux portes à tambour Charles-VII, des graffitis d'ouvriers bonapartistes aux latrines du XVe siècle, sans parler des mâchicoulis et meurtrières. Ce décor authentique, parvenu en partie jusqu'à nous grâce à l'esprit d'économie ou au conservatisme des occupants successifs et également grâce au fait que les épaisses murailles (près de deux mètres) de la forteresse découragèrent ou repoussèrent ses assaillants, ce décor, donc, cache un tout récent chauffage par le sol, esthétiquement et thermiquement idéal, ainsi que des salles d'eau XXIe siècle avec parfois, tout de même, une fresque à la chaux de Jean-Claude Misset, peintre contemporain, mais traditionnel, de la région.

La phase de réhabilitation en cours consiste à compléter ce qui a déjà été redessiné du parterre à la française et à reconstituer le verger à la façon de La Quintinie, jardinier de Louis XIV (cent poiriers, pommiers, abricotiers, pruniers, cerisiers). Viendra peut-être, ensuite, en point d'orgue final de ce grand et patient œuvre, le recreusement des douves médiévales. Sans plus attendre, Rozières s'est fait un nom chez les amateurs de Moyen Age mis aux normes du confort moderne, parmi les jeunes mariés refusant néon et plastique pour fêter leurs noces ; et naturellement auprès d'une frange d'Anglais entichés de *french way of life* et affectionnant des petits séjours franco-médiévaux entre les murs rassurants et silencieux de Rozières. Rozières où veille en plus un garde à moustaches, coiffé d'un képi ferroviaire noir, agrémenté de rouge, acier et bleu roi...

Janvier 2002

Livres :

– Mme Saint-René Taillandier, *Le Cœur du roi. Henri IV après la messe*, Grasset, 1937.

– Georges Bordonove, *Henri IV*, Pygmalion-Watelet, 1981.

– Julien Frizot, *Itinéraire spirituel en Bourgogne*, La Table ronde, 2001.

CHAPITRE XIII

Bretagne

1
Napoléone du Morbihan

A Jean-Edern Hallier, in memoriam

De Rome à Cuba, de Saratov-sur-Volga au Centrafrique, d'Ajaccio aux Invalides, partout la légende napoléonienne n'en finit plus de s'épanouir. On croyait la terre bretonne épargnée, eh bien, non...

A dix-huit kilomètres des remparts de Vannes, non loin des foules drainées par Sainte-Anne-d'Auray ou par la côte morbihannaise, une Bretagne tranquille et vallonnée déploie ses forêts de chênes et de hêtres, ses pâturages, ses derniers toits de chaume. Les poulaillers et cochonniers industriels, selon le sens du vent, font parfois sentir leur présence et *nitratent* bien des sources, ne respectant même pas la fontaine de Notre-Dame-de-Kerdroguen qui, depuis la nuit des temps, passe pour guérir bègues et muets. Cependant, on peut boire l'eau de Plancoët « garantie sans nitrate », et la contrée, vous allez voir, vaut le détour.

La départementale 767, qui relie le chef-lieu du Morbihan à Locminé, sabre Colpo, village apparemment sans particularité. Surprise, néanmoins : l'avenue centrale ombragée de tilleuls, qui devrait comme partout porter le nom de la république ou du général de Gaulle, s'appelle ici « de la Princesse », et au fronton de la mairie une aigle impériale ouvre ses ailes. Ainsi de suite, jusqu'à la découverte dans l'église d'une copie minorée en granit gris local du tombeau de Napoléon Ier aux Invalides avec, derechef, l'aigle plus un semis d'abeilles et les initiales couronnées N. B.

A-t-on affaire à quelque maniaque de l'empereur comme il s'en rencontre de par la Terre entière ? (Quand on pense que même La Havane s'enorgueillit de son Musée napoléonique et qu'en ci-devant Union soviétique, des universitaires rejouent chaque année en uniforme d'époque, et à cheval, les principaux épisodes de la campagne de Russie !) Y a-t-il un rapport entre Colpo et, non loin de là, Pontivy, qui, sous les deux empires, se nomma Napoléonville ? La clé de l'énigme est gravée sur le sarcophage de pierre mais pour la dénicher, comme dans un rallye du dimanche, il faut grimper sur une chaise.

A Colpo, on est chez *Son Altesse Napoléone*, née en 1806 à Lucques, en Italie, morte et enterrée ici en 1869. Elle était la fille d'Elisa que son frère, Napoléon Ier, devait faire grande-duchesse de Toscane, et de son époux, un bel officier corse au poil aile-de-corbeau, Félix Bacciochi. La mairie d'Ajaccio possède un buste de Napoléone, alors adolescente fluette. Avec l'âge, elle devint corpulente et se mit à ressembler à Napoléon d'une manière presque effrayante, qui frappa ses contemporains, à la fin de ses jours. Comment cette Napoléonide, nièce et filleule du fondateur de la nouvelle dynastie, échoua-t-elle en pleine Bretagne légitimiste et y marqua-t-elle le site et les esprits ? Car cent trente ans après sa mort, on continue à vivre ici dans le cadre qu'elle a tracé, et à parler de « la Princesse », comme si elle sévissait toujours.

Il faut dire qu'elle eut un sacré tempérament cette Napoléone qu'Edmond Rostand vit ainsi : « Impétueuse, effrontée, opiniâtre, amazone sans casque, portant avec orgueil sa race sur son masque. » Ballottée enfant entre la cour de son oncle et celle de sa mère, livrée après Waterloo à divers exils européens, elle connut une éphémère célébrité en 1831, pour être allée engueuler en plein Vienne son cousin germain, l'Aiglon, qui se produisait en uniforme autrichien...

Mariée à un nobliau italien, Camerata, et mère de famille mais débordante d'énergie inemployée, Napoléone reparut en France avec le prince-président, après la révolution de 1848. Elle se toqua de la lande bretonne, voulut y fonder un établissement agricole modèle, susceptible de rallier les paysans majoritairement royalistes aux Bonaparte. Napoléon III crut à ce plan, au point de venir deux fois lui-même encourager sa cousine germaine, à la demande de laquelle avait été instituée la commune de Colpo qui eut bientôt neuf cents habitants (elle en avait le double à la fin du XXe siècle). S'aidant des fonds secrets expédiés de Paris et des croquis de l'architecte breton Chenantais, « la bonne dame de Colpo » lança vite sa cité paternaliste avec école, dispensaire, maisons paysannes ou ouvrières, concours agricole, bétail sélectionné, vivier, serres ; avec ses tentatives, à la Bouvard et Pécuchet, pour acclimater sorgho, mûrier, tabac ou palmier. Napoléone s'était fait construire une grosse villa, qu'on appelle toujours « le château » et qui appartient maintenant à des caisses bretonnes d'assurance-maladie, et est vide, attendant un hypothétique musée sur « les Bonaparte et la Bretagne » [1].

Aucune exploitation de l'impact napoléonien sur Colpo n'a jamais été tentée. Les bâtiments les plus intéressants sont

1. En 2004, le projet de musée « Napoléone de Bretagne » est toujours au point mort.

les fermes et écuries Second Empire, presque toutes enclavées à présent dans un centre de vacances d'Electricité de France. Napoléone travaillait pour sa lignée tout en se souciant du bien public. Si elle n'accéda pas au bonheur de voir ses exploitations devenir rentables, elle eut la chance de mourir un peu avant la deuxième débâcle impériale du siècle. Le buste de Napoléon III dans l'avenue de la Princesse fut remplacé par une Vierge mais on ne toucha rien au reste du décor, même après la vente aux enchères, par l'ex-impératrice Eugénie, de la propriété de Napoléone. Les Bretons de l'endroit ne virèrent pas au bonapartisme mais l'esprit du lieu, à Colpo, est resté marqué par cette maîtresse femme.

Juin 1997

2

Retombée bonapartiste en pays bigouden

« Davout, prince d'Eckmühl, seul maréchal invaincu de la Grande Armée » : un nom qui en impose encore jusqu'en Bavière, jusqu'en Algérie – mais pas chez les nationalistes bretonnants...

Commandée par Pont-l'Abbé, la massive presqu'île du pays bigouden se termine vers l'ouest par la pointe de Penmarch. Là, alternent rochers marins, jadis nids de naufrageurs qui allaient à la messe après leur nuit de criminelle veille, et anses de sable doux propices aux marches l'hiver, aux siestes l'été. Les Bretons bretonnants situent par ici la ville d'Ys, engloutie sous les flots comme l'Atlantide, et les autonomistes de l'an 2000, « afin d'égarer les Français », barbouillent au coaltar, à la manière de leurs émules corses, les panneaux indicateurs. « Maudit soit ce produit vicieux qui détruit la phosphorescence des matériaux et fait que chaque barbouillage nous coûte un panneau neuf », tempête un sous-préfet du coin.

Les *coaltardeurs* n'ont toutefois pas troublé, à l'automne 1997, les festivités clôturant cinq mois de manifestations autour du centenaire phare d'Eckmühl, dont la flamme tournante se repère à quelque cinquante kilomètres à la ronde. Il faut dire que le maire de Penmarch, Corentin Cadiou, avait, pour la fête finale, isolé le quartier Saint-Pierre, où est planté le phare, du reste de sa vaste commune, et qu'au poste de contrôle, il fallait débourser le prix d'un billet de cinéma pour pouvoir aller écouter la musique des équipages de la flotte ou les fanfares venues du reste de la Bretagne, de chez les frères celtes d'Irlande, ou encore d'*Eggmühl*, en... Bavière, à mille cinq cent quatre-vingt-quatre kilomètres de Penmarch.

Eckmühl n'est que la graphie française de Schierling-Eggmühl, depuis que, le 23 avril 1809, Davout, « maréchal à trente-quatre ans et le seul des maréchaux de la Grande Armée à ne jamais avoir été vaincu », battit les Autrichiens dans ce bourg bavarois. Déjà duc d'Auerstaedt depuis sa victoire sur les Prussiens en 1805, Davout, né d'Avout, avait aboli sa particule pour mieux adhérer à la Révolution. Ironie de l'Histoire, il fut ré-anobli par Napoléon, qui le fit de surcroît prince d'Eckmühl... Il mourut dans son lit en 1823. Près de soixante ans plus tard, sa fille, la richissime Adélaïde de Blocqueville, sentant sa fin venir et voulant faire œuvre pie en « rachetant les larmes versées à cause de la fatalité des guerres, par des vies sauvées de la tempête », légua trois cent mille francs-or, « afin qu'on élève un phare perpétuant le nom d'Eckmühl sur un point dangereux des côtes de France ».

La bienfaitrice disparut en 1892. Il était alors question de construire pour onze mille francs un petit phare électrique au cap de Penmarch, afin d'y remplacer la sorte de sémaphore à pétrole qu'on y avait bâti sous Louis-Philippe. En ce site périlleux, d'où il fallait extirper les « dernières vélléités de naufragisme », l'exécuteur testamentaire d'Adélaïde Davout, en accord avec l'Etat, fit donc édifier, tel qu'on le voit toujours cent ans après, inébranlable dans son granit local, « le plus beau phare du monde, et l'un des plus puissants ». A telle enseigne que, lorsqu'en 1897, au moment de son inauguration, on calcula le prix total de l'édifice, il fallut admettre que l'ouvrage d'art, c'est d'ailleurs bien le mot, avait coûté le double de la somme léguée...

Rien d'étonnant : sachez, par exemple, qu'à l'intérieur du phare, ses soixante-cinq mètres de haut sont entièrement revêtus de plaques d'opaline vert pâle où se reflète la rampe en bronze poli ; que les deux cent septante-deux marches et les murs sont en cœur de pierre de Kersanton et que, sous la lanterne terminale, se love un mini-salon circulaire tapissé de chêne où trône la statue du maréchal-prince d'Eckmühl.

Catholiques et francophiles, il est vrai, les Bavarois, sans se faire prier, se sont impliqués officiellement à Eckmühl dans une célébration évoquant pour eux une sévère défaite allemande. Ils ont donc accepté de jumeler Eggmühl et Eckmühl, regrettant, avec certains Français rapatriés, que la guerre civile algérienne (et sans doute aussi l'éternel ressentiment anticolonial de l'Algérie officielle) empêche d'associer à ce jumelage la localité de la banlieue d'Oran, fondée sous Napoléon III et toujours appelée Eckmühl par la population, malgré les débaptisations de l'indépendance. Pour couronner le tout, le chancelier Kohl lui-même a adressé aux autorités d'« Eckmühl-en-Bretagne » un télégramme félicitant chaudement les organisateurs de ce rapprochement germano-celtique.

Après aubades, *fest-noz*, banquets géants, cascades de bière munichoise, hommage aux naufragés d'antan et mugissement au même instant, sur toutes les mers du globe, en l'honneur de l'anniversaire du phare, de cent bateaux de tous pavillons, les barrières, podiums et papiers gras ont été enlevés et Penmarch a retrouvé son rythme lent mais sûr, entre son rocher des Victimes et sa criée aux poissons informatisée.

On est loin des quatre cents navires de pêche et de cabotage du temps des ducs de Bretagne, quand les opulents armateurs du cru faisaient sculpter des bateaux sur les parois des églises qu'ils finançaient, mais de Saint-Guénolé à Kérity, les ports modernes de Penmarch alignent quand même aujourd'hui trente-cinq chalutiers côtiers, quarante chalutiers hauturiers et quatre-vingts canots armés pour les filets, les palangres, les lignes ou les casiers. La déambulation nocturne sur les quais, sous le quadruple faisceau lumineux du monument napoléonien, constitue l'un des passages obligés du séjour à Penmarch, entre un plat de langoustines et l'ascension du phare pour, d'un seul regard, embrasser le territoire bigouden.

Novembre 1997

Livres :

– Gonzague Saint-Bris, *Les Aiglons dispersés*, Lattès, 1993.

– Jean-Etienne Picaut, *Les Tribulations de l'Aiglonne*. Tome I prévu en 2004. Tome II ensuite : *La Providence de la Bretagne*.

*

– Serge Duigou, *Les mystères de Penmarc'h*, Ressac, Quimper, 1994.

– Michel Le Bris, *Un Hiver en Bretagne*, Nil, 1996 et Le Seuil, 1997.

– Louis Chardigny, *Les Maréchaux de Napoléon*, Tallandier, 1977.

– Frédéric Hulot, *Le Maréchal Davout*, Watelet-Pygmalion, 2003.

CHAPITRE XIV

CAMARGUE

Cinéma delta

A André et Sylvie Laurencich

Depuis un siècle, des dizaines de films ont été tournés dans l'embouchure du Rhône, mais aucun n'a égalé la superproduction du XIIIe siècle, qui vit Louis IX et trente-cinq mille croisés partir d'ici pour les Orients en gueulant à pleins poumons le *Veni Creator*.

Qu'est-ce donc que cette beauté callipyge entièrement nue, arrêtant un gardian à cheval, stupéfait, sur l'immense plage camarguaise déserte, rongée par l'érosion marine ? Qui sont ces *manadiers* [1] et ces riziculteurs se jetant de rugueux jurons

1. Les manadiers sont les propriétaires de manades, élevages comprenant cheptels taurin et équin. Les gardians sont les bergers montés de ces troupeaux. Un manadier peut être son propre gardian.

à la face avant d'en venir aux mains pour une affaire de bornage ? Que fait Johnny Hallyday en jeans blancs sur ce coursier rétif ? La liste de ces rencontres peu communes entre Arles et les Saintes-Maries-de-la-Mer pourrait s'éterniser si nous restions dans la salle obscure de ce collectionneur méridional de films sur la Camargue ou tournés en Camargue.

Le vaste et mouvant triangle de boue, sable, étangs, canaux, pacages, salins, hameaux et solitude, ayant pour pointes Aigues-Mortes, Arles et Salin-de-Giraud, fut, dès 1906 et tout au long du siècle dernier, terre d'élection du cinéma français (et quelquefois mondial) ; décor rêvé, tout en bonne sauvagerie et lumière intense. Nature et légende se sont entendues ici depuis cent ans pour sculpter une nouvelle facette à la spécificité camarguaise.

La femme en tenue d'Eve apostrophant un cavalier armé aux confins Rhône-Méditerranée, c'était une héroïne du *Roi de Camargue*, tourné en 1921 par André Hugon. Les bagarreurs des marécages parurent dans *La Caraque blonde* (1952), de Jacqueline Audry et dans *Chien de pique* (1960), d'Yves Allégret. Quant à M. Smet, *alias* Hallyday, vous avez naturellement oublié qu'il fut, en 1963, la vedette choisie par Noël Howard pour jouer dans *D'où viens-tu Johnny ?*

La fabrication de l'aura cinématographique de la Camargue a miraculeusement respecté l'environnement. Pas de pénibles vestiges de décors comme dans les déserts d'Egypte, du Maroc ou des Etats-Unis ! La pollution a frappé ailleurs, certes, dans le delta camarguais, par exemple lorsqu'on voulut chimiquement « dynamiser » la riziculture – ce bienfait imposé ici en 1593 par Henri IV et Sully, malgré les cris jetés alors par les opposants à cette « céréale aquatique » –, mais on nous assure maintenant en haut lieu que « ces folies sont terminées » ou du moins « condamnées » ; en tout cas, elles n'agressent pas l'œil nu. Quant à nos estomacs, ménageons-les en consommant de préférence du « riz rouge brut » de Camargue, si du moins vous êtes patient, car il nécessite vingt-cinq bonnes minutes de cuisson...

A perte de vue, se déroulent vers l'horizon mer-ciel les miroirs changeants des étangs d'eau salée ou douce : Vaccarès, Faraman, Malagroy, Scamandre et maints autres, sans parler des canaux, tel celui d'Aigues-Mortes, au-delà du Petit Rhône, en Petite Camargue. Puisqu'on est là, profitons-en pour rectifier au passage l'inexactitude, légitimée par Chateaubriand et consorts, selon laquelle Aigues-Mortes, fondée par Saint Louis vers 1240, a vu ensuite la Méditerranée se retirer lentement du pied de ses formidables murailles.

Au moment de sa construction, le « port des Croisades » était déjà loin des flots, auxquels le reliait tout simplement un chenal alors assez large pour qu'y passent les mille cinq cents bateaux de l'armada capétienne, chargeant trente-cinq mille soldats, avec montures, armes et ravitaillement. Cette ville flottante appareilla en lançant à pleins poumons vers Dieu le *Veni Creator*. Aucun des soixante cinéastes ayant plus tard œuvré en Camargue n'a pu nous offrir une telle mise en scène, que l'étonnante pérennité des sites aiguemortains permet assez facilement au voyageur du XXIe siècle, s'il est entiché d'Histoire, de reconstituer.

Revenons sur terre au cœur de la Camargue proprement dite, au mas Petite-Antonelle, à Villeneuve-Romieu, là où, depuis plus de six lustres, on sert à l'heureux client, sous la tonnelle ou devant la cheminée, ces fameuses tranches grillées de taureau, « seule viande française garantie 100 % saine et bénéficiant de la précieuse appellation d'origine contrôlée ». Dehors, sous le soleil qui, si on ne se protège pas, risque de se montrer meurtrier, accru qu'il est par la réverbération aquatique, on peut, à cheval de préférence, sinon en voiture tout-terrain, et en émettant le moins de bruit possible, partir à la recherche des taureaux et taurillons. Ces sympathiques monstres naissent à même le sol, loin de toute étable, et vivent à l'état sauvage, à cela près que mâles et femelles sont seulement réunis lors du rut, sous la houlette de gardians des manades, et que du fourrage supplémentaire est réparti en hiver par petits paquets sur les lieux de passage des bêtes.

En cherchant à apercevoir les taureaux, on tombe assez souvent – même si on se contente de parcourir en voiture ou à vélo les minces routes goudronnées longeant les étendues aqueuses – sur le busard des roseaux, le hibou des marais, le flamant aux plumes rosies par les crevettes locales dont il se gave, la poule d'eau indigène ou le ragondin destructeur illégalement importé des Amériques, la bergeronnette hochequeue ou le surprenant canard tadorne de Belon nichant dans des terriers. La récompense suprême du randonneur est évidemment le jet sombre d'une tribu taurine coupant à travers un étang, dans l'éclaboussement des gouttes d'eau ou (et) le jet clair d'une bande de vrais chevaux de Camargue, trapus, costauds, hirsutes et pourtant diablement légers.

Connu des Phéniciens, utilisé par Jules César et Napoléon, par Lesseps à Suez et par l'armée américaine, le prestigieux cheval camarguais a cependant bien failli disparaître au XXe siècle. Remis en selle, si on ose dire, grâce au film *Crin-Blanc* (1953) et au livre-album d'Albert Lamorisse, ce cheval « qui n'est pas blanc, mais toujours de robe gris clair, parfois truitée » (Jean-Louis Gouraud) a été sauvé par l'arrêté *ad hoc* qu'émit en mars 1978 le ministère de l'Agriculture. Dès lors reconnu comme race équine à part entière, le camargue élevé en manade, c'est-à-dire en liberté, a été réhabilité ; il est redevenu l'auxiliaire indispensable du « berger des taureaux », le gardian, qui avait eu tendance un temps à lui préférer le cheval dit arabe. La marque de la manade est imprimée au fer rouge sur la fesse gauche de l'animal. Le pied sûr et le caractère plutôt aimable des descendants de Crin-Blanc en font une monture également prisée des « cavaliers du dimanche ».

Les eaux salines, les eaux hyalines ne concèdent pas généreuse pitance qu'aux phoenicoptéridés, palmipèdes et moindres volatiles. Si un pêcheur du cru vous propose de goûter à sa bouillabaisse d'anguilles, accentuée par quelques poissons-chats à barbillons, n'hésitez pas à accepter, malgré la senteur un peu rude de cette préparation, du moins pour les nez citadins trop aseptisés ! Sachez que ce fut sans doute un plat festif cher à nos lointains ancêtres celto-ligures, ceux qui peut-être amenèrent dans le delta rhodanien des chevaux de Solutré, à moins qu'ils n'aient transféré les cavales des bouches du Rhône à Solutré...

La Camargue, née des gros caprices de sept minces bras du seul cours d'eau français pouvant prétendre, comme le Nil, au rang de fleuve-dieu, a toujours été un site propice à la conjonction du légendaire et du naturel. Les actions humaines n'ont pas, jusqu'à présent, trop altéré cette harmonie sans prix. Parfois, elles l'ont même renforcée : ainsi fit le septième art. Peu importe que ce soit volontairement ou non !

Mai 2001

Livres :

– Frédéric Mistral, *Le Poème du Rhône* (1897).
– Henri Bosco, *Malicroix* (1948).
– Marie-France Gueusquin, *La Provence arlésienne. Traditions et avatars*, Actes-Sud, 2000.

*

Sélection de films « camarguais » :

– *Roi de Camargue* d'André Hugon, 1921.
– *Mireille* de René Gaveau, 1933.
– *L'Arlésienne* de Marc Allégret, 1941.
– *Cartacalha, reine des Gitans* de Léon Mathot, 1941.
– *Crin-Blanc* d'Albert Lamorisse, 1952.
– *L'Eté de nos quinze ans* de Marcel Jullian, 1980.

CHAPITRE XV

CHAMPAGNE

1

La Fontaine entre MM. Jourdain et Dutreil

A Dominique Jourdain et Renaud Dutreil

Le fabuliste nous manque, par exemple pour mettre en vers le pouvoir politique de notre temps face aux étrangers clandestins narguant nos lois avec le soutien d'une partie de l'opinion publique...

Au-delà de cette limite, votre carte Orange n'est plus valable ! Encore quelques minutes de train et vous quittez l'univers parisien pour une zone d'incertitude géographique. Les deux mille à trois mille personnes qui, selon les chiffres du député de la circonscription, embarquent chaque jour à la gare de Château-Thierry (quinze mille habitants, mais pôle de services pour quelque soixante mille personnes), afin de gagner le Grand Paris, franchissent cette frontière aussi invisible qu'évidente. Le *tégévé* ne s'arrêtera pas ici. Trop loin pour le métro-express, trop près pour le train à grande vitesse, le chef-lieu de la Brie champenoise, à nonante kilomètres de Notre-Dame, restera durant l'éternité ferroviaire à une petite heure de trajet pour les Parisiens.

L'hiver attise encore les tons du corps à corps banlieue-province. Au pied de la forteresse mérovingienne du « roi fainéant » Thierry IV, la triste Marne canalisée des portes de Paris se montre soudain arracheuse de racines, mugissante comme un bras de l'Amazone ; quant aux arbres noirs de la citadelle, ils jettent sur le ciel une guirlande de Frédégonde et Brunehaut menaçant l'île où s'est bâtie originellement la cité. On en relirait presque les *Récits des temps mérovingiens*, pleins du romantisme historique un peu morbide de ce brave Augustin Thierry.

Cependant, vous avez été attiré à Château-Thierry par le tricentenaire de son plus illustre indigène, Jean de La Fontaine (1621-1695), et, certes, la grosse maison Renaissance de fort bonne roture où est né le fabuliste, et qu'il vendra en 1676 sans trop d'états d'âme, est toujours là, avec son puits, son escalier en berceau, ses collections montrant, au cas où on en douterait, que « Le loup et l'agneau » mais aussi « Le Gascon puni » ou « Le petit chien qui secoue de l'argent et des pierreries » ont bien fait, et même plusieurs fois, le tour du monde. Tout cela, paraît-il, attirant néanmoins aujourd'hui moins de chalands que les caves du champagne Pannier ou la nécropole militaire nord-américaine...

« La Fontaine, ce vieux pétainiste, qui n'avait à la bouche que les mots de famille et travail, non merci, très peu pour moi et mes élèves, nous préférons Boris Vian ! », marmonne une queue-de-cheval grise, barbue, à lunettes d'acier ovales, restée à l'heure de Mai 68, à peine contredite par sa compagne, rajeunie, elle, par un filet d'écologie et qui demande « une remise à plat, une relecture, car il y a tout de même les animaux, la nature, le travail de La Fontaine aux Eaux et Forêts durant vingt ans et aussi la réflexion sur le pouvoir ». La discussion s'arrête là, car le couple s'ébranle pour la sous-préfecture, avec les conseillers municipaux communistes et d'autres militants « anti-exclusion », afin de protester tapageusement contre l'arrêté d'expulsion (qui, comme d'habitude, n'a pourtant pratiquement aucune chance d'être exécuté) visant un Maghrébin en séjour irrégulier en France depuis 1987...

Une publication régionale a fait placarder partout des affichettes : « Le sort de Kabbach entre les mains d'Allal » (le sous-préfet). Les Castrothéodoriciens ont chacun leur avis. La Fontaine aurait pu en tirer une fable : « Le gouverneur et l'immigré clandestin », glosant sur le contraste des situations entre deux protagonistes originaires des mêmes rivages exotiques. Des rivages où le moraliste plaça « Hispal, honneur de l'Alcoran », hommage à cet Orient auquel il doit tant, allusion au livre sacré de l'Islam.

Trentenaire, yeux bleu glacier, énarque, normalien, ancien conseiller du ministre Gérard Longuet, le député centriste du sud de l'Aisne (il a succédé en 1994 à feu l'ancien ministre radical valoisien, André Rossi), Renaud Dutreil [1] est natif de Savoie. « Qu'importe, dit-il, ce qui compte, ce sont les racines de la volonté. André Rossi était né à Menton... »

La Fontaine est en tout cas adapté à toutes les sauces par le parlementaire : conférence au Rotary, citations de chic, demande d'émission de timbres pour le tricentenaire, etc. Renaud Dutreil, qui a publié un essai politique au titre lafontainien, *Le Coq sur la paille*, ne craint pas d'être taxé de ringardisme, de moralisme, en citant d'emblée « Le laboureur et ses enfants », sa fable préférée.

1. M. Dutreil est, dans le cabinet Raffarin constitué en 2002, secrétaire d'Etat aux Petites et Moyennes Entreprises, au Commerce, à l'Artisanat, aux Professions libérales et à la Consommation, auprès du ministre de l'Economie... Les intitulés ministériels à tiroirs sont l'une des curiosités administratives de la Cinquième République. Il aurait été trop simple de nommer Renaud Dutreil secrétaire d'Etat à l'Economie privée et à la Consommation...

« Mon adversaire politique se comporte souvent comme la mouche du coche », sourit le maire socialiste au patronyme moliéresque, Dominique Jourdain, avocat à Paris, ancien élève du lycée La Fontaine de Château-Thierry, quadra, moustache écureuil[2]. Il reproche notamment à son rival – M. Dutreil a brigué la mairie dans un face-à-face avec M. Jourdain que les électeurs ont vu de part et d'autre comme un « règlement de comptes » – d'avoir pris parti pour le passage du *tégévé* non loin de la sous-préfecture de l'Aisne. « Cette option, non seulement supprimera un aérodrome et un golf, mais surtout créera des nuisances pour les riverains et amputera d'un tiers notre zone industrielle de quatre-vingts hectares où nous sommes justement en train d'amener un groupe canado-américain de recyclage de papier de bureau qui créera cent cinquante emplois. Cela compensera un peu le départ, que la précédente municipalité n'avait su empêcher, des "petits cœurs" de Belin, qui sont allés se faire fabriquer en banlieue parisienne... »

Le clivage politique et personnel très accusé entre hôtel de ville et députation s'est répercuté dans les célébrations de l'Année La Fontaine déroulée, donc, un peu en ordre dispersé. Ainsi, deux expositions, à la fois concurrentes et complémentaires, pour illustrer l'œuvre du fabuliste, conteur et dramaturge. Dominique Jourdain a opiné philosophiquement : « Le bonhomme étant universel et populaire, ce foisonnement d'initiatives minuscules ou importantes, sans supervision unique, n'est finalement pas mauvais. » Le maire aurait voulu créer un Fonds La Fontaine capable de réenseigner sans complexe aux jeunes générations l'étonnante fraîcheur de Maître Jean qui, au XIXe siècle, fut l'auteur français disparu le plus lu chez nous mais qui, depuis les années 1950, est surtout apprécié au-delà de nos frontières.

2. Toujours bien calé dans son fauteuil de maire fin 2003.

C'est à l'Observatoire austral de La Silla, au Chili, que l'on a baptisé « La Fontaine » une nouvelle petite planète décelée entre Jupiter et Mars par un savant de l'Observatoire royal belge. Aux jeunes et aux moins jeunes, car outre les fables, évidemment, il y a les contes, les comédies, poèmes épiques, élégies, récits, missives, adresses, livrets d'opéra, etc., une œuvre vaste que « Dominique et Renaud », qui se regardent en chiens de faïence, ont finalement tous deux l'ambition de promouvoir par des actions durables dans ce « quadrilatère d'excellence de la langue française », éclos en ce sud de la Champagne dont les quatre coins ont nom : La Fontaine (Château-Thierry), Racine (La Ferté-Milon), Alexandre Dumas père (Villers-Cotterêts), Paul Claudel (Villeneuve-sur-Fère), et qu'une absurdité administrative a rattaché à la région picarde...

Février 1995

2

L'autoroute des Champs Catalauniques

Une nouvelle voie rapide relie Paris aux sources de la Seine. On s'y heurte au glabre envahisseur hun Attila et au philosophe barbu Gaston Bachelard...

Théoriquement, l'autoroute A5 relie la capitale à Langres, sur trois cents kilomètres, *via* Troyes. Ne cherchez pourtant, sur le périphérique parisien, aucune mention de cette autoroute, ouverte mi-1995, ni aucun panneau indiquant la direction du chef-lieu de l'Aube ! Il faut se débrouiller au milieu des « bretelles », dépasser Créteil, ne pas se fourvoyer dans la Francilienne ni dans l'A105, ci-devant A5b, ou perdre de vue que la jeune A5 avait déjà vécu sous le nom d'A5a... Aux alentours de Melun, vous vous rendez compte que vous devez enfin être sur l'A5 *stricto sensu*, encore que, pour la Société des autoroutes Paris-Rhin-Rhône, l'A5 ne commence vraiment qu'au péage des Eprunes, au-delà de la préfecture de Seine-et-Marne... Joli merdier !

Les relations publiques d'une voie qui se plaint d'être sous-utilisée sont donc assez maladroitement faites. Trop de dépliants imprécis et pas assez de simples panneaux routiers ! En revanche, quelle entrée en fanfare architecturale aux Eprunes ! Pour retirer votre ticket de péage, vous avancez au milieu d'une sorte de gigantesque stade inachevé, structure aussi coûteuse qu'inutile, conçue par un certain Marc Mimram.

Dans cette région continentale, le créateur a en outre été d'humeur marine puisque, précise une brochure, « tous les îlots en béton ont été profilés côté amont en forme de proue de bateau »... Sans oublier cet avertissement pour les sceptiques : « Le béton a été ici particulièrement étudié pour mettre en valeur par "bouchardage" – martèlement – les granulats gris-vert du revêtement. »... Oh ! la langue de bois d'une prétendue « architecture en phase avec son époque »... La langue de béton...

Probablement, lorsque les deux cents platanes du parvis d'accueil auront poussé, le « monument » des Eprunes paraîtra moins emphatique, plus humain. En attendant, comme sur la plupart des autoroutes, l'essentiel est de s'en échapper, de dénicher les ressources du terroir que le macadam rapide a soudain mis à une heure ou deux de chez vous.

L'A5 aurait sans doute été utilisée par Charles de Gaulle, car elle conduit quasi directement (deux cent cinquante kilomètres depuis Paris) à sa bien-aimée « forêt gauloise ». Avant l'embranchement de Colombey-les-Deux-Eglises, l'ombre du Général croise, contradictoirement, celle d'Attila. Le site immense des Champs Catalauniques offre l'occasion d'un jeu de piste historique. Comme la plupart des grandes batailles, ce Rocroi ou cet Austerlitz antiques, en 451, a dû se dérouler en divers endroits, d'autant plus que les hordes d'Attila furent attaquées par une coalition romano-gotho-franque. Y figurait le roi Mérovée, éponyme des Mérovingiens.

Suivons donc un peu les traces sulfureuses d'Attila. La relation de l'affrontement aux *Catalauni* entre la « première armée européenne » et les Huns, laissée par l'Anonyme de Ravenne, permet de situer la zone des combats dans un triangle Montgueux-Dierrey-Saint-Julien-Lépine. C'est le moment où jamais de ressortir ses classiques, même si résonne encore à vos oreilles, à propos du déclin supposé (mais pas forcément avéré) de Corneille, le fameux vers sans pitié de ses contemporains :

Agesilas *hélas ! Mais* Attila *holà !*

Peut-être... Cependant, la pièce recèle quelques petites merveilles comme lorsque le n° 1 des Huns essaie sur la sœur de Mérovée une sorte de séduction par l'horreur :

Qu'aimeriez-vous en moi ? Je suis cruel, barbare
Je n'ai que ma fierté, que ma fureur de race.
On me craint, on me hait, on me nomme en tout lieu
La terreur des mortels et le fléau de Dieu.

En venant de Paris, les probables Champs Catalauniques sont à main gauche de l'A5, une quinzaine de kilomètres avant Troyes. On trouve réunis, aux alentours de Torvilliers, l'ample plaine, la colline raide, un ruisseau, la Vienne, et le lieu-dit Rivière-des-Corps [1], correspondant à la description du Ravennois et aux distances qu'il donne par rapport à *Augustobona*, future Troyes. Entre le belvédère du *Mons Gothorum* et le hameau de Lépine, une bonne lecture fait passer un souffle épique sur les horizons tranquilles de la basse Champagne : « Un formidable vacarme se fait entendre, qui ne trompe pas : les légions impériales arrivent, le roi des Huns paraît... » On en oublie les bétonnades de M. Mimram avant même de gagner Troyes...

Cette ville pâtit injustement du « honteux traité » qu'y signa Isabeau de Bavière, épouse dévoyée de Charles VI le Fol, livrant la France aux Anglais et sa fille Catherine à leur

---

1. Ce site peut se combiner avec celui qui est avalisé comme « aire de la bataille des Champs Catalauniques » par la carte d'état-major, à quelques centaines de mètres au nord d'Estissac, près des Fontaines-du-Bétrot, nom d'un cours d'eau sauvage zigzaguant sous bois et jouxtant le lieu-dit Champ-des-Rats...

souverain. Sous sa tour médiévale, l'église Saint-Jean, où fut célébré le fâcheux mariage de la sœur de Charles VII, est toujours debout, oubliée par la vindicte de l'Histoire. Admiré, lui, dans le monde entier grâce à la collection Lévy, qui va de Courbet à Staël, le musée d'Art moderne occupe l'ex-palais épiscopal ; quant à l'hôtel de Mauroy, il abrite la Maison de l'outil et de la pensée ouvrière, gérée par les Compagnons du Devoir et exposant 8 000 instruments de travail qui, mieux que tableaux ou châteaux, racontent la peine et l'ingéniosité des hommes de France à travers les âges.

Au printemps, cela vaut la peine de s'attarder dans l'Aube, surtout si on a une inclination verte, et de participer, en général mi-mai, à la Journée des jardins de Bergères, près de Bar-sur-Aube. Ce déploiement de plantes aromatiques et médicinales, végétaux rares et œuvres d'art d'inspiration champêtre attire pépiniéristes, artistes, écoliers et écologistes, qui se réunissent autour d'un chaource fermier arrosé de cidre du pays d'Othe, micro-Normandie champenoise.

On peut se rendre à Bergères, à partir de Bar, *via* le sentier Gaston-Bachelard, occasion de se souvenir du « bon et bourru philosophe à barbe blanche » (1884-1962), fils d'un cordonnier barrois et lui-même postier avant d'inventer le rationalisme appliqué. Du « fléau de Dieu » au père de la « psychanalyse de raison », l'A5 mène à de bien agréables contrastes.

Avril 1996

3
Enigme à Langres

Du plateau champenois à un bourg souabe et jusqu'aux faubourgs moscovites, une « mafia » de protecteurs des chevaux tisse les fils d'un mystère paneuropéen...

En cette mi-décembre, neige damée, pluie verglaçante et bise glaciale ont transformé en dangereuse patinoire le chemin de ronde, qu'admirèrent aussi bien Constance Chlore, vainqueur ici des Allemands, que Charles IX adolescent accomplissant son tour de France royal ; chemin-belvédère qui court sur près de quatre kilomètres autour de « la cité la plus froide de France » : « Je vous l'avais bien dit, monsieur, c'est au printemps ou à l'automne qu'il faut venir à Langres ! » Mais non, justement, de même que l'on ne peut pas affirmer que l'on connaît quelqu'un tant qu'on ne l'a pas vu en colère, il faut parcourir les pays dans leurs paroxysmes, notamment climatiques.

Allez donc à Langres au gros de son été torride ou par gel intense !

De toute façon, en ces murailles qui, des Gaulois à de Gaulle, furent « place militaire de première classe », le site, l'esprit, sont austères, rudes. Les Langrois, inventeurs d'un couteau sans fioritures (« l'anti-laguiole ») et d'un fromage de vache corsé, ont mis cent ans à reconnaître le fils le plus célèbre de leur contrée, Diderot, et beaucoup même n'ont jamais voulu lire ses *Bijoux indiscrets*... D'ailleurs, un tribunal régional, en 1998, a condamné à deux mois de prison *ferme* un quidam éméché qui avait déballé sa nature devant une amie majeure de sa fille : un thème digne de ces contes licencieux d'époque Louis-XV qui n'ont jamais plu à Langres...

L'affaire qui nous amène dans la sous-préfecture haut-marnaise est assez éloignée de ces frivolités : récemment, à Moscou, derrière la gare de Paviletz, nous découvrions l'église Saint-Flor-Saint-Laur, élevée en 1778, transformée en atelier de galvanisation par les bolcheviks, restaurée et rendue au culte en 1991. Un donateur français a offert au sanctuaire orthodoxe réhabilité la copie d'une fameuse icône de Novgorod, du XVIe siècle, conservée à la Galerie nationale Tretiakov à Moscou ; elle montre Flor et Laur, pieux jumeaux constantinopolitains du début de l'ère chrétienne, recrutés pour construire un temple païen sur la rive balkanique de l'Adriatique, où ils convertirent les autres constructeurs ainsi que le grand-prêtre de l'idole. Les deux maçons chrétiens furent punis de leur prosélytisme en étant murés dans un puits, redécouvert plus tard grâce aux sabots gratteurs d'un coursier « inspiré par le Ciel ». Quelques siècles après, l'Eglise russe confia logiquement au duo martyr la protection de la gent chevaline.

L'énigme ayant Langres pour épicentre commence dans l'icône de Tretiakov qui, outre Flor et Laur à pied et une dizaine de chevaux, comporte trois autres personnages, cavaliers auréolés, munis de fouets. On ne savait plus les noms de ce trio de saints subsidiaires, mais dans l'atmosphère d'entrain religieux qui s'est répandue en Russie post-communiste, on les a vite ré-identifiés ; il s'agit des triplés Eleusippe, Speusippe et Méleusippe, respectivement celui « qui lance les chevaux », « qui les fait accélérer » et « qui les panse ».

Ce sont également des jeunes gens morts pour leur foi au commencement du christianisme et canonisés : ils furent écartelés et brûlés sous les yeux de leur grand-mère Léonille, à Saints-Geosmes, corruption de « Saints-Jumeaux ». Dans ce modeste village jouxtant la banlieue sud de Langres, l'église est depuis la nuit des temps dédiée à cette trinité hippique, et le cimetière communal renferme un *martyrat*, élevé jadis sur les lieux où la tradition place le supplice des triplés.

Tradition à la fois érudite et populaire, tenace à Langres et alentour, où là un restaurant, ici une villa se réclament toujours des *Trois-Jumeaux* ; telle sacristie se souvient, elle, des liens franco-slaves remontant peut-être à Anne de Kiev, femme d'Henri Ier et reine de France vers l'an mil, maintenus à travers les âges, malgré l'antagonisme orthodoxe-catholique, grâce aux « trois Sippes, protecteurs de chevaux ». Jusqu'aux années 1910, chaque été, un pope venait de Russie à Langres « prier sur les reliques des trois frères à la cathédrale Saint-Mammés ». Un prêtre actuel de ladite paroisse tire d'un placard une icône peinte sur cuivre doré incrusté d'émaux, apportée ici au début du XXe siècle par un des popes visiteurs. Elle représente dans toute leur gloire Eleusippe, Speusippe et Méleusippe, vêtus de rose brun, chevauchant de blanches montures ailées.

Langres, enfin, entretient des rapports immémoriaux et est jumelée depuis plus de trente ans avec Ellwengen, cité souabe en Allemagne du Sud, où l'église abbatiale a été fondée durant l'empire franco-germanique de Charlemagne par un évêque langrois. Il y apporta aussi la dévotion pour les trois martyrs hippophiles, sous le patronage desquels se déroule encore, chaque lundi 11 janvier, la énième foire équine d'Ellwengen, instaurée au Moyen Age.

Le problème est de savoir, d'une part, comment un culte local, occidental, est allé s'affilier dans la lointaine Moscovie à la dévotion pour les Orientaux Flor et Laur, d'autre part, comment les fidèles du Christ arborant des noms grecs sont venus se faire supplicier au cœur celte du monde romain. L'énigme européenne formée par ces mystérieuses migrations hippo-religieuses ne sera peut-être jamais résolue – et c'est sans doute tant mieux. Entre autres échanges suscités par le remue-méninges russo-franco-allemand autour du bienheureux trio langrois, se prépare un rallye équestre tripartite à travers champs, sur cinq cents kilomètres, du plateau de Langres, « le plus beau paysage du monde » (Diderot), au romantique bassin de Souabe-Franconie. Sous le haut patronage des « Saints-Geosmes », naturellement !

Décembre 1998

Livres :

– Jean de La Fontaine, *Œuvres. Sources et postérité d'Esope à l'Oulipo*, édition d'André Versaille, préfacée par Marc Fumaroli, Complexe, Bruxelles, 1995.

– Renaud Dutreil, *Le Coq sur la paille*, Quai Voltaire, 1993.

*

– Gaston Bachelard, *Fragments d'une poétique du feu*, Presses universitaires de France, 1988.

– Philippe Guilhaume, *Attila. Le fléau de Dieu*, France-Empire, 1994.

– Philippe Delorme, *Isabeau de Bavière. Epouse de Charles VI, mère de Charles VII*, Pygmalion, 2003.

*

– Diderot, *Les deux amis de Bourbonne* (1773) ; *Voyage à Bourbonne, à Langres et autres récits*, Aux amateurs du livre.

– Jean-Louis Gouraud, *Russie, des chevaux, des hommes et des saints*, Belin, 2001.

– Jacqueline Dauxois, *Anne de Kiev, reine de France*, Presses de la Renaissance, 2003.

[illegible]

[illegible]

[illegible]

Jean-Paul Roux, [illegible] Complexe, [illegible]

[illegible]

[illegible]

[illegible]

[illegible]

CHAPITRE XVI

CHEVALIE

En selle, de Fréjus à Compostelle

Au cavalier euro-asiatique Jean-Louis Gouraud

Il y a plusieurs manières de prendre le *Camino Francés* de Saint-Jacques : un jeune guide équestre en administre la preuve tout en sachant qu'à Santiago, depuis 1 200 ans, tout est prévu pour recevoir dignement chaque pèlerin, avec ou sans destrier.

Aller pédestrement à Saint-Jacques-de-Compostelle est redevenu à la mode comme lorsque un évêque du Puy lança le pèlerinage en 951. Depuis que le Conseil de l'Europe, en 1988, a proclamé la route du *Campus Stellae*, « premier itinéraire culturel européen », en moyenne cinquante mille piétons convergent d'un peu partout chaque année vers le sarcophage d'argent de Jacques, apôtre de Jésus. Le chemin de Santiago est derechef un classique, et de la foi et du voyage.

(Prenons la liberté en ce qui nous concerne, dans ce livre sur la France, d'exercer un rapide petit droit de suite en Espagne, l'Union européenne ayant, à l'imitation de Louis XIV, aboli les Pyrénées...)

Vincent Folâtre, moniteur équestre varois d'une trentaine d'années, a innové en parcourant non plus à pied mais à cheval, en septante-deux jours, les mille neuf cents kilomètres reliant Fréjus à Saint-Jacques-de-Compostelle, où il est parvenu à la veille de Noël. Il y pensait depuis longtemps, ce mince blondinet féru de canassons et assez remonté contre le tout-autoroute ; il y pensait surtout depuis qu'il avait traversé la France en biais, le cul sur la selle, de Provence jusqu'en Bretagne. Cet itinéraire neuf avait aguerri son corps, mais son esprit était resté sur sa faim.

La *Via Tolosana* qu'il a empruntée – l'une des quatre voies médiévales menant de France vers Santiago – est au contraire tout enduite d'histoire et de spiritualité : « Ma quête, outre le défi physique de se surpasser de nouveau, était, je crois, celle du sacré, plus qu'une quête proprement religieuse », explique le cavalier au patronyme ludique, dont le départ fut béni par un franciscain. Bien sûr, Vincent ne put suivre partout exactement le parcours choisi, pour cause de macadam ou de haies, mais il a fait au plus près, par sentiers et champs, s'aidant seulement des cartes Michelin et de deux guides sans prétention publiés par des randonneurs pyrénéens.

« Le plus difficile, ce fut sans doute au départ, sur la Côte d'Azur, car c'est la région la plus habitée du trajet. » Près d'Aix-en-Provence, des pandores facétieux ont même demandé au voyageur « la carte grise des montures », la jument blanche Nina, « une camarguaise de dix ans, plus ou moins bâtarde », et le hongre Nounours, « un demi-trait comtois de six ans ». Le jeune hippomane emploie spontanément le vieux mot français de *hongre*, forgé à la fin du Moyen Age pour nommer les étalons castrés à la façon de Hongrie... Et des Huns... Il poursuit : « La jument a fait les mille neuf cents kilomètres avec une endurance jamais démentie, que nos étapes soient de vingt ou de soixante kilomètres par jour [les piétons peuvent couvrir quarante kilomètres par jour]. Quant au cheval coupé, à mi-parcours il n'a plus pu avancer et il a fallu le remplacer par un autre hongre, de souche roumaine. »

Vincent n'a pas été seul avec deux chevaux durant tout le trajet : de Fontvieille (Provence) à Logroño (Espagne), soit sur un millier de kilomètres, il a été accompagné par Jutta Hischen, infirmière quadragénaire allemande, qui ne pratique l'équitation que depuis trois ans. « C'est seulement faute de temps que Jutta n'a pas pu aller jusqu'à Saint-Jacques. Pour elle et pour moi, la totalité du voyage était faisable, comme pour toute personne sportive en bonne santé. Un tel exercice vous rend d'ailleurs vite résistant. Nous n'avons même pas attrapé un rhume ! En plus, l'automne nous fut clément, même si nous avons trouvé la neige au Somport. Ce qui est sain aussi, c'est que souvent on chemine à côté des chevaux, et puis on s'arrête, on voit passer renards, sangliers, biches, rapaces. »

Les marcheurs sont parfois assimilés par les sédentaires à des vagabonds. « A cheval, c'est différent, on en impose de prime abord ! » Partout, sauf quelquefois sur la Côte d'Azur ou dans le delta du Rhône, la minicaravane a été bien accueillie, y compris les animaux, qui consomment chacun en vingt-quatre heures huit kilos de grain et huit kilos de fourrage. Par hippophilie, par curiosité amicale, les hôtes – souvent trouvés à la dernière minute – ont la plupart du temps tenu à recevoir *gratis* cavaliers et chevaux, devenant ainsi, consciemment ou non, des *hospitaleros* comme jadis. « En Espagne, on savait d'emblée où nous allions, et le bon accueil allait encore plus de soi. Il y eut évidemment aussi les étapes traditionnelles dans les monastères, où l'absence de chauffage est compensée par la chaleur de la réception. »

Tout son périple a coûté quinze mille francs [1] à Vincent Folâtre. Il n'avait pas songé à se faire parrainer par une association, une marque ou une personnalité ; son « aventure »

1. Environ 2 300 €.

serait passée inaperçue sans un écho dans *Var-Matin* ; il n'avait pas réfléchi non plus à une possible exploitation commerciale du chemin équestre de Saint-Jacques, mais d'ici et de là, des amateurs lui proposent maintenant de le prendre comme cornac et de repartir. Si Vincent accepte, « ce sera avec sept personnes grand max ! ». Il sait d'expérience que cohue et bavardage ne permettent guère de retrouver le sens du sacré et de la nature, l'équilibre, en somme.

L'autre récompense, ce sont les pauses, par exemple à Saint-Guilhem-le-Désert, merveille romane dans une gorge du Languedoc, ou Burgos, avec sa cathédrale, summum de folie gothique, financée par des bergers pour abriter les restes du Cid et de Chimène. Il y a enfin de véritables découvertes, tel, en Aragon, le village-fantôme de Ruesta, privé de ses terres par un barrage depuis un demi-siècle et resté seul, superbe, vide, à l'exception d'une auberge pour pèlerins à pied, « mais où nos chevaux purent quand même, ainsi que partout, trouver asile comme nous ». Et au final, il y a le Champ de l'Etoile : Santiago, ses cent quatorze clochers et ses trente-six confréries jacquaires et où, depuis douze cents ans, tout est fait pour recevoir chaque arrivant, avec ou sans destrier. C'est quand même à Compostelle que fut « inventé » Jacques, le saint matamore traversant le firmament sur son destrier.

Janvier 1998

Livres :

– Buffon, *La plus noble conquête...*, chapitre de son *Histoire naturelle* (1749-1804) consacré au cheval, présenté par Jean-Louis Gouraud, Favre, Lausanne, 1997.

– *Le Guide du pèlerin à Saint-Jacques-de-Compostelle*, version française d'un texte latin du XIIe siècle, présentée par Jeanne Vieillard, Vrin.

– Jean-Claude Bourlès, *Le Grand Chemin de Compostelle*, Payot, 1998.

– Jean-Louis Gouraud, *Chevaux d'Orient*, Gallimard, 2002.

– Jean-Pierre Digard, *Le Cheval, force de l'homme*, Gallimard, 2002.

CHAPITRE XVII

COMTAT VENAISSIN

1

Fontaines troublées de Vaucluse

A mon oncle Georges Clauzade,
lichénologue et espérantiste, in memoriam
A ma tante Mireille, entourée de Romain et Marine

Les Comtadins aux prises avec des fantômes de la Terreur et une guillotine rapatriée d'Algérie...

C'est reparti ! Les cerveaux pensants de Cavaillon ont derechef remis sur le tapis le projet plus que quinquagénaire – et éternellement diviseur – de mise en valeur de la maison dite de *Jourdan Coupe-Têtes*. Plus précisément du spacieux hôtel particulier, sis rue Hébraïque, au cœur de la capitale mondiale du melon, que l'ultime descendante de ce robespierriste méridional légua à sa mort, en 1938, à la Fondation publique Calvet, afin qu'on y fît un musée du Vieux-Cavaillon.

Comme il arrive souvent dans les familles rouges (voir, entre autres, la fille de Staline ou celle de Fidel Castro), l'arrière-petite-fille du garçon boucher auvergnat Mathieu Jouve *alias* Jourdan (1746-1794) – devenu sous la Révolution l'un des artisans de l'annexion des possessions pontificales enclavées en France, puis le « Boucher du Comtat », dit Coupe-Têtes – était rien moins que révolutionnaire. Fille riche et dévote, Joséphine Jouve (1860-1938) allait à la messe suivie d'un valet porte-missel, se rappellent les vieilles gens. « Et elle distribuait chaque année le prix Jouve à une fillette méritante. » Nul n'aurait osé évoquer devant elle les prévarications auxquelles son bisaïeul s'était livré, avant d'être lui-même décapité, et où beaucoup discernaient l'origine de la fortune Jouve. D'autres, il est vrai, affirmaient que l'argent venait du soyeux Michel Jouve (1770-1839), fils du guillotineur guillotiné mais « homme juste et bon ».

Toujours est-il que la testatrice n'avait certainement pas souhaité qu'on fasse revivre dans sa demeure le Comtat Venaissin sous la Terreur. On put croire le contraire lorsque, en 1989, la Fondation Calvet publia, sous la direction de Sylvie Grange, conservateur du patrimoine cavaillonnais, une luxueuse plaquette, *Famille en Révolution. Les Jouve à Cavaillon 1746-1938*, où la droite du cru vit la menace d'un musée à la gloire du massacreur.

Le débat se ralluma quand une feuille locale traita Coupe-Têtes de « scélérat » et de « coquin ». La gauche cavaillonnaise, négligeant le testament de Joséphine, ne veut, quant à elle, pas entendre parler d'une exaltation, dans l'hôtel Jouve, des traditions comtadines, car elles furent célébrées sous Vichy... Ne pourrait-on envisager tout bêtement de créer, dans le noble bâtiment, endormi depuis un demi-siècle sur ses collections de bustes, de cocons de vers à soie et de brocs de toilette, un mémorial comtadin pluraliste, historique et populaire, de 1789 à 1939 ? Ou bien insérer la demeure Jouve, arrangée comme vitrine d'une ascension bourgeoise, dans un ensemble incluant la synagogue de Cavaillon, chef-d'œuvre de l'art judéo-comtadin au XVIIIe siècle, et des salles consacrées à l'histoire générale d'une cité qui, depuis cinq cents ans, prospère à partir d'un fruit juteux tout rond, rapporté des Indes.

Non loin de là, à Fontaine-de-Vaucluse, au bord même de cette Sorgue émeraude qui attira les papes d'Avignon, l'initiative privée est allée plus vite en besogne que les fonctionnaires culturels de Cavaillon. Le musée historique de la Justice et des Châtiments est en tout cas bien plus effrayant, par ce qu'il montre, que la brève carrière du seul Jourdan Coupe-Têtes. En 1962, lors de l'indépendance de l'Algérie, le jeune Fernand Meyssonnier, dernier bourreau de la République française dans cette contrée, héritier, comme c'était l'usage en cette profession, d'une lignée d'exécuteurs des hautes œuvres, se rapatria... à Tahiti, où il commerça et épousa une vahiné. Cependant, il avait expédié en France, en pièces détachées – l'« instrument » est un sacré morceau ! –, « sa » guillotine : cinq cent quatre-vingts kilos, quatre mètres et demi de haut. Fabriqué sous Napoléon III, et ayant assisté à bien des trépas, de Madeleine, la Brinvilliers de Sidi-Bel-Abbès, aux nationalistes algériens de 1954, l'appareil trône maintenant, « premier du genre à être ainsi exposé », au centre du musée des Châtiments, que l'ex-*Monsieur d'Alger* a fondé à Fontaine-de-Vaucluse, après son installation en métropole [1].

Entre la guillotine, la tête formolisée d'un authentique guillotiné, la momie d'une victime de la famine, un cabinet vénitien où les miroirs permettaient au supplicié d'assister à toutes les faces de son tourment, l'estrapade de Byzance, sorte de pal sophistiqué, les écrase-pouces, les colliers à pointes de fer intérieures, la cagoule blanche réglementaire d'un pendu anglais ou le mode d'emploi pour ligoter un manchot condamné à

1. Fermé par son propriétaire en 2002, ce musée devrait être réinstallé ailleurs.

mort, on a d'abord un recul devant de telles horreurs vraies et exhibées. Certains visiteurs s'enfuient. La majorité reste, le côté didactique (ou morbide...) du musée l'emportant. A éviter aux enfants quand même !

Des panneaux illustrés racontent les avatars de la question et de la peine capitale en France ; expliquent les termes (« torture » vient de tordre, le bourreau se nommait ainsi car il devait bourrer de coups le condamné avant de l'exécuter, « châtier » c'est rendre pur, etc.) ; amusent presque même, avec les « marques d'infamie » médiévales où le médisant devait arborer en public une longuissime langue de fer tandis que le luxurieux ou l'ivrogne étaient affublés d'un masque porcin...

Le sociocriminologue Jean-Michel Bessette, auteur d'*Il était une fois... la guillotine*, a donné sa caution à ce montage unique en son genre, bâti sur quatre cents mètres carrés autour de cinq cents objets, certifiés authentiques, depuis un pilori strasbourgeois en grès (1522) jusqu'aux « bracelets de contention » des forçats de Toulon et Cayenne.

Dans la combe aquatique du *Vallis Clausa*, où Pétrarque et des légions d'anonymes après lui trouvèrent la paix du corps et de l'esprit, l'initiative de Fernand Meyssonnier, qui parut d'abord intempestive, a plutôt été considérée par la suite, selon l'expression d'un riverain, comme « un piment jeté dans un plat excellent mais qui à la longue avait paru un peu fade »...

Octobre 1997

2

Agapes « écolo » au bord du Coulon-Calavon

De l'apéritif à l'anis au miel de lierre, une enclave gustative qui se souvient des diatribes anti-européennes de Giono...

En pénétrant à Cavaillon dans le restaurant-musée de Jean-Jacques Prévôt, héritier de cinq générations de gastronomes mais qui a construit sa propre réputation sur des menus saisonniers articulés autour d'un seul produit (melon, truffe, asperge, aubergine, coquille saint-jacques, etc.), on se remémore avec crainte l'historiette des ortolans de Léopold Ier.

Le fondateur, en 1831, de la dynastie belge avait épousé une fille de Louis-Philippe. Il la trompait jusque dans le parc de leur demeure... La reine demanda à son confesseur d'intervenir. De guerre lasse, le roi consentit à recevoir l'abbé, mais en tête-à-tête, autour d'une table où les nombreux mets, même le dessert, furent tous à base d'ortolan. L'ecclésiastique finit par craquer : « Sire, c'est une chair exquise et rarissime mais... de l'ortolan, toujours de l'ortolan, de l'ortolan... – Eh bien ! monsieur le chapelain, la reine, la reine, toujours la reine... Si charmante soit-elle, il me faut de temps en temps, sur ce chapitre-là aussi, varier l'ordinaire... » Du coup, l'ecclésiastique se retira sans oser chapitrer le monarque amateur de variations...

Le talent de M. Prévôt est d'avoir su réussir, lui, des variations à partir d'un matériau unique, jamais ennuyeux pour les papilles car marié à des sauces ou ingrédients inattendus, et opérant ainsi des sortes de mutations gustatives : par exemple, l'anis et le melon donnant le *Mélanis*, apéritif à la saveur inédite. Après y avoir goûté, et tout en découvrant les quatre cent cinquante pièces formant le « musée du melon », on peut commencer son marché parmi les productions maison : gelée de pépins de melon pour accommoder le gibier, confiture de griottes, pain d'épices au miel de châtaignier, etc.

En sortant de ce nouveau temple culinaire du Midi, on a le loisir, après des décennies de rivières muées en égouts, et grâce à la pugnacité d'élus locaux, d'aller marcher le long des eaux redevenues hyalines de la Durance ou de son affluent nommé Coulon ou Calavon, selon qu'il arrose Cavaillon ou Apt. Brochet et autres poissons abondant derechef dans la Durance, les colonies de cormorans se sont développées à tel point qu'on envisage de suspendre localement la loi protégeant ces oiseaux pêcheurs aux allures de curés en soutane. On n'en est pas encore là pour le héron ou le milan noir, mais ces espèces profitent également de la limpidité aquatique reconquise. *Idem* pour les castors qui, près de Mérindol, ont repris leurs ventrées de moules d'eau douce beige-vert.

Nous ne disputerons pas cette spécialité aux castors, leur préférant les fruits confits préparés à Gargas dans un atelier familial de cinq personnes, sorte de David de la confiserie face au Goliath aptésien de la sucrerie industrielle. Le comble, c'est que l'assortiment de prunes, figues, kiwis et autres abricots et agrumes confits vendu à Gargas, coûte moins cher, avec emballage comparable, que les fruits industrialisés des boutiques touristiques d'Apt ! Pourtant, chez les premiers, le goût fruité domine, tandis que chez les seconds, prime le sucré. Le petit secret de fabrication est délivré par un confiseur *bio* : « Chez l'artisan, une mandarine est confite lentement dans son jus à elle en un mois et demi, tandis qu'en usine, elle est confite en une semaine, trop rapidement pour que la saveur du fruit l'emporte sur celle du sucre. »

Est-ce que l'Union européenne, après charcuterie et fromage, ne va pas s'aviser un jour, se demande-t-on en Vaucluse, d'envoyer ses bureaucrates « inspecter nos fruits confits » ? Et le confiseur de citer Jean Giono, dans un de ses violents textes pré-écolos, publié par *Le Dauphiné libéré* il y a plus de trente ans : « Libre au Marché commun de manger de la merde, si le cœur lui en dit ! » « Mais pas nous ! », répondent par anticipation les hommes du terroir, Jean-Jacques Prévôt, à Cavaillon, ou André Rastouil, à Gargas. Et aussi Jacky Breysse, à Goult, qui malheureusement ne récolte que pour ses parents et amis le miel de lierre, cette rareté d'automne au goût martial (naguère réservé aux hommes dans le Midi, quand l'unisexe n'avait pas encore imposé sa doucereuse tyrannie...). Miel de paysan aux couleurs de moutarde forte, naguère méprisé, aujourd'hui recherché comme une curiosité pour le palais, bien moins facilement dénichable que les miels de châtaignier, tilleul, acacia, cerisier, sapin ou bruyère.

Le miel blond du plateau d'Albion est plus classiquement du « pur lavande ». Grâce à la balsamique labiée bleu-mauve, certaines variétés corsées de miel sont utilisées aussi par telle clinique d'Apt pour cicatriser les plaies de patients rebelles aux antibiotiques. Néanmoins, l'inquiétude sourd dans le petit royaume bienfaisant des apiculteurs méridionaux depuis que *La Provence* a annoncé en « une » que la quantité de miel sortie en 1998 des soixante-huit mielleries du plateau de Valensole, dans les Alpes-de-Haute-Provence, sur l'autre rive de la Durance, « a chuté de 30 % ».

Selon des apiculteurs alpins, cela est dû « autant aux nouvelles techniques mécanisées de récolte du lavandin qui broient plantes et abeilles et ne laissent subsister aucune fleur pour le butinage qu'à l'utilisation inconsidérée des pesticides qui rendent les abeilles amnésiques. Elles vont mourir de faim ou de froid loin de leurs ruches qu'elles n'ont pas su retrouver ». Il est à craindre que soit prouvé ici une fois de plus qu'en matière d'écologie, surtout alimentaire, tout ce qui est gagné reste fragile et doit demeurer constamment sous l'œil du maître. A condition, naturellement, que le maître soit *écolo*...

Décembre 1998

3

Carpentras, l'autre cité des papes

Au pied du Mont-Ventoux, le Comtat Venaissin se rebiffe enfin contre la captation par Avignon de la totalité de l'héritage pontifical...

A une vingtaine de kilomètres au nord-est de Carpentras, sous-préfecture vauclusienne, au pied même du Ventoux (mille neuf cents mètres), le Grozeau est attirant en toutes saisons : conques rocheuses à l'abri du mistral et réchauffées par le soleil l'hiver ; fraîcheur des sources et peupliers durant la canicule ; tapis printanier de pâquerettes ou automnal de mousse. Au mitan de cette oasis, une église médiévale aux proportions modestes mais de noble facture, avec, à l'intérieur, un décor rare, antiquisant sous la coupole octogonale.

C'est ici, à Notre-Dame-du-Grozeau, que « tout a commencé », quand le premier pape d'Avignon, Clément V (1305-1314), fit de cette abbaye bénédictine (dont le sanctuaire visible de nos jours est le reste) son séjour favori, son Vatican campagnard. Cet épisode fut éclipsé plus tard par la construction du colossal palais pontifical d'Avignon, édifié à partir de Benoît XII (1334-1342), lequel avait ceint la tiare en lâchant à la cantonade : « Nos prédécesseurs n'ont pas su être pape... » Disgraciées donc les thébaïdes sous la ramure, et en avant les grands travaux ! De là naquit la rivalité entre, d'une part, Avignon, enclave provençale en terre comtadine, sorte de cité-Etat, que les souverains pontifes n'achetèrent qu'en 1348 à sa reine-comtesse, Jeanne de Naples-Provence ; d'autre part, le Comtat Venaissin, capitale Carpentras, propriété personnelle des papes depuis le don que leur en fit, en 1274, Philippe III le Hardi, roi de France, le Comtat se muant alors en Saint-Siège secondaire.

Ce n'est donc pas un hasard si, à partir de 1309, lassé de l'insécurité italienne, Clément V qui, en outre, était le Français Bertrand de Got, ex-évêque de Bordeaux, vint s'établir au Grozeau mais aussi dans la maison épiscopale de Carpentras ou dans la tour, depuis lors appelée Clémentine, de Monteux, village dont Sa Sainteté appréciait les primeurs. Gourmet, bonhomme, lettré, Clément V traça en quelque sorte le profil de ces neufs papes et antipapes [1], tous français, sauf le dernier, un Espagnol, et qui, jusqu'en 1409, durant un siècle plein donc, allaient régner sur les bords du Rhône, avant de retrouver le Tibre (dès 1377, le pontife considéré aujourd'hui comme légitime regagna Rome, mais à l'époque, pendant plus de trente ans encore, le saint-père d'Avignon fut regardé par une partie de la Chrétienté comme successeur authentique de l'apôtre Pierre).

Par la suite, la France essaya à plusieurs reprises de récupérer et le Comtat et Avignon, les faisant provisoirement occuper

---

1. Régnèrent en Comtat, de 1309 à 1409, Clément V, Jean XXII, Benoît XII, Clément VI, Innocent VI, Urbain V, Grégoire XI, Clément VII et Benoît XIII, ces deux derniers ayant ensuite été classés « antipapes » par l'Eglise.

lors de crises régalo-papales (1662, 1668, 1768), jusqu'au rattachement définitif survenu au début de la Révolution française. Ces deux entités n'étant pas jugées suffisantes pour constituer un département, on leur adjoignit, bien sûr, l'enclave d'Orange (enlevée dès 1702 par Louis XIV à la maison prussienne de Nassau, ce qui fait qu'au XXIe siècle, l'héritier du trône néerlandais porte toujours le titre, devenu fictif évidemment, de prince d'Orange), mais également une bande prise à la Provence du côté du Luberon, d'Ansouis et de Pertuis. La marque pontificale survit toutefois jusqu'à nous avec l'enclavette vauclusienne de Valréas, dans la Drôme, car cette dépendance comtadine en Dauphiné refusa vertement, lors de la départementalisation, d'être séparée de l'ancienne possession des papes...

Avec l'accentuation, un peu partout en Europe, au début du XXIe siècle, des particularismes régionaux, le *comtadinisme* s'est ravivé, contestant « la captation de la totalité de l'héritage papal par Avignon ». De méchantes langues vont jusqu'à soutenir que le feu qui ravagea l'évêché de Carpentras en 1315, au cours du concile préparant l'élection de Jean XXII, et provoqua le transfert de la curie en Avignon, « fut bouté au bâtiment par des Avignonnais »... Mémoire longue ! Jean Raspail, au fil de son récent recueil, *Le Son des tambours sur la neige*, a imaginé un moderne mouvement prônant le retour du territoire comtadin – sans Avignon ! – sous souveraineté vaticane...

En déambulant à Carpentras et autour, on tombe sur maintes traces monumentales, religieuses ou gastronomiques (pensons aux recettes berlingotières !), d'une période commencée en 1274 et terminée seulement en 1791, car après le retour des papes et tout leur train en Italie, vers 1400, Avignon et le Comtat continuèrent d'être régis par lois et légats du siège apostolique. A *Comtadinopolis*, non loin de l'arc romain d'Auguste et de l'église Saint-Siffrein, cathédrale jusqu'au concordat de 1801 et bel exemple de gothique méridional, Dom Malachie d'Inguimbert (1683-1757) privilégia en son diocèse le « contexte socioculturel », dirait-on à notre époque. Il n'en continua pas moins d'honorer chaque année en grande pompe le Saint Clou ou Saint Mors. On sait que l'*Augusta* canonisée, Hélène, mère de l'empereur Constantin le Grand, ne se contenta pas, en Palestine, de retrouver la Vraie Croix ; elle en ramena aussi l'un des clous « ayant servi à crucifier Jésus », pointe qu'elle fit insérer dans un mors du cheval de son fils. Ce Saint Mors ou Saint Clou fut enlevé à *Haghia-Sophia* par des croisés francs, durant leur domination sur Constantinople au XIIIe siècle, et rapporté à Carpentras, où on le signale dès 1226. Depuis lors, l'ostension de cette relique extraordinaire est prétexte, chaque fin novembre, et toujours en ce début de troisième millénaire, lors de la fête de saint Siffrein, évêque comtadin de 555 à 570 et patron de Carpentras, à diverses manifestations religieuses, populaires et commerciales, dont une foire aux équidés. Selon des experts, l'objet vénéré est incrusté dans un authentique mors romano-byzantin datant au moins du VIe siècle. Petite note orientale contemporaine : l'actuel curé de la paroisse Saint-Siffrein est issu d'une famille musulmane du Maroc.

Pour en revenir à Malachie, cet évêque de Carpentras, où il naquit, dominicain, observant ensuite la règle trappiste rendue plus rigoureuse au XVIIe siècle par l'abbé de Rancé (qu'exalta plus tard Chateaubriand), avait eu la redoutable charge d'être à Rome confident, voire confesseur de Clément XII, pape anti-simonie mais généreux. Ainsi, de retour au pays, Inguimbert put doter son évêché de ce qui reste sans doute le plus grandiose hôtel-Dieu de France, flanqué d'une spectaculaire apothicairerie, où tout est resté en l'état depuis 250 ans (jusqu'aux pots de Moustiers pour le sang de dragon, les trochisques de vipère, les yeux d'écrevisse ou la poudre de momie...) ; en outre, le prélat bâtit une bibliothèque universelle, *l'Inguimbertine*, qui contient en particulier le fonds de l'érudit méridional Fabri de Peiresc (1580-1637), introducteur en Europe des chats angoras, du jasmin, du lilas, du laurier-rose et des nèfles

Des architectes arrivent encore du bout du monde pour jauger l'hôtel-Dieu carpentrassien, sa galerie et son escalier d'honneur à deux volées suspendues, avec rampes en ferronnerie. Ne pas manquer, après ces très consistants chefs-d'œuvre, de se reposer l'œil grâce aux *donatifs*, tableaux datés de 1731 à 1948, et exprimant la bouleversante naïveté populaire. L'art religieux a produit une autre curiosité à Carpentras, sa synagogue, peut-être la plus ancienne de France (1367), mais remaniée au XVIIIe siècle autour de sa *mikva* d'origine, bain rituel hébraïque alimenté par une source, où mène une cinquantaine de marches. En 1789, les « Juifs du Pape » étaient deux mille en Comtat, dont plus de la moitié à Carpentras et Cavaillon. La synagogue carpentrassienne constitue un délicieux catalogue du style Louis-XV adapté au culte israélite.

Dehors, sur fond saphirin, mâtiné de rose le matin, de gris à midi, d'orangé au coucher du soleil, le Ventoux, dôme du Comtat Venaissin, force le respect, par sa puissante et tranquille beauté. Repaire d'ours avant l'Histoire ; chanté par Pétrarque sous les papes ; inventorié au XIXe siècle par Jean-Henri Fabre, « l'Homère de l'entomologie » ; « brise-jarrets » du cyclisme au XXe siècle ; paradis des randonneurs toujours, le mont « venté » tant vanté paraît toute l'année enneigé, même quand il ne l'est pas ; et cela grâce à une calotte de rocaille blanchâtre. En dessous commence la ceinture boisée de cette montagne en forme de nef renversée. Là, après les déboisements dus à l'ère des navires à voile, débutèrent, vers 1860, de sages reboisements ; ils permettent maintenant de circuler au milieu de chênes verts ou blancs, de sapins, pins, hêtres et cèdres sous lesquels le botaniste note même la présence du pavot poilu groenlandais ou du saxifrage norvégien... Clément V en son Vatican de poche du Grozeau n'avait pas tort de se réjouir : « Ici, un miracle a rassemblé tout ce qu'il y a de bon sur terre ! »

Octobre 2002

Livres :

– Jean-Michel Bessette, *Il était une fois... la guillotine*, Alternatives, 1982.

– Gérard Jaeger, *Anatole Deibler (1863-1939), l'homme qui trancha 400 têtes*, Le Félin, 2001

*

– Elie-Marcel Gaillard, *Histoire et techniques des fruits confits d'Apt*, Barthélemy, Avignon.

– Les chroniques de Jean Giono pour *Le Dauphiné libéré* ont été reprises par Gallimard entre 1976 et 1991 in *Les Terrasses de l'île d'Elbe, La Chasse au bonheur, Les trois arbres de Palzem* et par Quatuor, Gap, 1995 in *Les Héraclides*.

*

– Pétrarque, *L'Ascension du Mont-Ventoux* (vers 1330), Mille et une nuits, 2001.

– Guillaume Mollat, *Les Papes d'Avignon*, Letouzey et Ané, 1964.

– Chanoine André Reyne et abbé Daniel Brehier, *Saint Siffrein, évêque et patron de Carpentras*, Aubanel, Avignon, 1983.

– René Molinas, *Les Juifs du Pape*, Albin Michel, 1992.

– Carol et Danièle Iancu, *Les Juifs du Midi*, Barthélemy, 1995.

CHAPITRE XVIII

CORSE

1

L'île qui fait France à part...

A la famille Frasseto,
de Corse en Afrique du Nord et retour

Quand la violence nationaliste réjouit les amateurs de grande nature...

Nombre d'îliens, dès qu'ils sont sûrs du secret, se déchaînent contre « les bandits qui nous ruinent et règnent par la terreur, à la barbe de l'Etat français ». De Toulon à Roubaix, on dit « l'Etat » tout court. En Corse, on ajoute de plus en plus souvent, y compris parmi les politiciens de tous bords, l'adjectif « français ». Ce n'est rien et c'est pourtant très révélateur d'une situation, comme lorsque des prêtres démagogues parlent d'« Eglise de Corse »...

Balzac, dans *La Vendetta*, l'un des volumes les plus sombres de sa *Comédie humaine*, prête ce mot à Bonaparte, Premier consul : « Le préjugé de la vendetta empêchera longtemps la souveraineté des lois en Corse. Il faut le détruire à tout prix. » « Sang de la Madone ! rugit un vieux Sarténais communiste et traditionaliste, la *vendette* (comme Mérimée dans *Colomba*, il a spontanément francisé ce mot et a bien fait), c'est quelque chose de noble, c'est une question d'honneur, il ne doit pas y avoir derrière ça du fric ou de l'arrivisme. »

Vendette à l'ancienne, *vendetta* dévoyée par la politique, l'effet est le même vu de l'extérieur, surtout quand le chaland wallon, romand ou *pinsuto* – « pointu », vieux surnom loin d'être aimable donné aux Français de l'Hexagone –, frais débarqué à Ajaccio, entend dans le premier bar populaire venu : « Ici, on ne veut ni Arabes, ni pédés, ni étrangers qui fourrent leur sale museau dans les affaires des Corses. » « Si les continentaux laissent chez eux les Nordafs se comporter en terrain conquis, nous, ici, dès qu'y en a un qui commence à fourguer de la drogue à nos jeunes ou à trop regarder nos filles, le lendemain il est mort... » Et c'est avéré.

Le même visiteur se souvient alors qu'en quittant Marseille la veille, il avait sursauté devant ce graffiti inédit sur un mur du port : « Les Corses et les Arabes à la mer ! »

Quelque cent mille originaires de l'île vivent en Provence. En Corse, sur les deux cent cinquante-cinq mille habitants, cent mille sont nés ailleurs. Une enquête publiée par *Economie corse* révèle que parmi les ménages vivant sur place et ayant l'intention de bouger, 45 % veulent quitter l'île.

Si un quart seulement des hôteliers insulaires osent attribuer à « la violence » ou à « l'image négative » qui en découle la désaffection d'une frange des estivants, ceux-ci accusent presque tous « l'insécurité ». C'est largement injuste. Certes, il y a eu plus de dix mille actions armées de 1976 à 1996 et il risque fort d'y avoir encore bombes et assassinats ; certes, des résidences de vacances ont été plastiquées, mais les touristes sont épargnés. En Egypte, les islamistes tirent volontiers sur des Européens mais cela n'y a pas fait non plus reculer le voyagisme..

Les itinéraires corses les plus éloignés des villages – tel le chemin de grande randonnée n° 20 à travers crêtes et maquis, spectaculairement filmé dans *Les Randonneurs* – sont sûrs... à moins de craindre les sangliers. Les amateurs de « Corse sauvage » et autres amants de la Nature « nature » se réjouissent tout bas d'une situation politique incertaine, qui a déjà tué dans l'œuf plusieurs plans d'aménagement côtiers où le bétonnage – n'ayons pas d'illusions ! – aurait été roi sans les menaces de plasticage nationaliste. Et où il régnera, en cas d'autonomie ou d'indépendance... La présente et durable situation incertaine serait-elle écologiquement idéale ?

L'île-montagne, qui ne compte que six cents hôtels sur mille kilomètres de littoral, partage en tout cas avec l'Algérie et la Libye, Etats inhospitaliers s'il en est, le privilège insigne d'avoir en Méditerranée les rivages les plus intacts. En année haute, il y a encore peu, la Corse recevait un million et demi de visiteurs (dont six cent mille étrangers), soit 1,5 % seulement des vacanciers venus tâter du *Mare Nostrum*. Soixante-cinq mille des cent mille emplois existant alors en Corse étaient fournis par l'hôtellerie.

Mais qui se risquera maintenant, par exemple, à mettre des dizaines de millions dans l'achat et surtout le réaménagement, à Bonifacio, des casernes génoise (1732) et française (1903), avec leurs chapelles, moulins, souterrains, citernes géantes et terrasses vertigineuses sur les vagues corso-sardes ? Le casernement Montlaur et ses vingt-cinq soldats, contre cinq cents naguère, ses vitres cassées, ses esplanades vides ouvrant sur « cette Norvège visitée par les Sarrazins qu'est le fjord de Bonifacio » (Pierre Benoit, 1950), est le symbole d'une Corse non point en déshérence mais en attente, comme suspendue au-dessus de l'inconnu. Il est vrai, ainsi que Flaubert le relevait dans *Par les champs et les grèves*, qu'« il ne faut point juger les mœurs de la Corse avec nos petites idées européennes »...

Mai 1997

2
Sampiero Corso, traître ou patriote ?

Les controverses historiques, ajoutées aux sanglantes péripéties politiques, aux maquis faussement déserts et aux criques naturistes clandestines accroissent encore le pouvoir d'attraction de l'île-montagne...

Riches en virages en épingle à cheveux et en nids-de-poule, la petite départementale reliant Ucciani (« son pont Louis-XVI construit par Bernadotte »), Tavera (« son menhir anthropoïde de l'âge du bronze ») et Bastelica (« capitale mondiale de la charcuterie ») est peu fréquentée malgré ces curiosités. A une heure du chef-lieu, avec des échappées inédites sur « le golfe d'Ajaccio, tellement entouré de hauts sommets qu'on dirait un lac » (Maupassant), et sur le mont Renoso (rose et noir avec des traces de neige), on se trouve en plein résumé de la flore îlienne : fougères et hortensias côté ombre ; châtaigniers et lauriers-roses côté soleil. Les bergers se soucient des lois comme de colin-tampon et pratiquent ici et là le brûlis pour favoriser l'herbage. Vachettes et cochons pâturent à leur gré, sans gardien. En dehors des localités, et encore, on n'aperçoit pas silhouette humaine.

Dernièrement, encouragés par cette solitude, trois excursionnistes italiens décidèrent de pique-niquer en se livrant au bronzage intégral. Ils n'étaient pas plus tôt établis dans une minuscule trouée en plein maquis, loin de tout, croyaient-ils, qu'un paysan, canif en main, surgit et leur intima l'ordre de « se rhabiller et foutre le camp, espèces de saligauds ! ». Ce pastoureau, pour le coup, appliquait le règlement qui interdit le nudisme dans l'île, même s'il est « toléré » dans sept ou huit points des deux départements insulaires, y compris au coin gauche de l'anse de Minaccia, près d'Ajaccio. Morale de l'anecdote et d'autres historiettes semblables : dans le maquis comme dans le désert, on croit toujours être seul, mais on l'est rarement...

Voyager en Corse, surtout un peu en marge des sentiers battus, c'est presque toujours s'exposer à des surprises, bonnes ou mauvaises, mais des surprises. L'ennui est rarement au rendez-vous... Le soir, vous dînez en ville avec un homme d'esprit qui trace le plus original portrait que vous ayez jamais ouï sur « de Gaulle, ce Nordiste idolâtré par les Corses », et le surlendemain, vous apprenez que votre hôte a prononcé hier, en langue corse, dans telle bourgade, une philippique étripant « le colonialisme culturel des *pinzutu* », les Français du continent. Bref, la Corse demeure une « énigme », comme le constatait déjà Sir Gilbert, éphémère – mais perspicace – vice-roi britannique de *Corsica Island* en 1794-1796.

Tenez, Bastelica, ce village qui se fait connaître au loin, jusque dans les vitrines des voyagistes, par sa Foire aux pommes du terroir en octobre et par ses « jambons familiaux » issus de « porcs coureurs élevés sans produit chimique en pleine nature », vous y arrivez au cœur de la matinée d'un jour ouvrable et vous avez l'impression de tomber dans un camp retranché. Les volets sont tirés, les rues vides, les rares clients du café pressés. Pratiquement, pas de fleurs sur les terrasses, ni de plantes grimpantes sur les façades de pierre grise.

Ce refus des fards touristiques ne manque d'ailleurs pas d'allure – mais il réfrigère l'étranger à l'île. Peut-être est-ce la tuerie mutuelle, en juin 2000, entre un père et un fils du cru, sur fond hypernationaliste, dans la forêt enveloppant Bastelica – épisode plus cruel encore que *Mateo Falcone* de Mérimée – qui a alourdi l'atmosphère ? « Non, répond la petite serveuse de bar maghrébine qui nous apporte un verre de patrimonio rouge, c'est toute l'année pareil, et encore, en été, la population monte à mille cinq cents habitants, ce qui met un peu plus de gens dans la rue, alors qu'en hiver, on n'est que quatre cents, Arabes compris... »

Face à l'église Saint-Michel (où une fresque centenaire, échappée à la police de l'esprit actuelle, met en scène « les francs-maçons ennemis de Jésus »...), un Sampiero Corso en bronze, guère entretenu, brandit son épée depuis le septennat de Sadi Carnot, sur fond de groupe scolaire. Tout un bus de croisiéristes japonais se fait filmer devant le combattant statufié. « Qui est-ce ? » Il serait risqué de répondre, car même les autochtones ne sont plus d'accord entre eux sur la représentation de Sampiero d'Ornano, dit « le Corse » par excellente. Né en 1497 à Bastelica, où on montre encore l'endroit de sa naissance, assassiné dans les environs en 1567, Sampiero servit militairement les rois français de la Renaissance et alla, pour leur compte, quérir jusqu'en Alger et à Constantinople des alliés, afin d'arracher la Corse à Gênes et de l'arrimer à l'Etat capétien. Cela parut acquis lorsqu'en 1553, l'île, sauf Calvi, sembla se rallier sincèrement aux Français débarqués.

Six ans plus tard, un embrouillamini diplomatique européen conduisit les Valois à abandonner leur nouvelle province. Sampiero Corso (dont le fils et le petit-fils devaient être maréchaux de France) fut-il visionnaire ou mercenaire ? Ou les deux ? Les vicissitudes politiques actuelles ont rouvert le débat. Le personnage, qui inspira sans doute Shakespeare pour son *Othello*, était à tout le moins ambivalent, tel sa terre natale. Ce valeureux guerrier ne courut-il pas spécialement, entre deux combats, jusqu'en Provence, où il avait auparavant mis à l'abri sa bien-aimée épouse Vanina, dans le but de l'étrangler de ses mains car, entretemps, elle avait sollicité pour son époux l'indulgence de l'ennemi génois...

Le souci de rendre le héros d'hier plus conforme aux exigences prétendument « éthiques » de notre époque a conduit certains chercheurs à avancer que l'inspiratrice du crime était « la machiavélique Catherine de Médicis »...

Saint Sampiero ou pas, naturisme ou pas, risettes commerciales ou pas, la Corse, même si perdure la trouble situation actuelle, n'échappera peut-être pas – hélas ! mille fois hélas ! – à son destin touristique. Son côté « xénophobe et délinquant » même attire en effet le chaland : « Des bandits dans le maquis c'est un sel aussi indispensable que des ours dans les Pyrénées ! », soutient, et il n'est pas seul, un natif de Cargèse.

Cargèse, « cité grecque de l'île de Beauté », « symbole de l'hospitalité corse ». Les lauriers sont rituels à propos de ce bourg côtier de neuf cents habitants, au nord d'Ajaccio. La réalité fut un peu différente : en 1675, six cents Grecs de Vitylo, lassés de la tyrannie turque sur la Morée (appelée aussi Péloponnèse), obtinrent du doge de Gênes le droit de migrer en Corse. Installés sur des terrains vides près de Sagone, ils furent d'emblée en butte à la méfiance de la population locale, en outre opposée par principe à toute initiative génoise. Attaqués plusieurs fois, les réfugiés finirent en 1732 par gagner Ajaccio, où ils utilisèrent une chapelle dite depuis lors « des Grecs » (messe le dimanche à 9 h 30). Après la conquête française de l'île en 1769, le gouverneur construisit pour les Hellènes une centaine de maisons sur le site actuel de Cargèse. En 1793, la Révolution servit de prétexte au sac par les insulaires du village neuf, dont les habitants se replièrent de nouveau sur le chef-lieu. L'ordre rétabli, seule une partie des Grecs revint à Cargèse, où ils élevèrent une église orthodoxe, aujourd'hui catholique mais toujours de rite oriental et jouxtant le sanctuaire catholique de rite latin. Cargèse, héroïque (mais tenace) victime du refus corse à l'endroit des étrangers...

Au XXe siècle, les plasticages d'hôtels et de villas « allogènes » ont fait que des pans entiers du littoral et de la montagne ont échappé au bétonnage ou au mitage, au point qu'on se demande parfois où la Corse a casé ses deux millions de vacanciers (dont un quart de non-Français), chiffre record atteint en 1999.

En ce cens, la faible population îlienne (deux cent cinquante-cinq mille habitants sur huit mille sept cents kilomètres carrés à comparer aux sept cent vingt-cinq mille Espagnols vivant sur les cinq mille kilomètres carrés des Baléares) tourne à l'atout : moins de 2 % du sol corse sont urbanisés, routes incluses, et plus de quatre mille kilomètres carrés appartiennent exclusivement aux bois et broussailles.

La générosité de ses vingt-cinq cours d'eau face à tant de lieux souffrant congénitalement de la pépie en Méditerranée, ses cinquante sommets de plus de deux mille mètres vers lesquels on peut organiser de déstressantes randonnées, sans parler du ski, ses espaces vierges comme la presqu'île de Scandola, ses criques transparentes où *Mare Nostrum* devient une réflexion personnelle, sa faune aimable (pas de scorpion jaune ni de vipère), sa flore foisonnante englobant jusqu'aux clémentines immigrées d'Oranie, enfin ses dix ou onze mois ensoleillés durant deux mille neuf cents heures font que la Corse, quoi qu'il arrive, va rester l'un des principaux « désirs » de la civilisation européenne des loisirs.

Juillet 2000

Livres :

– Abbé Gaudin, *Voyage en Corse* (1787), Lacour, 1997.
– Balzac, *La Vendetta* (1830).

– Flaubert, *Par les champs et les grèves* (1847).

– Prosper Mérimée, *Mateo Falcone* (1829) ; *Notes d'un voyage en Corse* (1840).

– Guy de Maupassant, *Histoire corse* (27 pages), Via-Valeriano, Ajaccio.

– Jean-Eric Pierraggi, *Guide littéraire de la Corse*, Favre, Lausanne, 1997.

– Michel Vergé-Franceschi et et Antoine-Marie Graziani, *Sampiero Corso*, Piazzola, Ajaccio, 1999.

– Jean-Louis Andréani, *Comprendre la Corse, Le Monde*-Folio-Actuel, 1999.

*

Films :

– *Les Trois Masques* d'André Hugon, 1920. Le premier film parlant en français.

– *Ademaï, bandit d'honneur* de Gilles Grangier, 1943. Avec Noël-Noël.

– *Les Randonneurs* de et avec Philippe Harel, 1997.

CHAPITRE XIX

EURE-ET-LOIR

1
Un département ultra-littéraire

A Gilbert Comte, chroniqueur de notre temps

Derrière blé, maïs et betterave pointent la plume d'oie de Racine et le stylographe de Proust, et aussi les encriers de Belleau, Voltaire, Florian, Chateaubriand, Zola, Huysmans, Péguy, etc.

Eure-et-Loir, chef-lieu Chartres, département absurdement artificiel fait d'un gros bout d'Orléanais, de bas morceaux du Maine et du Perche, plus un zeste d'Ile-de-France, et que sais-je encore... Beauce au blé chimiquement gavé. Nogent-le-Rotrou, pôle électronique. Les Percherons vantés par Zola sont muséifiés. Une fois vue et revue la cathédrale chartraine, on ne peut recommencer indéfiniment, sauf à avoir la passion de ce gardien qui tira le portrait aux cinq mille personnages des vitraux. Moins monotone sera, avec les deux *cathédromanes* en chef, de remonter « le boulevard des Filles-Dieu sous ses allées plantées d'arbres » (Huysmans) ou de lorgner de loin « la Tour Beauceronne, épi le plus dur qui soit jamais monté vers un ciel de clémence » (Péguy).

Avec ses idéaux de rectitude qui généralement ennuient nos contemporains, amateurs d'esthétique du désordre, Péguy battait de l'aile. Ses actions ont remonté depuis qu'Alain Finkielkraut, Jean Bastiaire, Robert Burac lui ont consacré des essais sympathisants. Huysmans n'a pas eu cette chance. Du coup, ni le cent cinquantième anniversaire de sa naissance (1848) ni le centenaire de *La Cathédrale* (1898) n'ont été portés sur la liste des célébrations nationales. Vengez donc Huysmans en le prenant pour guide à Chartres !

Mais après la cathédrale ? Après, il y a Illiers-Combray, Proust enfant, sa tante Léonie et une boulangerie d'où on rapportera des madeleines à la vanille de synthèse. « Vous êtes injuste, autour de Chartres, outre Illiers, il y a comme une guirlande littéraire tout autour du département », nous avait dit un jour Maurice Schumann entre Académie et Sénat. En mémoire du vétéran gaulliste, mort sans avoir pu réaliser son vœu de faire inscrire à la romaine, dans le marbre de la Constitution, l'appartenance de la France à la Francophonie internationale, nous sommes retournés en Eure-et-Loir. On peut en effet y glaner dix des plus grands noms de la littérature française, au gré des coutures de ce département hâtivement fabriqué sous la Révolution.

C'est à Nogent-le-Rotrou, en pays de Perche, que l'on tombe sur le premier ornement de la « guirlande littéraire » chère à l'ancien ministre du Général : Rémi Belleau est né là en 1528. Compère de Ronsard, membre de la Pléiade dès l'âge de seize ans, il fut acteur aussi, jouant devant les Nogentais (dont son frère serrurier), avec d'autres poètes de son groupe, *Le Jugement de Pâris* dû à Florent Chrestien. La forteresse Saint-Jean, la rue de la Bretonnerie ont vu passer l'auteur très « horacien » de *La Bergerie*.

Au sud-est de Nogent, on découvre Romilly-sur-Aigre, où Zola s'écria : « C'est là, entre Perche et Beauce, un point central bien français, très caractérisé par une population gaie, sans patois. Le rêve que j'avais fait. » Le romancier en tira *La Terre* (1887) et le terrible bourg de Rogne où, pour certains, « le maître descendit au fond de l'immondice ». Sous un angle plus huppé, on aurait pu décerner le même reproche à la plume qui marqua La Ferté-Vidame. Ici, la famille Saint-Simon établit ses pénates « sur les plus fécondes terres du monde » et le petit duc écrivit ses longs *Mémoires*. Après lui, le domaine fut vendu à un parvenu puis saccagé sous la Terreur. On a quand même un beau coup d'œil sur les ruines depuis les jardins.

Pour atteindre Anet et y retrouver la gente compagnie de Florian et Voltaire, on traverse Dreux et son inquiétante atmosphère de « petit Beyrouth », où chacun se jauge et se juge en fonction de sa souche ethnique – où, pour parler franc, confessionnelle, puisque les musulmans ont apporté ici avec eux cette fatale trinité coranique : 1°) les « vrais croyants », mahométans naturellement ; 2°) les chrétiens et les israélites, « impurs » mais dont les filles sont épousables, même si on ne peut, d'ordre d'Allah dans le Coran, prendre leurs frères pour amis ; 3°) les mécréants 100 %, tels qu'hindous, bouddhistes ou athées, qui ne méritent même pas de vivre s'ils persistent dans l'erreur... Un lieu drouais échappe encore à cette malédiction : l'église Saint-Louis, qui est le Saint-Denis de Louis-Philippe et de sa lignée, et où Ingres et Delacroix travaillèrent à l'ornementation. Douces figures de marbre poli, parmi lesquelles Madame Adelaïde (1777-1847), sœur célibataire et conseillère du roi-citoyen, ou leur neveu et fils, le duc d'Aumale (1822-1897), chevaleresque vainqueur de l'émir Abdelkader et digne successeur du Grand Condé à Chantilly.

A Anet, demeure mutilée où les bâtiments survivants racontent les défuntes proportions palatiales, Voltaire, flanqué d'Emilie du Châtelet, une de ses bonnes amies de la « haute », vint tester plusieurs de ses pièces, dont *Le Comte de Boursoufle*.

Couple à la mode, les Voltaire-Châtelet donnèrent à leurs hôtes l'impression de jouer du mauvais... Voltaire : l'écrivain et sa chérie passaient la journée dans leur chambre, refusant de se mêler aux autres invités, qui les qualifièrent de « non-valeurs dans une société »... On dirait une expression soixante-huitarde...

Florian (1755-1794) était petit-neveu de Voltaire, mais il savait être plus sociable, moins sarcastique. Il loua aimablement Anet, qui « en tout temps eut pour maître ou des belles ou des héros », et y composa ses *Fables*, réservant pour d'autres cieux ses moins sérieuses *Arlequinades*.

Voisine à Maintenon, Françoise d'Aubigné, reine morganatique de France sous le roi-soleil, ne fut pas en manque de poètes, recevant notamment Racine dans son manoir rafraîchi par les bosquets de Le Nôtre et par les eaux courantes drainées vers Versailles. Racine, chez l'épouse secrète de Louis XIV, vanta jusqu'aux merveilles de l'hydraulique...

Au-delà de Chartres, se cache le site littéraire le plus méconnu d'Eure-et-Loir : Montboissier. Ce qui reste de la propriété d'antan est privé et ne peut être vu que de loin. Sont toujours là le pavillon de Flore et celui des Roses qui, en 1817, abrita les Chateaubriand. Elle s'alita pendant que lui travaillait à ses *Mémoires d'outre-tombe*. C'est à Montboissier que Combourg-de-Bretagne s'inscrivit pour l'éternité dans la géo-littérature mondiale.

C'est là aussi que le fidèle royaliste prit toute la mesure de l'ingratitude (ou de l'esprit d'économie) des Bourbons. Désargenté, à son retour de Montboissier, Chateaubriand, n'émargeant pas à la cassette de Sa Majesté très-chrétienne, dut vendre son gîte d'élection de la banlieue parisienne sud, la Vallée-aux-Loups. Schumann avait raison : le département du blé et de la betterave pourrait aussi inclure un porte-plume dans ses armes.

Mai 1998

2

Chez l'oncle de Proust, côté Orient

A la recherche, sur les bords du Loir, d'un parent de l'écrivain, orientalisant et botaniste, qui égrena des réminiscences exotiques vite récupérées par le jeune Marcel...

Tante Léonie par ici, tante Léonie par là, tante Léonie un peu partout, on a peut-être dilaté excessivement l'influence de sa parente islérienne sur l'imaginaire du jeune Marcel. Léonie *alias* Elisabeth Proust (1823-1886), sœur du père de l'écrivain, avait épousé en 1847 le négociant en « rouenneries, toiles, calicots et percalines », Jules Amiot (1816-1912). « Le romancier mêle le vrai, le vrai faux et le faux, dans un jeu qui a dû l'amuser lui-même autant qu'il préservait les droits de l'imagination », souligne Jean-Yves Tadié, biographe de Proust. Ainsi, la Léonie littéraire fut vouée au veuvage précoce, alors que, dans la vie, c'est son veuf qui finirait presque centenaire...

Tonton Jules, justement, s'il n'appartient pas à proprement parler à *La Recherche du temps perdu*, figure en revanche dans *Jean Santeuil*, roman antérieur, où Illiers ne s'appelle pas encore Combray mais Etreuilles et dans lequel Jules campe « l'oncle horticulteur ». Car si ledit Amiot fut drapier, il se fit connaître aussi, sous le Second Empire, de Chartres à Châteaudun, pour avoir créé sur la rive droite du Loir (la Vivonne de Proust), à Illiers, un « Pré-Catelan », écho beauceron à cette partie du bois parisien de Boulogne, anciennement dédiée à un troubadour médiéval assassiné et lieu de promenade furieusement « tendance » autour de 1860.

« Un immense jardin qui, s'étendant d'abord en terre-plein devant le cours du Loir, s'élevait peu à peu, ici par de lentes montées, là par des escaliers de pierre conduisant à une grotte artificielle, jusqu'au niveau des plaines élevées qui commencent la Beauce et sur lesquelles il s'ouvrait par une porte à claire-voie », nous dira Proust du Pré-Catelan islérien dans *Jean Santeuil*.

Dès sa création, le parc Amiot suscita intérêt et curiosité. On conserve des cartes postales de 1903 montrant le Pré d'Illiers avec son mélange d'espèces parvenu jusqu'à nous : séquoias, palmiers, houx géants, ifs, buis, lauriers-sauce, lilas de Perse, etc.

De ce parc fouillis et fourre-tout, très personnel, Proust fit un élément majeur de *Du côté de chez Swann*. Avant même de publier ce premier volume de *La Recherche* (1913), juste après le trépas de son oncle Amiot, donc, Proust s'enorgueillera que le Pré-Catelan devienne « jardin public ». En fait, c'est un inspecteur de l'enseignement technique, fondateur en 1947 de la Société des amis de Combray, Philibert-Louis Larcher (1881-1972), qui plus tard « réinventera » l'ex-parc Amiot.

Il fallut attendre le centenaire de la naissance de Proust, en 1971, pour qu'Illiers devienne administrativement Illiers-Combray. Le jardin, classé dès 1945-1946, ne fut décrété monument historique qu'en 1999. Cependant, le Pré islérien est depuis 1935 une étape majeure de la géographie proustienne, notamment en mai, lorsque les fidèles du culte viennent processionner dans les chemins creux bordant le fameux jardin, tout au long de « cette haie d'aubépines qui, au printemps, fleurit comme de jeunes communiantes des mois de Marie passés » (Ph.-L. Larcher). Parmi les édicules d'origine parsemant les allées du Pré, on remarque une *koubba*, coupole islamique, car Jules Amiot, qui avait un frère et un gendre en Algérie et s'y rendit régulièrement durant la seconde partie du XIXe siècle, succomba outre-Méditerranée à la mode orientaliste, tels Flaubert, Napoléon III ou encore le docteur Grenier, député de Pontarlier, qui paraissait au Palais-Bourbon vêtu en caïd ou bachaga, et annonçait sa conversion à l'islam... (Même le sévère professeur de médecine Adrien Proust, géniteur du romancier, sacrifia à la vogue islamisante, consacrant en 1895, dans *La Revue des Deux-Mondes*, un article au pèlerinage à La Mecque, bien qu'il n'ait jamais pu y assister, seuls y étant admis les musulmans...)

Sans aller jusqu'à abandonner son catholicisme natif, Amiot, moustachu et barbu, s'habilla et se fit photographier en grande tenue arabo-berbère et manifesta son attirance pour l'art de vivre mahométan. Derrière la cuisine de « Tante Léonie », on trouve encore le hammam, vernissé vert et blanc, de son mari. « Les mille et une nuits qui composent *La Recherche* sont peut-être nées à Combray de ces transparences kaléidoscopiques dues à la lumière filtrée par des petits carreaux de couleur. Un vitrail changeant tamise le petit cabinet oriental que l'oncle Jules a reconstitué à son retour d'Algérie. Le peuple de palmiers-dattiers, de photos de mosquées, de nattes de coco y coule des siestes légendaires » (Gérard Allouche, *Gazette de l'Hôtel Drouot*). Les madeleines de « Léonie » concurrencées par le kiosque de son mari... L'influence des goûts botaniques et orientalisants de Jules Amiot sur le travail de son neveu par alliance, Marcel Proust, reste à approfondir. Elle a d'ailleurs commencé à l'être depuis qu'en 1953, Germaine Amiot (1886-1977), petite-fille célibataire de Jules, racheta, avant de la donner en 1976 aux Amis de Proust, la maison dite « de Tante Léonie », construite en 1818 et capitale pour l'alchimie littéraire de Marcel, mais qu'icelui laissa néanmoins vendre par ses cousins à des étrangers en 1919...

La dévouée Germaine commença une collecte de meubles, objets et papiers relatifs à sa famille, poursuivie ensuite par la voie associative et marquée, en 2001, par le don aux Amis de Proust d'un fonds Amiot dû à un couple collectionneur, Roberto et Caroline Llorens. Ils y ont ajouté une pendule surmontée d'un Aladin, qui a naturellement trouvé place dans le salon mauresque d'Illiers. La proustomanie n'épargne plus rien dans le bourg beauceron : même le restaurant de routiers, près de la minigare, s'intitule « Le Guermantes » et on y a apposé sur les murs jaunes des photos de Marcel et son frère adolescents, en costume de gala sombre avec collerette. Deux transporteurs franco-portugais en salopette, entre le porc aux haricots et la crème caramel, interrogent sur ces images la serveuse, qui doit être méridionale, vus son vocabulaire et surtout son accent, et répond : « Oh ! ce sont deux *minots* du gratin d'ici, dans le vieux temps... » Sur un guéridon, près du bar, entre *L'Equipe* et une revue porno, une bande dessinée de Stéphane Heuet, intitulée *Combray* et directement inspirée par *La Recherche*, attend des lecteurs.

Du côté de l'Orient de Proust, au-delà de la coupole fantaisie du Pré-Catelan et du burnous guère plus sérieux de Tonton Jules, on peut se demander ce qu'a ressenti le Narrateur (mort en 1922) s'il a su que le manoir de Tansonville, à deux kilomètres d'Illiers et où il a placé une partie de *Du côté de chez Swann*, l'autre pan en étant situé au parc Amiot, s'il a su, donc, que cette gentilhommière finit par appartenir à un authentique monarque, le francophile et francophone khédive égyptien Abbas II, né en 1874, intronisé en 1892, détrôné en 1914, pour insoumission, par les Anglais, et qui devait mourir exilé, en 1944, quelque part du côté de Genève.

Avec son snobisme un peu morbide, Proust adorait d'autant plus les princes qu'ils étaient renversés... Lui qui, une fois adulte, n'était plus jamais revenu dans le village paternel, aux confins de la Beauce et du Perche, car les foins, dit-on pour l'excuser, y attisaient son asthme, et où plus sûrement, maintenant qu'il fréquentait le Tout-Paris, il n'avait pas très envie de se revoir dans le décor rappelant ses ancêtres « fondeurs de suifs et chandelles » ou marchands d'« épiceries et comestibles ». Mais lui qui était friand d'altesses et majestés, on aurait aimé le voir, tels Lamartine ou Loti chez le Grand-Turc, reçu à Tansonville, à l'ombre de Swann, par Abbas II, khédive d'Egypte, souverain de Nubie, Soudan, Darfour et Kordofan. Comme si une météorite avait soudain déposé un peu de Nil, un peu d'Afrique, en Eure-et-Loir. Le chapitre de *La Recherche* qui ne sera jamais écrit...

Mai 2003

Livres :

– Rémi Belleau, *La Bergerie* (1565-1572).

– Emile Zola, *La Terre* (1887).

– Joris-Karl Huysmans, *La Cathédrale* (1898) ; *L'Oblat* (1903).

– Charles Péguy, *Le Porche du mystère de la deuxième vertu* (1911).

*

– Marcel Proust, *A la recherche du temps perdu*, tome I : *Du côté de chez Swann* (1913). Et aussi *Jean Santeuil.*

– Jean-Yves Tadié, *Marcel Proust*, biographie, tome I, Gallimard, 1996.

CHAPITRE XX

FOIX

Un comté socialiste

Aux descendants des « Demoiselles »

De Gaston Phoebus à la guerre des Demoiselles, les origines de la gauche ariégeoise sont anciennes et inattendues...

« Je ne sais pas si vous venez nous voir pour notre verdure, pour les châteaux cathares ou pour les ours que nous n'avons plus, mais vous feriez peut-être mieux de vous intéresser au dernier paradis socialiste que nous sommes. » A Foix, au *Bar du XIXe Siècle*, tragiquement repeint en rose pour se donner cent ans de moins, la camionneur fuxéen a parlé, et son compagnon, le gendarme appaméen [1], avant de finir son hypocras,

1. Les Appaméens sont les indigènes de Pamiers, sous-préfecture ariégeoise.

vin rouge aux aromates, a approuvé du képi. Ensuite, on n'a plus entendu que le flot pressé de l'Ariège sous les fenêtres.

Dans le large désenchantement qui sévit, en France, à l'égard du socialisme, vous avez naturellement pris pour de l'ironie le ton de notre interlocuteur. Et puis, chez le libraire, le journaliste, le fromager débitant sa production au bord de la route, vous avez entendu le même refrain, cette fois sans ambiguïté : « Ah, les socialistes, heureusement qu'on les a ! » D'ailleurs, les chiffres corroborent cette satisfaction : aux élections de mars 1992, la majorité présidentielle mitterrandiste a atteint près de 40 % aux cantonales et plus de 31 % aux régionales, sommets remarqués face aux 18 % du PS à l'échelle nationale. Lors de l'échéance municipale de 1985, le docteur Jean-Noël Fondère, socialiste succédant à un socialiste, avait raflé 57 % des voix. Cet engouement, mué en habitude, n'est pas neuf : en 1965, au premier tour de l'élection présidentielle, l'Ariège fut, avec la Nièvre, circonscription dont François Mitterrand était député, le seul département à offrir la majorité absolue au candidat de la gauche. Lors du raz-de-marée gaulliste de juin 1968, l'Ariège figura parmi les trois départements n'ayant donné aucun élu au Général...

Plus fort encore : au second tour présidentiel de 1974, François Mitterrand, face à Valéry Giscard d'Estaing, obtint en Ariège son record de France en ralliant 63,5 % des électeurs. La ville de Foix fit pourtant mieux au scrutin municipal de 1977 en accordant 74 % de ses suffrages à l'Union de la gauche... Rebelote à la consultation européenne de 1984, généralement mauvaise pour la gauche, mais dont les listes séduisirent près de 59 % des Ariégeois. Rien d'étonnant à ce que le président Mitterrand, élu en 1981, se soit rendu, dès l'année suivante, en voyage officiel dans ce sanctuaire socialiste, où l'on vous raconte volontiers que si le *soldat Mitterrand* put s'évader d'Allemagne nazie, c'est grâce à son codétenu, feu Gabriel Foy *(sic)*, fils d'un épicier fuxéen – de gauche naturellement –, pourvu par sa famille de quoi corrompre alimentairement leurs geôliers...

Il n'est pas jusque dans le cas Bernard Tapie où les Ariégois n'ont fait preuve d'un zèle tranchant sur les grognements suscités un peu partout, y compris au sein du PS, par la nomination de l'homme d'affaires, ou plutôt de l'affairiste, au ministère de la Ville en 1992, puis par les conditions de son départ : les correspondants en Ariège de *La Dépêche du Midi* découvrirent avec béatitude, et en firent leur « une », que le père de Bernard Tapie était né en 1920 dans le minuscule village de Niaux (deux cent-trente habitants), lequel s'était jusqu'ici seulement signalé non point par ses chevaliers d'industrie mais par son industrie du fer remontant au XIVe siècle et par les fresques de ses grottes préhistoriques. On eut droit jusqu'à l'arbre généalogique des Tapie, aux vieilles photos de mariage et à un entretien exclusif avec Pauline Salas, grand-tante de Bernard : « Une année, il est venu en vacances chez moi mais le train a déraillé... »

Si l'on remonte plus loin encore, on trouve ces mêmes dispositions de l'ancien comté de Foix et de sa région voisine du Couserans, chef-lieu Saint-Girons – réunis en 1790 pour former l'Ariège – à constituer un territoire exemplaire pour la gauche : en 1793, le nouveau département fut le seul dont les six délégués à la Convention votèrent unanimement la mort de Louis XVI... Parmi eux, une célébrité, Joseph Lakanal (1762-1845), intransigeant jusqu'à troquer le C de son patronyme contre un K afin de se différencier de ses frères royalistes... Curieusement, la lettre originale est rétablie sur la statue (mais non point dans le *Petit Robert*) de ce professeur, de ce légiste en pédagogie saisi par les idées sans-culottes, monument érigé en 1882 au centre de Foix – « la première stèle qu'on osa élever en France à un régicide », souligne l'historien pyréniste Claude Delpla. Dès 1871, dans un Hexagone derechef favorable à une nouvelle Restauration, le conseil général de l'Ariège était majoritairement républicain...

Tout le cœur du XIXe siècle avait été occupé dans le département par un curieux conflit, totalement oublié ailleurs, auquel furent confrontés, de Charles X à Napoléon III, les représentants du pouvoir central : la « guerre des Demoiselles ». Le point de départ de cette jacquerie montagnarde, enveloppée de restes du merveilleux païen et de l'allégeance féodale, fut le code des forêts édicté en 1814-1815 pour pérenniser la sylve pyrénéenne. Or il y eut des passe-droits en faveur de charbonniers au service des maîtres de forges, puissants dans cette zone ferrugineuse.

Invoquant jusqu'aux franchises sylvestres attribuées au peuple par Roger-Bernard III le Poète, suzerain de Foix au XIIIe siècle, et reprenant à leur compte la vieille devise comtale en occitan *Toco y se gausos !* – « Touche-moi si tu oses ! » –, les paysans des hauteurs ariégeoises prirent les fourches contre les gardes forestiers et les charbonniers ; après les avoir capturés, ils leurs coinçaient les doigts dans des bûches fendues avant d'incendier alentour quelques arpents de bois. Surtout, les descentes nocturnes des insurgés, cachant leurs moustaches sous des fichus et sortant du pantalon leur chemise à pans, créèrent une sorte de frayeur médiévale autour de ces révoltés insaisissables, bientôt assimilés aux fées, « demoiselles des forêts », selon l'expression du cru. Cela est reconstitué au musée de Niaux.

A cette guérilla d'un demi-siècle – un peu comparable à celle menée en Algérie contre le code forestier colonial – se rattache un événement sanglant, disparu des mémoires françaises, mais qui, alors, ébranla le trône de Louis-Philippe et aviva, si besoin était, la haine des Fuxéens envers les rois : en 1840, sur l'actuel Champ-de-Mars, lieu de foire, des éleveurs ayant refusé de payer le nouveau droit de place pour les bestiaux, il s'ensuivit une échauffourée au cours de laquelle gourdins, pierres et cris des « vilains » effrayèrent le préfet de Foix au point qu'il fit donner la troupe. Bilan : douze tués, cinquante blessés...

Au début des années 1980, un film en occitan de Gascogne, sous-titré en français, a été tourné pour reconstituer cette *Guerre des Demoiselles*, dont certains accents semblent se retrouver dans les protestations contemporaines des derniers agriculteurs de la contrée (cent cinquante mille personnes pour toute la région Midi-Pyrénées, peuplée de deux millions et demi d'habitants...) face à la politique agricole commune, édictée à Bruxelles.

« Non à la PAC ! » ; « Non à un pays sans paysans ! » ; « Non aux diktats américains ! » ; « Nous ne voulons pas mourir ! », ont proclamé, en mai 1992, les porteurs de pancartes de Foix, Albi, Rodez et autres lieux. L'idée même d'être rémunérés pour laisser une partie de leurs champs en jachère humilie ces hommes amants de leur travail, électeurs socialistes héréditaires mais qui commencent à douter de la justesse de leurs convictions. En Ariège même, les mille céréaliers (sur cinq mille exploitants) encore en activité ont vu leurs revenus diminuer d'un tiers, sans parler, pour les autres, de la nouvelle baisse des quotas laitiers.

Les propos un peu mous du président François Mitterrand, le 22 mai 1992, à La Rochelle – « Ces agriculteurs ont sans doute tort de s'inquiéter à ce point », – ont, pour une fois, fait grommeler contre lui dans les cafés et sous les platanes des allées de Villote, où tout Foix, à la belle saison, se retrouve chaque crépuscule. Eleveurs, céréaliers et fromagers, approuvés par camionneurs ou boulangers solidaires, après le journal télévisé, ont conclu que « la France aurait dû mettre son veto à la PAC de Bruxelles, un point c'est tout ! ». Et, ce soir-là, pour une fois, personne n'a osé défendre le choix gouvernemental.

« Il en faudra plus pour déboulonner en Ariège la butte-témoin socialiste », estime, dans son établissement ultramoderne, aux portes de Foix, le militant chiraquiste Paul-Louis Maurat, chevillard de son état et président de la Chambre de commerce et d'industrie de l'Ariège. « Si au moins, poursuit-il, les socialistes avaient le monopole intelligent, généreux ; mais non, regardez : toutes les collectivités départementales sans exception préfèrent, sous l'influence du PS, se servir dans d'autres départements plutôt que chez moi, qui suis d'ici mais pense mal... »

Observant sur la durée le monolithe socialiste ariégeois, le pyrénologue Michel Chevalier reconnaît à la gauche le mérite d'avoir enfin, psychologiquement, unifié un département jadis artificiellement formé des pays de Foix et Couserans, culturellement et historiquement différents, le premier plus remuant et tourné vers Méditerranée et Espagne, le second plus conservateur et regardant vers Toulouse et Gascogne. Le professeur Chevalier note en revanche : « Il faut bien avouer qu'un non-socialiste est réduit, en Ariège, à une situation quelque peu marginale. »

Pour le socialisme enraciné dans ce terroir, Foix s'écrit avec un F comme « fidélité » mais aussi comme « fief ». Il y a, dans cet attachement à la gauche, paradoxalement, un côté « serment féal » ressuscitant du fond des âges, sous une forme moderne, le lien quasi familial ayant uni de l'an mil à Henri IV – en devenant roi de France, le souverain de Navarre et dernier comte de Foix arrima directement ses domaines au Royaume – les natifs de la terre fuxéenne à leur « maître et père ».

C'est sans doute le moment de pousser un couplet sur le plus fameux des grands féodaux du cru de jadis : Gaston III dit Phœbus (il était beau, blond doré, et avait pour emblême, comme Héliogabale avant lui et Louis XIV ensuite, le « Soleil invincible »), comte de Foix, vicomte de Béarn, lieutenant du Languedoc (1331-1391). Courageux, fort, violent, dès l'âge de quatorze ans il se battait contre les *godons* – les occupants anglais –, car il fut généralement fidèle à son suzerain suprême, le roi de France, puis il participa à l'une des dernières expéditions de chevaliers teutoniques contre les ultimes païens de Prusse, sauva la cour de France assiégée à Meaux par une jacquerie en 1358, etc. Cette force de la nature, dont on dit qu'en 1382, tel plus tard Pierre le Grand, il tua ou laissa mourir en prison son fils, lui-même tenté de jouer les parricides, se piquait aussi d'écriture : il a notamment laissé un énorme *Miroir des déduiz de la chasse des bestes sauvaiges et des oiseaux de proye*, plus connu, depuis son édition poitevine de 1560, en tant que *Livre de la chasse*, texte à l'image de son auteur : bouillonnant et brouillon.

« Cet aspect clanique des choses, un peu irrationnel parfois, n'est pas toujours très sain », va jusqu'à estimer Claude Delpla, lorsqu'il laisse parler le chercheur plus que le conseiller municipal socialiste de Foix. Le F peut, en effet, s'écrire aussi comme « filière »... Car s'est développé de longue date tout un maillage de petits services rendus – on cite même un député allant jusqu'à se charger des provisions de certains de ses électeurs isolés... –, de mini-associations, de jeunes du coin partis vers les grandes villes et placés par leurs élus qui dans la gendarmerie, qui aux douanes, qui à la poste, tel village même se spécialisant – exactement comme en Kabylie ou au Mali, dans le contexte de l'émigration étrangère vers la France – en fournisseur de pompiers ou d'agents de lycée...

Le pivot de ce service d'entraide politico-économique s'appuie avant tout sur le réseau municipal du département, comprenant quelque deux cents maires PS sur trois cent trente-deux chefs de municipalité, réseau relayé par trois parlementaires (sur trois) du même bord, et vingt conseillers généraux (sur vingt-deux). L'hégémonie radicale au temps de Delcassé, l'inamovible député de Foix (1889-1919), « champion des faveurs et postes de fonctionnaire pour ses compatriotes ariégeois », puis plus tard la prépondérance socialiste reposent donc, en Ariège, sur un humus sociologique particulièrement épais, assez solide pour résister durablement au recul national du PS[2].

2. En 2004, même musique : le maire de Foix, le député de Foix, le président du conseil général, le président du conseil régional sont toujours socialistes.

Parmi maints exemples de l'efficacité socialiste locale, la bonhomie active de Roger Barrau, maire de Seix et conseiller régional à Toulouse, ou l'énergie polyvalente du député Augustin Bonrepaux, maire d'Orlu et président de la Fédération européenne des élus de montagne ; elles ne peuvent néanmoins empêcher, depuis peu, sous ce roc de Foix portant depuis le Moyen Age le triple symbole masculin de ses formidables donjons, que sourde l'inquiétude de la plus menue préfecture de France (onze mille âmes) face aux vents de l'Europe.

Au lycée Gabriel-Fauré de Foix, quelques élèves de terminale en casquette américaine écoutent l'un des leurs : « L'autoroute va nous mettre à une demi-heure de Toulouse, et le tunnel routier du Puymorens à deux heures de Barcelone. Fort bien pour les virées mais ça fera une belle jambe à ceux qui, comme moi, voudront travailler ici, vivre ici. Parfois, il semble qu'on veut nous pousser vers les grandes villes, nous dégoûter de rester au pays... Dire qu'à Foix, maintenant, nous avons un Resto du cœur ! » Et puis, il y a ce chiffre terrible, que vont accentuer encore la dénatalité, le célibat des montagnards, le vieillissement des ruraux : deux cent quarante-cinq mille habitants dans l'Ariège en 1875, contre cent trente-cinq mille actuellement...

Certains élus pensent qu'à l'heure de l'écologie, le « tourisme vert » sauvera leur contrée. L'Office touristique du pays de Foix a mobilisé jusqu'à Montalembert – un catholique de droite ! – pour soutenir cette idée : « L'Ariège est le pays du merveilleux, comme la verte Irlande. » Certes, et même elle est certainement plus que cela, avec l'air intact de ses monts à taille humaine et sa douceur de vivre latine.

Mais une montagne déjà sans ours – ceux qui subsistent se trouvent plus à l'ouest, et les développeurs à tout prix ont d'ailleurs juré leur perte –, demain peut-être sans montagnards, si l'on n'y prend garde, qui pourra-t-elle attirer, à part quelques refusards du monde, drogués de solitude, parlant seuls comme ces intellos reconvertis en chevriers après Mai 68 ?

Ou bien, autre extrême, déferleront des promoteurs casse-tout qui tenteront de refaire sur ce versant l'hallucinant mini-Hongkong des cimes ayant pour nom Andorre.

Ce ne sont évidemment pas les quelques Kurdes (trop occupés de politique en Asie Mineure et Mésopotamie pour avoir le temps de travailler en France...), parrainés par Danielle Mitterrand et installés dans le Comté – oh ! les rires jaunes des maires socialistes... – qui pourront revivifier les djebels pyrénéens. Parions que l'Ariège de demain appartiendra à ceux – socialistes ou non – qui sauront lui éviter l'alternative « désert vert ou enfer touristique ». Avis à ceux qui trouveront la recette !

Juin 1992

Livres :

– Gaston III Phœbus, *Livre de la chasse.* (Fin du XVe siècle, publié à Poitiers en 1560). Le roi de France Charles IX, grand chasseur s'il en fut, et mort en 1574 dans sa 24e année, eut le temps d'écrire un traité de vénerie qui fut imprimé en 1625 sous le titre *La Chasse royale.*

– Pierre Tucoo-Chala, *Gaston Fébus, prince des Pyrénées, 1331-1391*, J. et D., Anglet, 1995.

– *Moi, baron Haussmann, sous-préfet de Saint-Girons*, Le Boulbi, Pamiers, 1991.

*

Films :

– *Le Retour de Martin Guerre* de Daniel Vigne, 1982.

– *La Guerre des Demoiselles (Ariège 1830)* de Jacques Nichet, 1984.

CHAPITRE XXI

GÂTINAIS

Château-Landon, berceau des Plantagenêts

Au ministre d'Etat Michel Jobert,
pied-noir marocain originaire du Gâtinais,
in memoriam

Le Rocamadour septentrional, longtemps pèlerinage très couru et « ville drapante », a retrouvé sa prospérité médiévale, grâce à l'orge et aux castors.

Jadis, c'était une forteresse du *limes* capétien, à présent, c'est la limite de la zone téléphonique parisienne en Seine-et-Marne. A mille ans de distance, Château-Landon est toujours sur une frontière, hier toute bruissante d'étendards et de lances, aujourd'hui invisible et silencieuse derrière des haies de peupliers.

L'arrivée en vue de la ville procure toujours un choc. De Château-Landon, on ne connaît souvent que la station du métro parisien ainsi nommée. A l'écart des autoroutes et du chemin de fer, sur l'étroit croissant d'une falaise inattendue en pleine Gâtinais, s'énumèrent, au détour d'un virage, quatre ou cinq hautes tours médiévales. Les relient entre elles, comme pour accentuer le côté Rocamadour du site, le front serré des vieilles maisons penchées sur un précipice apprivoisé par minivergers et escaliers-boyaux.

La gloire de ce tout-médiéval horizon, qui nous saute à la figure comme une machine à remonter le temps, est un clocher huit fois centenaire dont les soixante mètres de haut, ajourés jusqu'à l'absurde, annoncent Château-Landon longtemps à l'avance, surtout en venant de Montargis. Comme si la volonté phallique d'en remontrer à tout le pays alentour n'était pas assez évidente dans ce jaillissement architectural, les gaillards sculpteurs du Moyen Age ont inscrit au milieu du portail préroman de l'église un membre viril digne de Priape...

Viollet-le-Duc, lui, n'a pas sévi par ici, se contentant d'y répertorier respectueusement le puits mural à plusieurs étages de la ci-devant abbaye royale Saint-Séverin, manière de Mont-Saint-Michel sans le mont, point de départ de la fortune initiale de la cité.

C'est là que Childebert Ier, roi de Paris, troisième fils de Clovis, roi des Francs, fit construire, selon le vœu de son père, un premier sanctuaire, en l'honneur de saint Séverin du Valais, mort par hasard à Château-Landon au début du VIe siècle – ce même Childebert édifia, en bord de Seine, Saint-Vincent, futur Saint-Germain-des-Prés. Le médecin de Clovis, Tranquillin, n'arrivant point à soigner son patient, atteint d'une fièvre maligne, la reine Clotilde fit venir, il y a mille cinq cents ans, de Saint-Maurice-d'Agaune, au fin fond de la Suisse romande, le moine guérisseur Séverin. Il devait devenir l'un des treize saints de ce prénom, après avoir guéri Clovis. Des fresques du haut Moyen Age, découvertes en bon état en 1928 sur le site de l'abbaye castellandonaise Saint-Séverin, montrent un Clovis blond et barbu, soigné par

Séverin dans un lit dont le bois clair et le dessin dépouillé semblent conçus par un stylicien scandinave d'Ikea... En l'église Notre-Dame de Château-Landon, la même scène a été sculptée, sous Louis XIV, dans du chêne, par l'ébéniste local Vatinel, qui n'avait pas pu voir les fresques enfouies des siècles avant lui, mais s'en tenait aux dires.

En cet âge enthousiaste de la christianisation de la France, les restes de Séverin devinrent vite prétexte à un pèlerinage à succès, les monarques s'y rendant autant que les manants (terme non péjoratif à l'époque), un succès accru encore par l'arrivée des reliques du saint breton Thugal, placées ici à l'abri des destructions vikingues. Témoin de cet épisode, le clocher roman de Saint-Thugal, converti, si on ose dire, en résidence secondaire, demeure l'un des « pics » du paysage castellandonais.

Qui dit pèlerinage dit négoce et, en 1381, la cité fut admise par Charles VI dans le club très fermé des « dix-sept bonnes villes drapantes du royaume ». Le parc municipal de la Tabarderie, en contrebas de la falaise, le long du Fusain, rappelle qu'on fabriqua longtemps en ces lieux les fameux *tabards* dont nous parle Villon, manteaux en feutre à enfiler sur les armures.

Cependant, plus encore que de son ancien lustre ecclésiastique ou industriel, Château-Landon se souvient d'avoir été le berceau de la dynastie franco-anglaise des Plantagenêts, bâtisseuse et guerrière. Au XIe siècle, telle illustre lignée tourangelle n'était plus représentée que par une bien seulette demoiselle Ermengarde, que l'on envoya se marier au réputé vigoureux seigneur de Château-Landon. Parmi les proches descendants du couple se distingua Geoffroy Le Bel, qui devait donner un nom immortel à la suite de la famille en glissant un brin de genêt dans le rebord de son casque.

Entretemps, le Gâtinais était passé du côté de l'Ile-de-France, c'est-à-dire de la France. Les *godons* – les Anglais – s'en vengèrent plus tard, ravageant Château-Landon à la fin de la guerre de Cent Ans. C'est à cette date que tout s'arrêta, ce qui vaut, certes, à nos générations, un panorama médiévalissime mais aussi, depuis lors, le long sommeil de la cité perchée.

En entrant dans la nef de Notre-Dame – animée le dimanche par les braves familles portugaises issues des immigrés venus naguère cultiver la betterave à sucre –, on pénètre avec saisissement dans un chantier arrêté comme du jour au lendemain, il y a plus d'un demi-millénaire, avec des arceaux inachevés, tandis que de plus anciennes arcades demeurent en partie debout. Il ne manque que masses et burins des carriers de jadis. Le travertin beige pâle de Château-Landon, après avoir été employé pour les édifices du cru puis à l'arc de triomphe de l'Etoile et au Sacré-Cœur de Paris, se contente maintenant d'être appliqué en lamelles sur les façades de banques et « résidences », partout en France.

Le chef-lieu de canton, toutefois, renaît peu à peu. Avec ses trois mille quatre cents habitants, il en a déjà six cents de plus qu'il y a un siècle. Les engrais chimiques ont certes un peu troublé les eaux du Fusain, mais ils ont également conféré à ces terres pauvres de la riche Ile-de-France une fertilité jamais vue par ici dans les domaines céréalier et betteravier. Les brasseurs de bière de l'Hexagone ne jurent aujourd'hui que par certaine orge du Gâtinais, dont la pareille ne se trouverait, paraît-il, qu'en Australie... Dans leur microclimat exceptionnellement sec – les pluies sont souvent accaparées par les forêts riveraines de Fontainebleau et Montargis –, les Castellandonais prospèrent derechef mais sans tapage, sous la houlette d'un maire au nom d'opérette : *Madame Angot*.

Dernier signe en date du réveil économique de Château-Landon : une nourricerie de myocastors, rongeurs sud-américains dont on tire aussi bien de la fourrure licite (pas de protestation des zoolâtres) que des pâtés « gastronomiques » ou des breloques en ivoire rose, tous produits brevetés déjà « terroir de Seine-et-Marne ». Télescopage de cette prosaïque prospérité importée et des brillants siècles passés : les castors sont logés dans l'enceinte de l'ancien prieuré Saint-André, dont les vestiges abandonnés devraient faire rougir la municipalité, propriétaire du monument, par don, depuis 1989... Mais dès lors que des emplois sont en jeu, tout le Landernau s'écrase...

S'effrite donc lentement une tour-porche du meilleur XIIe siècle qui a vu passer, entre autres grands hommes, l'archevêque Thomas Beckett, qu'un Plantagenêt avait contraint un temps à l'exil en France, avant de le rappeler en Angleterre pour l'y faire assassiner. A Château-Landon, on n'est jamais loin des drames grandioses du Moyen Age, tempérés il est vrai par les impératifs économiques de notre époque...

Octobre 1995

Livre :

– Anne Prache, *Ile-de-France romane*, Zodiaque, 1983.

CHAPITRE XXII

GAULLIE

« Horizons vastes, frustes et tristes »

A toute la famille de Gaulle

Avant de nous rendre à notre quête du Général en son terroir d'adoption, l'écrivain du cru Alain Lorne nous met sur la piste des autres trésors de la contrée, de l'abbaye-pénitencier de Clairvaux à l'explorateur Bonvalot.

Clairvaux, Joinville, Brienne, Colombey-les-Deux-Eglises. La grande Histoire de France réunie aux confins, de nos jours peu fréquentés, de l'Aube et de la Haute-Marne. C'est la Champagne pauvre, dite « humide ». Celle qui ne donne pas de champagne ; celle dont les horizons modestes ont été immortalisés par de Gaulle dans *Le Salut* : « Vastes, frustes et tristes. » On n'y trouve que : « Bois, prés et friches mélancoliques, relief d'anciennes montagnes très usées et résignées ; villages tranquilles et peu fortunés dont rien, depuis des millénaires, n'a changé l'âme ni la place. »

Alain Lorne, né à Bar-sur-Aube, journaliste à Paris, ancien routard en Orient, est de cet ingrat terroir-là. *Exit* le Parisien à Ville-sous-La-Ferté (trois cent soixante habitants), en bordure des lambeaux de la « forêt celte », subsistant de la « vallée » de Clairvaux à la « montagne » de Colombey. Ici, Lorne est fils du pays et écrivain. Il travaille en sa « grange », selon le terme médiéval utilisé depuis saint Bernard pour désigner les exploitations agricoles de mouvance cistercienne. Lorne n'a à lui que quelques vieux pruniers et pommiers, mais en bas de son chemin roulent les eaux pures, vives, libres, d'un bras de l'Aube creusé au Moyen Age par les religieux de Clairvaux.

Par un jour ensoleillé d'avril, pieds nus dans le canal des Moines, des *feugnots* – les enfants, en patois – attrapent au pain, dans des bouteilles percées, vairons et chatouilles, menus poissons qui serviront pour le *vif*, c'est-à-dire pour appâter brochets et truites. Dans son roman *Les Quatre Jeudis*, Lorne met en scène des feugnots de la génération précédente. Saint-Terrier, le bourg qu'il a imaginé, résume ceux de la contrée : Outre-Aube, Juvanzé, Chaource, La Ferté, etc. Les bois qu'il évoque pourraient être ceux des Dhuits ou du Heu. Dans ce décor, l'auteur a installé une intrigue basée sur l'observation minutieuse et spontanée, par des écoliers champenois, d'adultes qui ne savent pas encore qu'ils seront les derniers représentants d'une paysannerie remontant aux défrichements mérovingiens.

Avoir choisi le prisme enfantin pour regarder un micromonde rural, ancien comme la France, en train de disparaître, était le moyen d'éviter la nostalgie ou la complaisance, sans parler du régionalisme ou de l'*écolomanie*, sentiments et attitudes inconnus chez les moins de quinze ans. Voilà pourquoi d'emblée est prenante de vraie vigueur, dans sa transposition littéraire, cette Champagne des marges et des marches, fixée par Lorne au moment où elle cesse d'être une province pour se préparer à entrer dans un anneau « rurbain » en formation, satellite du mastodonte francilien.

Les secrets découverts par les feugnots au début des années 1960, ce sont les ultimes manigances et fraudes des bouilleurs de cru, cette survivance de l'Ancien Régime parvenue jusqu'à nous ; ce sont les vengeances agraires selon l'antique méthode des incendies nocturnes de greniers, dont les coupables, connus de tous, ne sont jamais dénoncés. Lorne se mue là en Giono septentrional, avant de passer au registre de Louis Pergaud dans *La Guerre des boutons* : « Les haies, l'école, les futaies à n'en plus finir, le réseau des bornes d'irrigation, le taureau de Blondel, les œufs qu'on pille sous les halliers. »

Vindicte des adultes, chapardage des jeunes, toute cette infime vie « souterraine » est en quelque sorte ennoblie par une toile de fond où domine la solide beauté de collines boisées recelant les hauts et fameux murs de l'abbaye-pénitencier de Clairvaux. Grâce à une visite-coup de poing de Malraux, alors ministre du Général, a été sauvegardé le logis du XIIe siècle où les frères convers avaient jadis cellier, réfectoire et dortoir – et que Bernard le Fondateur fit lui-même édifier.

Le palais abbatial, énorme édifice Louis-XV, reste, en revanche, à sauver du faîte aux fondations : coup de folie financier élevé à l'heure où le nombre des moines tombait de trois cents à trente ; coup de génie architectural, à l'abandon depuis qu'en 1970, les détenus ont été transférés dans de modernes bâtiments voisins.

Jadis transformé en prison pour déserteurs de la Grande Armée, Clairvaux est à présent centrale pour les *longue-durée*, criminels de droit commun ou bien terroristes au nom de la politique ou de la foi islamiques. De temps en temps, une évasion sanglante ou spectaculaire – la dernière remonte à 1992 et fut les deux – hausse de quelques crans le bizarre frisson, diffus et récurrent, qu'impose alentour la lourde présence de la triple muraille carcérale au fond de la sainte combe, élue il y a presque un millénaire par les tonsurés.

Chacun ici néanmoins milite « pour le maintien de Clairvaux qui nous garantit trois cents emplois ». Quand se termine le roman d'Alain Lorne, à peu près en même temps que la guerre d'Algérie, Saint-Terrier savait de longue date évidemment ce qu'était la pauvreté, mais ignorait encore tout du chômage. Après coup, les misères vieillottes, les malheurs archaïques d'alors nous paraissent presque dérisoires malgré la force évocatrice du romancier.

Dans le bois des Dhuys, cher à Charles et Yvonne de Gaulle, l'automne ramène sa puissante odeur de pourriture végétale, par certains côtés fraîche et roborative. Une senteur qui entête les sangliers et les rend plus joueurs, plus grognons que de coutume. « Tiens, cette nuit, ils ont même, avec leur groin, labouré la clairière où la famille de Gaulle venait quelquefois pique-niquer », commente Alain Lorne, randonneur chevronné de Colombey à Clairvaux. Il est surnommé « le petit gaulliste » dans la région depuis qu'il a publié, sous ce titre, un nouveau livre, curieux roman autobiographique champeno-oranais, vision allègre et ironique d'un adolescent colombeyen sur le monde alentour à la fin du second règne gaullien (1958-1969).

Outre notre écrivain, voit-on à Colombey d'autres « gaullistes » ? « Oui, bien sûr, mais ce que les villageois veulent dire, c'est que la ferveur n'est plus la même... » Le nombre des visiteurs à la Boisserie, sous sa vigne vierge, et à la géante croix de Lorraine en granit rosé a chuté, confie-t-on tout bas autour de la mairie, de trois cent mille à cinquante mille par an. Certains jours, les rues sont désertes autour du clocher unique. L'autre sanctuaire a été désaffecté sous la Terreur, et ce qui en subsiste est intégré dans une demeure privée. Classée dès 1913, l'église Notre-Dame-en-Assomption (XIIe-XVIIIe siècle) attire surtout les voyageurs ayant en main « Le Dialogue des vivants », inséré à la fin du troisième tome de *C'était de Gaulle*, d'Alain Peyrefitte. Ce texte montre en effet, pourquoi de Gaulle, à la messe, se plaçait à mi-distance du vitrail de Saint Louis et de celui de Jeanne-d'Arc :

« Dans l'église de Colombey, de Gaulle s'asseyait toujours au dixième rang. Il suffit d'aller s'y asseoir à sa place pour comprendre. Plus près ou plus loin de l'autel, le regard rencontre des vitraux dont le sujet est simplement religieux. Mais dans l'axe du dixième rang, se faisant vis-à-vis, Saint Louis et Jeanne d'Arc. Ces deux vitraux-là parlaient à de Gaulle de l'Histoire de France. Ils émouvaient le patriote en même temps que le chrétien. Ils inscrivaient dans la prière l'amour du pays.

« Pour Bossuet, l'Histoire est écrite par la Providence. Pour Thiers ou Michelet, elle résulte de grandes forces collectives : la bourgeoisie, le peuple. Pour Marx, elle n'est que le produit de la lutte des classes. Pour Braudel, elle est le développement de longs et complexes mouvements économiques et sociaux...

« Les grandes figures n'ont-elles donc pas plus de prise sur le destin des peuples qu'un bouchon de liège sur les vagues qui le portent ?

« Selon de Gaulle, au contraire, les grands hommes ressemblent au navigateur qui non seulement affronte les tempêtes, mais tire parti des vents et des vagues pour aller de l'avant. L'Histoire, c'est une suite de chefs qui ont su lui imposer leur marque.

L'Histoire de France imprégnait son esprit des figures célèbres qui exaltaient son patriotisme. Il ressentait leurs hésitations, leurs affres, leurs choix douloureux, comme personne sans doute ne les a ressentis. Ces grands personnages avaient écrit les épreuves d'un livre qu'il lui appartenait de corriger et de récrire, tant pour renouveler les prouesses qu'ils avaient réussies, que pour éviter les erreurs qu'ils avaient commises. Il entendait tirer les leçons des batailles perdues et prolonger l'effet des batailles gagnées.

« Un jour, je lui demandais : "Pourquoi parlez-vous de la France comme si elle comptait tantôt vingt siècles, tantôt quinze, tantôt dix ?" Il me répondit, comme allant de soi, avec cette clarté aveuglante qui vous faisait comprendre que votre question était stupide, mais si courtoisement qu'on ne songeait pas à s'en

offusquer : "Vingt siècles, c'est Vercingétorix : il a été le premier résistant de notre race. Quinze siècles, c'est Clovis : en mariant la Gaule romaine et le christianisme, le roi des Francs a vraiment créé la France. Dix siècles, c'est Hugues Capet : il a installé la dynastie qui a étendu le pré carré jusqu'à l'Hexagone."

« Vers l'armée de métier *présente le petit groupe des personnages qui ont arrêté la France au bord de l'abîme*[1] *: Jeanne d'Arc, Du Guesclin, le Grand Ferré, Louis XIV qui, au pire moment de sa fin de règne, en appelle au sursaut national pour "l'honneur du nom français". D'autres encore : Coligny ; Dumouriez ; Faidherbe et Gambetta ; Joffre (...).*

« *Voici encore, comme pour se rendre espoir, une photo de groupe composée par un de Gaulle pince-sans-rire. On pourrait l'appeler le groupe des "malgré-nous" : la* "dure loi", *qui veut que la France* "doive être armée ou bien n'être pas", "contraint Mazarin, dédaigneux des soldats, à créer la grande armée royale, mène Saint-Just à la stratégie, Gambetta au ministère de la Guerre, Rochefort au boulangisme, et réserve à Clemenceau, comme fin de carrière, l'enthousiasme des généraux"[2].

« *Dans les années 1930, la Troisième République n'aura pas eu cette chance d'avoir des héros, même "malgré eux". Comment de Gaulle jugeait-il Albert Lebrun ? Albert Sarraut ? Edouard Herriot ? Edouard Daladier ? Dramatiquement inférieurs aux responsabilités de leur poste, incapables de se conduire en chefs, quand il faut un chef. Ils furent les preuves que la fonction ne crée pas toujours l'organe, et que de Gaulle ne disait pas tout à fait vrai quand il prétendait ne pas mettre en cause* les hommes *du "système", mais seulement* le système. *Il savait trop bien que le système décourageait les hommes faits pour les grandes circonstances.*

« *Pourtant, de bonnes institutions ne dispensent pas de la nécessité de chefs qui soient dignes de ce nom. (...)*

1. *Vers l'armée de métier*, 1934, ch. III.
2. *Vers l'armée de métier*, ch. IV.

« Les figures de proue[3] *nous mettent à l'abri de la médiocrité. Elles fendent les flots incertains. Elles nous élèvent au-dessus de nous-mêmes. (...) »*

Cependant, les quatre boutiques de gadgets « gaulloïdes » ne paraissent plus faire florès, malgré leurs huit cent cinquante objets, du dé à coudre au mini-canif *via* l'assiette murale. « Rien de nouveau ! Et je reviens spécialement chaque automne. Je possède deux mille cinq cents pièces relatives au Général », fait la moue un collectionneur. L'auberge de la Montagne, table célèbre du cru, réputée pour son « vrai gibier sauvage », en particulier ses civets de marcassin, n'est plus bondée comme naguère.

Certains Colombeyens vont jusqu'à accuser une malheureuse porcherie, installée pas très loin de la Boisserie, de faire fuir les pèlerins... « Il n'y a sans doute que Jean-Claude qui pourrait nous redynamiser ! » Jean-Claude ? Oui, le médiatique afficheur Decaux, Colombeyen d'adoption et qui a séduit ici, d'une part en chassant *à la pirche*, c'est-à-dire sportivement, à pied et sans chien, d'autre part en aidant la mairie à rajeunir façades et trottoirs, non seulement rue Pisseloup et avenue des Grands-Charmes, mais aussi dans de moindres venelles.

Après de Gaulle, Decaux ? Les élus du canton ne desserrent pas les dents, trop occupés à réfléchir à leur projet de « tourisme de mémoire », axé autour d'une enfilade de salles « à vocation ludo-historique »... Comme si tout le prix du site de Colombey-les-Deux-Eglises ne résidait pas dans son noble « abandon » ! L'expérience esthétiquement amère du Centre

3. Voir à cet égard *Figures de proue. D'Alexandre le Grand au Grand Mogol*, maître-livre publié en 1949 par l'académicien René Grousset (1885-1952), republié en 1992 dans la collection « Le Nadir » que je dirigeais alors chez Balland. Mais si Grousset fut quelque peu gaullien, il ne se rallia point au gaullisme – et le Général n'apparaît pas parmi ses *Figures*...

johannique *(sic)*, qui a altéré l'austère poésie de Domrémy, ne suffit-elle pas [4] ?

Les édiles et autres « communicants » seraient mieux inspirés en resituant leur village agricole – beau de sa situation toute en mesure, semi-perchée et semi-boisée, fort de sa légende mondiale – au sein d'une contrée prodigue en nature intacte, en monuments remarquables et aussi en personnages oubliés, réduits parfois à une stèle devant laquelle s'arrêta un jour la berline des De Gaulle.

Qui connaît le clocher roman de Vignory, sauvé en 1840 par Mérimée ? Vignory, avec son lavoir néogrec et son enfant chéri, le docteur Henry Foley (1871-1956), « bienfaiteur du Sahara, vainqueur du typhus exanthématique ». Un peu plus loin, à Brienne-le-Château, survit, à l'ombre de Bonaparte élève officier, la figure, qui devrait être ranimée par l'actualité centrasiatique, de Gabriel Bonvalot (1853-1933), « explorateur du Turkestan, du Fergana, du Kohistan, du Pamir, du Tibet. » Alain Lorne possède un poème inédit de Jean Aicard (l'auteur de *Maurin des Maures*) sur Bonvalot, dont il a inséré dans son *Petit Gaulliste* une stance comportant un vers maintenant approprié au bourlingueur briennois de l'Asie profonde (et à d'autres) :

Qui ne craint rien... sinon les pays oublieux !

Revenons à nos jours et laissons-nous conduire par notre guide vers le lac d'Orient, au moment où s'envolent en vacarme les grues cendrées de Champagne. Allons goûter ensuite à la cuisine provinciale, fine mais sans chichi, de Daniel et Annick Baudesson (lapereau au chaource aillé, volaille au ratafia de champagne), à Brévonnes ; on est proche de Villehardouin, hameau éponyme du chroniqueur de *La Conquête de Constantinople* (1207), récit gaullien avant la lettre.

---

4. Voir le chapitre « Lorraine » de cet ouvrage.

Lorne connaît aussi bien que les héros de ses bouquins les mythes régionaux, les pistes braconnières, les bosquets à noisettes, les ruisseaux poissonneux de Ville-sous-La-Ferté. Avec le dernier en date de ses romans, on peut en prime visiter l'Oranie... Palmiers et eucalyptus en contrepoint de charmes et frênes. Le mascara noir face au rubis de groseille.

Merci, en tout cas, cher Alain Lorne, amant d'un invisible émirat champêtre, à cheval sur Aube et Haute-Marne ! Merci de nous avoir montré aussi la grange monastique où dormit la Pucelle, ou encore la maison-atelier de Renoir à Essoyes, où son arrière-petite-fille Sophie et la maison Moët et Chandon dispensent leur mécénat à de jeunes artistes. Captivantes furent encore les visites au *halloy* Renaissance de Bar-sur-Aube qui abritait jadis marchands, jongleurs, promeneurs et demandeurs d'asile, ou bien chez Voltaire et Mme du Châtelet, sur leur scène Louis-XV de Cirey.

Nous allions oublier les cristaux vénitiens en terre cistercienne : c'est vers 1665 qu'un sujet du doge, Jean-Baptiste Mazzolay, posa son baluchon et son savoir sur les marches de la puissante abbaye cistercienne de Clairvaux. Les moines du Grand Siècle prièrent le Transalpin d'exercer sous leurs murs son art rare de cristallier. Naquit ainsi, dès 1666, au village de Bayel, la Manufacture royale en cristaux, nommée de nos jours « Cristalleries royales de Champagne ». Louis XIV accorda aux maîtres-verriers bayelois le monopole de la fourniture en cristaux « sur toute la partie du territoire français située entre Paris et Chaumont ». Depuis 1999, les créations de Bayel bénéficient du label national « Haute Cristallerie ». A côté des ateliers rompus aux techniques les plus modernes, l'écomusée du Centre Mazzolay et le musée du Cristal permettent de suivre l'histoire des souffleurs de verre depuis la Syrie antique et jusqu'au XXIe siècle.

Enfin, rendus à nous-mêmes, allons solitairement revoir la classique Boisserie, d'autant plus qu'aujourd'hui elle est vide. On peut donc y détailler sans se presser les livres que de

Gaulle conservait à portée de main : Tocqueville, Pirenne, Chamfort, Kessel, etc. ; embrasser le panorama sylvestre vierge qu'il avait devant lui lorsqu'il noircissait du papier ; découvrir enfin des objets familiers jusqu'ici peu remarqués, comme ce coq gaulois grandeur nature, incrusté dans un bloc de lapis-lazuli et que le maître des lieux voyait quand il se mettait à table. C'est une œuvre d'art moderne afghan, commandée spécialement pour lui et offerte au fondateur de la Cinquième République par Zaher, chah d'Afghanistan.

Avril 1998 et décembre 2001

Livres :

– Charles de Gaulle, *La France et son armée* (1938).

– Régis Debray, *A demain de Gaulle !*, Gallimard, 1990.

– Philippe de Saint-Robert, *De Gaulle et ses témoins. Rencontres historiques et littéraires*, Bartillat, 1999.

– Philippe de Gaulle, *Mémoires accessoires 1947-1979*, Plon, 2000.

– Alain Lorne, *Les Quatre Jeudis*, Phébus, 1998 ; *Le Petit Gaulliste*, Actes-Sud, 2001.

– Paul-Marie Coûteaux, *le Génie de la France. De Gaulle philosophe*, tome I, Lattès, 2002.

– Alain Larcan, *De Gaulle inventaire. La culture, l'esprit, la foi*, Bartillat, 2003.

*

Vidéofilm :

– *De Gaulle, la France dans le monde* de Gilles Dellanoy, 1988.

CHAPITRE XXIII

GUADELOUPE

1
Les pauvres mystères de Saint-John Perse

A Flaubert Félician

Pointe-à-Pitre s'inquiète : va-t-on laisser tomber en poudre la maison du poète d'*Anabase* ? Une laide bâtisse reniée par son ancien occupant a remis sur le tapis la question de l'« antillanité » de Saint-John Perse. Visite à des lieux qu'il quitta adolescent et ne chercha jamais à revoir.

L'île en forme de papillon n'est pas contente. Tout ce qu'elle a conservé de « son » poète, de « son » prix Nobel, une pauvre maison grise de Pointe-à-Pitre, va-t-il aussi disparaître ? Comme, à douze ans, disparut pour toujours de la Guadeloupe le jeune Alexis Léger, futur Saint-John Perse (1887-1975), déjà auteur de huit honorables strophes, « Désir de créole » :

Là les colibris verts ont plus vertes leurs plumes...

Car les gens de Pointe-à-Pitre, Basse-Terre, Bouillante ou Gosier ne se sont jamais consolés de cette « fuite sans retour ». Ils conservent en outre, comme une incompréhensible vexation, le souvenir d'une escale aérienne effectuée par l'écrivain célèbre à l'aéroport du Raizet sans daigner même descendre fouler son sol natal ; pis encore, les incessantes croisières emmenant le diplomate retraité dans la mer des Antilles – croisières de vaine plaisance qu'il énumère avec vraie complaisance dans son autochronologie de La Pléiade –, tel un amant cruel passant et repassant sans un regard sous les fenêtres d'une maîtresse délaissée mais toujours aimante.

Il reste évidemment l'essentiel : l'œuvre, les poèmes, tout particulièrement ces *Eloges* d'où sourd toute la rude saveur naturelle, coloniale, charnelle de la Guadeloupe :

Des femmes rient toutes seules dans les abutilons, ces fleurs jaunes-tachées-de-noir-pourpre-à-la-base que l'on emploie dans la diarrhée des bêtes à corne... Et le sexe sent bon. La sueur s'ouvre un chemin frais. Un homme seul mettrait son nez dans le pli de son bras. Ces rives gonflent, s'écroulent sous des couches d'insectes aux noces saugrenues. La rame a bourgeonné dans la main du rameur. Un chien vivant au bout d'un croc est le meilleur appât pour le requin...

« Oui, mais un livre, ce n'est qu'un livre... » Si même le libraire pointois l'affirme ! Et donc les choses en étaient là, la vieille humiliation jamais guérie de l'absence, de l'indifférence calculées. Le souhait jamais assouvi en cette terre catholique et patriarcale de voir, comme il se doit, s'accomplir la parabole de l'Enfant prodigue. Et le soupçon secret, lancinant sur cette île noire, plus noire que la Martinique – où ne revint pas non plus Joséphine couronnée mais où elle renvoya au moins sa mère –, de la distance dédaigneuse du « vrai créole », du *Blanc-pays*, pour toute cette *négraille*...

N'avance-t-on pas même que, lorsqu'en 1899 toute la *gens* Léger s'embarqua sans retour pour la métropole, « avec des familles espagnoles d'amiraux rapatriés de Cuba » d'où l'Espagne venait d'être chassée, c'était par crainte de troubles anti-Européens à la Guadeloupe ? Ainsi l'ère éternelle et souterraine du soupçon perdurait, fort bien dissimulée sous fierté, adulation, encensement proclamés et d'ailleurs sincères, quand surgit « l'affaire de la maison natale ».

« Affaire », le mot n'est pas trop fort. Et Saint-John Perse lui-même l'amorça dans sa fameuse autobiographie rédigée à la troisième personne – même de Gaulle ne se risqua que rarement à parler ainsi de lui – où il écrit : «1887, 31 mai : la naissance à la Guadeloupe de Marie, René, Alexis Saint-Léger Léger (...) né sur l'îlet de "Saint Léger-les-Feuilles" au large du port de la Pointe-à-Pitre, etc. »

L'acte de naissance officiel dispose, lui, que « Léger Marie, René, Auguste, Alexis » naquit en la ville même de Pointe-à-Pitre, le 31 mai 1887, dans la « maison de la dame Délias, rue d'Arbaud où demeure le père (...) avocat avoué près le tribunal de première instance, premier adjoint au maire, etc. ».

Le mystère, le petit mystère du grand homme commençait. « Né sur l'îlet (...), l'enfant est transporté à la ville où sa naissance est déclarée », se bornera à préciser Saint-John Perse. Et il est de fait que le registre municipal pointois a recueilli la déclaration le 2 juin, surlendemain de l'accouchement. Colloques et savants se sont penchés avec componction sur ce... léger détail. Si encore le jeune Léger – et non point d'ailleurs « Saint-Léger Léger », incontestable fantaisie patronymique de Perse – était devenu homme d'Etat, conquérant ou chef de dynastie... Mais, hors littérature, le pic de sa carrière ne fut que d'être le très conforme, très conformiste plus haut fonctionnaire du Quai d'Orsay : secrétaire général du ministère des Affaires étrangères (1933-1940).

En foi de quoi, pas de bonne raison historique de fouiller jusque dans le placenta d'Alexis Léger... Quant au poète, au créateur parvenu à l'art sublime qui balaie tout, on devrait lui ficher la paix, lui accorder le bénéfice du flou pour sa vie dès lors que son œuvre a atteint des hauteurs où tout est limpide. Mais c'est une manie de tourner et retourner la fausse particule de Balzac, tel vrai ou faux voyage de Chateaubriand ou Cendrars, les critiques auto-écrites d'Hugo, l'esclavagisme abyssin de Rimbaud, la modeste généalogie auvergnate de Coco Chanel ou les énigmatiques enlèvements de Lamartine et Jean-Edern Hallier. Cela dispense certains « chercheurs » de bien connaître la production de leur objet d'étude quand ils ne se croient pas autorisés à la dénigrer au nom de telle ou telle microscopique « imposture »...

Revenons à la maison, déclencheur d'émois pour nos Guadeloupéens. Elle est bien là, au cœur de Pointe-à-Pitre, à quelques dizaines de mètres de la darse, jouxtant la Caisse de compensation, face à l'ancienne mairie. Base en pierre, façade en bois, le tout coiffé d'un galetas ajouté plus tard, semble-t-il. Pas un brimborion tropical, pas un signe amical du XIXe siècle, rien que du revêche, de l'anonyme. Un sommier rouille sur l'un des balcons. Tout est claquemuré, inhabité, abandonné, après avoir été revendu, squatté, dégradé.

Une plaque – apposée dès 1976, peu après la mort du poète, là-bas, en métropole, dans sa propriété des Vigneaux, près d'Hyères-les-Palmiers, par l'Académie des jeux floraux de la Guadeloupe, en présente d'une tripotée de notables – indique : « Ici a vécu de sa naissance à la fin de sa douzième année le poète, prix Nobel, etc. » Cela, à la différence du lieu de venue au monde, n'est point discuté, même par Perse, encore qu'il préféra ne jamais évoquer l'insignifiante bâtisse du 54 rue d'Arbaud...

L'érudit franco-antillais Edmond Dupland, dévot de Perse, ajoute tristement : « Cette maison, il semble qu'il ait voulu la recouvrir d'un voile pudique, la soustraire à nos regards indiscrets et curieux, comme, d'un décor de théâtre, un fantasque metteur en scène s'avise d'éliminer soudain une partie jugée par lui arbitrairement, inutile. » Quelques décennies durant, la trace même de la demeure, à l'instar de celle de Rimbaud à Aden, fut perdue, puis retrouvée, grâce à des camarades d'enfance et à un acte notarié.

La rue d'Arbaud avait été entretemps vouée à une autre gloire locale, Achille-René Boisneuf (et l'Ilet-à-Feuilles, enjolivé par Perse en « Saint-Léger-les-Feuilles », s'appelle très prosaïquement de nos jours « îlet Petreluzzi », du nom de son présent propriétaire) mais la toile de fond, comparée à d'anciennes photos, a peu changé, alignant ses commerces sages, ses habitants tranquilles, son lycée Carnot badigeonné en rose où Alexis fut élève. Rien d'épique, comme d'ailleurs dans le reste du plat paysage cernant la baie de Pointe-à-Pitre, rien de piquant même dans le premier environnement persien.

« Saint-John Perse était un monsieur très imbu de lui-même. Il a arrangé les débuts de sa vie en fonction de l'idée aristocratique qu'il se faisait de lui-même et voulait qu'on conserve de lui », constate sans ménagements Sylvie Tersen, conservateur du Musée municipal Saint-John-Perse installé, lui, dans la splendide maison Souques-Pagès, ci-devant résidence d'un directeur de sucrerie, bouquet de colonnettes crêté de frises en zinc, auquel ne manque que d'avoir abrité l'éclosion d'une célébrité mondiale.

« Propriété des Léger, habité tout de même durant les douze premières années de sa vie par le futur poète, l'immeuble dit de dame Délias vaut la peine d'être sauvé. Il est d'ailleurs en cours d'inscription à l'Inventaire supplémentaire des monuments historiques. L'ennui, c'est qu'étant situé en plein centre, son propriétaire, Roger Damoiseau, un riche rhumier qui a reçu la coupe du meilleur rhum blanc 1992, l'a mis en vente neuf cent mille francs et qu'il faudrait plus d'un million pour transformer le bâtiment en Institut de littérature antillaise ou toute autre destination culturelle en liaison avec notre musée. Jusqu'à présent, les collectes, le mécénat, les subventions, y compris celle promise par Bruxelles, n'ont permis de réunir que six cent mille francs », précise Mme Tersen [1].

1. En 2004, ladite bâtisse, au désespoir de Sylvie Tersen, est toujours en apparente déshérence, quoique devenue propriété d'une association loi 1901. Les pouvoirs publics ne paraissent guère s'y intéresser pour le moment. En revanche, à Saint-Claude-de-Guadeloupe, à La Joséphine, habitation de planteur à laquelle est attachée aussi le souvenir du poète créole, les propriétaires privés ont créé deux somptueuses chambres d'hôtes.

Notre interlocutrice estime encore que, si Perse n'est jamais revenu dans l'île, tout en y maintenant des contacts épistoliers, c'est que son attachement insulaire était « plus intellectuel que charnel ». Néanmoins, selon sa veuve, l'Américaine Dorothy Russell, épousée par le poète en 1958, son mari pleura lors d'un passage en avion au-dessus de la Guadeloupe... Le musée de Pointe-à-Pitre possède copie d'un plan de la ville, tracé de la main de l'écrivain alors âgé de quatre-vingt-six ans. Plus troublant, la Fondation Saint-John-Perse, à Aix-en-Provence, a déniché, dans les papiers de l'auteur, une carte maritime du terroir originel, montrant un circuit de cabotage autour de la Guadeloupe avec escale à l'îlot de la Désirade. Passage furtif ? Simple projet ? On ne saura sans doute jamais.

En dehors d'une partie d'*Eloges* et du fameux « Désir de créole » contre la publication duquel Perse, au reste, tempêta, on ne peut pas dire que l'*antillanité* du poète soit d'emblée avérée. Il exprimera même à plusieurs reprises son « horreur de toute poésie directe ou personnelle » ; trouvant « odieuse toute localisation ainsi que toute datation » ; s'emportant contre un article sur sa poésie orné d'une photo de lui dans ses activités diplomatiques ou contre un thésard ayant cherché des liens entre ses deux existences parallèles (plutôt que « double vie », au demeurant) : « La personnalité du poète n'appartient en rien au lecteur qui n'a droit qu'à l'œuvre révolue, détachée comme un fruit de son arbre. » Et toc, la porte fut et reste claquée au nez de l'enquêteur !

Dès une lettre de 1909, Perse s'en était pris sans équivoque à « l'exotisme (...), une atroce grimace, un satanisme. Une fuite et une lâcheté ! » ; refusant même, ultérieurement, à l'occasion d'un hommage à Gide, toute « indulgence en Art pour l'impureté ni pour l'hybridité ».

Porteur d'un bizarre pseudonyme anglo-antique de sa fabrication, peut-être avait-il choisi « Perse » par référence au poète latin de ce nom, un stoïcien ayant aspiré à une « totale pureté » ? Mais sans doute pas pour se rattacher à quelque

Iran des chahs. Toujours est-il que, malgré ce refus apparent de toute antillanité ou antillanisme, les ondes poétiques de Saint-John Perse, plume française sans ascendance connue ni postérité reconnue, classable dans aucune école, sont néanmoins captées à travers les Caraïbes avec grandissante intensité au fur et à mesure de l'écoulement du temps :

Mer apparue, veillée de jardins enjouis
Votre visage déracine son oiseau
Plus haut que nues dilapide le blé des mers

a prononcé « persiennement » le Martiniquais Edouard Glissant (né en 1928).

La même impression « généalogique » se dégage de la poésie anglophone de Derek Walcott (né en 1930 à Castries, chef-lieu de Sainte-Lucie, île anciennement française, restée créolophone et catholique, annexée par les Anglais en 1803 et participant de nos jours au mouvement francophone international) :

Le capitaine les appelle cèdres du Canada
Mais cèdres, cyprès et casuarinas, qui les nommait ainsi avait une bonne raison à voir leurs corps ployés gémir comme des femmes.

Prix Nobel de littérature 1992, Derek Walcott devait ensuite publier, à New-York, chez Farrar Strauss et Giroux, *La muse de l'Histoire*, essai en anglais traitant notamment de Saint-John Perse et d'Aimé Césaire (né en 1913), l'autre superchampion de l'écriture francophone du XXe siècle aux Antilles.

Jusqu'au jeune romancier martiniquais, l'un des théoriciens de la créolité moderne, Patrick Chamoiseau, lauréat du Goncourt 1992 pour *Texaco* et dont on s'avise d'un texte insolite[2], prégnant, jetant d'indiscrètes lueurs sur Léger-Perse, l'individu et son travail étant autoritairement réunis par un

2. *Lettres créoles (tracées antillaises et continentales de la littérature : Haïti, Guadeloupe, Martinique, Guyane 1635-1975)*, Hatier, 1991. Ouvrage co-écrit par Patrick Chamoiseau et une autre plume martiniquaise distinguée, Raphaël Confiant.

successeur : « Né en Guadeloupe, dans la caste des maîtres blancs créoles[3], il est le témoin de leur décadence (...). Si l'œuvre de Saint-John Perse a embarrassé (et embarrasse encore) beaucoup de critiques occidentaux, elle embarrasse aussi ceux qui, aux Antilles francophones, se posent la question de son antillanité, de sa créolité. (...) Malgré les indignations, l'évidence donnait là : l'œuvre du *béké*[4] guadeloupéen transportait la langue du pays, la faune, la flore, l'existence du pays. Bref, avec la réalité créole, notamment dans *Eloges* (...), Saint-John Perse entrait en connivence avec nous Antillais. Cette connivence demeurait ouverte sur un universel décidé mais indéniable. Elle existait. En pleine période de la tracée littéraire de la Négritude, de fascination africaine, il fallut admettre qu'un *béké*, parti tôt en exil sans jamais revenir, trouvait, dans ses premiers poèmes, des accents créoles que bien des poètes nègres ou mulâtres bon teint auraient pu lui envier. »

Sur ce, « l'affaire de la maison natale » est aussi venue conférer – l'intéressé n'aurait pas du tout aimé cela, mais tant pis, le mal est fait ! – une touche un peu plus humaine à un Perse muré volontaire dans un légitimisme sémantique, une forteresse empyréenne certes splendides, mais par trop décourageants.

D'un certain point de vue, Saint-John Perse est enfin de retour à la Guadeloupe, avec son œuvre intacte, grandiose comme un astre mort auquel ne nuisent point quelques éclats de bon soleil vivant...

Novembre 1992

---

3. Notons toutefois que, du côté paternel au moins, la créolité de Perse ne remontait qu'à l'arrivée d'un Léger aux Antilles au début du XIXe siècle, et qu'elle ne s'incarna pas dans la propriété terrienne mais dans des fonctions édilitaires ou juridiques. Le poète, là encore, a « inventé » une lignée Saint-Léger Léger, « descendant d'un cadet de Bourgogne, parti de France à la fin du XVIIe siècle ». Plus prosaïquement, les Léger, hommes de loi, vinrent plus tardivement de Châtillon-sur-Seine (Côte-d'Or) et de Paris...

4. Créole, c'est-à-dire, originellement aux Antilles françaises, Blanc de pure souche européenne, *Blanc-pays*, *béké*.

2

Marie-Galante. Petites choses caribéennes vues, entendues, lues, perçues...

Escale sur une îlette cannière de la mer des Antilles où on a toujours eu le culte des noms expressifs...

A Pointe-à-Pitre, sur le terre-plein où on attend le bateau *Rubis-Express* pour Marie-Galante, une pancarte rouge et blanche attire l'œil : « Interdit aux chiens non transportés. »

A bord, je me trouve assis à côté de deux girondes mulâtresses, mère et fille. Elles évoquent une de leurs connaissances qui vient d'accoucher de son quatrième enfant : « C'est le *mieux sorti* de la nichée », autrement dit en langage local, le plus clair... D'après ce que je comprends, car des *békés* on ne parle jamais ici qu'à mots couverts, le père serait un Blanc créole. L'adage a beau affirmer : *Zaffai nég pa zaffai béké* – « les affaires du nègre ne sont pas celles du béké » –, question chair, le mâle blanc et la femme colorée, nés *pays,* ont encore parfois à voir ensemble, comme au temps de l'esclavage. L'attraction mutuelle subsiste, secrètement, et le décor la facilite avec ses innombrables cases enfouies sous plantes et frondaisons, sans parler des caches naturelles dans la verdure. Heureusement, d'ailleurs, qu'il y a encore des békés en mal de saillies illégitimes, sinon le sacro-saint métissage serait en panne...

Je saisis aussi que la jeune maman en question n'a pour vivre que *l'argent-braguette* – aligné sur les *allocs* de la métropole depuis 1997. Selon des chiffres préfectoraux, dans nos deux départements antillais, largement plus de la moitié des naissances sont « naturelles ». Un homme dans la force de l'âge qui, sous ces latitudes, n'a pas notoirement plusieurs personnes du sexe « à visiter », est qualifié par le vulgaire d'*ababa* – de *fada*, dirait-on à Marseille...

A l'hôtel Cohoba, où j'ai temporairement établi mes pénates, ma voisine de bungalow, une mère de famille parisienne en vacances, encourage ses garçonnets, le matin, à s'empiffrer de pains au chocolat « comme en France » (elle devrait dire « en métropole »), tout suintant de gras, alors que sur le buffet restent en déshérence d'épaisses rondelles d'ananas *Victoria* frais tranchés, odorants, juteux, pleins de fibres et vitamines, et qui feraient toucher du palais aux gosses qu'ils n'ont pas pour rien passé huit heures à franchir l'Atlantique, sans compter cinq ou six heures de décalage horaire en moins aux Antilles, selon les saisons. Outre l'*Ananas comosus* territorial, on nous apporte du miel *Savonnette*, si pâle, si fluide, qui plus est servi en bouteille, qu'on le prend de prime abord pour du sirop de canne. Au reste, notre métropolitaine ne regarde même pas l'étiquette, se tartinant d'emblée une tranche de pain avec de la confiture de fraises importée... A quoi bon voyager ? Cependant, au dîner, la dame sera bien obligée, faute d'autre choix, de goûter au gratin indigène de *christophines*, dont elle déclarera, ce qui n'est pas faux : « Ça me rappelle la carde du souper maigre de Noël en Provence.» Quant au conjoint de ma voisine, simple suivant de sa moitié, comme croient bon de l'être maintenant tant d'époux, pour faire « moderne », il regagnera l'Europe, le pauvre, sans même avoir tâté du CRS antillais (citron-rhum-sucre)... Le soir où je voulus lui en offrir un, Madame le rabroua sous prétexte d'un départ aux aurores en excursion, le lendemain.

Bordée d'un épais sous-bois de galba *(Calophyllum calaba)*, bel arbre à nom d'empereur romain, la plage est, pour une fois, telle que promise par les dépliants : sable beige rosé, propre et non foulé, sauf par quelques crabes peu farouches, eau clapotante, à peine un peu plus fraîche, juste ce qu'il faut, que les 29 degrés de l'atmosphère ; une eau de mer clarissime, puis laiteuse, turquoise, lapis à mesure qu'on porte le regard plus loin vers la Guadeloupe, les Saintes, la Dominique, toutes visibles à l'horizon. A huit heures, le matin, la grève est vide à perte de vue, donc point besoin même de s'embarrasser d'un maillot pour nager. Le galba prodigue une ombre nécessaire et bénéfique. Ce n'est pas le cas du mancenillier (*Hippomane mancinella)*, aux fleurs-épis pourpre foncé, à l'anodine écorce gris clair, et dont feuillage, tige et tronc, coupés ou entaillés, délivrent un latex blanc chargé d'acide prussique, occasionnant de méchantes brûlures ; quant à ses pommes acidulées à légère odeur giroflée, les marins de Christophe Colomb, « saisis par la rage après les avoir croquées », apprirent vite à s'en méfier. De plus, en cas de pluie, l'eau dégoulinant des feuilles du mancenillier se transforme extemporanément en liquide toxique provoquant de violentes inflammations de l'épiderme. Les Caraïbes trempaient d'ailleurs leurs flèches dans la sève de cette euphorbiacée. L'Office national des forêts préfère cercler de peinture vermillon l'espèce nuisible plutôt que de la vouer à la tronçonneuse. « Les arbres sont secrets, muets et sourds » (François Ier). « Les arbres allaitent les esprits » (Ernest Pépin, romancier guadeloupéen né en 1950).

Marie-Galante, française depuis 1648 (on vivait alors sous la régence d'Anne d'Autriche), à trente-cinq kilomètres de la Guadeloupe, dont elle dépend administrativement, abrite treize mille âmes sur sa ronde galette calcaire, plate et éternellement verte, de cent cinquante kilomètres carrés et cinquante kilomètres de tour, vouée à la canne à sucre après l'avoir été successivement au coton, au *pétun* (tabac), au café, au cacao, à la vanille. Elle se targue, de nos jours, de produire « le rhum le plus fort de tout l'arc antillais », titrant cinquante-neuf degrés et se réclamant de « l'authentique recette du Révérend Père Jean-Baptiste Labat » (1663-1738), énergique dominicain moins motivé, semble-t-il, par le service de l'autel que par l'industrie sucrière et rhumière, la formation de *nègres à talents* (artisans spécialisés) ou la rédaction de ses *Nouveaux Voyages aux isles d'Amérique*.

Le rêve – pas inaccessible du tout, Paris étant prêt, et on le comprend, à toutes les gâteries pour conserver les Antilles – de Grand-Bourg, petit village côtier se qualifiant de « capitale de Marie-Galante » (n'oublions pas que l'îlette fut indépendante en 1792-1794, à la faveur de l'anarchie révolutionnaire...), est de recevoir un sous-préfet à lui et de disposer d'un député, également à lui, au lieu d'être rattaché, comme c'est à présent le cas, à une circonscription guadeloupéenne.

Néanmoins, Furcie Tirolien (1886-1981) conféra longtemps du lustre à Grand-Bourg (lequel, vers 1840, s'appela *Joinville* à cause du prince navigateur ainsi titré par son père Louis-Philippe), où une plaque signale la demeure natale de celui qui fut maire du lieu, député et président du conseil général de la Guadeloupe, « bienfaiteur de l'archipel », autrement dit des sept entités formant le département : Grande-Terre, Basse-Terre, la Désirade, les Saintes, Saint-Barthélemy, Saint-Martin (en partage avec la Hollande depuis 1648), Marie-Galante.

Parmi les autres titres de noblesse déclinés au visiteur par les Grands-Bourgeois : la découverte de leur futur terroir en

1493, par Christophe Colomb en personne, dont le livre de bord vanta « la merveille de tant d'essences différentes inconnues » dans l'épaisse jungle îlienne, alors exploitée seulement par quelques Amérindiens caraïbes originaires des actuelles Guyanes et qui s'étaient emparés d'*Aïchi* (chrétiennement baptisée ensuite *Santa Maria Galanda*, d'où Marie-Galante, comme le vaisseau-amiral de Colomb et non par quelque grivoise allusion aux mœurs libérales des naturelles...), en cannibalisant les mâles et enlevant les femelles des précédents occupants indiens, les Arawaks, arrivés eux-mêmes du Vénézuéla. Il reste néanmoins de bon ton de verser une larme sur « ces pauvres Caraïbes », exterminés et par l'artillerie et par les microbes apportés du Vieux Monde. Dont acte ! (A Sainte-Marie, là où Colomb débarqua à la Guadeloupe même, on trouve de nos jours une rue du Caraïbe-Inconnu. Pourquoi pas ? Les Arawaks n'ont pas de descendants identifiés pour jeter les hauts cris)

A Grand-Bourg, la rue Saint-John-Perse jouxte les artères dédiées à Martin Luther King et Nelson Mandela. Un coup à droite, deux coups à gauche, c'est l'usage en France. Le poète pointois est là uniquement à cause de son Nobel 1960 de littérature, car on ne lui pardonne pas cette réplique prêtée à une de ses vieilles parentes, et qu'il n'aurait pas contredite, à propos de l'éruption de la Montagne Pelée qui, en 1902, tua trente mille Martiniquais : « Ah ! si vous comptez aussi les gens de couleur... »

Trente mille, c'est aussi le nombre d'Antillais, toutes teintes et nuances confondues, qui furent blessés en Europe durant la Grande Guerre, sur les cinquante mille partis défendre une mère-patrie que la plupart n'avaient jamais vue. De ces victimes, mille cinq cents moururent de leurs blessures, sur le champ de bataille ou après coup. Au centre de la place d'une minuscule station balnéaire galantaise, Saint-Louis, la statue d'un soldat de 14-18, avec casque, besace et bandes molletières, soigneusement repeinte, veille sur les gars de la commune trépassés à Sainte-Menehould, La Rochelle, Mantes-la-Jolie ou Toulon, et qui portaient les superbes prénoms de Sylvain, Sylvestre, Rodomond, Abel, Epaminondas, Nestor, Trasimène, etc. Encore à Saint-Louis, la traverse Lys-de-Mer nous conduit au *Katimini* : « Café-concert, pub, bar, glacier, salon de thé », indique l'enseigne mais, dans la minicour intérieure, un gros buisson d'alamanda aux corolles jaune Vatican a tout envahi. L'établissement ne doit pourtant pas être fermé depuis longtemps car il suffit de quelques mois, sous ce climat chaud et humide, qu'on soit en *carême* (saison dite sèche) ou en *hivernage* (saison dite pluvieuse), pour que la végétation recouvre tout, même les voitures abandonnées, avalant en un rien de temps, pour le plus grand bien du paysage, gravats, parpaings, cageots, charognes et canettes à boisson.

Au fond de l'église grand-bourgeoise Notre-Dame-de-Marie-Galante, autour de laquelle s'ordonnent au cordeau les quelques rues du lilliputien chef-lieu, sont placardées les listes d'élèves inscrits au catéchisme pour 2003-2004, livrant une nouvelle avalanche de prénoms rares, à côté des inévitables Jérémy et Jennifer, venus tout droit, eux, des sous-téléfilms états-uniens : Vénus, Moïse, Judicaël, Alice, Sidoine, Corentin, Donatien, Cyprienne, Ismaël-Dominique, Yannis, Floriane, Pascal, Anaïs, Xavier, Zita, Manuel, Dimitri, Aurore, Lionel, Suzelle-Firmène, Edwine, etc. Dans le chœur, des fresques naïves colorent en pain-brûlé les peaux des personnages bibliques, Sainte Famille comprise, où l'Enfant-Dieu est assorti au brun pelage du bœuf. Ça n'émeut pas une longue dame békée sans âge, assise parmi les orantes café-au-lait, plus blanche que blanche, cheveux tressés en diadème compris, vêtue d'une ample robe de lin marine sur laquelle tranche le bleu layette des grains de son chapelet.

Le long des routes et *traces* (ou sentiers) de l'île, la toponymie maintient l'enchantement, remarquable ou rigolote : pointe Fleur-d'Epée, plage Folle-Anse, Bagatelle,

Gay, Etang-Bambou, Capharnaüm, Mes Désirs, pointe à Nègre, Coulée-Oubliée, Gueule-Grand-Gouffre, Trou-à-Diable, Gros-Nez, anse Ballet, Petite-Banane (encore qu'ici, la banane-fruit soit nommée « figue » et la banane-légume « plantain »...), habitation Pirogue, donnant sur la mare au Punch (en souvenir d'un coup de main d'anciens esclaves, en 1849, chez un planteur dont ils versèrent dans le plus proche marigot les réserves de rhum et de sirop cannier), Joséphine et Marie-Louise (peut-être en hommage aux deux impératrices, encore que les Napoléonides ne soient pas en odeur de sainteté aux Antilles pour cause de rétablissement de l'esclavage sous le Consulat, en 1802) ; enfin Buckingham, souvenir sans doute des incursions anglaises de 1690-1691, 1759-1763 et 1808-1816, avec en regard son ancienne transcription française, Bouquincant, hameau d'un autre secteur de Marie-Galante, entre la colline Morne-Beaufils et le torrent Ravine-Jeannot.

Au retour, sur la navette Grand-Bourg - Pointe-à-Pitre, j'ouvre une revue caribéenne qui conseille de « plonger zen » avec Mme Laetitia Fernandez, « brevetée d'Etat des métiers de la forme », spécialiste en *aquagym* au *Paradis créole.* Dans le quotidien *France-Antilles,* le « voyant-médium Maître Ké », jeune Noir à chéchia, moustache et regard velouté, « Travaille par correspondance. Sérieux. *Paiement après résultat*». A bord, tout le monde regarde *Love and Sex*, émission nord-américaine doublée en français, où des collégiens à peine pubères débitent salacement leur prétendue « première expérience ».... *France-Antilles* consacre sa « une » du mercredi 22 octobre 2003 aux écolières antillaises qui se prostitueraient « pour des sommes de cinquante à cent euros » à des messieurs adultes « voiturés », lesquels, de surcroît, leur offrent, rapporte le journaliste, « des baladeurs, vêtements, chaussures de marque, portables dernier cri et même parfois des bijoux ». Interrogé, un proviseur, du sexe masculin il est vrai, se montre plutôt incrédule, ne se souvenant, dans son établissement, que « d'une jeune fille et d'un jeune garçon surpris dans des attitudes que la morale réprouve »... Chez le *taxieur* Carloman (encore un prénom royal, gothique même), le séjour s'orne d'une assiette murale portant la mention : « Les femmes, c'est comme les grenouilles, y a que les cuisses de bonnes ! ». Etant seul quelques minutes avec la maîtresse de maison, *Manman* Céline, qui m'apporte une infusion de feuilles de citronnier, « comme en boit Jean-Paul II », je lui désigne l'assiette d'un clin d'œil, et elle me rétorque, en haussant les épaules : « Si je la cassais, *il* irait en acheter une bien pire chez le Chinois ou le Libanais du coin... »

En traversant Grand-Bourg, ce matin, pour me rendre à l'embarcadère, passé de géantes lettres rouges bombées sur le mur chaulé d'une école : « Cantine en grève », j'avais remarqué, à la devanture de l'Alimentation pour bétail, un panonceau écrit à la main sur un bout de carton : « petits cochons à vendre »...

Livres :

– Saint-John Perse, *Eloges* (1911).

– Mireille Sacotte, *Saint-John Perse*, Belfond, 1991.

– Collectif, *Saint-John Perse, antillanité et universalité*, éd. Caribéennes, Paris, 1988. Cet ouvrage contient « Désir de créole », poème d'enfance de Perse.

– Edouard Glissant, *Les Indes*, Le Seuil, 1965.

– Derek Walcott, *Le Royaume du fruit-étoile*, Circé, Strasbourg, 1992.

CHAPITRE XXIV

GUYANE

Cayenne, île aux grands hommes

A mes compatriotes amérindiens

Coincée entre l'ultratechnicité vite ennuyeuse des sites spatiaux et le souvenir embarrassant d'un bagne qu'il n'abrita pourtant jamais sur son sol même, le petit chef-lieu guyanais, en son île réellement paradisiaque, recèle un passé aussi corsé que son piment-poivre...

Cayenne : hier le bagne, aujourd'hui Ariane. N'en demandez pas plus à nos mémoires ! Pourtant, elles se trompent : les bagnards créchaient loin sur l'océan, dans l'archipel du Diable, et c'est fini depuis plus d'un demi-siècle [1] ; quant à

1. Le décret Lebrun-Daladier supprimant les travaux forcés en Guyane est de 1938, mais la guerre mondiale et l'inertie administrative firent que les ultimes bagnards rembarquèrent en 1953.

Kourou, « ils vivent en vase clos là-bas, les ingénieurs métro avec leurs fusées, face à l'île aux bagnards, justement... ».

Le chef-lieu de la dernière possession européenne sur le continent américain, le plus vaste de tous les départements français, émargea certes aux pénitenciers comme il profite aujourd'hui des rampes de lancement. Mais, à l'instar de ces « bonnes familles » qui cachent soigneusement le vol ou l'industrie vulgaire à l'origine de leur fortune, Cayenne a toujours affecté, et maintenant plus que jamais, de mener sa vie propre.

Il faut reconnaître que les apparences sont pour elle quand, venant de l'aéroport Rochambeau, on la découvre – après un morceau de forêt saine et un centre universitaire rouge et noir, tout frais, tout luisant, – confortablement disposée sur la langue d'une immense île fluvio-maritime, sans faubourgs minables ou usiniers mais avec des devantures drôles ou sages : papeterie-mercerie-confiserie La Conscience, supermarché Voltaire, Comptoirs chinois, magasin Frangié ; rangée au cordeau autour de la cathédrale Saint-Sauveur, reflet pieux de la monarchie de Juillet, sanctuaire jumeau de Saint-Jean-Baptiste-de-Grenelle, à Paris ; aux petits soins avec ses bâtiments publics d'un classicisme inattendu sous ces lattitudes : fort Grand-Siècle, préfecture squattant un monastère jésuite Louis-XV, etc.

Les bordels, étymologie oblige, sont restés au-delà de la Crique, surnom fallacieux d'un vieux canal séparant sans pitié les rues « convenables » des autres, peuplées, elles, de Surinamaises clandestines ou de Brésiliennes en fin de course ; leur clientèle naturelle, pêcheurs enfuis du Nordeste, à mines patibulaires et âmes candides, a intérêt à être discrète, sur ses bateaux de bois, ancrés dans le dos de la ville, au-delà de la pointe des Amandiers, promenade des familles honnêtes, surplombant les vagues lourdes et brunes de limon amazonien.

Le ton, à Cayenne (soixante-cinq mille âmes, soit plus de 60 % de la population totale du département, étrangers en situation irrégulière non compris), est donné par la bourgeoisie noire ou mulâtre (agrémentée de quelques prospères Syro-Libanais socialistes ou chiraquistes) ; cette classe de « créoles colorés », férue d'humanités classiques, incroyablement à cheval sur convenances et préséances, est chouchoutée par ordre de Paris – il faut pouvoir lancer Ariane en paix ! – depuis le général-président de Gaulle, qui vint trois fois inspecter les lieux. Ces citoyens choyés ne se privent donc pas de terroriser les préfets, dont aucun n'a jamais osé glisser un mot, en public, sur les préjugés meurtriers professés parmi les Noirs à propos des pauvres Amérindiens, heureusement à l'abri d'une sylve compacte couvrant 90 % des quatre-vingt dix mille kilomètres carrés du territoire[2], et également à propos des réfugiés méos du Laos, installés en 1977 à Cacao et Javouhey, pourtant infatigables paysans alimentant la bureaucratie de Cayenne en verdure comestible.

Coûteux miracle de notre paternalisme ultramarin, enclave de bonheur pépère, frissonnant délicieusement aux grognements assourdis des misères continentales, épargnée même par les ouragans naturels, l'île de Cayenne n'a pas besoin de rappeler qu'elle abrite des serpents à sonnette pour prétendre au rôle de miniparadis terrestre. Surtout si on lui accole la liste de ce que le sol insulaire ne demande qu'à produire : maïs, manioc, vanille, sucre, café, riz, tabac, girofle, muscade, rocou[3],

2. Entre la frontière orientale de la Guyane et l'Amazone, dans l'actuel Brésil donc, la France exerça longtemps sa souveraineté sur un territoire aussi étendu que le présent département. Par suite d'une « erreur » ayant échappé aux diplomates français lors de la signature des traités d'Utrecht (1713-1715), le Brésil, au XIXe siècle, revendiqua cette « seconde Guyane française » et de sanglants combats franco-brésiliens se déroulèrent *in situ*. Le traité de Berne, en 1900, arbitré par la Suisse, traça la frontière orientale restrictive actuelle. Sur la limite occidentale, le Surinam (ex-Guyane néerlandaise), en dépit d'un arbitrage du tsar de Russie, en 1888, nous réclame encore aujourd'hui quatre mille kilomètres carrés...

Sur ce sujet, voir le chapitre « Cayenne, querelle franco-portugaise » de notre ouvrage *Le Fil rouge portugais*, Bartillat, 2002.

3. Teinture rouge extraite du rocoyer.

indigo, cacao, coton, etc. Sans parler des abricotiers de Saint-Domingue, de l'acajou-pomme, du sapotillier et de l'ananas le plus goûteux du monde, justement baptisé « de Cayenne », à l'instar d'un piment rouge *sui generis*, si parfumé qu'on l'a longtemps appelé « poivre », et d'une canne sur laquelle s'est bâtie une grosse portion de la fortune sucrière du Brésil.

Ce minuscule damier urbain, jeté, comme par amusement d'un démiurge, en pleine nature, cette terre démographiquement vide, cette *France équinoxiale*, ce département en forme de cœur (ou de côtelette), entretenu de l'extérieur et donc échappant aux salissures du développement, a joué un rôle totalement oublié dans l'Histoire de France ; a aimanté vers lui, à l'époque où y venir nécessitait des mois de navigation périlleuse, des savants universels comme le géodésien La Condamine (1701-1774), qui ramena de Cayenne une « résine élastique » nommée *Cahouchou*, appelée à la fortune sous une autre orthographe, le naturaliste prussien Humboldt (1769-1859), ou encore Arago (1786-1853), pâle ministre de la Guerre et de la Marine mais brillant théoricien du scintillement des étoiles ; a enflammé longtemps imaginations et convoitises des métropolitains, sans doute allumées par les visions d'un navigateur allemand, le chevalier Philippe de Hutten. Vers 1540, au retour de la future Guyane, il décrivit, selon le géographe dano-français Malte-Brun père, « une ville habitée par les Omégas, remplie de maisons dont les toits brillaient avec l'éclat de l'or »...

On nageait en plein Hergé. Des contes, on passa vite aux comptes. Cayenne, la modeste cité sudiste au doux nom de chef indien – fondée telle Rome entre sept collines, ou plutôt mamelons, par la Compagnie du Nord, en 1643, année où la France passa de Louis XIII à Louis XIV –, devint vite le théâtre d'un joyeux népotisme, dès lors trait de mœurs local parmi d'autres. « Affairisme, concussion et déficit », une triade qui pourrait de nos jours encore, et plus que jamais, servir d'antidevise à la Guyane...

Tour à tour exercèrent ici leurs talents le neveu-amiral de Gabrielle d'Estrées, ex-favorite d'Henri IV, marin qui eut au moins le mérite de reprendre la Guyane à « ce gouvernement de marchands de fromage » – entendre la Hollande protestante ; de 1706 à 1764, le père, le fils et le petit-fils d'Orvilliers gouvernèrent héréditairement la colonie ; un livre percutant – *La Guyane sous l'Ancien Régime* de Jacques Michel – révèle que « l'intègre Turgot », coqueluche des historiens bien-pensants, eut, sous les tropiques, son dossier noir.

De 1762 à 1765, le futur ministre des Finances et de la Marine de Louis XVI fut le cerveau d'un groupe de spéculateurs qui, à coups de fonds publics, expédièrent plus de dix mille malheureux Européens dans une Guyane impréparée, notamment à Kourou, sous le commandement du propre frère de Turgot, « un fol et un fripon en même temps » (Choiseul, ministre de Louis XV). Abandonnés à leur sort, la plupart des colons moururent ou regagnèrent la métropole, ne laissant derrière eux qu'une soixantaine de familles installées tant bien que mal à Cayenne.

Des procès s'ensuivirent en métropole au cours desquels, d'après les trouvailles de Jacques Michel, le clan Turgot s'arrangea pour faire condamner des lampistes, voire des innocents, contrariant, selon des méthodes comparables à celles employées de nos jours lors d'« affaires » impliquant des politiciens départementaux, les tentatives judiciaires de rouvrir le dossier. Quand Louis XVI, plus tard, en 1774, appela Turgot, l'abbé Galiani écrivit à Mme d'Epinay : « Son administration des finances ressemblera à la Cayenne de son frère. » Le renvoi du ministre par le roi, en 1776, ne fut donc peut-être pas la « terrible erreur » dont on nous bassine depuis deux siècles, mais une salutaire mesure préventive...

La Révolution n'eut pas ici meilleure main, s'y faisant représenter par Jeannet Oudin, chenapan mais neveu de Danton. Notre « commissaire civil de la Convention nationale » pilla jusqu'à l'os biens privés et publics, refusa de proclamer la libération des esclaves adoptée en 1794 et, la même année, après le guillotinage de son oncle à Paris, s'esquiva aux Etats-Unis avec le magot. « Périssent les colonies, s'il doit vous en coûter votre honneur ! », avait proclamé Robespierre...

La Guyane non seulement survécut, mais cette contrée si marginale, si malmenée, allait, comme par défi, fournir à la mère-patrie une assez jolie succession de grands hommes, même s'ils ont été inégalement honorés par la postérité.

Chronologiquement, on rencontre Félix Eboué (1884-1944). Il a bien une rue à lui à Paris et il est même au Panthéon, mais qui se souvient avec quelque précision de ce fils de chercheur d'or cayennais, descendant d'esclaves africains, devenu gouverneur du Tchad, dont il fit spectaculairement, dès août 1940, la première parcelle de la France d'outremer ralliée à de Gaulle, donnant ainsi « le signal du redressement à l'Empire français tout entier » ?

Destinée politique éclatante dans l'aventure extérieure française sur la planète noire que celle de cet humble boursier de l'Ecole coloniale, fonctionnaire franc-maçon et, pour finir, sacré « grand Africain » par le très catholique chef de la France libre ! N'avait-il pas, ce bourreau de travail d'Eboué, en tant que gouverneur de l'Afrique-Equatoriale française, tracé en un temps record la voie qui, en 1943, permettrait à la colonne Leclerc de gagner le Maghreb *via* le Tibesti ? Puis, à Brazzaville, organisé avec les maigres moyens du bord une armée de quarante mille hommes, tout en appliquant, à la façon d'un Lyautey nègre, sa politique indigène, moitié loyauté à la France, moitié respect des peuples vivant dans l'*Imperium gallicum*. Ce proconsul patriote et philanthrope n'aurait pas la satisfaction de revoir Paris libéré. Témoin de ses derniers moments au Caire, en mai 1944, le journaliste Gabriel Dardaud a raconté, dans *Trente ans au bord du Nil*, la fin isolée du « gouverneur guyanais ». Malraux, plus tard, viendrait quand même inaugurer sa statue, place des Palmistes, au cœur de Cayenne.

Autre carrière remarquable d'un Guyanais mais, cette fois, construite en partie contre le Général, que le long parcours de Gaston Monnerville (1897-1991). Fils d'un fonctionnaire cayennais ; auteur d'une thèse sur *L'Enrichissement sans cause*, qu'on ne perdrait rien à relire aujourd'hui, en particulier à Cayenne ; à vingt et un ans avocat à Toulouse ; député-maire de Cayenne dès les années 1930, il y fut, en quelque sorte, le vengeur de Jean Galmot (1879-1928), cet aventurier blanc d'âme et de peau – « le Lawrence de Guyane » – auquel Christophe Malavoy a prêté son nez et sa moustache de mousquetaire (Galmot était périgordin) dans *Galmot l'aventurier*, superproduction d'Alain Maline tournée en 1990 à Cayenne.

Chroniqueur au *Petit Niçois*, parti soudain, en 1906, prospecter l'or guyanais, Galmot allait, avant d'y être mystérieusement assassiné, devenir le député-idole de Guyane, immortalisé à la hussarde par Cendrars dans *Rhum*, en 1930.

Monnerville battrait le candidat-bidon que l'administration avait jeté dans les jambes de feu Galmot, participerait au gouvernement à Paris dès 1937, deviendrait l'un des monuments du radicalisme et de la franc-maçonnerie. Co-artisan, à la Libération, de la départementalisation des quatre « vieilles colonies » : Guyane, Martinique, Guadeloupe, Réunion, il fut réélu dix-neuf fois président de la Chambre haute entre 1947 et 1968, avant d'entrer au Conseil constitutionnel. Si, au cours de la nuit du 28 au 29 mai 1958, dans le parc de Saint-Cloud, il avait fait allégeance à Charles de Gaulle, en 1962 il qualifierait de « forfaiture » la décision du général-président de rajeunir le Sénat. Ce fut sans doute la seule exagération de cet homme politique, dont un chauffeur de taxi new-yorkais noir devait, un jour, exiger de moi la photo assortie d'un « certificat » attestant qu'il était bien, alors, le deuxième personnage de l'Etat français, avec possibilité d'en devenir le premier, situations extravagantes, il est vrai, pour l'entendement d'un pauvre *Black American*...

De ce côté-ci de l'Atlantique, on s'est ébaubi comme d'une « première » de l'élection du Togolais Kofi Yamgnane en tant que maire d'un village breton en 1989. Or, dès 1964, le Guyanais Monnerville avait été élu – sans remous ni remarques – chef de la municipalité de Saint-Céré (Lot), en Gaule profonde s'il en est. Quant au premier Noir membre d'un gouvernement français (et occidental), ce fut, en 1931, le Sénégalais Blaise Diagne.

Léon-Gontran Damas (1912-1978), natif de Cayenne, fut l'antithèse d'Eboué, et surtout, du très assimilationniste Monnerville. Inventeur, avec le Martiniquais marxiste Aimé Césaire et le Sénégalais humaniste Léopold Senghor, de la négritude littéraire, politique et sociologique, ce pur produit de la bourgeoisie métisse avouerait un jour : « J'ai toujours pensé que l'ennemi de la race nègre, à laquelle j'appartiens en partie, puisque j'ai du sang indien et du sang blanc, est, non le Blanc, mais le Nègre, parce que cette civilisation occidentale ne peut être infusée aux Nègres qu'avec la complicité de certains autres Nègres. »

Au-delà de cette profession de foi tranchée, l'homme, qui devait jouer brièvement la carte parlementaire en représentant la Guyane au Palais-Bourbon de 1948 à 1951 sous une étiquette minoritaire, allait surtout exprimer par l'écriture son non-conformisme absolu, son « refus d'être pris dans un engrenage, dans une société, dans un système ». Sur ce point, Damas n'a guère fait école au pays natal...

Débardeur aux halles parisiennes, barman basané de La Boule blanche, établissement fameux des Années folles à Montparnasse, mêlé aux surréalistes sans se laisser annexer par eux ni imiter leurs espiègleries, il publierait bientôt poèmes, contes, anthologie afro-antillaise et son *Retour en Guyane* (1938), pendant sud-américain de *Misère de la Kabylie* (1939) du pied-noir indigénophile Albert Camus.

Le poète guyanais qui, dans *Pigments*, en 1937, avait crié *urbi et orbi :*

Rendez-les moi mes poupées noires
qu'elles dissipent
l'image des catins blêmes
marchandes d'amour qui s'en vont viennent
sur le boulevard de mon ennui

accepta finalement, en 1970, d'aller enseigner et vivre à Washington, cette métropole sombre, où trône un pouvoir pâle, cette ville qui n'appartient aux *Afros* que la nuit. Il y est mort en demandant qu'on expédie ses cendres à Cayenne. Aux yeux des Noirs américains, Damas est une sorte de prophète. Chez nous, le *Dictionnaire de la Négritude* de L'Harmattan ne le mentionne même pas...

Bien avant celles qui précèdent, une figure guyanaise encore plus oubliée, encore plus originale, encore plus subtile, avait réuni sur elle et le talent politique et l'art de la plume. Thomas Appoline, dit Ismaïl Urbain (1812-1884), vit le jour à Cayenne d'une métisse et d'un capitaine au long cours ciotaden, Urbain Brue. Cet enfant naturel du bout du monde, ce petit-fils d'une esclave noire, allait devenir, après des cheminements dignes d'un film à grand spectacle coécrit par Gérard de Nerval et Paul Morand, un inspirateur majeur de la diplomatie orientale moderne de la France, de cette « politique arabe » poursuivie, avec des hauts et des bas mais jamais abandonnée, du Second Empire à la Cinquième République – quoiqu'ait pu prétendre certain ministre mitterrandien, jouisseur et guère intègre, nommé Roland Dumas...

Tout tient peut-être à ce que, marié et chargé de famille en métropole, le père officieux de ce petit octavon anonyme, ne se désintéressa pas de son rejeton, comme il était d'usage courant dans ces concubinages exotiques, et l'emmena, en 1820, avec lui à Marseille, où il le fit éduquer à l'actuel lycée Thiers. Après le renversement de la branche aînée des Bourbons, en 1830, le géniteur, de peur de troubles en France qui le coupeiraient de ses intérêts en Guyane, y réexpédia l'adolescent. Celui-ci aurait pu y devenir un banal agent d'affaires colonial mais il avait lu Saint-Simon (1760-1825), arrière-cousin du mémorialiste de cour et théoricien de « l'industrialisme optimiste ».

Les héritiers spirituels de l'économiste voulaient régénérer les peuples du Sud – les Français venaient, en 1830, d'entrer à Alger – par un développement humain. Ce mélange avant la lettre de gaullisme et d'écologie emballa le jeune Cayennais, qui revint de lui-même en métropole et, à vingt ans, en 1832, adhéra au « couvent » saint-simonien de Ménilmontant, à Paris, où il fut valet de chambre... avant d'être bombardé « missionnaire » pédestre de la doctrine dans le Midi et en Corse.

Un an plus tard, le Guyanais est envoyé en Egypte avec douze autres « apôtres », par les dirigeants du saint-simonisme, car Méhémet-Ali, dynaste turc, remodeleur de l'Egypte, était friand de ces Français imaginatifs rêvant déjà du canal de Suez sur fond de réconciliation oriento-occidentale. Professeur de français à Damiette, Urbain ne s'y embarrassa point du souvenir de Saint Louis, jadis prisonnier en ce lieu des féroces Mamelouks et, rebaptisé Ismaïl, il s'y fit musulman, vivant des amours mahométanes mouvementées. Sa principale dulcinée étant morte de la peste, il se rembarqua pour Marseille en 1836, plus que jamais persuadé de l'intérêt mutuel des deux rives de la Méditerranée d'unir leurs vertus propres : « A mon baptême, j'ai voulu ajouter la circoncision afin de travailler avec plus d'efficacité au rapprochement et à l'association des deux croyances. Je suis à la fois chrétien et musulman parce que je suis français. »

« Idéaliste mais concret, Ismaïl Urbain, ayant appris l'arabe en Egypte, se fit dès 1837 recruter en Algérie comme interprète de l'armée », nous raconte son arrière-petit-neveu, le préfet Michel Levallois. « La constatation des erreurs initiales de la colonisation convainquit le jeune homme, âgé alors de vingt-quatre ans, de la nécessité d'une politique française différente dans l'ancienne Régence turque, si on voulait à la fois y pérenniser l'influence française et y rendre prospères et heureux les habitants. Cette tâche lui parut si ardue qu'il prépara un moment son retour à Cayenne. Il reprit courage lorsqu'en 1839, il devint interprète du Prince royal, envoyé par son père le roi Louis-Philippe en Algérie, puis il passa dans les mêmes fonctions auprès du duc d'Aumale, esprit particulièrement éclairé et frère cadet du prince. »

C'est à cette époque qu'Ismaïl commence à correspondre pour plusieurs journaux français, dont *Le Temps*, ancêtre du

Monde, et épouse, en 1840, devant le cadi de Constantine, une fille du cru âgée de quinze ans. Dans *La Prise de la smala d'Abdelkader*, gigantesque tableau d'Horace Vernet – conservé à Versailles, où certains fonctionnaires ont « honte » *(sic)* de cette « énorme tartine colonialiste » (re-*sic*) –, on peut apercevoir Ismaïl Urbain, reporter et interprète, entre autres personnages historiques.

Toutefois, ce qui lui tenait le plus à cœur continuait à être l'instauration d'une grande politique arabe de Paris, et d'abord en Algérie. La branche cadette des Bourbons déposée, la chance du militant franco-musulman fut Napoléon III. Le prince-président puis empereur avait dévoré articles et brochures d'Urbain et, du Mexique à l'Italie, en passant par le Levant ou l'Afrique blanche, il aimait travailler avec des conseillers occultes, court-circuiter des hauts fonctionnaires souvent amorphes.

Lorsque Badinguet débarque à Alger en 1860, pour sa première tournée dans ce pays, et qu'il stupéfie tout le monde en déclarant d'emblée : « Notre premier devoir est de nous occuper du bonheur des trois millions d'Arabes que le sort des armes a fait passer sous notre domination », c'est Ismaïl qui parle et qui triomphe. Sa publication de la même année, *L'Algérie pour les Algériens*, aura cent ans d'avance sur son époque et c'est le général de Gaulle qui essaiera, mais trop tard, de l'appliquer. La suite, dans l'Algérie du Second Empire, ce fut l'ingénieuse initiative dite du *Royaume arabe*, expérimentée surtout après le deuxième voyage algérien de Napoléon III, en 1865, durant un seul petit lustre donc. Le Cayennais islamisé, nommé conseiller-rapporteur, exultait, aiguillon du cercle arabophile entourant l'empereur, mais Sedan pointait à l'horizon. La république, par esprit de contradiction, rendit les guides aux partisans de la colonisation à outrance, qui ne s'embarrassèrent pas de la violente révolte kabyle de 1871 pour poursuivre spéculations et confiscations de terres collectives.

Le ciel tomba sur la tête d'Urbain – et en même temps mille tracasseries visant son « indigénophilie frénétique », ses

« écrivasseries barbaresques ». Réfugié un moment en Provence, il retourna néanmoins dès qu'il le put en Alger, y continuant jusqu'au bout, *via* la presse, son combat pour une Algérie de mouvance française et d'organisation sociale instaurant une sorte de parité, inédite en terre d'Islam, entre musulmans et non-musulmans. N'oubliant pas non plus ses origines : « La foi saint-simonienne ne m'a jamais fait abjurer mon titre de créole. Loin de là, elle m'en a fait sentir l'importance, alors que j'allais, par l'islamisme, jusqu'au cœur des populations noires de l'Afrique (...) Je ne me sentais pas traître à mon sang maternel » (1883).

Entamée naguère par des historiens comme Marcel Emerit, Charles-André Julien ou Charles-Robert Ageron, la redécouverte d'Ismaïl Urbain, idéologue et homme d'action, se poursuit aujourd'hui avec les recherches plus « rapprochées » de Michel Levallois et Philippe Régnier. Il restera ensuite à se pencher sur sa poésie, encore inédite, qui fait peut-être de lui le précurseur de la Négritude, la gloire ignorée de Cayenne, ce terroir microscopique sur la planisphère mais si fertile en visionnaires :

Je suis noire, mais je suis belle !

L'habit de la douleur est noir ; alors que vos femmes pleurent le deuil, elles se couvrent de vêtements noirs :

Moi, je suis noire ! Mais la joie s'est assise dans ma demeure avec ses riches habits aux couleurs éclatantes ; et si je pleure mes vieux parents, c'est la couleur blanche qui me couvre pour le deuil

Je suis noire cependant !

écrivait, à l'âge de vingt ans, en 1832, à Ménilmontant, le fils de la quarteronne cayennaise, plus d'un siècle avant que Senghor ne déclamât :

Femme nue, femme noire
Vêtue de la couleur qui est vie, de ta forme qui est beauté
Femme nue, femme obscure.

Février 1993

Livres :

– Blaise Cendrars, *Rhum. L'aventure de Jean Galmot* (1930).

– Jacques Perret, *Roucou*, Gallimard, 1936 et 1984.

– Gabriel Dardaud, *Trente ans au bord du Nil*, « Islamie », Lieu commun, 1987.

– Arthur Henry, *La Guyane, son histoire, 1604-1946*, préface de Gaston Monnerville, Guyane-Presse, Cayenne, 1989.

– Jacques Michel, *La Guyane sous l'Ancien Régime. Le désastre de Kourou et ses scandaleuses suites judiciaires*, L'Harmattan, 1989.

– Ismaïl Urbain, *Voyage d'Orient* suivi de *Poèmes de Ménilmontant et d'Egypte*, édition par Philippe Régnier, L'Harmattan, 1993.

– Michel Levallois, *Ismaïl Urbain, une autre conquête de l'Algérie*, Maisonneuve et Larose, 2001.

*

Mémoire :

– J.-P. Péroncel-Hugoz, *Le « Royaume arabe » ou l'Algérie sous Napoléon III*, Institut de hautes études internationales de l'université de Genève, 1974.

*

Film :

Galmot l'aventurier d'Alain Maline, 1990.

CHAPITRE XXV

ILE-DE-FRANCE

1
Houdan, saga tisanière

A mon filleul Etienne Chabot

Aux confins de l'Ile-de-France et de la Normandie, cette cité nourrit, depuis Henri IV, un style bourgeois avec des préoccupations écologistes avant la lettre. Le voisinage des dangereuses cités de Dreux et de Mantes est venu redonner du prix à cet art de vivre « franchouillard ».

Houdan a toujours trinqué pour les autres. Sans remonter jusqu'aux Carnutes et aux Véliocasses, respectivement Celtes de Chartres et du Vexin, qui, à l'âge des druides, venaient s'étriper sur son sol, l'interminable affrontement franco-anglais plaça longtemps les Houdanais sur un harassant *limes* militaire.

Après tout, cinq ou six *grands vieillards* seulement nous séparent de la fin de la guerre de Cent Ans. Et la conscience collective sait fort bien oublier les faits précis, tout en préservant les comportements qu'ils ont forgés.

D'évidence, Houdan, des siècles où elle eut l'antiprivilège d'être étape des armées royales en campagne, quand la gent militaire logeait chez l'habitant, a conservé une sainte horreur des bruits de bottes et batailles ; a cultivé en contrepoint un amour sacré pour le train-train bourgeois, le service de la bouche et le négoce tranquille. D'Henri IV, qui leur donna une jolie frayeur avec les combats d'Ivry, les Houdanais ont préféré ne retenir que la poule au pot, d'ailleurs honorée ici avec une volaille indigène à légère saveur de faisan, dont la renommée franchit même l'Atlantique. Ce poulet noir à houppe de Houdan, qui raffole des fourmis et fourmillières, a vu son élevage relancé avec succès en son terroir même, à la fin du XXe siècle.

Par nos temps de longue paix, où cet épicurisme familial et rural, plus guère dérangé, risquait de virer à un perpétuel demi-sommeil de digestion, les malheurs des proches Dreux et Mantes-la-Jolie, cités de l'intégration refusée, plus grand souk afro-arabe d'Europe, tombeaux du rêve pluriculturel des dîners parisiens, sont revenus donner du sel au bonheur, désormais un peu plus précaire chaque jour des trois mille Houdanais.

Au XIIe siècle, Houdan s'était pourvue d'un formidable donjon, « livré mais jamais pris », dont la pureté de lignes n'a cessé jusqu'à nous de susciter l'admiration des architectes. A la Révolution, les Houdanais, fidèles à leurs mœurs douces, ne s'enflammèrent point lorsque l'arbre de la Liberté fut décapité ; on préféra accuser une vache et on ficha la paix aux nobles du coin, se contentant malicieusement de laisser un cabaretier racheter la « Tour » – euphémisme régional pour le colossal donjon – au duc de Luynes avant, cent ans plus tard, d'y dissimuler un château d'eau, montrant de la sorte un souci prémonitoire de l'environnement.

Aujourd'hui, la crainte de « nos deux voisines de mauvaise vie fait songer chacun à se doter de ses propres mâchicoulis », ironise un résident secondaire, en évoquant les retombées des turbulences mantoises et drouaises ; en clair, les installateurs de lasers autour des maisons font florès dans le canton, promettant une véritable insurrection électrique en cas de franchissement...

Grand bruit fut donc fait autour de la décision de l'évêque de Versailles, à l'initiative du Secours catholique, de donner à bail gratuit durant soixante-cinq ans un terrain houdanais, où l'association Logements pour tous, dans la mouvance de l'abbé Pierre, proposera des loyers vraiment modérés à trente-deux familles « en difficulté ». L'apaisement est venu quand on a su que les bénéficiaires seraient « forcément des autochtones » puisque, dans cette ville à l'aise, quatre-vingt-huit ménages « français de souche » ont été recensés comme payant un loyer au-dessus de leurs moyens. Aux élections, les votants ne sortent donc généralement pas de leurs gonds gaullo-centristes.

Parfois, confie un Houdanais, on serait tenté « comme Charles Trenet ou Jean Sablon, de lancer aux nombreux vacanciers et *week-endiers* qui longent toute l'année nos murs : "Vous, qui passez sans me voir." Mais mieux vaut cette indifférence que les feux de la télé et le tourisme morbide qu'ils entraînent souvent. » En tout cas, le passant ne risque pas de manquer Houdan, avec le triple signal de son donjon, de son clocher et de son usine, dont les hauteurs égalitaires couronnent l'éminence stratégique où est assise la localité. Une usine connue du monde francophone entier, puisque c'est là qu'est fabriquée, depuis quatre générations, la célébrissime *Boldoflorine*. L'histoire de cette tisane des familles concentre en elle toutes les pacifiques vertus houdanaises déjà énumérées, auxquelles il faut ajouter la bosse du commerce, symbolisée par la foire de la Saint-Mathieu, qui n'est plus très loin de sa millième édition.

La saga tisanière commence avec la chute du fatigant Napoléon Ier, trublion du négoce, remplacé par un roi dans un fauteuil : ce signe ravit tant les Houdanais qu'ils en commirent l'un des rares excès de la chronique locale, cassant leur grosse cloche à force de la solliciter en l'honneur de Louis XVIII. Séduit par ces bonnes dispositions, un ex-gabelou de Béziers, qui n'avait, Dieu merci, de commun que son nom avec l'ancien ministre de la Police, Fouché, cherchant fortune en Ile-de-France, ouvrit un bistrot à Houdan, bientôt très couru car le patron, raconte aujourd'hui son descendant à la sixième génération, « inventa avant la lettre, pour régaler ses clients, des boissons types Cointreau, anisette ou gentiane ».

Au moment de la Grande Guerre, le docteur René-Paul Fouché fit glisser le savoir-faire héréditaire des spiritueux à la pharmacopée. Les buissons de bourdaine, poussant en abondance dans les environs, lui avaient permis de signer quelques contrats intéressants avec l'armée britannique, qui utilisait alors le charbon de bois du *Rhamnus frangula* pour la préparation de la poudre à canon...

Cependant, l'héritier du liquoriste biterrois sut découvrir, en cette belliqueuse bourdaine – qui d'ailleurs se cache aussi sous ses appellations populaires de « bois-de-chien » et d'« aulne noir » – des propriétés intimes d'une tout autre nature et pour tout dire laxatives... Un peu de séné vint renforcer cette qualité, tandis que l'ajout de romarin et surtout de *boldo* permettait, par la même occasion, de dégager la vésicule.

Le boldo, alors là, quelle aventure ce fut ! Pas plus que le séné, importé de Madras, il ne pousse sur les bords de la Vesgre et de l'Opton, au confluent desquels s'étage Houdan, mais au... Chili. On doit aller quérir cette monimiacée sur les contreforts de la cordillère des Andes, où sa bienfaisance apparut au XIXe siècle lorsque des moutons atteints de la douve, un parasite du foie, y furent guéris en broutant le *Peumus boldus* des botanistes.

Le méchant goût métallique du boldo fut masqué par réglisse et menthe, tandis que l'aunée venait fixer le tout. Boldoflorine était née, appelée à une carrière qui dure encore – favorisée naguère par les premières réclames radiotélévisées jamais réalisées en France pour un médicament –, avec ses cadettes notoires, Calmiflorine, à la fois aspirine et somnifère végétaux, où s'allient aubépine, valériane et écorce de saule, et Minciflorine, comme son nom l'indique.

Aux yeux des tenants de médecines douces et des amants de la nature, Houdan est donc un haut lieu. Contrôles « modernes » et Esculape sait quelles « normes européennes » ne risquent-ils pas de déranger ce lent travail des générations ? Et d'ailleurs, les tracas ont commencé ! De sa manufacture à l'ancienne, où travaillent une petite quarantaine de personnes, dans l'odeur paradisiaque des silos en bois recélant notamment les vingt produits [1] formant la Boldoflorine, le quadra Carol Fouché, pharmacien et pédégé d'Exflora, indique : « L'administration, actionnée par Bruxelles, ayant jugé que la formule Boldoflorine était trop compliquée pour être bien vérifiée, nous a demandé de la simplifier, et elle devrait désormais être fabriquée avec seulement une dizaine de plantes... Dans des cas comparables, l'Allemagne, elle, a résisté et a laissé subsister des vieilles recettes qui n'ont jamais tué personne, bien au contraire, mais chez nous, non, l'Europe a toujours le dernier mot ! »

Ne pas croire néanmoins qu'Houdan, entre son bouillon de volaille et ses tisanes, ne songe qu'au confort du ventre ! Ce dont la petite agglomération francilienne est la plus fière est son église Saint-Jacques-Saint-Christophe, un peu snobée sans doute par quelques esthètes que choque son télescopage trop brutal entre gothique et Renaissance, mais qui contient de grandes orgues adulées par musiciens et mélomanes du monde entier.

Le général Henri Paris, organiste bénévole, explique : « C'est ici qu'on vient pour enregistrer Couperin à l'identique. Notre instrument fut commandé par les fidèles Houdanais au

1. Outre les sept plantes citées *supra*, il s'agit des spécialités suivantes : marc de pomme, frêne, noisetier, châtaignier, saponaire, reine-des-prés, fougère, pariétaire, mélisse, hysope, cacao, coriandre et fenouil.

facteur d'orgue de Louis XV, Louis-Alexandre Clicquot, de la même famille que la Veuve. Réputées à leur époque les plus harmonieuses du royaume en dehors de la capitale, elles fonctionnèrent de 1735 à 1870. Ce qui fait leur prix, c'est qu'au siècle dernier, on ne les adapta point à la musique d'église alors en vogue, et en 1972, avec la bénédiction de Mme Georges Pompidou, mais sans obtenir pour autant la moindre participation étatique, nous avons pu les restaurer par le biais d'une association *ad hoc* et les utiliser ensuite avec les sonorités d'origine. »

Le général-organiste se met alors à son buffet, face aux soufflets cunéiformes, actionne ses manettes archipatinées et vous fait remonter musicalement l'Histoire.

Dans ce même sanctuaire, allégé ces derniers lustres par le vol crapuleux de tous ses autres trésors, il en reste quand même encore un, intransportable il est vrai comme les orgues et mondialement aussi connu des amateurs : la fresque de Montserrat. Au fond d'une des chapelles latérales, on a redécouvert sous le crépi, en 1949, une composition picturale de 1582 racontant le pèlerinage à pied qu'une trentaine d'Houdanais effectuèrent cette année-là à Notre-Dame de Montserrat, près de Barcelone, pour que la peste épargne leur communauté.

Sous les costumes à la Clouet, c'est le Houdan de toujours que fait défiler le fresquiste, avec sa placidité sociale, sa fierté commerçante, ses espoirs naïfs : l'ébéniste brandissant sa scie comme un titre de respectabilité, et le boucher son hachoir, l'unijambiste son complément en bois, tous affichant leurs noms de bonne roture, garantis du terroir : Ferrière, Rondin, Touilleby, Caillou, Langlois, etc. Ni particules ni couleuvrines.

Il y a quelques années, les descendants des pèlerins ont refait à pied et à vélo les mille kilomètres séparant Houdan de Montserrat, « juste pour prouver que la graisse n'a pas dissous chez nous tout muscle et toute conviction ». Et toc !

Mai 1992

2
Pierrefonds, cours d'histoire pour Napoléon IV

Contrairement aux dires des éternels détracteurs de Viollet-le-Duc, le géant château pétrifontain n'est pas sorti de l'esprit d'un architecte trop lyrique, mais reproduit assez fidèlement la forteresse originelle.

A quelque chose médiocre film est bon ! *Les Visiteurs I* de Jean-Marie Poiré et Christian Clavier, en 1993, était une caricature du Moyen Age agrémentée d'authentiques trouvailles comiques. La mode des us et arts médiévaux, alors déjà dans l'air, avait recruté à pleins gantelets de nouveaux fans parmi les quatorze millions de spectateurs français de cette œuvre. *Les Visiteurs II*, en 1998, surcaricaturent la caricature, mais ont le mérite de fouetter encore la curiosité pour le Moyen Age, surtout parmi la jeunesse.

Cette « tendance » médiévale s'est curieusement accouplée, dans un minuscule village de l'Oise, à une autre inclination d'actualité : la réhabilitation du Second Empire, mouvement symbolisé par le livre non conformiste du dirigeant néo-gaulliste Philippe Séguin sur Napoléon III. Ce bourg doublement à la page de l'Ile-de-France septentrionale, c'est Pierrefonds : en lisière de la forêt de Compiègne, dans un paysage d'éperons rocheux et de vaux verdoyants, surgissent une église cachant une source thermale, quelques commerces à l'ancienne, des villas Belle Epoque se mirant dans un lac d'opérette, une mairie ayant pour toujours oublié de retirer de son fronton l'aigle impériale. Le tout dominé et éclipsé par une forteresse de conte de fées, sortie directement des *Très Riches Heures du duc de Berry*.

Dès l'entrée du château, sous un portrait officiel en pied, plein de rouges et de blancs, du troisième Napoléonide, et dans les cours, les coursives, les courtines, des enfants des écoles, des familles nombreuses courent, crient. Toute cette foule est venue ici recevoir *in vivo* une leçon de Moyen Age, contempler « en vrai » les lieux où vivaient écuyers et seigneurs des *Visiteurs*. En prime, on leur donne une idée du Second Empire, dont la fin, certes, comme celle du Premier Empire, n'est guère exemplaire, mais qui fut un régime roboratif, tremplin vers la France grande puissance industrielle.

Contrairement aux dires des détracteurs de Viollet-le-Duc et de son gendre Ouradou, restaurateurs de Pierrefonds à la demande de Napoléon III puis de la Troisième République, le château fort n'est pas une invention jaillie de l'esprit d'architectes trop lyriques. Pierrefonds fut un authentique ouvrage fortifié privé à usage public, remontant au XIIe siècle, où il défendait le pays de Valois contre les adversaires de la nation France en formation.

La suite du pedigree est à la hauteur : remanié au nom de l'Etat sous Charles VI par le duc d'Orléans, régent, oncle du roi et sybarite, le bâtiment fut par la suite reprivatisé en allant à Antoine d'Estrées, père de la favorite d'Henri IV. Le frère de la Belle Gabrielle ayant nargué l'autorité souveraine, son beau-frère de la main gauche n'hésita pas à venir en personne le canonner. Plus expéditif, Richelieu fit carrément jeter bas l'appareil militaire de Pierrefonds, et *basta !* A la veille de 1789, le goût préromantique des ruines attira derechef l'attention sur le site.

Louis XVI y vint, bientôt imité de son petit-neveu par alliance Napoléon Ier, qui remit l'édifice dans le giron étatique. Louis-Philippe y donna un banquet, au milieu des lierres noueux et des nids de hiboux, lors du mariage de sa fille Louise avec le roi des Belges. On nageait encore en pleine mode troubadour, la présente vogue « médiévale » n'étant au fond qu'une resucée, selon nos normes, de l'engouement des décennies 1820-1850...

Avec Napoléon III et Eugénie de Montijo, venus à Pierrefonds de leur palais voisin de Compiègne, on passa aux affaires sérieuses : dans un but pédagogique, le monument abandonné serait relevé et intérieurement aménagé afin qu'on y trouve un résumé du Moyen Age où le Prince impérial, né en 1856, qui aurait dû être Napoléon IV, et sa génération prendraient des cours d'histoire militaire. Lorsque les Bonaparte furent débarqués, après la débâcle de 1870, le gros des travaux était achevé. Viollet-le-Duc n'avait guère ajouté selon sa fantaisie que la chapelle et l'escalier d'honneur. L'impératrice Eugénie, ayant perdu mari et fils, revint sur les lieux en 1912. La fille d'un témoin de ce pèlerinage raconte : « L'endroit avait tellement marqué Eugénie sous son règne qu'une fois détrônée elle se fit appeler Mme de Pierrefonds... »

En 1944, si la Résistance locale n'avait pas prévenu à la dernière minute les Américains, ceux-ci, croyant que le château de Pierrefonds était occupé par des nazis, l'auraient bombardé. Les trous dans ses murailles qu'on peut voir proviennent des boulets allemands de la Grande Guerre.

Tout compte fait, ainsi que l'écrit Fernand Beaucour dans le *Dictionnaire du Second Empire* : « La volonté de

Napoléon III de restaurer Pierrefonds fut heureuse et permet à nos générations de connaître un des plus beaux spécimens de notre art féodal. » Ce ne sont pas les volées de visiteurs en herbe actuels qui le contrediront. Mis en appétit par la salle des Mercenaires, l'escalier double, la cour des Provisions, la tour Charlemagne, le pont-levis ou le donjon, ils n'ont qu'un regret : on-ne-visite-pas-les-oubliettes ! Les conservateurs, qui, comme pour attiser l'envie à l'égard de ce secret des secrets, font afficher la coupe vertigineuse des anciennes geôles, seraient bien inspirés de s'organiser pour qu'on puisse au moins y jeter un coup d'œil – ainsi que Napoléon III l'avait permis au jeune « Napoléon IV ». Sinon, la leçon d'histoire restera incomplète.

Avril 1998

3
Les silences de la forêt

Les immenses bois franciliens face à la nouvelle paradoxale exigence des Parisiens : « des sentiers sauvages » mais où « on ne se pique pas les mollets »...

De Gaulle a écrit : « La France fut faite à coups d'épée. » Il aurait pu ajouter : « Et de hache et de scie ! » Car, dans notre pays, tout est parti un jour d'une clairière taillée au sein de la sylve profonde et ainsi de suite. L'administration des « Eaux et Forêts » apparaît sous ce nom dès le règne de Philippe II Auguste, en 1219. En ce début de troisième millénaire, on constate que la forêt française, troisième d'Europe, après la Suède et la Finlande, par sa superficie (quinze millions d'hectares), a presque doublé depuis son bas niveau record de huit millions d'hectares vers 1800.

Aujourd'hui, 71 % de la vêture arborée de l'Hexagone sont répartis entre quatre millions de propriétaires privés. Malgré la mode des soirées devant la cheminée et des mets cuits au feu de bois, le rôle purement utilitaire de la forêt laisse place peu à peu à une « fonction sociale et ludique », analyse le Centre de recherche pour l'étude et l'observation des conditions de vie. Le même Crédoc évalue à deux cents millions le nombre de visiteurs annuels des bois français. L'immense couverture feuillue encerclant Paris a vu le nombre de ses promeneurs adultes passer de quatre millions en 1970 à plus de sept millions en 2000. Les forestiers de Fontainebleau estiment que près de cinq millions de ces personnes ont arpenté leur territoire en 2000. Seul un Francilien sur quatre, Parisiens compris évidemment, ne va jamais cheminer sous chênes et charmes. La tempête de décembre 1999 n'a fait que fouetter cet engouement, les gens déboulant en rangs serrés après la tornade pour « voir les dégâts », mus par une sorte de curiosité compassionnelle, sans doute sur un vague fond « sado-maso », tels les badauds se précipitant sans coup férir là où une auto ou un avion se sont fracassés...

Beaucoup de ces curieux reviennent, en famille, avec le chien, à vélo tout-terrain ou à pied. Près de Compiègne, on a même aperçu des *vététistes* et des randonneurs se bagarrer pour des « histoires de sentiers », sans parler d'une résurgence des anciennes querelles à propos des champignons, noisettes ou fagots, comme dans *Les Paysans* de Balzac (« Qui terre a, guerre a ! »). La chasse à courre, hier décriée comme « survivance féodale », plaît maintenant à des non-chasseurs, souvent tendance écolo, car elle permet d'éliminer « naturellement » les cervidés en surnombre. Les demandes des Franciliens en matière d'utilisation de la forêt sont d'ailleurs assez contradictoires, puisqu'ils veulent de plus en plus de pistes cyclables ou pédestres, « afin qu'on ne se pique pas les mollets », qu'ils aiment les « parcs forestiers » et en même temps plébiscitent « le côté sauvage des bois », voulant y surprendre renards et sangliers ; s'y promener « jusqu'à s'y perdre, sinon c'est pas une vraie forêt », nous lance même une jeune marcheuse solitaire allant au « chêne de Louis XIV », près de Buc, dans les Yvelines.

Allongé au soleil, au creux d'une trouée du domaine de Chantilly, un couple de sociologues suédois nous apprend, lui, que de plus en plus de Scandinaves retournent en France, « non pour Paris, mais pour les environs de Paris ». L'attraction exercée par nos forêts deviendrait donc universelle ? Après, il est vrai, Chrétien de Troyes et Ronsard, mon confrère Jean Chalon a élevé encore d'un cran le lyrisme sylvestre en s'écriant : « La forêt, c'est le monde tel que l'a voulu Dieu » *(Journal de Paris)*...

A tout le moins, l'avantage majeur d'être sous les ramures d'Ile-de-France et du sud de la Picardie, c'est qu'on peut, malgré la vogue grandissante pour la nature, s'y sentir encore loin de tout, « au fond des bois », jusqu'à parfois s'y égarer, mais aussi que ces vastes espaces sont à peu près tous ponctués de monuments, au bas mot une centaine, variés et souvent surprenants. Même quand on a dix fois visité Fontainebleau, tellement plus « maison des siècles » (Napoléon Ier) et « château de l'Histoire de France » (Victor Hugo) que le tardif Versailles, on peut encore y faire des trouvailles comme le Musée chinois d'Eugénie de Montijo, mélange corsé de cadeaux diplomatiques et de pillages guerriers. Il n'y a que l'éternel « mauvais coucheur » Stendhal pour noter dans ses *Mémoires d'un touriste* : « [Fontainebleau] ressemble à un dictionnaire d'architecture ; il y a de tout mais rien n'est touchant. » François Ier ne s'en souciait guère, qui disait « ma maison » en parlant du palais bellifontain à sa belle-fille, Catherine de Médicis.

A Rambouillet, lorsqu'on a jeté un coup d'œil sur la tour François-Ier, la table d'abdication de Charles X et Louis XIX (1830) ou la chambre funèbre de Mme René Coty, il reste encore quelques intéressants recoins à découvrir, par exemple, la salle de bains consulaire et impériale, impayable chef-d'œuvre du néo-pompéien militaroïde, ou bien celle d'un bâtard légitimé du roi-soleil, avec marines en zelliges bleues, à la portugaise.

Près de Compiègne, à l'écart des foules du palais, calme absolu garanti à l'abbatiale Saint-Jean-aux-Bois, « plus seule dans la forêt qu'en mer serait une île » et où les fantômes délaissés de dames mérovingiennes montent paisiblement de la nuit des temps.

Non loin de là, en cherchant, près d'un étang, la maison forestière Sainte-Périne, vous tombez sur l'édifice conventuel du XIe siècle, où depuis 1860 crèchent les agents des Eaux et Forêts, devenus ceux de l'Office national des forêts, depuis qu'en 1966, l'immémoriale institution capétienne a été à son tour touchée par la manie moderne d'envoyer à la casse les belles et vieilles dénominations administratives léguées par l'Histoire... Curieux que de Gaulle ait laissé passer cette nouvelle terminologie !

Les « relais » type Sainte-Périne sont en principe ouverts au public et on y trouve des spécialistes, rousseauistes au bon sens du terme, généralement disposés à vous renseigner sur les essences arboricoles, les droits des cueilleurs, les vertus du sirop de sureau ou les us des chats sauvages, putois et autres perdrix ; quand vous ne tombez pas sur un ingénieur frais émoulu, sachant tout sur Duhamel du Monceau (1700-1782), monsieur à perruque et jabot, auteur de *La Physique des arbres* (1758), et qui passe pour le père de la forêt européenne actuelle.

A Champs-sur-Marne, la surprise est un peu différente puisque, dans ce cadre mignard donnant sur un parc à la française dessiné par Claude Desgots, neveu de Le Nôtre, vous comprenez, en décryptant les propos obscurs de la guide obligatoire, que l'événement historique choc de ce lieu a été le sommet méconnu de Gaulle – Ben Bella, en 1964.

Dans l'Essonne, grâce à une jolie brochure des affaires culturelles franciliennes, *Itinéraires du patrimoine*, nous pénétrons, à vingt-cinq kilomètres de Notre-Dame, dans le pays de *Marcoussis*, Chouanville et La Ronce, niché sous six cents hectares d'ombrages qui continuent de porter un nom issu du celte *march*, cheval.

Face à un colombier marcoussien drapé de lierre velouté, à des horizons fixés par Corot vers 1850, au buste inattendu du géographe d'origine danoise, Malte-Brun fils (1816-1889) [1], devant ces vergers et potagers des familles ou ces allées herbues s'enfonçant sous la ramée, vous vous croyez soudain, tel Mickey remontant les siècles, cent ans en arrière, à mille lieues de Paris. Et vous passez là une de vos après-midi les plus détendues de l'année, avant de pique-niquer au crépuscule vis-à-vis des hautes flèches polygonales qui confèrent un air rigolo au manoir de Bel-Ebat. C'est le moment de tirer de vos fontes les très sérieux *Tableaux de la nature* de Chateaubriand :

Forêt silencieuse, aimable solitude
Que j'aime à parcourir votre ombrage ignoré !
Dans vos sombres détours, en rêvant égaré
J'éprouve un sentiment libre d'inquiétude !

Août 2001

Livres :

– Philippe Seguin, *Louis-Napoléon le Grand*, Grasset, 1990.

– Jean-Claude Lachnitt, *Le Prince impérial, Napoléon IV*, Perrin, 1997.

– Alain Frèrejean, *Napoléon IV, un destin brisé*, Albin Michel, 1997.

– Sous la direction de Jean Tulard, *Dictionnaire du Second Empire*, Fayard, 1995.

*

– Balzac, *Les Paysans* (1844).

– *Le Musée chinois de l'impératrice Eugénie* (à Fontainebleau), Réunion des musées nationaux, 1994.

– Jean Chalon, *L'Ami des arbres*, Plon, 1999 ; *Journal de Paris 1963-1983*, 2000.

---

1. Son père était le poète et géographe Malte-Conrad Brunn, francisé en Malte-Brun (1775-1826), établi en France à partir de 1796, s'étant rendu indésirable au Danemark par suite de sa campagne en faveur de l'affranchissement des paysans de ce pays.

CHAPITRE XXVI

Jura

L'ambigu plaisir de voyager en son pays

A Pierrot dit Farès, skieur spontané

A deux pas du « Yéti », chalet franco-algérien tombé dans les oubliettes politiques, de tranquilles pistes jurassiennes où se mesure la schizophrénie du vacancier national...

Ce sont quatre villages groupant cinq mille cinq cents habitants, quatre innocentes communes du Jura, à cheval sur les cantons de Morez et Saint-Claude, blotties entre sapinières et prés à vache, le long de la frontière franco-suisse. A la fin de la décennie 1980, ce quatuor de localités – Bois-d'Amont, Prémanon, Lamoura, Les Rousses –, ayant enfin surmonté ses lilliputiennes jalousies, a formé une unique station de sports d'hiver sous le seul nom des Rousses, bourg connu des historiens pour avoir abrité, à l'initiative du général-président de Gaulle, en 1962, au chalet du Yéti, les négociations secrètes franco-algériennes qui aboutirent aux accords d'Evian.

Sans plaque de marbre, et c'est tant mieux, car ces textes furent piétinés par Alger pratiquement dès leur signature, la grosse maison administrative, en bois et béton et qui n'a pas grand-chose d'un chalet, est toujours debout, au bord de la Route Blanche, avec ses garages sur cour qui garantirent à l'époque la discrétion des pourparlers.

Des photos 1900 rajeunies en cartes postales révèlent que la glisse est par ici une vieille habitude ; le premier remonte-pente date de 1935 ; la Cinquième République a pris au sérieux la station jusqu'à y installer l'Ecole nationale de ski de fond et de saut. Les Rousses affichent près d'un demi-million de journées-skieurs par an, lesdits skieurs pouvant être accueillis en hôtel ou en chalet, sans compter les résidences secondaires.

La véritable spécificité de la station *antifrime*, ce n'est ni sa mixité savamment dosée ski nordique-ski de fond, ni ses forfaits franco-helvétiques, ni son lac de cent hectares qui abreuva des mammouths, ni même sa fameuse course populaire, la Transjurassienne (trois mille cinq cents concurrents chaque mi-février, sur septante-six kilomètres neigeux et boisés reliant Lamoura à Mouthe). L'originalité des « Quatre-Villages », c'est leur clientèle à 95 % française et le domaine skiable le plus proche de Paris : quatre cent quatre-vingts kilomètres avec autoroute jusqu'à Poligny, à soixante-cinq kilomètres des Rousses.

On peut donc aux Rousses surprendre nos concitoyens entre eux, dans leur intimité sportive, vacancière, familiale. Des Français, Franciliens pour un tiers et ch'timis pour un autre tiers, et auxquels ça ne plaît pas toujours qu'on vienne les observer au bas des pistes ou devant leur fondue. Ils se comportent un peu comme si on pénétrait par effraction chez eux, alors que, curieusement, interrogés en Egypte, Floride ou Grèce, ils se montrent volontiers loquaces. « On vient aux Rousses pour avoir la paix, sinon on irait à Megève ou à Gstaad ! Ici, c'est la bonne franquette, on n'a pas besoin d'avoir la dernière combinaison ni des skis paraboliques, on peut décompresser pour de bon », lâche cette mère lyonnaise en regroupant ses quatre poussins lugeurs ou surfeurs (tendance fugueurs).

Les quinze-vingt ans – sauf les *fondeurs*, dont les Rousses est le paradis – ne pensent pas forcément comme la skieuse maternelle, certains avouant même que ça leur *prend la tête* d'être aux sports d'hiver dans un endroit *franchouillard, pépère, relou* (« lourd » en verlan « jeune »). « Ici, *j'hallucine*, toutes les *meufs* [filles] sont sous contrôle parental », tonne un adolescent français de Genève, égaré là en tenue de compétition dernier cri et auquel la guichetière du téléski, avec un grandiose accent jurassien, vient en outre de refuser son argent suisse. Les jeunes Dijonnais, Versaillais ou Troyens, attirés par l'incident, approuvent leur collègue en âge.

Il n'est pas sûr même que leurs parents, venus ici à cause des prix, de la proximité ou de la tranquillité, ne ressentent pas quelque peu le complexe d'infériorité de maints vacanciers français quand ils pensent France, pourtant contrée présentement la plus courue de la planète. Balzac, dans *La Femme de trente ans*, déplorait déjà « le mépris que nous professons pour notre pays » et maudissait « ces pauvres riches qui, dégoûtés de notre belle France, vont acheter [ailleurs] à prix d'or le droit de dédaigner leur patrie ».

Des sondages d'Eurobaromètre, utilisés par le sociologue Gérard Mermet dans sa *Francoscopie*, indiquent que, si la France est placée au premier rang, pour ses attraits divers, par les quatorze autres membres de l'Union européenne, les Français eux-mêmes ne classent leur pays qu'au treizième rang, seuls les Portugais et les Grecs ayant une plus médiocre vision de leur terroir... Cela dit, et on pourrait l'appliquer aux Rousses comme à d'autres lieux du pré carré où nos compatriotes hivernent ou estivent, Gérard Mermet estime que les peuplades de l'Hexagone, au fond d'elles-mêmes, « restent narcissiques dans leur pseudo-malédiction nationale... »

Ce jugement projeté sur les paisibles utilisateurs des pentes franc-comtoises, tout en gardant à l'esprit des remarques cueillies *in vivo* aussi bien aux Rousses, d'ailleurs, qu'auprès d'autres Français, en villégiature à l'étranger, tend à prouver une sorte d'insatisfaction quasi générale du « mangeur de grenouilles » en déplacement. Séjournant en France, il lorgne vers l'étranger – « Je rêve de l'Autriche, vous pouvez pas savoir », me confiait un skieur, à Prémanon, avant de se propulser dans une poudreuse idéale, sous un soleil clair révélant à perte de vue des montagnes glorieusement intactes –, ou bien il regarde vers une autre destination française, estimée socialement plus valorisante mais pas forcément plus attrayante.

Les frontières sont franchies avec enthousiasme, frénésie même ; néanmoins, très vite, souvent, de profonds soupirs s'exhalent : « Mais qu'est-ce qu'on fiche ici alors que chez nous, en France, tout est si agréable et si bien organisé, et qu'on y mange si bien ? »

Un journaliste arabe, Soliman Zéridour, qui observe les Français dans leur jus depuis vingt ans, parle à leur propos, que ce soit en matière touristique ou autre, d'une « fierté nationale culpabilisée et refoulée ». Cela expliquerait, selon lui, cette attitude apparemment contradictoire, souvent chez la même personne, allant du dénigrement à la survalorisation du sol natal, le premier l'emportant quand même assez largement sur la seconde. Une posture, en tout cas, bien loin du sens de la mesure souvent prêté à nos ancêtres ; une attitude qui remonterait pourtant aux débuts du tourisme français hors de France, vers 1830, du moins si on prend à la lettre la volée de bois vert de Balzac.

Janvier 1997

Livres :

– Louis Pergaud, *La Guerre des boutons* (1912) ; *Le Roman de Miraut, chien de chasse* (1914).

*

Films :

– *Les Granges brûlées* de Jean Chapot, 1973. Avec Alain Delon et Simone Signoret.

– *La Vouivre* de Georges Wilson, 1989. D'après le roman éponyme de Marcel Aymé, 1943.

CHAPITRE XXVII

LANGUEDOC

Tiercé gagnant

A Edmond Charlot, doyen de l'édition francophone
A Marie-Cécile Vène

Anduze l'Asiate, Maguelone, fille des flots, Pézenas, cité Grand Siècle : trois pans méconnus de nature, mer et patrimoine dans le Gard et l'Hérault.

Une province historique, le Languedoc, et deux départements qui en sont issus, le Gard et l'Hérault, vous invitent à choisir, hors des sentiers battus, deux ou trois sites résumant les vertus de cette contrée, longtemps taxée de « sous-Côte d'Azur » ou de « Provence du pauvre ». Casse-tête. Et puis, vous partez à l'aventure, sans trop vous soucier des limites administratives. A l'arrivée, vous retenez trois noms : Anduze, Maguelone, Pézenas. Choix forcément arbitraire mais pas nécessairement déséquilibré : trois lieux où l'emportent respectivement nature, mer et patrimoine. Une triade nappée d'histoire, soleil et art de vivre.

Anduze, c'est un nid profond de verdure, une oasis d'arbres asiatiques avant la sécheresse nord-africaine des Cévennes ; ce sont les eaux hyalines du Gardon, qui a donné son nom au département du Gard. Anduze, c'est la preuve vivante qu'on peut être parpaillot et épicurien. Louis XIV malmena les Anduziens mais donna à leur cité une clientèle mondiale en s'y fournissant en vases vernissés pour ses orangers versaillais, ces mêmes vases que la même famille protestante, les Boisset ou leurs descendantes, fabrique ici depuis 1610.

Un autre huguenot créatif, le grossiste en épices Eugène Mazel, attrapa en Extrême-Orient cette passion des jardins qui, à partir de 1855, allait s'épanouir en son domaine de Prafrance, dans le microclimat d'Anduze et Générargues.

Résultat, de nos jours, une bambouseraie touffue d'une quarantaine d'hectares où l'illusion d'être en Asie est accrue encore par les jardiniers indochinois, les cochons noirs et les coqs nains sous les cases à pilotis, sans parler de la *Bamboutique*... Les grands jours, le thé est servi dans un pavillon-ombrelle dû à la stylicienne Charlotte Perriand. Les trois cents espèces de bambous, sur les mille existantes, cultivées à Prafrance, sont entrées dans l'histoire politique depuis la visite d'un dictateur indonésien venu vérifier qu'il existait en Languedoc une « enclavette » asiatique ; dans l'histoire du cinéma, depuis le tournage du *Salaire de la peur*, de *Paul et Virginie* et des *Héros sont fatigués* ; dans l'histoire de l'écologie, depuis que les pandas du zoo de Berlin se fournissent ici en bambous frais.

Franchi Montpellier, toute bruissante de colloques et d'affaires, il faut traverser la réserve naturelle de l'Estagnol, les étangs de l'Arnel et du Prévost, sans oublier le canal Rhône-Sète, avant d'aborder à ce bout du monde héraultien qu'est Maguelone. Encore une oasis, mais de silence et de solitude, une rondelle de sable sec entre marais et Méditerranée, à deux pas des parasols bondés de Palavas-les-Flots, à trois pas du juteux commerce vinicole de Frontignan.

Cette « îlette », longtemps retranchée du mouvement humain, est tout occupée maintenant, avec ses *compagnons*, à produire un vin âpre, viril, vendu au profit d'infirmes. Maguelone est terre d'Eglise : derrière un rideau d'arbres, se tient une colossale structure romane, cathédrale jusqu'à une colère de Richelieu. Le cardinal-ministre craignit que les protestants ne se retranchent dans ces fortifications insulaires. Il fit donc litière du symbole représenté par Maguelone depuis sa reprise aux Sarrazins par Charles-Martel en 737. On n'a plus idée de l'engouement dont ce sanctuaire fut l'objet en Occident : quatre ou cinq papes y vinrent, Urbain II proclamant même, en 1096, Maguelone « seconde église de la Chrétienté après Rome » !

Ce n'est qu'en 1536 que le siège de l'évêché régional fut tranféré de Maguelone à Montpellier [1]. Déprécié, le saint îlot se referma comme une huître sur son monument, perle démesurée, ne se rouvrant qu'un moment, en 1720, splendidement il est vrai, pour abriter la quarantaine de l'ambassadeur du Grand-Turc auprès de Louis le Bien-Aimé. L'âge moderne a fait amende honorable, restituant le sol maguelonais à d'utiles cultures et ses pierres à la culture. Un artiste minimaliste américain du Kansas, Robert Morris, a rendu la vue à l'ex-cathédrale, grâce à des vitraux en verre thermoformé, aqueux, moirés, irisés. On peut à présent redire, comme un prélat de jadis : « Maguelone est un des ces lieux qui ont une âme, un lieu saisissant et par ce qui est mort et par ce qui survit. »

Ce n'est pas Jean Raspail qui prétendra le contraire, lui qui, dans son roman policier théologique *L'Anneau du pêcheur* – mais est-ce un roman ? –, a fait de Maguelone déserte l'une

1. Devenu seulement en 2003 archevêché métropolitain, c'est-à-dire coiffant tous les diocèses du Languedoc-Roussillon.

des étapes secrètes de l'errance du « dernier page légitime », issu de la succession clandestine ininterrompue et canonique, de l'ultime pontife avignonnais, l'Espagnol Pedro de Luna, « Benoît XIII »[2], succession que, littérairement parlant au moins, recueillera *in extremis*... Jean-Paul II.

Après les nourritures spirituelles, les terrestres, car l'île-basilique est aussi la clé d'un cordon côtier, plage de sable-farine où les hirondelles de mer rasent les lys sauvages ; un espace filiforme, fragile face aux vagues céladon, proposant des marches toniques, ventilées, ensoleillées. Maguelone, fille naturelle de la mer. Une mer souvent plane, mais qu'il faut fuir dès qu'elle se montre un peu *patouilleuse*, pas encore grosse mais déjà bien remuante, annonciatrice de grèves violemment balayées par vents et vagues...

De Montpellier à Pézenas, l'autoroute suivant l'antique *Via Domitia* vous conduit dans un autre univers, où la notion de patrimoine, rénovée sous la Cinquième République gaulliste débutante, trouve une éclatante illustration.

Paris a son quai Conti, où siège l'Académie française. Pézenas a sa rue Conti. De Louis IX à Malraux, de Molière à l'éditeur Charlot, en passant par Catherine de Médicis, la minuscule cité languedocienne a su attirer sur elle faveurs politiques et littéraires. L'artère piscenoise, dédiée à cette famille princière issue des rois de France, dévide l'histoire d'un bourg qui eut un train de vie de capitale et ne l'a pas oublié.

Parmi ses particularités, Pézenas (environ huit mille âmes, comme il y a deux siècles, 16 % de chômeurs, 60 % de citoyens non imposables) a eu un maire communiste réformateur, Pierre Guiraud[3], ayant des tendresses pour le patriotisme à la Chevènement. Aux élections européennes de juin 1991, il

2. Né en 1324, pape en Avignon de 1394 à 1409, puis à Peñiscola (Levant d'Espagne) jusqu'à son décès en 1423. Voir la troisième partie du chapitre « Comtat Venaissin » de cet ouvrage.

3. En 2004, l'édile en chef piscénois est Alain Vogel-Singer, politiquement « sans étiquette » et de son état expert-comptable.

amena dans sa commune 6 % des voix à la liste de l'ancien ministre de la Défense, contre 2,5 % en moyenne nationale. « Vous savez, ce qui intéresse surtout les Piscénois, c'est que Guiraud est le fils d'un tonnelier du pays et qu'il a été lui-même capitaine de l'équipe de rugby. Un *balèze*, quoi ! », opine un membre de la majorité municipale, tandis qu'une simple électrice, domiciliée rue Conti, confie : « Je me suis souvenue que le maire était rouge lorsqu'il a fait border les trottoirs de notre rue de marbre... rouge. »

L'effet esthétique est plutôt heureux, mais l'édile aurait sans doute été encore mieux inspiré en déclarant piétonne, au moins l'été, cette étroitissime artère où le charroi automobile contrarie déambulation et lèche-vitrines. Même l'autoritaire refonte urbanistique de la cité, au Grand Siècle, ne parvint pas, et là c'est tant mieux, à supprimer complètement la forme un peu courbe de sentier qu'affecte la rue Conti, lien entre l'ancienne grand-route Narbonne-Montpellier et la collégiale, vouée depuis 1314 aux deux Jean, le Baptiste et l'Evangéliste – « Comme ça, y a pas de jaloux ! ». Dans ce chemin gaulois qu'aménagèrent les Romains, on imagine fort bien le transit des ballots de cette laine ovine de *Piscenae*, si célèbre pour sa texture et ses couleurs dans le monde antique, que Pline l'Ancien, déjà, la nomme avec révérence dans son *Histoire naturelle*...

C'est à une période plus récente – et plus « chic » – que les habitants de ce chef-lieu de canton de l'Hérault, et singulièrement les riverains de la rue Conti, aiment à se référer : le temps où les états généraux de la province, « corps mystique de la République de Languedoc », se réunissaient à Pézenas pour y voter les impôts nationaux et, le cas échéant, y apostropher Paris. La rue Conti était alors pour plusieurs mois le centre d'une agitation inouïe, le gouverneur du Languedoc y ayant sa demeure, Molière donnant *L'Etourdi* en plein air, seigneuresses et soubrettes rivalisant de décolletés, l'archevêque de Narbonne, « président-né des états », débarquant au milieu d'un essaim d'abbés tout gaufrés. De 1456 à 1692, Pézenas fut quarante-quatre fois le siège de ces états en principe annuels, privilège que lui disputaient toutes les grandes villes de la province : Toulouse la capitale, Montpellier, Narbonne, Béziers, etc.

Si, à plus de quarante reprises, une petite cité sans autorité ni charge particulières comme Pézenas parvint à se hisser au niveau de ces métropoles régionales, il y a à cela deux raisons. D'une part, la fidélité piscénoise, à travers invasions, croisades, guerre de Cent Ans ou guerres de Religion, au lys capétien, fidélité que se plurent à tester eux-mêmes et à récompenser (par exemple, en autorisant la tenue des états ou de foires) aussi bien Saint Louis, Charles VII, que Catherine de Médicis, Louis XIII, Anne d'Autriche ou Louis XIV. Ce choix d'un camp, et savoir s'y tenir, s'est perpétué sous la république, où, après 1870, les Piscénois ont presque toujours voté à gauche (tout en continuant à vivre « à droite », ce qui ne veut pas forcément dire dans l'opulence).

D'autre part, le charme du site : « Pézenas est un des plus agréables séjours du royaume, tant à cause de la bonté et de la politesse du peuple qui l'habite que pour la beauté de son assiette et des bâtiments qui composent la ville. Quand Louis XIII vient en 1622, il dit que depuis Paris, il n'avait point vu de ville aussi agréable que Pézenas », consigne le *Grand Dictionnaire historique*, au XVIIIe siècle, en accord avec la plupart des épistoliers et chroniqueurs ayant dépeint la cité sous l'Ancien Régime, et dont certains s'étendent sur la « très remarquable beauté [des Piscénoises] : elles ont un costume provocant, elles vont presque à demi-nues... »

Le fils de Cromwell lui-même vint oublier ici la trop austère république du Protecteur d'Angleterre, son père. Cent ans plus tard, en 1766, lord Clive, épicurien vice-roi des Indes, laissa à Pézenas en remerciement une recette de pâté amenée par son cuisinier oriental et que quatre ou cinq enseignes piscénoises prétendent aujourd'hui connaître, sans vouloir la révéler... On dit que ces petits pâtés, ces bouchées à consommer tièdes, sont essentiellement formés de mouton haché, relevé de cédrat et d'un soupçon de caramel, le tout enveloppé de pâte légère.

La rue Conti, avec ses logis princiers, ses anciennes hôtelleries, ses maisons bourgeoises, ses boutiques fines ou populaires, son air général de flânerie sérieuse et de modeste aisance, résume l'épaisseur culturelle et historique, l'esprit du lieu.

Les premiers gouverneurs héréditaires du Languedoc à orner Pézenas avaient été, au XVIe siècle, les Montmorency. Mais, tout « premiers barons chrétiens d'Occident » qu'ils étaient, ils trahirent, poussés par l'Espagne, et en 1632, le chef de leur lignée fut décapité à Toulouse sous le buste d'Henri IV, son parrain. Pézenas frissonna mais elle n'avait pas été personnellement le moins du monde compromise. On la gratifia donc de nouveaux gouverneurs prestigieux, les Conti, branche annexe (1629-1814) des Bourbons. Armand, qui a donné son nom à notre voie, était fils d'une Montmorency (quand même !) et frère cadet du Grand Condé. Militaire comme son aîné, marié à une nièce de Mazarin, avant de sombrer dans la dévotion la plus intransigeante, il fut un actif mécène, s'attachant officiellement les services d'un Molière encore inconnu, qui battait les estrades provinciales après avoir été dénigré par la capitale.

Pézenas fut, sinon l'endroit, du moins l'un des endroits du Midi où Molière s'épanouit. Lucette, dans *Monsieur de Pourceaugnac*, pérore en occitan piscénois, et le ballet des Clystères est inspiré d'une scène du carnaval de Pézenas, le « branle des bufets ». C'est ici – en particulier rue Conti, à l'enseigne du Bât d'Argent, où il logea et se sustenta en 1652-1654, et dans la cour de l'hôtel d'Alfonce, où il joua – que le souvenir de Molière en France du Sud est resté le plus tenace, jusqu'à susciter, à partir de 1750, un culte, une école, le *moliérisme*, toujours plus ou moins vivants (la coopérative débite même un « vin Molière »...). Pagnol n'a pas exagéré en affirmant : « Si Poquelin est né à Paris, Molière est né à Pézenas ! » Phrase dont un notable local, ignorant jusqu'au vrai patronyme de Molière, ne retint que la seconde partie et s'en gargarisa jusqu'à ce qu'on lui place un *Larousse* sous les yeux...

Au début des années 1950, Pézenas, qui, un siècle plus tôt, avait été évitée par le chemin de fer principal et qui n'était pas encore atteinte par l'autoroute, se trouvait quasiment réduite à ses petits vins. Elle fut de nouveau tirée vers le haut (et vers l'humour) par quelqu'un qui professait : « J'ai un penchant pour les mots et leur côté farce et je ne sais pas m'empêcher de mettre cette farce à toutes les sauces. » C'était, cette fois, un Piscénois vraiment de souche : Bobby Lapointe (1922-1972), parolier et acteur, que firent connaître, loin de l'Hérault, François Truffaut dans *Tirez sur le pianiste !* et Louis Nucera dans *La Kermesse aux idoles*.

Il y a également ici le patriarche de l'édition francophone, un curieux paroissien : « Je suis français mais je me sens malgré tout pleinement, légitimement algérien, étant issu de plusieurs générations nées au bled[4]. » Edmond Charlot continue à n'en pas démordre, malgré le brouillage de l'Autre Rive par une nuée sanglante, malgré sa réinstallation personnelle réussie à Pézenas, où la librairie qu'il a fondée, rue Conti (puis rue des Litanies), a largement contribué à redorer le blason de cette noble artère.

Comme les beurs en France, aujourd'hui, le jeune Edmond trouva cette dualité algéro-française dans son berceau. Il sut, lui, en faire un atout plus qu'un *impedimenta*. En son domaine, l'édition, la librairie, la lecture, Edmond Charlot a donc bigrement bien servi son double pays par le truchement de la langue française. Le magasin où régnaient ses pénates éditoriales, en Alger, continue d'y fonctionner, auvents tirés, dans la tourmente. C'est en cette ville qu'il fut le premier à croire en eux, à publier Albert Camus, Jules Roy, Emmanuel Roblès et bien d'autres, appelés à faire plus tard les choux gras de l'édition parisienne. « Il s'en est fallu de peu que je sois aussi

4. *Le Monde* du 6 février 1987.

le premier éditeur de Mouloud Feraoun [5], avec *Le Fils du pauvre*, qu'à mon regret il publia à compte d'auteur car, et je l'appris du timide Feraoun lui-même par la suite, Jean Amrouche [6], qui travaillait alors chez moi, l'avait éconduit sans m'en informer, sans doute lors d'un petit accès de jalousie littéraire... »

Avant de « se poser à Pézenas par hasard, lors d'une étape ici, entre Espagne et Turquie », Edmond Charlot exerça des responsabilités culturelles à Alger, Tanger et Smyrne, dans le cadre diplomatique français, mais il ne renonça pas à l'édition pour autant. Dans son havre piscénois, il a sorti des inédits de Jean Sénac ou de Jules Roy et *La Racine et autres nouvelles* de Françoise Escholier. Il ne sait plus au juste combien de textes il a en tout édités, entre Alger, Paris, le Languedoc, l'Anatolie, le Maroc. Un chercheur, Michel Puche, a, non sans mal, fini par dresser, d'Adamov à Zeraffa, le catalogue apparemment complet des deux cent cinquante auteurs Charlot. Charlot, ce morceau vivant de l'histoire de la littérature française moderne, qu'on peut rencontrer dans la cour du Bât d'Argent, entre les ombres de Molière et de Bobby Lapointe.

Enfin, Malraux ministre d'Etat, chargé des Affaires culturelles par le général de Gaulle, de 1959 à 1969, se pencha aussi sur Pézenas, la sauvant même, par un décret conservateur de 1963, d'une destruction au moins partielle (on parlait d'« élargir » la rue Conti...). La fin de l'Afrique du Nord française enrichit à son tour les murs lustrés par Molière des « archives littéraires » d'outre-Méditerranée, que le découvreur de Camus, Edouard Charlot, porte en sa tête. Comme jadis les petits pâtés aigre-doux des Indes, il y avait là, sous une autre forme, de quoi remettre un peu d'ailleurs, un peu de nouveau, dans la vieille rue Conti...

Août 1994 et mai 2002

5. Ecrivain algérien kabyle francophone, 1913-1962.
6. Egalement écrivain algérien kabyle francophone, 1906-1962.

Livres :

– Robert-Louis Stevenson, *Voyage avec un âne à travers les Cévennes* (1879).

– Jean Raspail, *L'Anneau du pêcheur*, Albin Michel, 1995.

– Albert-Paul Alliès, *Une ville d'Etat : Pézenas aux XVIe et XVIIe siècles* (1908), réédité par les Amis de Pézenas.

– Huguette Long, *Bobby Lapointe*, Domens, Pézenas, 1990.

– Michel Puche, *Edmond Charlot éditeur*, Domens, 1995. Préface de Jules Roy.

– Renaud Camus, *Le Département de l'Hérault*, P.O.L., 1999.

– Claude Achard, *Les uns et les autres. Dictionnaire satirique pour le département de l'Hérault et quelques contrées d'Occitanie*, Domens, 2003.

*

Films :

– *Le Salaire de la peur* d'Henri-Georges Clouzot, 1953.

– *Tirez sur le pianiste !* de François Truffaut, 1960.

– *Cartouche* de Philippe de Broca, 1961. Avec Jean-Paul Belmondo.

– *Une belle fille comme moi* de François Truffaut, 1972. Avec Bernadette Laffont.

CHAPITRE XXVIII

LORRAINE

1
La Moselle parée de la Toison d'or

A André et Monique Malrait

Peu banal baptême de l'euro dans la splendide caserne de « Malbrouck s'en va-t'en guerre », au milieu des trésors de l'ancien Empire bourguignon.

Tous les élus français n'ont pas eu l'idée, comme en Moselle, de célébrer par un acte culturel la naissance de l'euro. Au château fort de Mensberg, édifice défensif des XIIIe et XVIIe siècles, sur une hauteur au nord-est de Thionville, à dix minutes de la frontière franco-germano-luxembourgeoise, les responsables lorrains ont, *mutatis mutandis*, refait ces dernières années, pour cent millions de francs (dont 30 % à la charge de l'Union européenne), le coup de Napoléon III et Viollet-le-Duc à Pierrefonds [1].

1. Voir la deuxième partie du chapitre « Ile-de-France » de cet ouvrage.

Aimablement rebaptisé « château de Malbrouck » par les élus locaux, en mal de « clin d'œil européen à nos amis anglais » (les destinataires sont néanmoins restés de glace), l'ancienne forteresse, refaite à neuf mais à l'identique, doublée de béton mais revêtue de vieilles pierres, fut en effet occupée en 1705, durant la guerre de Succession d'Espagne, par *Marlborough*, « cet ancêtre de Winston Churchill qui s'en allait gaiement guerroyer, afin d'embêter Louis XIV, alors en train de placer un de ses petits-fils sur le trône d'Espagne ». Cependant, « Malbrouck retraita assez piteusement devant le maréchal de Villars », rappelle un érudit du cru.

Le peuple français chanta donc longtemps *Malbrouck s'en va-t'en guerre* – on l'entend encore aujourd'hui – et Villars fut décoré de la Toison d'or par Philippe V, nouveau monarque espagnol *made in France*.

La Toison d'or ! D'Alexandre le Grand à Napoléon Ier, l'aventure de Jason en Colchide (actuelle Géorgie), et jusqu'en France [2] rhodanienne, fouetta les imaginations du Vieux Monde. A l'heure de la « tremblante » du mouton, nouveau cauchemar à l'horizon européen, la laine, même mordorée, d'un bélier a-t-elle encore une chance de faire rêver ?

Cent cinquante œuvres d'art insignes – des marbres antiques à Velasquez ou Bernard Buffet, de la « tragicomédie à machines » de Corneille jouée aux noces de Louis XIV jusqu'aux incroyables carapaces en diamant des décorations ibériques – ont rendu en tout cas éblouissante l'exposition « La Toison d'or, un mythe européen », présentée durant l'automne 1998 sous les voûtes de l'ex-caserne de Marlborough-Malbrouck.

On s'y rend compte à quel point la légende païenne de cet héroïque voyou de Jason – reprise à Bruges et Dijon en 1429-1430, comme symbole d'un nouvel ordre chrétien de chevalerie, par un autre célèbre coureur de jupons et de chemins, Philippe le Bon, duc de Bourgogne – inspira ou galvanisa

2. Voir la première partie du chapitre « Ain » de cet ouvrage

artistes et guerriers, lointaines dynasties et jeunes ambitieux. Après la fin de ce mirifique Empire bourguignon, dilaté un moment de la Hollande au Charolais *via* le Luxembourg et la Lorraine, la direction de l'ordre échut aux Habsbourg d'Autriche, lorsque l'un d'entre eux épousa, en 1477, la dernière Capétienne de Bourgogne. Un autre mariage ayant donné plus tard l'Espagne aux Habsbourg, Charles-Quint tenta de ligoter la France avec sa Toison d'or paneuropéenne, désormais étirée de la Hanse à Grenade et du Rhin aux colonnes d'Hercule.

Si Villars, soldat français, eut droit à la Toison, c'est qu'il avait contribué à offrir l'Espagne à un Bourbon, lequel, à peine intronisé, *toisonna*, malgré les protestations autrichiennes. Napoléon Ier s'en souvint lorsqu'il fut maître à la fois de Madrid et de Vienne : en 1809, il institua la décoration européenne des Trois-Toisons d'or, toutefois vite oubliée. En 1912, François-Joseph d'Autriche-Hongrie et Alphonse XIII d'Espagne rapprochèrent leurs Toisons d'or, avant que les deux ordres ne reprennent chacun sa vie, sous les à-coups des vicissitudes politiques et dynastiques.

« En Autriche », nous précise Othon de Hasbourg-Lorraine, député européen [3] et aîné de sa lignée, « je suis à présent le grand-maître de la Toison d'or qui a cinquante membres de différents pays. Il n'y a pas de rapport direct avec l'ordre espagnol. La Toison continue exactement selon les statuts de sa fondation. L'ordre, dans sa branche autrichienne, est reconnu comme association de droit international. »

Le trésor initial de la Toison d'or, ramené en catastrophe de Bruxelles à Vienne pendant la Révolution française, est toujours, pour l'essentiel, gardé en Autriche, d'où en principe

3. L'archiduc Othon a été député allemand à l'Assemblée européenne de 1979 à 1999. Il s'y est en particulier battu en faveur du « français, langue de l'Europe », malgré le désintérêt de la France officielle pour cette cause capitale...

il ne sort jamais. Apparemment, une seule pièce de là-bas a été amenée à l'exposition de Mensberg : la fameuse croix bourguignonne du serment de la Toison d'or, datée 1430, et dont les émaux et les perles passent pour cacher un fragment de la Vraie Croix.

En Espagne, l'ordre est dynastique et étatique. Le roi y a admis diverses personnalités, tels l'écrivain José-Maria Peman, adaptateur de Claudel et Bernanos en espagnol, ou Torcuato Fernandez-Miranda, l'un des artisans de la démocratie couronnée, en même temps qu'un admirateur patenté de Machiavel...

Eternel emblème européen ou vieillerie surdorée, la Toison d'or continue d'évidence à fasciner, à voir le public accouru à Mensberg, d'Alsace-Lorraine, du Benelux, d'Allemagne. Outre les merveilles d'art pluricentenaires ou modernes dans leur provisoire écrin lorrain, les visiteurs découvrent aussi un coin vert, vallonné et viticole de l'industrielle Moselle, orné de vaches apparemment pas « folles », de ruisseaux clairs et de forêts saines. Presque comme sous Philippe le Bon, en somme...

Septembre 1998

2
« Rénovations » à Domrémy

Mise au goût du jour dans un « Centre johannique » fort indiscret, Jeanne d'Arc en sa verte Lorraine ne manque d'ailleurs pas de rivaux : Constantin, Bassompierre, Lyautey, deux favorites royales et... Jack Lang.

A l'écart des révolutions industrielles, les marches de Lorraine sont restées étrangement semblables à ce qu'elles étaient au temps de Jeanne : agricoles, vertes, paisibles. Contrairement à ce qu'induit le film de 1999 sur la Pucelle tourné par Luc Besson, les *godons* – les Anglais, comme on dira plus tard les *boches* pour les Allemands – ne mirent jamais les pieds à Domrémy, toponyme que ses habitants continuent de prononcer *Donreumi*. Le village abrite, ainsi que durant la guerre de Cent Ans, une cinquantaine de ménages.

Les forêts de hêtres et chênes blancs sont maintenant plus étendues, plus épaisses, encore que la tempête de décembre 1999 ait couché ici des arbres par milliers, privant la commune domrémoise d'un tiers de son budget ; les mirabelliers ont proliféré mais les vignes ont disparu, que contournait Jeanne pour mener paître son troupeau ; il n'y a plus qu'un seul agriculteur *stricto sensu* à Domrémy, mais sur les mols coteaux ont perduré grasses pâture ou emblavures, la Meuse n'a pas changé de lit et l'église Saint-Rémy a conservé les mêmes bénitier et baptistère qu'au Moyen Age. De Gaulle remarquait fort à propos qu'après tout, il n'y a guère que « cinq grands vieillards » entre Jeanne et nous.

La fixité du paysage contraste avec la volatilité des modes : chaque époque a accommodé la sainte guerrière à sa sauce. Le XXe siècle finissant a flanqué la maison natale de Jeanne (soixante mille visiteurs par an) – rachetée par le département sous la Restauration, la demeure des laboureurs aisés qu'avaient été les *Darc* abrita alors une école de filles – d'un « Centre johannique » ; tuiles roses, murs de verre, parvis bétonné ; tous les trésors de l'audiovisuel plus l'inconfort d'un auditorium aux bancs sans dossier ; sans oublier un côté « musée Grévin », d'ailleurs plutôt réussi et qui, naturellement, branche plus les potaches que la réflexion proposée sur l'éventuelle « dimension européenne » de Jeanne...

Tout cela pourrait aussi bien s'appeler « Espace darcquien » ou « Jeanne Center ». Notre âge agnostique, embêté par l'aspect surnaturel de « l'affaire Jeanne d'Arc », a essayé de l'estomper sans oser le dire. Quoi qu'on fasse, la bergère patriote reste « vivante énigme » (Michelet) et c'est ce qui constitue son charme, lequel s'est communiqué aux lieux fréquentés par l'adolescente. Avec une intensité particulière sur la butte boisée de Bermont – difficile à trouver, à l'écart du village de Greux – où subsiste une chapelle isolée, aimée par Jeanne, et où deux portraits muraux aux yeux bleus, récemment mis au jour, pourraient bien être ceux de la « bonne Lorraine » (Villon) au moment de sa grande aventure.

Greux affiche un réseau de plus de quatre-vingts kilomètres de chemins balisés permettant de s'enfoncer vraiment dans la campagne environnante, à pied, à vélo, à cheval. Un moment de nature absolue. Pourquoi pas en selle, en effet ? Pour se glisser un peu dans la peau de Jeanne. Ne commenta-t-elle pas sa carrière en disant à ses voix : « Je ne sais pas monter à cheval », pour la terminer en lançant : « Chevauchons les Anglais jusques aux nues ! » Entre ces deux phrases, la Pucelle était devenue cavalière émérite, vivant quasiment en selle. Or la plupart des livres sur la sainte guerrière ignorent cet aspect capital du *cursus* johannique – sauf *Jeanne d'Arc écuyère*, ouvrage publié en 1901 par Louis Champion, officier de cavalerie. Redécouvert par l'hippologue Jean-Louis Gouraud et le cascadeur équestre Mario Luraschi, ce texte, qui fait littéralement revivre à cheval l'année et demie de combats menés par Jeanne, a été réédité par la maison vaudoise Favre ; il permet de saisir tous les aspects hippiques – personnels, culturels, financiers, techniques – d'un itinéraire fulgurant. La cavalière eut jusqu'à douze montures, et comme tous les grands chefs de guerre, elle épuisa force coursiers ! Ne montant qu'à destrier, elle renvoyait à leurs propriétaires les trop paisibles haquenées ou palefrois.

Parcourir l'ancienne Lotharingie, c'est s'imprégner de son histoire « d'avenue des envahisseurs », de sa mentalité forgée sous la menace des occupations ; c'est également mieux appréhender le sentiment *nationiste* – c'est-à-dire nationaliste sans chauvinisme, selon le néologisme lancé par le politiste Pierre-André Taguieff –, si vif parmi les héros lorrains, de Jeanne à Lyautey *via* Bassompierre. A dix minutes en voiture de Domrémy, « la plus grande mosaïque romaine d'Europe : deux-cent vingt-quatre mètres carrés » (vingt-deux mille visiteurs par an), orgueil des vestiges antiques de Grand, prouve que les invasions latines ne furent pas artistiquement négatives pour la contrée, sans parler des autres apports. Ce pavement dessine, entourés d'animaux, un dévot et un prêtre d'Apollon guérisseur. Jusqu'aux empereurs Caracalla et

Constantin Ier qui vinrent chercher force d'âme et de corps dans les eaux vives de Grand.

A Haroué, ce sont les mânes épiques du maréchal de Bassompierre (1579-1646) qui animent un autre panorama inchangé de la Lorraine agreste. Ce soldat-galant homme des armées d'Henri IV et de Louis XIII fut remplacé en ce lieu par les princes de Beauvau-Craon, régnant depuis lors sur le « Chambord lorrain », et de nos jours, sous la férule hors classe de la princesse Minnie. En pensant à ce type de situation, Barrès nota en 1893 : « Il n'est rien dont je ne sois plus curieux que de suivre sur trente personnages une âme de famille. » Douves, tours et colonnades enserrent une rareté du style Restauration qu'on vient voir du monde entier (vingt mille visiteurs par an) : le mobilier complet offert par Louis XVIII à sa favorite, la délicieuse Zoé du Cayla [1], une bien peu tapageuse personne, et fort accorte, à voir les tableaux, en particulier de Gérard, la représentant. Tout aussi gironde mais plus sulfureuse, se présente à vous, inattendue sur cet itinéraire parti du berceau de la Pucelle, la du Barry, née Jeanne Bécu, à Vaucouleurs en 1743. Ce bourg où commença pour de bon la chevauchée johannienne, exposa longtemps un buste pulpeux et diverses reliques de « la dernière inclination de Louis XV », le tout actuellement remisé au profit d'« objets johanniques ». Une concurrente régionale en moins pour Mlle d'Arc...

L'atmosphère redevient martiale à Thorey (dix mille visiteurs par an), chez un pair de Bassompierre, le maréchal

1. Zoé Talon (1784-1850), comtesse de Baschi du Cayla (prononcer *Cheyla*), séparée d'un époux fantasque et jeune mère de famille, devint, sans doute à partir de 1817, l'amie de cœur et la correspondante de Louis XVIII (1755-1824). On doit à la dernière favorite royale une race de moutons à toison longue, créée sur ses terres et à laquelle on a donné son nom. Valentine du Cayla, fille de Zoé, devint, du fait de son mariage, princesse de Beauvau et elle apporta à sa nouvelle famille le mobilier offert à sa mère par Louis le Désiré.

Lyautey. Ce « royaliste qui donna un empire à la république » (Marthe Bibesco) vécut en sa Lorraine une retraite hyperactive, bâtissant, innovant et y recevant encore en 1934, année de sa mort à quatre-vingts ans, le sultan du Maroc Mohamed V avec son fils, le futur Hassan II. Des héritiers impécunieux mirent plus tard à l'encan la moderne gentilhommière conçue par le militaire retiré. Elle fut sauvée *in extremis* en 1980 (ainsi que les collections lorraines et orientales de Lyautey, déjà expédiées aux enchères à Paris...), grâce à un officier, le colonel Geoffroy, entraînant derrière lui des milliers de membres des Association et Fondation Lyautey.

Comment, à Thorey-Lyautey, en ce dernier domicile du maréchal, où tout fut conçu par lui, au milieu d'un invraisemblable bric-brac personnel, scout, lorrain, ultramarin, islamique, ne pas se remémorer la fameuse scène fondatrice du cursus lyautéen ? Lorsque sa grand-mère paternelle, la générale Lyautey, réunissant à 92 ans ses soixante enfants, petits-enfants et arrière petits-enfants, leur lança, du fond de sa bergère, tous étant debout : « Mes enfants, je vois parmi vous des légitimistes, des orléanistes, des bonapartistes, mais je rends grâce à Dieu que, parmi vous, pourtant si divers, il n'y ait aucun républicain... »

Lyautey s'en souvint toute sa vie et quand, alors qu'il était notre proconsul dans l'Empire chérifien, un politique parisien de passage, admirant l'énergie qu'il dépensait pour le bien public au Maroc, émit le vœu qu'elle soit utilisée aussi en France même, le résident général rétorqua : « Les raisons pour lesquelles j'ai réussi ici – si j'ai réussi – sont précisément celles pour lesquelles je suis inutilisable en France. Je suis profondément royaliste, dans ce Maroc où le rôle de la dynastie est et doit demeurer primordial ; je suis profondément religieux, dans ce pays où le respect des croyances et du culte sont à la base de l'ordre ; je suis profondément aristocrate, dans le sens étymologique du mot grec *aristos krateïa* – domination des meilleurs –, en ce pays où ce sont vraiment les élites qui gouvernent ! Pour tout cela, je suis inutilisable en France... »

Haroué, Thorey et autres sites sont disséminés dans un espace gouverné par la Colline inspirée, plus précisément inspiratrice de Barrès, après avoir été la muse des druides celtes, de saint Gérard de Toul et des réfractaires à la germanisation de l'Est français. Une large table d'orientation permet de choisir ici d'autres buts de visite, par exemple à Chamagne, le logis de Claude Gellée, ce petit pastoureau du cru qui deviendra tout simplement Le Lorrain (1600-1682), fameux peintre romain des papes mais qui se souvint de son origine dans certains fonds bucoliques de ses toiles ; ou bien les environs de Marainville, Jevoncourt et Xirocourt, entrelacs de ruisseaux à peupliers, d'où procédait la famille paternelle de Chopin, les traces du musicien lui-même se retrouvant à Haroué ; ou encore les folies Belle Epoque élevées par trois frères brasseurs dans leur modeste village de Tantonville, lequel donna son nom au plus fameux grand café colonial d'Alger, *Le Tantonville*. Cependant, à l'hôtel du Luth, à Mirecourt, « capitale mondiale des instruments de musique à cordes », un réceptionniste stylé nous enjoint de « ne pas oublier dans les célébrités lorraines, le ministre Jack Lang, né mirecutien en 1939 » !... En effet, Jeanne d'Arc n'est pas seule en ses terres.

Avril 2000

Livres :

– Collectif, sous l'égide de Jean-Richard et Jean-Luc Liez, *La Toison d'or, un mythe européen*, Somogy-Serpenoise, Metz, 1998.

– Commentés par Jacques Paviot, documents sur *Portugal et Bourgogne au XVe siècle*, Fondation Gulbenkian, Lisbonne, 1995. En français.

– Philippe Erlanger, *Charles-Quint*, Perrin, 1997.

*

– Louis Champion, *Jeanne d'Arc écuyère* (1901), Favre, Lausanne, 1999.

– Henri Guillemin, *Jeanne dite Jeanne d'Arc*, Gallimard, 1970.

– Régine Pernoud et Marie-Véronique Clin, *Jeanne d'Arc*, Fayard, 1986.

– Princesse Bibesco, « Lyautey » in *Images d'Epinal*, Plon, 1937.

– Catherine Decours, *La Dernière Favorite, Zoé du Cayla*, Perrin, 1994.

– Jean-Bernard Naudin et Christiane de Nicolay-Mazery, *Haroué, demeure des princes de Beauvau-Craon*, L'Yeuse, 2002.

– Hubert Lyautey, *Le Rôle social de l'officier*, Bartillat, 2003.

*

Films :

– *La Passion de Jeanne d'Arc* de Carl Dreyer, 1928. Avec Falconetti.

– *L'Epopée d'un prince lorrain* (Lyautey), 1997, vidéo de Jacques Bonneau, Association nationale Lyautey, Thorey-Lyautey.

CHAPITRE XXIX

LYON

« Secret le mieux gardé d'Europe »

A Yves Thoraval

Comment l'envie de devenir désirable est venue à la capitale rhônalpine, dès lors qu'elle a été hissée par les Nations-Unies au rang de « site d'une valeur universelle exceptionnelle ».

Il y a des phrases qui assassinent durablement ; de Lyon, Stendhal dit dans *Mémoires d'un touriste* : « Je ne connais qu'une chose que l'on fasse très bien [ici] : on y mange admirablement, et selon moi, mieux qu'à Paris ; les légumes y sont divinement apprêtés, etc. » Tel un écho, Stéphane Braconnier, peintre local, sans même la reconnaissance du ventre, confiait à *Muséart*, en mars 1998 : « Je ne me sens pas du tout lyonnais. C'est très province, en fait... »

Patrie des empereurs Claude et Caracalla, métropole des Trois-Gaules, primature chrétienne, forum des soyeux, berceau du septième art, haut lieu de la bouche, capitale de la Résistance, siège d'Interpol, Lyon, depuis deux mille ans, accumule les titres de gloire mais n'a jamais su créer, autour, une légende. Et là, c'est encore Stendhal qui frappe : « Ce qui manque surtout au caractère lyonnais (...), c'est l'esprit *osé*, l'imprudence aventureuse, la présence d'esprit, etc. »

Cité sérieuse et travailleuse, longtemps accablée d'infernaux encombrements, elle avait jusqu'à récemment été regardée de l'extérieur plus comme un obstacle que comme une étape, 80 % de ses deux millions et demi de visiteurs annuels faisant profession d'hommes d'affaires...

La décision de l'Organisation des Nations-Unies pour l'éducation, la science et la culture, l'Unesco, en décembre 1998, d'inscrire au patrimoine mondial quatre cent septante-huit hectares de la commune lyonnaise, décision qui hisse le cœur du chef-lieu rhodanien au rang de « site d'une valeur universelle exceptionnelle », telles Prague ou Venise, a donné conscience qu'elle méritait d'être désirée à cette ville qu'un Anglais francophile (oui, il s'en trouve) qualifiait de « secret le mieux gardé d'Europe »...

Obtenir la mesure unesquienne figurait depuis 1996 au plan de mandat de Raymond Barre, maire importé mais reconnaissant, et pourvu d'un entourage culturel actif, voire activiste. Néanmoins, rien n'aurait été possible sans le classement, ordonné en 1964 par Malraux, ministre du Général, de cinquante hectares du Vieux-Lyon. Parmi les experts mandatés par la place Fontenoy pour examiner la demande lyonnaise, un archéologue arabe et un architecte slave, conquis par le panorama qui, de Fourvière aux Terreaux, égrène sans les superposer deux millénaires d'Histoire et d'Art, des Romains à Jean Nouvel, suggérèrent d'élargir jusqu'à près de cinq cents hectares le périmètre présenté à l'Unesco, en ajoutant au Vieux-Lyon une part de la Presqu'île et les pentes de la Croix-Rousse. Dont acte.

Le morceau enlevé, il faut le surveiller, car si le bras « culture » des Nations-Unies ne peut intervenir directement dans la gestion d'un Etat ou d'une municipalité, il a la possibilité de déclasser un site ou de mettre en quelque sorte « entre parenthèses » la distinction suprême. Le classement au patrimoine mondial, par l'Unesco, concerne sept cent trente monuments ou lieux, cinq cent soixante-trois au titre culturel, cent quarante-quatre au titre naturel, vingt-trois à titre à la fois culturel et naturel, l'ensemble étant dispersé dans cent vingt-cinq pays [1]. La liste reste ouverte.

Lyon se sent ainsi incitée à détruire l'épouvantable masque de béton qui, depuis un quart de siècle, défigure la malheureuse gare Second Empire de Perrache ; à empêcher la prolifération sur les façades des « marguerites métalliques » *alias* paraboles télévisuelles captant le Maghreb ; à instaurer la signalisation piétonne en trois langues, ainsi qu'y invite d'ailleurs la loi Toubon de 1994 ; à lutter enfin efficacement contre ce que le « municipalement correct » nomme « déjections canines » et qui gâche sans rémission les déambulations dans les attirantes mais étroites rues médiévales (comme d'ailleurs dans la plupart des autres grands villes françaises, en particulier Marseille et Paris).

Le classement international encourage également Lyon à étendre la sauvegarde des *traboules*, ces « passages publics sous immeubles privés » qui sont une spécialité lyonnaise (et chambérienne). La capitale rhônalpine compte trois cent quinze traboules, dont une vingtaine seulement ont jusqu'ici fait l'objet d'une convention avec la mairie, garantissant à tout usager entretien, éclairage et heures fixes d'ouverture. Stendhal, aurait sans doute approuvé, lui qui notait en 1837 : « Ce qui fait mon désespoir à Lyon, ce sont ces allées obscures et humides qui servent de passage d'une rue à l'autre. »

De l'ancien immeuble de l'association ouvrière des Voraces, construit au flanc de la Croix-Rousse sous la monarchie de

1. Chiffres de 2003.

Juillet, au minilabyrinthe unissant le quai Romain-Rolland à la place du Gouvernement, on peut *trabouler* d'une découverte architecturale à l'autre ; et cela en compagnie des fantômes de canuts révoltés en 1831 ou de résistants des années 1940, car ces venelles en boyau, en escalier, en zigzag ou en coupe-gorge ont naturellement été matrices d'Histoire – sans parler des historiettes de la vie quotidienne, y compris le canular local durable qu'est l'Institut des sciences clavologiques...

A l'air libre, déjà, on ne reconnaît plus Lyon, naguère si grise, Lyon qui, en ses artères Renaissance aussi bien que sur les rives de la Saône et sur les hauts de la Croix-Rousse, se repeint en ocre, safran ou rose. Des puristes ont tempêté contre cette « entorse à la tradition », mais il n'est pas du tout sûr qu'ils soient allés chercher très loin leurs arguments : au palais Saint-Pierre, une huile de Jean-Michel Grobon, montrant le quartier de la Pêcherie (inclus dans le choix unesquien) au cours des années 1800, prouve que la terre de Sienne, apportée par les maçons italiens, avait une première fois, au moment où naissait Guignol, rendu bonne mine à la cité avant qu'elle ne sombre dans la grisaille, sans doute par une fausse conception de la distinction... ou de la discrétion...

Parentés latines justement, dans sa biographie de Marie de Médicis, le jeune historien Philippe Delorme décrit avec force détails le rutilant cortège de l'entrée à Lyon, en 1600, de la fiancée banquière qu'épouserait Henri IV, ici même, à la primatiale Saint-Jean. Rubens a immortalisé cette *Rencontre de Lyon* entre la Florentine et le Béarnais, d'où sortiraient Louis XIII et les Bourbons-France. Trente ans plus tard, Marie, reine-mère, reviendra dans la cité comme auparavant l'avait visitée, en 1548, sa parente et devancière, Catherine de Médicis, épouse d'Henri II. Déjà, bien des bourgeois lyonnais parlaient de leurs « cousins florentins ». Dès 1466, au moment de la IVe Foire lyonnaise et de la décision de Louis XI d'implanter dans la ville une industrie de la soie, les Médicis avaient transféré à Lyon leur succursale de Genève.

En priant pour que les pantalonnades politiques répétées du conseil régional ne brouillent pas son nouveau profil international, Lyon sent désormais qu'elle a toutes les raisons sinon de jeter aux orties son « secret », du moins de se laisser approcher sans pudibonderie. Déjà ses nuits, hier si obscures, sont devenues un plaisir de lumière où des projecteurs intelligents informent sans éblouir, extrayant de l'ombre pas moins de cent soixante-quatorze monuments de tous les stades de l'ère chrétienne, parmi lesquels cent cinquante sont enracinés dans l'aire dont l'Unesco vient de solennellement consacrer la beauté *urbi et orbi*.

Janvier 1999 et février 2003

Livres :

– Jules Vallès, *Jacques Vingtras*, (1876-1886).

– Régis Neyret et Jean-Luc Chavent, *Lyon méconnue*, deux tomes, Editions lyonnaises d'art et d'histoire, 1996.

– Philippe Delorme, *Marie de Médicis*, Pygmalion-Watelet, 1998.

*

Film :

– *L'Horloger de Saint-Paul* de Bertrand Tavernier, 1973.

CHAPITRE XXX

MARSEILLE

1

La Maison Brun, enclave sans aulx

A Gaston Defferre,
« proconsul » de Marseille, in memoriam
A Edmonde Charles-Roux-Defferre

De même que Tanger n'est pas le Maroc et Alexandrie l'Egypte, la métropole phocéenne se démarque nettement de la contrée environnante mais a tout de même installé en plein Lacydon le temple de la gastronomie provençale...

C'est sous la Restauration, régime un peu gourmé mais gourmet, en tout cas doublement bien nommé car succédant à la boustifaille militaire de l'Empire, que les Brun ont commencé à faire parler de leur cuisine. En ce temps-là, ils n'officiaient pas encore sur le Vieux-Port mais là-bas, sur les hauteurs de La Viste, aujourd'hui banlieue sinistrée par le capitalisme sauvage et son inséparable moitié, l'immigration clandestine.

Les premiers Brun gastronomes connus sont donc authentiquement méridionaux, contrairement à une malicieuse rumeur née peut-être autour du très lyonnais Monsieur Brun, vérificateur des douanes à Marseille, campé en 1929 par Marcel Pagnol dans *Marius* ; ils furent faits maîtres de poste par brevet de Charles X et, vers 1825, ils régalaient leur clientèle d'une *tapenado* maison ou d'artichauts *barigoulo*, ultimes réconforts avant la descente vers Marseille et sa bouillabaisse bourrue, Marseille et son ail insistant (et ses « gangsters à l'ail », comme Paul Morand appellerait ici, cent ans plus tard, les truands).

La Viste se situait alors juste au-delà de cette invisible frontière qui a toujours séparé Marseille de la Provence, comme Alexandrie l'est de l'Egypte ou Tanger du Maroc. Une province de bonne souche tient toujours ses distances avec un grand port, et surtout sa cuisine, trop complaisante à l'égard de Dieu sait quelles bizarres influences...

Ce n'est qu'en 1936 que les « dynastes » Brun s'installèrent 18 quai de Rive-Neuve, soit en plein Marseille, face à la mairie Louis-XIV, à égale distance de la déserte tour de granit rose du roi René et de la moderne Canebière, noire de monde. Mais leur gastronomie resta avant tout « provençale ».

La bouillabaisse marseillaise ou la bourride martégale (des Martigues, la « Venise provençale », à quelques kilomètres de l'aéroport de Marseille-Marignane) sont ici servies mais seulement sur commande. Et, même s'il ne le dit pas, on sent que « Maurice II » (né en 1940) doit penser comme son père, « Maurice Ier » (1888-1954), et sans doute comme Nayou, mère du premier et veuve du second, « régente » en titre de 1954 à 1963 et ensuite éminence grise du chef régnant, que bouillabaisse et bourride sont certes des compositions pouvant être délectables mais peu nobles, puisque nées jadis des poissons invendus par les pêcheurs...

Parlons plutôt de daurades, loups, rougets de roche, soles, *sargs*, pageots, tous grillés et servis sans autre sel que le leur et, bien sûr, « sans aucun condiment ». Cette simplicité, alliée évidemment à la plus extrême fraîcheur, forme l'un des plus hauts moments de ce que Jeanne Laffitte, éditrice marseillaise, héritière elle aussi d'une lignée et d'une tradition locales remontant à la Restauration, appelle, dans son *Guide de Marseille*, « une messe ». Elle ajoute, en Marseillaise cent pour cent qu'elle est, donc jamais avare d'une petite pique à l'égard des *extra-muros* : « Une messe provençale jusqu'à la manie »...

Messe ou pas, ce rite célébré autour de quatre ou cinq tables (« jamais plus ! ») dure au moins deux heures, « et si possible un peu plus », entre les neuf hors-d'œuvre et le beaumes-de-venise final encadrant le poisson, les artichauts, les pintadeaux à la broche, la salade à l'huile d'olive artisanale (« l'huile doit se choisir avec autant de soin que le vin ! »), le vrai banon ou la tome de Manosque (chèvres livrés par Bataille, affineur marseillais digne de ce métier), les calissons d'Aix, les nougats noir et blanc, les amandes et les fruits frais du terroir.

Chaque plat mériterait un feuillet. Maurice Ier leur a consacré, lui, un chapitre à chacun dans son *Gourmandugi* (gourmandise en provençal), sous-titré *Réflexions et souvenirs d'un gourmand provençal*, édité à Marseille en 1949 et réputé depuis lors introuvable. Les derniers exemplaires de cette « bible » (pesant plus de deux kilos) de la gastronomie et de l'histoire provençales, imprimée sur pur chiffon du val de Laga (Puy-de-Dôme) et illustrée de bois de Louis Jou, le dessinateur des Baux, se sont négociés à Marseille au prix de trois mille francs. Le texte de Maurice Brun père est précédé d'une préface de Charles Maurras (1868-1952), où l'intransigeant théoricien du nationalisme intégral se mue en expert de l'art culinaire méridional (il était natif des Martigues).

Plongeons-nous dans les pages sur la tapenade, puisque celle-ci est particulièrement en vogue, y compris à Paris, pour apprendre comment sécher au soleil les *tapeno* (câpres) avant de les confire dans le vinaigre de vin, puis de les piler « dans un mortier de marbre blanc » en compagnie de feuilles de laurier et de fleurs de thym, d'un quart (« jamais plus ! ») de gousse d'ail, d'une dizaine d'anchois bien lavés et « désarêtés » et de quatre poignées d'olives noires hachées, « le tout mélangé intimement, avec adjonction d'un peu d'huile d'olive et de cinq centilitres de rhum ». Et sans poivre, afin de ne pas enflammer le palais avant la « violence des *melets* », ces alevins d'anchois étêtés et mis en saumure durant quarante jours, puis poivrés, parfumés au fenouil, au laurier et à l'huile d'olive, et qui sont aussi l'une des gloires de la maison Brun.

Quel gouffre entre la tapenade du quai de Rive-Neuve et le grossier mélange d'olives et d'anchois souvent sans câpres qui vous est servi ici et là, y compris en Provence ! Quel immense écart également entre les artichauts barigoule de Brun, avec leur obligatoire champignon du cru, puisqu'il donne son nom à la préparation, et ceux que l'on vous présente comme « vrais de vrais », noyés sous les pommes de terre, les épinards, les carottes, que sais-je encore ! « Les cuisiniers d'hier étaient excusables, puisqu'on ne trouvait alors les barigoules qu'à leur saison, en automne, mais aujourd'hui ils ne le sont plus, car ces champignons provençaux sont disponibles toute l'année », nous chuchote Maurice II, sous le regard attentif de « Maurice III » (né en 1958) [1].

1. Le dossier « Barigoule » (ou plutôt *Barigoulo*, en sachant que, dans la langue de Mistral, le « o » final marquant le féminin est atone), n'est cependant pas clos, ayant été rouvert à l'extrême fin du XXe siècle par le *radioaste* gastronome Jean-Claude Rey *in* ses *Recettes et secrets d'un authentique souper provençal* (éd. Autres Temps, 1998), que soutient le scrupuleux cordon bleu comtadin qu'est ma tante Mireille Clauzade. Selon Rey, donc, l'artichaut barigoule n'est qu'une « escroquerie culinaire du même niveau (...) que les tomates à la provençale noyées de panure » car on doit, poursuit-il, cuisiner les « artichauts *à la* barigoule » – et non pas « artichauts barigoule » – « *à la façon* des champignons et non pas *avec* des champignons ». *Barigoulo* désigne en provençal le champignon des friches, *Pleurotus eringii*, poussant notamment au pied du *panicaut*, ombellifère piquante à ne pas confondre

Mainteneur d'une tradition codifiée par son père il y a plus d'un demi-siècle, Maurice II n'en a pas moins opéré en 1990 ce qu'il appelle une « évolution » mais qui est bel et bien une révolution. Il a institué, à côté du menu unique et intangible, avec sa quinzaine de spécialités (« un modeste quoique véritable aperçu de la cuisine provençale, qui, selon Brillat-Savarin, compte plus de deux cent cinquante recettes »), une carte où on peut choisir parmi les plats de la liste établie en 1936. « Que voulez-vous, à midi, les hommes d'affaires n'ont plus deux heures de temps pour déjeuner... »

Cependant, le décor est heureusement resté le même, avec ses quatre portraits différents de Frédéric Mistral, le Nobel provençal de littérature, dans cette antique et claire salle d'un ci-devant couvent de bernardines au plafond bâti d'anciens mâts de navires ; sa bibliothèque, où se trouvent aussi bien les œuvres d'Adolphe Thiers (un Marseillais) que celles des Daudet père et fils (des Provençaux) ; son interdiction non écrite de fumer, édictée par les Brun bien avant la loi *ad hoc* de 1976, « respectée par 90 % des clients »[2] ; l'ombre des fourchettes célèbres ayant doucement cliqueté dans ce temple surplombant le Lacydon : artistiques, comme Mireille Mathieu ou le peintre Ambrogiani (il a laissé un faisan flamboyant sur les murs), littéraires, comme Marcel Pagnol, Jean Giono ou Marie Mauron, politiques, comme les présidents Senghor

---

avec le chardon (comme il ne faut pas, à l'image de certains citadins transplantés en Luberon, commettre de confusion entre *barigoulo* et *farigoulo*, le thym). Voici la recette « barigoulière » de Rey qui, avant de l'émettre, convoque jusqu'à Mistral et son *Trésor du Félibrige* : « Il s'agit tout simplement d'artichauts coupés en deux, en longueur, dégarnis de leurs feuilles dures et de leur foin. On les fait cuire à la braise, sur un gril, après les avoir arrosés à l'huile d'olive. Et c'est tout ! La même technique est utilisée pour les champignons frais. » En fait, je crois qu'il y a deux recettes d'artichauts à la provençale, l'une bourgeoise, celle de Brun, l'autre rustique, celle de Rey, et c'est tant mieux pour la gastronomie méridionale.

2. Trois lois organisent en France la lutte contre le tabagisme, celles du 9 juillet 1976, du 10 janvier 1991 et du 29 mai 1992.

ou Houphouët-Boigny, ou encore un large échantillon du sérail français, de Gaston Defferre à Jean-Marie Le Pen.

Néanmoins, nul n'est prophète en son pays, même culinairement, et Brun a toujours été plus connu à Londres, à Genève et, plus récemment, à Tokyo (« les Japonais venant chez moi sont des clients particulièrement curieux et respectueux ») qu'à Marseille, où on l'a parfois même un peu brocardé lors des beaux jours, heureusement révolus, de la « nouvelle cuisine ». Avec le retour du terroir, du naturel, du goûteux, Brun, derrière son immuable pancarte en bois peint, en haut de son escalier bosselé, montre qu'en étant archaïque à bon escient, on est tôt ou tard assuré d'un regain de jeunesse.

Taquinons quand même encore une fois Maurice II avant de le quitter : « M. Brun, comment pouvez-vous ouvrir votre repas par une clairette de Die, un produit dauphinois ? – Certes, mais la comtesse de Die fut jadis trouveresse provençale, et puis il nous fallait commencer par un degré faible, en l'occurrence six degrés, avant de passer *crescendo* au blanc de Cassis, suivi du clos de l'Oratoire rouge, et de terminer, sans être gris, par les quatorze degrés du beaumes-de-venise. » Quai de Rive-Neuve, les dynastes ont réponse à tout... [3]

Janvier 1990

---

3. Depuis lors, au regret général, toute la famille Brun s'est retirée de la restauration. Le flambeau de la haute cuisine provençale a été transmis à un autre mainteneur proclamé de la tradition, dont on attend qu'il fasse ses preuves.

2

La Thélème des sœurs Laffitte

La ville la plus macho de France aime bien se laisser mener par des femmes. Il y a eu la reine Jeanne, la comtesse Pastré, la « mairesse » Edmonde Charles-Roux. A cheval sur l'esprit et l'estomac, les sœurs Laffitte ont également apposé leur marque sur la doyenne des cités françaises.

A Marseille, tout pouvoir est romain, absolu. Celui qui règne peut et doit prendre des risques. Simone et Jeanne Laffitte sont allées jusqu'à créer de nouvelles traditions. « Il faut bien que quelqu'un commence un jour ! » Le peuple d'abord, le temps ensuite, apportent le sceau de la légitimité.

Le 21 juin 1991, donc, le maire de Marseille, serré de près par son adjointe au tourisme, l'éditrice Jeanne Laffitte, sortira du Vieux-Port, suivi de toute une flottille, pour célébrer au large, en vue du château d'If, « les noces de Marseille et de la mer ». Venise le fait depuis belle lurette mais les Marseillais, qui doivent eux aussi presque tout à la Méditerranée, et un millénaire avant les Vénitiens, s'il vous plaît, n'y avaient jamais songé. Ils se contentaient, en famille, pour Pentecôte, de manger le colombier, gâteau contenant un oiseau en céramique. (« Qui la colombe aura, dans l'année se mariera ! ») rappelant le mariage en 594 avant Jésus-Christ de la proto-Marseillaise ligure Gyptis avec le futur Massaliote grec Protis. Union du terroir et du large.

Le même 21 juin, cours d'Estienne-d'Orves, en plein centre, les Marseillais, masqués ou non, danseront, participeront à une « fête d'artifice », libre adaptation de *La Flûte enchantée* de Mozart, puis regarderont en musique s'embraser une pyramide de feu, *physica buffa*.

C'est sur cette artère, vouée au héros à l'antique que fut Honoré d'Estienne d'Orves (1901-1941), officier de marine royalisto-gaulliste et essayiste, fusillé par la Gestapo, c'est là que les sœurs Laffitte ont livré leur premier grand combat public : l'hydre – la *tarasque*, en parler marseillais –, c'était un *parc-auto*, vaste comme un paquebot et sinistre comme une prison, construit en 1965, à la place d'un marché aux légumes en plein air, lui-même successeur d'un canal relié au Vieux-Port, comblé en 1925.

Il ne s'agissait pas de rouvrir la voie d'eau ni de rappeler les *partisanes* – dénomination locale des dames de la Halle –, mais de donner aux Marseillais, en sus évidemment d'un garage souterrain, une promenade sans nuisances à cinq minutes de la Canebière, abandonnée, elle, au charroi, aux *néfastes-foods* et aux retraités kabyles. En même temps, les façades riveraines retrouvaient air et lumière, révélaient leur superbe rigueur Louis-XIV, Louis-XV ou Louis-XVI.

Alors que l'ombre hideuse du parc-auto assombrissait encore tout alentour, Jeanne puis Simone, par défi, établirent en 1980 leurs pénates professionnelles dans d'anciens arsenaux (*arcenaulx* en orthographe du XVe siècle, restée longtemps en vigueur dans la province) loués aux héritiers Proust et Mauriac.

On rigola de ces deux pauvres femmes qui voulaient « démolir le *parkingue* ». Une galéjade !

Je vous épargnerai le calvaire administrativo-politico-financier que durent affronter nos deux futures égéries et leur Association culturelle des Arcenaulx. Edmonde (Charles-Roux), étant alors cosouverain de Marseille avec Gaston (Defferre), apporta heureusement son soutien de choc, et les murailles de Jéricho s'effondrèrent à la fin de la décennie 1980, au bruit d'un concours international d'idées suscitant quatre-vingt-trois projets. Cinq furent retenus et ont inspiré le nouvel aménagement, dû à l'architecte Charles Bové.

Remontons donc la filière Laffitte, au cas où vous auriez cru que les sœurs démolisseuses sont fraîchement débarquées dans la métropole du Midi, d'où leur ardeur digne de néophytes... Sans rapport avec le corsaire Jean Laffitte, le banquier louis-philippard de Maisons-Laffitte ou le cépage bordelais (Château-Lafite n'a d'ailleurs droit à aucun doublement de ses consonnes), les deux Marseillaises peuvent exciper néanmoins d'un joli pedigree, entièrement culturel qui plus est, c'est-à-dire en France le fin du fin.

Sans doute est-ce un ex-colporteur d'almanachs d'origine basque, fixé à Marseille au tout début du XIXe siècle, où il fut à la fois imprimeur, éditeur et libraire, qui est l'ancêtre éponyme. La monarchie de Juillet ne parvint pas à implanter définitivement les Bourbons-Orléans mais elle laissa derrière elle une solide dynastie éditoriale, qui allait trôner durant des générations sur la Canebière.

Elle y diffusa aussi bien les *Chansons provençales* de Victor Gelu (1806-1885), boulanger, acteur et dès 1840 poète adulé, éternel Mistral du *populo*, que la première *Grammaire française à l'usage des immigrés italiens*, outil décisif pour l'assimilation de ces étrangers, dont les descendants forment maintenant la moitié de la population marseillaise.

Durant la Grande Guerre, le chef de la lignée Laffitte, Paul, envoyé au Maroc sous les ordres de Lyautey, y introduit non point l'édition française, mais... le lys, et s'y taille un nom comme... bienfaiteur de l'apiculture chérifienne. Pendant ce temps, à Marseille, l'épouse de Paul, pour pallier les pertes dues à la pénurie de papier, ouvre une briocherie à côté de la librairie. (Ses enseignements gourmands ne seront pas perdus, et la tradition culinaire des Laffitte réapparaîtra au grand jour lorsque Simone prolongera sa librairie par un restaurant méridional.)

Sous la Quatrième République, Laffitte continue à être le principal libraire de cette ville de tout temps réputée « anti-culturelle », et même « scélérate », à en croire Mme de Sévigné, mais où ceux qui font ou vendent les livres n'ont jamais vraiment manqué de chalands (aujourd'hui même, en dépit de la Fnac et du Virgin Megastore, cinq ou six librairies continuent d'avoir pignon sur rue à Marseille).

La Cinquième République vit, pour la première fois, vaciller la dynastie édito-libraire : le seul héritier mâle, Louis, se désintéressait peu à peu de l'activité familiale. Pouvait-on s'en remettre à deux filles, Jeanne et Simone ? Devait-on sauter le pas et abolir la loi salique ? Si Simone se livrait à des études littéraires à Aix-en-Provence, Jeanne, dès quinze ans, était « mise aux bouquins ».

En 1968, déjà rodée au métier, elle se lançait dans le livre ancien avec une petite aide en liquide de son père ; puis ce fut, dès 1972, Jeanne Laffitte Reprints, qui afficha bientôt deux mille titres sur toutes les régions de l'Hexagone ; enfin les éditions du Quai, pour les titres nouveaux, littéraires et autres. La vieille maison prenait, au féminin, un rude coup de jeune.

« Depuis lors, nous n'avons jamais été à l'aise financièrement, toujours jonglant, toujours calculant mais jusqu'à présent toujours là », confesse Jeanne, tête financière du duo, et qui sait également quels sont les problèmes de toute la profession depuis son *Rapport sur la diffusion du livre en Provence-Alpes-Côte d'Azur*.

Elle est là, Jeanne, dans son strict bureau d'adjointe au maire, sur la Canebière, visage net, robe moutarde et noir, parlant de la violence et du verbe et du vent dans sa ville, de ses gros clients des universités nord-américaines, du poème de Mistral, *Mireille*, traduit en japonais. On l'appelle du bout du monde afin d'obtenir des places pour le prochain « spectacle » de l'Olympique de Marseille. Elle aiguille vite là où il faut avant de déployer devant vous les nouveaux projets municipaux pour le cours d'Estienne-d'Orves : des statues, mais surtout des minimarchés spécialisés sous parasols blancs – brocante, timbres, *taraillettes* (les fameuses poteries provençales pour enfants).

Près de l'ancienne capitainerie des galères, aménagée en hôtel, au mitan de cet espace redevenu partie intégrante du visage urbain, le petit empire des sœurs Laffitte dévide discrètement, sur mille mètres carrés en retrait du cours, sa librairie, ses éditions, ses salles d'expositions et de conférences, sa boutique d'antiquaire, son rayon traiteur et vins, son restaurant enfin, où les artichauts barigoule voisinent avec la soupe de favouilles [1] ou la baudroie [2] à la Raimu. En regard de ces débauches pour le palais, un « menu littéraire », renouvelé chaque mois, est également proposé. Ces temps-ci, on y trouvait aussi bien *Monsieur Jean ou l'amour absolu* par Georges Ribemont-Dessaignes, curieux texte dadaïste de 1934 repris par les éditions Alia, qu'une incursion éditoriale de Jeanne Laffitte vers le Septentrion : *Les Ponts de Paris*, par Jean Pattou et Michel Cantal-Dupart.

Différente de Jeanne, Simone montre néanmoins la même haute taille, les mêmes visage et vêtement nets (tenue rouge et noir aujourd'hui). Elle présente les productions maison, très diversifiées : *Jason le Phocéen* (bande dessinée), *Un Hiver berbère* (ethnologie), *Marseille et les peintres* de Marielle Latour et Jean Boissieu, le *Dictionnaire tauromachique*, l'*Histoire de La Chaise-Dieu*, etc. Sur nos têtes, les énormes poutres d'origine ont été seulement décapées et sous nos pieds, le sol d'anciens

1. Nom provençal des crabes.
2. Nom provençal de la lotte.

magasins des galères est resté doucement inégal. Partout des tableaux modernes, des gravures anciennes, des livres d'hier ou d'aujourd'hui, même dans le restaurant.

Les clients vont et viennent, choisissent des cartes postales d'art ou font dédicacer son dernier titre à Jules Roy ou à Jean Boissieu, mon confrère du *Provençal* devenu historiographe officieux de la ville, achètent ou feuillettent des « poches » ou des « Pléiade ». La lumière n'est pas agressive. Echappée des cuisines, une odeur de thym annonce le dîner. « On a le temps, les sœurs ferment tard. » Sous leurs ordres, une trentaine de personnes, du chef cuisinier au garçon libraire spécialisé, ont inventé une autre vie pour ces arsenaux qui, au XVIIIe siècle, employaient vingt mille personnes.

Les dames Laffitte ont encore créé une tradition dans ce port couche-tôt, moins anticulturel que discret dans ses loisirs (sauf, bien sûr, à l'Opéra et au Stade vélodrome) : elles ont marié en un seul lieu, sans complexe et sans ridicule, la tête et le ventre, implanté à Marseille la flânerie conjointement littéraire et gastronomique, ramené en visite vers le centre les bourgeois cultivés et orchestré la renaissance d'un quartier populaire sans en chasser les natifs.

Un nuage quand même sur ce beau travail : les enfants de la famille ne sont pas intéressés par la librairie, l'édition ou la restauration...

Mai 1991

3
La Canebière revivra-t-elle ?

En pleine « harlemisation », l'ancienne voie triomphale de Marseille s'est soudain accrochée au bord du gouffre, où son âme est hélas ! déjà tombée...

C'est vrai que, de prime abord, la Canebière, aujourd'hui, vous tombe dessus comme une mauvaise surprise, un mauvais rêve, avec ses magasins fermés, invendus, invendables, on ne sait ; ses énormes palaces clos ; ses solderies de fringues ou de souliers ; ses sandwicheries débitant de peu appétissants *estoufadous*[1] : ses « cinémas cochons » – appellation locale des salles pornos – formant avec des *sex-shops* un chapelet graisseux.

N'en jetons plus, et pourtant l'atmosphère ne s'arrange pas au crépuscule lorsque la foule diurne, pressée mais frétillante, laisse place à de petits groupes fixes d'hommes en gris, parfois

1. A Paris, on dirait « étouffe-chrétien ».

en pantoufles, rarement adeptes du rasage quotidien. C'est faux de dire qu'« alors on n'entend plus parler qu'arabe sur notre Canebière ». La langue la plus répandue y devient le kabyle, piqué de mots français, toujours les mêmes : Sécu, papiers, tiercé...

« Longtemps, raconte un retraité de la police, la Canebière fut à la fois un lieu de contact et une frontière entre les deux Marseille, celle des Marseillais, des gens nés ici, et celle des étrangers, des passagers, des Maghrébins. Tout se passait pas trop mal, chaque groupe respectant le terrain de l'autre. Figurez-vous que ce sont les quatre frères truands Guérini qui, à partir de la Libération et jusqu'à la chute du chef de clan, « Mémé », en 1969, ont garanti, avec la bénédiction de la mairie socialiste, ce *statu quo*. Une fois que cette barrière invisible est tombée, le Milieu algérois a traversé la Canebière, la main-d'œuvre algérienne a suivi le week-end, puis tous les jours, les désœuvrés et enfin les jeunes arracheurs de sacs. Se sentant impuissants devant ce déferlement, les Marseillais se sont retirés des lieux. Impuissants, et, notez-le aussi, traumatisés : pensez qu'une étrangère, à peine débarquée chez nous, a cherché noise à une vieille famille de confiseurs qui, bien sûr sans penser à mal, fabriquait depuis plus d'un siècle et demi l'invention d'un de ses ancêtres : les *baisers-de-nègre*... »

Un habitant, resté coûte que coûte sur les lieux, finit par craquer : « J'en peux plus, *pardi*, je veux m'en aller. N'importe où, pourvu qu'on soit loin de cette Canebière pourrie ». C'est ce qu'ont déjà fait l'ancien premier commis des Cent Mille Chemises ou l'ex-caissière de feu la mémorable charcuterie des Réformés qui, maintenant, travaillent et font leurs courses loin de la Canebière, au Centre Bonneveine, « où il y a près de cent commerces, mille places gratuites pour se garer, tandis qu'au parking payant de la Canebière, il faut enjamber les flaques d'urine et échapper aux putes avant d'arriver à son auto qui a peut-être été fracturée... »

« Oh ! ce parking juste en face de mon magasin, ce parking et sa faune qui effraie mes clients et mes vendeuses », s'exclame en s'arrachant les cheveux le patron de la Boutique de l'OM, l'une des rares vitrines neuves et attrayantes du coin.

L'éditrice Jeanne Laffitte connaît bien les lieux, elle aussi, qui laissa naguère le bel emplacement de la plus que centenaire librairie familiale pour émigrer aux anciens arsenaux des galères louis-quatorziennes, à l'écart de la trop fameuse artère. Avec sa sœur Simone, elle a créé là-bas un complexe culturel et culinaire qui anime tout un quartier mais fait défaut à la Canebière [2].

L'un des espoirs de la gauche méridionale, coqueluche de l'élite israélite de Marseille, le quadra Albert Hini, premier adjoint au maire, s'il n'a pas encore transporté ses pénates d'avocat sur la Canebière, affirme par contre « en tenir pour elle » : « Nous allons dépenser des centaines de millions pour rénover et relancer la seule Canebière, sans oublier bien entendu la sécurité, mais imaginez-vous que la police nationale a refusé d'ouvrir un commissariat dans un ancien sex-shop que la municipalité avait pourtant racheté et mis à sa disposition... »

Ni l'Etat, ni la région, ni le département n'ont toutefois laissé tombé l'équipe municipale, et à eux trois, ils fournissent la majorité des investissements canebiérois. L'un d'entre eux est déjà réalisé, faisant couler, autour du Vieux-Port, des flots de salive et d'encre : l'*Espace Mode Méditerranée*, dans un fier immeuble haussmannien d'où on a fait partir un grand magasin de vêtements masculins. La présidente, bénévole mais effective, de cet Espace est la seconde et jeune épouse du maire, Maryline Vigouroux [3]. L'aménagement intérieur, gris souris et bleu lavande, est du décorateur parisien Jean-Michel Wilmotte.

Les langues marseillaises se sont déchaînées : « Quelle provocation, dans un port industriel où on compte près de 20 %

2. Voir la deuxième partie de ce chapitre sur Marseille.

3. Le docteur Robert Vigouroux, maire socialiste de 1986 à 1995, successeur de Gaston Defferre, a été remplacé par le centro-chiraquiste Jean-Claude Gaudin, tendance pagnolesque, plutôt au bon sens de cet adjectif.

de chômeurs, d'ouvrir cinq étages en plein centre pour montrer des vieux modèles de Dior ou Chanel ! Les ouvriers licenciés de Sud-Marine ou de tant d'autres usines en faillite sont bien *braves*, ils auraient dû venir chahuter les trois mille invités de l'inauguration, Pierre Bergé en tête... »

A première vue, ces arguments portent mais, à bien y réfléchir, si on veut pour de bon rendre quelque lustre à la Canebière, l'idée de « Maryline » est peut-être plus révolutionnaire que saugrenue. Si Marseille ne possède pas, en effet, de tradition de haute couture – Lacroix est d'Arles et Ungaro d'Aix –, elle a vu, en revanche, s'y implanter, notamment grâce aux Arméniens échappés de l'Empire ottoman après 1920 et aux Juifs arrivés de l'ex-Afrique du Nord française après 1960, une industrie textile qui emploie maintenant, avec les activités commerciales, environ quarante mille personnes dans quatre cents entreprises.

Si l'Espace Mode devient réellement, comme il le proclame, un « outil de travail pour aider les jeunes talents », on trouvera bientôt que son coût et ses trente employés permanents ne sont peut-être pas si scandaleux que cela, et on finira par célébrer le côté pionnier de cette nouveauté sur la Canebière.

On n'en est pas encore là et les Marseillais de souche distillent encore de lugubres : « La Canebière ne décolle pas », « Le plan Canebière est foutu ». Les chances réelles de rendre vie et beauté à l'ancienne voie triomphale de Marseille résident dans trois ou quatre dossiers, sans rentabilité directe, visant à ramener au cœur de la cité les étudiants exilés vers la périphérie à l'époque de la vogue des campus à l'américaine ; si des logements estudiantins en nombre suffisant sont, comme promis, insérés dans le secteur central, y devenant des poches de vie dans une zone vieillissante, dégradée, peu sûre et bureaucratisée, il est à parier que la Canebière ne sera descendue si bas que pour mieux remonter.

Après s'être fait tirer la peau, il lui restera quand même à retrouver l'essentiel : une âme. Comme à l'époque pas si lointaine où une quinzaine de grands cafés, bruyants de joie et de plaisir de vivre, bourrés de bourgeois, d'ouvriers et d'étudiants, bordaient le boulevard le plus cosmopolite de France, et pourtant pas le moins français...

Février 1994

4
Château-Pagnol en souffrance

Un castel kitch, inspirateur de l'écrivain méridional, a eu moins de chance que la Vallée-aux-Loups ou Saché...

Le monde de Pagnol s'étend aux confins d'Aubagne, d'Allauch, et des quartiers marseillais de La Treille et des Bellons. Le 2 novembre 1942, l'ancien professeur d'anglais, devenu dramaturge, cinéaste et romancier, écrivait au chef de la municipalité allaudienne : « Né à Aubagne, élevé à La Treille, j'ai toujours aimé, depuis ma petite enfance, le désert parfumé s'étendant entre Allauch et Aubagne ; et j'ai toujours regretté que ces collines fussent un désert. »

Malheur à l'inconscient qui ne se rendait pas compte, malgré sa connaissance du terroir, que les odeurs de thym et de romarin ne pouvaient justement être perçues que grâce au « désert » environnant ! Un désert tout relatif à l'époque, puisque les incendies estivaux n'avaient pas encore détruit la plupart des pins et chênes de la contrée. Vingt ans après la disparition (en 1974) de l'académicien couvert d'honneurs, de traductions et d'écoles à son nom (plus de deux cents en France), les éminences déboisées de la chaîne de l'Etoile sont devenues aussi fréquentées qu'un jardin public.

Dans sa même missive à l'édile, l'auteur de *Topaze* confiait : « Dès que j'ai eu quelque argent, j'ai acheté, sans aucun motif de lucre, des parcelles de terrain qui ne portaient aucune culture mais beaucoup de poésie. Plus tard, j'ai tourné trois films dans ces collines : *Jofroi*, *Angèle* et *Regain*, pour lequel j'ai bâti un village mais, par malheur, un village en ruines. Je voudrais maintenant, en souvenir de mon enfance et pour honorer la mémoire de mon frère Paul, mort à trente-quatre ans, et qui fut le dernier chevrier d'Allauch, y construire, non plus un village mort mais une ville vivante. » Il s'agissait, en fait, d'une immense cité du cinéma pour laquelle Pagnol avait besoin d'agrandir son bien grâce à des terrains dépendant de la commune allaudienne... Le maire ne donna pas suite.

Sur le territoire voisin de La Treille, hameau à oliveraies – et qui était, lui aussi, un « désert » lorsque le jeune Marcel y séjourna plusieurs fois, en 1904 et en 1905 –, des « urbanisateurs » plus ou moins sauvages se sont chargés, ces derniers lustres, de répondre, à leur manière, au souhait de Pagnol. La Bellonnette, minuscule mas loué jadis par sa famille – et dont une partie appartient toujours à ses héritiers –, est maintenant écrasée par un énorme réservoir d'eau en métal, jouxtée par des villas néo-provençales aux volets parme et flanquée d'une buvette qui expose la lunette en bois d'un ancien *pati* (vocable local désignant les toilettes rustiques que l'on construisait naguère à l'écart des maisons) sur laquelle on a punaisé un papier certifiant : « Véritable WC de M. Pagnol. » Pour aller contempler cette merveille, une seule minuscule route où deux voitures ne peuvent se croiser...

Lorsque Pagnol, gloire faite, s'était mis en tête de bâtir son Cinéville, et qu'il n'avait pu s'entendre avec Allauch, on lui signala une vaste propriété à vendre, en marge de ce triangle tricommunal de rocailles et de garrigues dont il proclamait : « C'est l'endroit du monde que j'aime le mieux. » Il s'y rendit et eut un coup au cœur : la propriété, La Buzine, à Saint-Menet, il la reconnut d'emblée : c'était *Le Château de ma mère*, celui devant lequel toute sa famille, coupant à travers le parc pour gagner son cabanon, avait jadis été houspillée par un gardien trop vigilant.

La Buzine n'avait jamais été une demeure heureuse. Ce château, élevé sous Napoléon III, avec une façade plus ou moins Louis-XIII et une autre approximativement romano-byzantine, le tout très kitch donc, repose sur de vénérables fondations dues à des notables marseillais oubliés, Guillaume Cabofigue au XIVe siècle et l'écuyer Henri de Buzin au XVIIe. De la guerre de 1870 au règne de Pagnol, les propriétaires ou occupants se succédèrent en moyenne tous les dix ans, aucun ne s'attachant à cette folie de parvenus, pas plus la sœur d'Edmond Rostand que l'officier de marine Pallez, encore moins les réfugiés espagnols, marins du Troisième Reich, soldats français en partance pour l'Indochine ou le Crédit foncier... Tout le lustre du manoir provient de Pagnol.

La Buzine n'a pas, comme dans la mémoire enfantine de l'écrivain, « quatre tours octogonales et trente balcons de pierres sculptées ». C'est seulement un corps central de trois étages flanqué de deux ailes, le tout sous des toits prétentieusement recouverts d'ardoise au pays de la rose tuile romaine. Pagnol acheta *illico* La Buzine mais il se rendit vite compte que les trente-trois hectares du domaine ne suffisaient pas plus, pour son projet, que les vingt-quatre hectares de maquis, d'ailleurs non attenants, qu'il possédait déjà dans le coin.

Il se contenta d'installer son père et sa sœur dans le logement du régisseur. En 1973, l'année d'avant sa mort, l'académicien céda le château et ses terres à un promoteur immobilier parisien qui projetait de les lotir en cinq cents morceaux... S'ensuivit une interminable polémique avec la mairie de

Marseille dont dépend Saint-Menet. Un accord fut enfin trouvé, autorisant la réalisation de « seulement » deux cent quarante-neuf maisons, tandis que la gentilhommière reviendrait plus tard à la Ville...

Les pavillons ont été construits. Partout ont surgi grilles, murets, écriteaux défensifs. Aucune chance jamais qu'une famille puisse aujourd'hui traverser *pedibus* le domaine des Sept-Collines, selon la nouvelle appellation romanisante de La Buzine, aussi ridicule que les ardoises de jadis ! Icelles ne sont d'ailleurs plus qu'un souvenir, car les charpentes en chêne ont quasiment toutes été emportées, provoquant l'écroulement de la toiture. Des « bandes noires » sont venues, mais aussi des amateurs de reliques ; et cet édifice, qui aurait dû être religieusement conservé – comme la Vallée-aux-Loups de Chateaubriand ou le Saché de Balzac – en tant que lieu visité par la muse, a été livré aux pillards et autres arracheurs de fer forgé et désosseurs de sculptures. *Le Château de ma mère* est connu sur les cinq continents comme symbole littéraire d'un amour filial magnifiquement mis en scène. Nul doute que, quelle que soit la destination que lui donnera, après travaux, la ville de *César* qui l'a récupéré, il demeurera un but de pèlerinage.

Maîtresse du haut lieu, la municipalité marseillaise s'est enfin décidée, en 1996, à faire classer la carcasse de La Buzine monument historique ; à l'entourer de grillages maintenant qu'il n'y a plus rien à désosser ; à ouvrir puis à fermer, dans une dépendance, « La Boutique du monde de Marcel Pagnol » ; à créer sur Internet le site *marcel-pagnol.com.* Ce qui subsiste du parc alentour, avec quelques beaux arbres, est ouvert au public – en fait surtout aux chiens crotteurs...

Plus sérieusement, la mairie prévoit « dans l'avenir » à La Buzine de fonder un musée du Cinéma provençal, avec un large éclairage sur le multiple Pagnol. Pagnol écrivain, cinéaste, historien passionné par le Masque de fer, ami de Jean Anouilh, François Mauriac, Elia Kazan ou Jean Cocteau, mais aussi inventeur, mathématicien, homme d'affaires et même consul du Portugal salazariste...

En attendant, on peut, grâce aux itinéraires d'un ancien instituteur d'Aubagne, George Berni, qui connut Pagnol, serpenter sur les versants *non aedificandi* des collines de l'Etoile, y retrouver les cinquante espèces balsamiques chères au père de *Fanny*, du « poivre d'âne » au genévrier de Phénicie ; y oublier, un moment, autoroutes, lotissements et encombrements. Quant au triste état dans lequel croupit jusqu'à nouvel avis le « château d'Augustine », après tout, son fils n'affirmait-il pas lui-même : « Rien n'est plus beau qu'un vainqueur blessé. »...

Février 1995 et février 2003

5
Gaston-Plage

La station balnéaire née récemment au flanc de la cité est un des rares endroits où classes, castes et couleurs marseillaises se rencontrent sans se regarder de travers...

Cela peut paraître incroyable mais, vers 1980 encore, le premier port et deuxième ville de France, malgré ses soixante kilomètres de littoral, malgré les promesses de ses élus successifs, démagogues, mafieux ou humanistes, ne disposait toujours pas d'une grande plage populaire. Les amateurs de baignade à tout prix, et qui n'avaient pas les moyens de quitter la ville, devaient nager non loin des bouches d'égout ou escalader des roches coupantes. « Ils sont *jobastres*, ces *minots* », commentaient les *bazarettes*, pipelettes version méridionale.

A la fin du municipat – on devrait dire du proconsulat – de Gaston Defferre (1953-1986), Marseille est devenue, sans s'en rendre vraiment compte, l'une des principales stations balnéaires de la Méditerranée : plus de quatre millions de baigneurs s'y rafraîchissent désormais chaque été, très majoritairement sur l'immense et verdoyante plage du Roucas-Prado, contre moins d'un million naguère.

A la fin du long règne defferriste, s'achevèrent en effet les gros travaux de terrassement, transfert des déblais du métro et épuration des eaux usées. Entre la corniche Kennedy et la Vieille-Chapelle, le long des deux kilomètres et demi des promenades Pompidou et Mendès-France, on avait gagné quarante-deux hectares sur la mer.

Les grincheux opinaient : « Ce sera pelé comme la Crau et plein de papiers gras. » Les ultimes travaux de finition menés à bien, on foule, jusqu'aux galets blancs du rivage, un épais et net tapis de gazon sur lequel veillent cinq jardiniers en chef. L'un reconnaît que l'entretien est *galère*, « à cause du vent du large, et du piétinement quotidien des usagers, mais que les tamaris, lavandes et romarins tiennent finalement assez bien le coup ». Et puis, l'arrosage n'est plus un souci puisqu'il est « programmé en fonction de la météo, grâce à l'ordinateur et tout le saint-frusquin ».

Le public apprécie, s'ébat en famille, en amoureux ou en solo, un public qui attendait ça depuis les premiers projets d'aménagement balnéaire vers 1830... Des fonctionnaires malthusiens, des élus timorés ou spéculateurs, tous peu soucieux de donner des champs de loisirs aux *cacous* et aux *nervis*, les coqs de quartier et leurs suites, entravèrent pendant un siècle et demi leur accès à la mer, et à une mer cristalline. Le Roucas-Prado que nul – ô ingratitude ! – n'appelle de son nom officiel de « plage Gaston-Defferre », mais simplement « la Plage » ou « la plage du David », par allusion au « mec qui déballe son *vié*, ses *roustons* et son cul » (une reproduction du *David* de Michel-Ange...), est à présent le seul endroit de l'agglomération, avec le Stade vélodrome (arène des matchs-spectacles de l'Olympique de Marseille), où la plupart des classes, castes et couleurs marseillaises se mêlent sans se regarder des travers. Thalassothérapie des corps et des esprits..

On vient depuis peu de loin, et même de l'étranger, pour bronzer ou nager à l'ombre de la haute sculpture-paysage d'Amado, *Le Bateau ivre*, appréciée des apprentis alpinistes. Les amateurs de planche à roulettes jaillissent d'alvéoles en béton nappés de polyméthane, se livrent à des bonds prodigieux pour épater les *gonzesses*. Les consommateurs d'Histoire n'ont qu'à traverser l'avenue pour accéder au Château-Borély, bastide palatiale du siècle des Lumières. Les plaisanciers ont leur anse à l'abri de la houle. Seuls ronchonnent les cynophiles et cynomanes, car les chiens sont indésirables à Gaston-Defferre. Enfin, un endroit où on a osé dire le mot de Cambronne aux saletés canines ! Dans un seul domaine, les bâtisseurs n'ont pas été audacieux : le parc-auto, qui n'offre que mille cinq cents places alors que certains jours la plage reçoit soixante mille visiteurs...

Le succès du Prado, réel bouleversement socio-urbanistique, a fait école : à l'autre bout de la conurbation, au pied des collines de l'Estaque fixées dans leur inguérissable sécheresse par Cézanne, un nouveau pôle balnéaire, Corbières, plus modeste, plus escarpé, a été inséré dans un paysage longtemps voué aux entrepôts et aux décharges. Là, il n'y a que septante places pour se garer, mais ça vaut la peine de marcher un peu pour embrasser d'un seul coup toute la rade de Marseille, avec son cirque géant de montagnes blanchâtres, ses îles *idem*, ses collections de môles, ses vagues de toits romains. La ville « sale et mal foutue » (Blaise Cendrars) a alors disparu. Elle apparaît plutôt telle que dans le regard de Jules Supervielle : « Le beau rendez-vous des vivants qui lèvent le bras comme pour partager le ciel. »

Juillet 1997

6

La querelle vidée des 13 desserts

Les méticuleuses recherches du musée de Château-Gombert ont enfin permis de fixer la « liste authentique » des friandises de Noël, de la pompe à l'huile d'olive au melon *verdau* en passant par les sorbes de colline.

Chaque année, à Marseille et dans le reste de la Provence, à la veille de Noël, nombre de familles se divisent traditionnellement non point sur la réalité de l'Incarnation ou la question de la divinité de Jésus, mais sur les... treize desserts du réveillon !

Non pas sur leur nombre et sa signification (le Christ et les douze apôtres), pas plus que sur l'environnement obligé de ces douceurs : trois nappes blanches superposées symbolisant, au choix, comme les trois chandeliers nécessaires : le Père, le Fils et le Saint-Esprit ou Jésus, Marie, Joseph.

Mais les desserts eux-mêmes ! Le « grand débat » est de savoir si doivent figurer parmi eux des fruits confits ou bien des fruits frais seulement, et lesquels ; est-ce que la bûche est de rigueur ou bien seulement la *pompe*, sorte de grosse brioche plate et moelleuse, pétrie à l'huile d'olive et parfumée à la fleur d'oranger ? Le « mendiant » ou « nougat du pauvre », figue sèche fourrée de noix ou d'amande, compte-t-il pour un ou deux desserts ? Et ainsi de suite.

Nous estimons pour notre part que toutes ces discussions n'ont plus de raison d'être depuis que, ayant visité le musée des Arts et Traditions populaires du terroir marseillais, installé depuis 1928 à Château-Gombert, agreste banlieue du Grand-Marseille, et récemment rénové, nous y avons découvert la table de Noël dressée avec ses treize desserts reconstitués en faïence vernissée, après des recherches poussées dans la gastronomie méridionale la plus antique.

Selon celle-ci, la liste complète et sans appel des gourmandises de la Nativité est la suivante : noix, figues sèches, amandes, noisettes, grappes de raisins secs noirs dits de Malaga, reinettes, poires, pruneaux, sorbes, melon *verdau*, nougat blanc, nougat noir, pompe à l'huile. Le tout arrosé de vin cuit.

Point donc de bûche, récente invention « sacrilège » des pâtissiers sous influence nordique, encore moins de chocolats, fondants ou papillotes, ni d'oranges ou autres agrumes, tous produits qui, même sur les tables riches, n'apparurent qu'au XIXe siècle, au mieux avec la prospérité louis-philipparde. « Je ne sais où trouver des termes prudents pour peindre la prospérité croissante dont la France jouit sous Louis-Philippe. J'ai peur de passer pour un écrivain payé » (Stendhal en 1837 in *Mémoires d'un touriste*).

Même les très provençaux calissons d'Aix ou les fruits confits d'Apt ne sont pas tolérés, en tout cas à Marseille, car les gens du cru, lorsque cette liste s'est fixée, jadis-jadis, n'avaient pas accès à ces mets de château.

Seule difficulté peut-être aujourd'hui pour ceux qui veulent absolument respecter la tradition : trouver des sorbes, fruit sauvage qu'il faut aller quérir du côté des collines de Rians ou de Vauvenargues, près d'Aix, mais que certaines *partisanes* – les marchandes marseillaises de fruits et légumes opérant sur les marchés – mettent de côté en décembre pour leurs bons clients.

Décembre 1988 et décembre 2002

Livres :

– Horace Bertin, *Marseille et les Marseillais* (1868), Privat, Toulouse, 1988.

– Albert Londres, *Marseille, porte du Sud* (1927), Jeanne Laffitte, Marseille, 1980.

– André Suarès, *Marsiho* (1931), Jeanne Laffitte, 1977.

– Auguste Brun, *Le français de Marseille* (1931), Jeanne Laffitte, 1982.

– Raoul Busquet, *Histoire de Marseille*, Laffont, 1945.

– André Bouyala d'Arnaud, *Evocation du Vieux Marseille* (1959), Minuit, 1979.

– Sous la direction de Pierre Guiral et Félix Reynaud, *Les Marseillais dans l'Histoire*, Privat, 1988.

– Jean Contrucci, *Ça s'est passé à Marseille !* Autres Temps, Marseille, 5 volumes de 1992 à 1999 ; *L'Enigme de la Blancarde*, Lattès, 2002.

CHAPITRE XXXI

MARTINIQUE

Une île en mots d'auteurs

A Serge Letchiny, maire de Fort-de-France

« Notre confort matériel n'est pas dû à notre production mais à ce que la France veut bien dépenser pour nous garder ! » Parfois, un cri de lucidité émerge du surréaliste débat martiniquais entre partisans de la Négritude et ceux de la Créolité...

Fort-de-France, le chef-lieu de la Martinique, qui se veut aussi « la plus importante cité des Petites Antilles [1] » (cent cinquante mille habitants avec les communes adjacentes),

1. Archipel d'une trentaine d'îles principales, de statuts divers, totalisant moins de vingt mille kilomètres carrés de terre ferme et s'étendant sur quelque mille cinq cents kilomètres, de Saint-Thomas (Etats-Unis) à la Grenade (indépendante depuis 1974). On y ajoute parfois Trinidad-et-Tobago, grande île plutôt dans l'orbite du continent sud-américain.

accueillait au printemps 1990 les premières Journées de la francophonie des Amériques, inspirées notamment par les créolistes de l'université Antilles-Guyane.

On y vit et entendit beaucoup l'*écrivaine*[2] québécoise Denise Bombardier (à laquelle son patronyme fournirait un sobriquet parfait), le romancier judéo-irakien Naïm Kattan, devenu l'un des animateurs de la culture canadienne, ou Virgil Tanase, car les francophones qui se respectent ne sauraient désormais se réunir sans un représentant de la nouvelle recrue Roumanie.

Chacun attendait Aimé Césaire. Le député-maire de Fort-de-France depuis 1945, Senghor des Amériques et père américain de la Négritude, fils reconnu mais rebelle du pape surréaliste André Breton, communiste bon teint jusqu'en 1956 puis « apparenté socialiste », est un monument vivant, une machine politique et littéraire en fonctionnement comme il y en a peu dans le monde[3]. A ne pas rater, donc, cette sorte de François Mitterrand des Caraïbes (né en 1913, Aimé Césaire est l'aîné de trois ans du président français).

Las ! Un télégramme de la mairie foyalaise (les habitants de Fort-de-France sont appelés Foyalais) avait refusé l'« hommage » que les Journées se proposaient de rendre au poète.

---

2. Ce féminin québécois est en train de s'imposer à travers la francophonie : l'arabisant franco-tunisien Jean Fontaine a publié en français *Ecrivaines tunisiennes* (Gai-Savoir, Tunis).

3. Aimé Césaire a été député de la Martinique jusqu'en 1993 et maire de Fort-de-France jusqu'en 2001. Son successeur à l'hôtel de ville est Serge Letchiny, né en 1953, docteur en urbanisme de la Sorbonne (1984). Cet élégant chauve basané à moustache, adoré des Foyalais, quoique totalement dénué d'humour, a servi de modèle à Patrick Chamoiseau pour son « Christ-urbaniste » in *Texaco* (Goncourt 1992). Bien que se proclamant fils spirituel du « nègre fondamental », Aimé Césaire, Serge Letchiny semble vouloir chambouler le *césairisme,* sorte de « césarisme tropical de proximité », mâtiné de « paternalisme communiste »... Il sait, en tout cas, quand il le faut, sortir du prêt-à-penser et agir roborativement, comme quand il a ramené à Cayenne la centaine de prostituées dominicaines venues à la Martinique avec une carte de séjour délivrée par le préfet de Guyane..

Commentaire *in petto* d'un de ses proches : « Césaire craignait qu'on n'en profite pour l'étouffer sous les fleurs et qu'on ne l'embaume, et puis qu'à travers l'éloge de la créolité, on ne fasse le procès de la négritude. » Une simple phrase révélatrice du nouveau déchirement moral et intellectuel – ou à tout le moins du débat serré – s'amorçant dans cette île, la plus prospère de toute la mer des Caraïbes.

Deux éléments matériels sautent en effet aux yeux dès l'arrivée : d'une part, ni l'industrie (faible) ni le tourisme (discret) n'ont beaucoup abîmé ces mille cent kilomètres carrés de montueuse forêt vierge trempant dans une mer transparente ; le préjudice causé par les détergents aux écrevisses des torrents mérite certainement d'être pris en considération, mais n'est tout de même pas suffisant pour discréditer ce royaume naturel qu'est restée la Martinique...

D'autre part, le flot des véhicules (cent cinquante mille pour trois cent cinquante-cinq mille habitants), souvent neufs, circulant sur les routes bien asphaltées de l'île. On a du mal à demander son chemin, faute de piétons, ce qui n'était pas le cas naguère. Et il faudra bientôt, si ce n'est déjà programmé, que le Patrimoine protège quelques-unes de ces modestes maisons locales en planches et tôles noyées dans la verdure, remplacées à grande vitesse par des villas blanc et rouge qu'en métropole on qualifierait de « coquettes ».

Certes, le revenu minimum d'insertion (RMI) est versé à 12,5 % des îliens en âge d'être actifs ; certes, des dizaines de milliers de Martiniquais vivent en France métropolitaine (d'où ils contribuent d'ailleurs à l'aisance insulaire) ; certes encore, plus de la moitié du produit intérieur annuel provient de transferts publics ; certes, et d'une certaine façon c'est un comble, la Martinique ne produit plus que la moitié du sucre qu'elle mange et ses ananas à l'air si innocent sont pourtant subventionnés jusqu'à l'empenne par la commission de Bruxelles...

Certes, certes, on peut accumuler les « certes », mais l'île n'est plus sous-développée ; elle ne vit plus, en tout cas, comme une contrée sous-développée. Au nord-est de Fort-de-France, à l'entrée d'un village, on lit bien : « Sainte-Marie, commune qui s'éveille, vous souhaite la bienvenue. Embellissement et responsabilité. » C'est, souffle mon collègue du *Figaro*, le même mélange de candeur et de langue de bois qu'au Burkina, « à cette énorme différence près qu'en Martinique, les routes sont bonnes... ».

Pas besoin d'aller jusqu'en Afrique : un simple coup d'œil sur les îles proches de Sainte-Lucie et de la Dominique montre la différence abyssale. Les gouvernements indépendants (et anglophones) de ces deux voisines, se souvenant du lointain passé français ayant précédé leur britannisation, ont d'ailleurs adhéré à la Francophonie dans l'espoir d'on ne sait trop quelle manne « linguistique »...

Bref, les Martiniquais auraient pu tranquillement jouir de ce qui, d'un certain point de vue, peut être considéré comme une décolonisation réussie – du moins comparée à tant d'autres. « L'élévation de notre niveau de vie ne nous a pas apporté la paix intérieure, bien au contraire, confie un jeune prof, car, d'un côté, notre intellect étant plus libre, nous avons voulu résoudre nos contradictions, par exemple, le conflit négritude-créolité. D'un autre côté, nous sentons bien que notre confort matériel n'est pas dû à notre production mais à ce que la France veut bien dépenser pour nous garder. Songez que tout fonctionnaire, ici, en dépit de la départementalisation depuis 1946, continue à toucher le fameux tiers colonial, en réalité 40 % de plus que son équivalent métropolitain... »

Les participants aux Journées francophones auraient bien aimé que la nouvelle génération d'écrivains martiniquais vienne leur décrire, peut-être leur expliquer, le face-à-face nègre-créole, mais nos auteurs avaient disparu dans la nature. L'un avait ses cours à l'autre bout de l'île, l'autre n'était pas dans l'annuaire, le troisième prétendait ne pas avoir reçu d'invitation, bref, chacun jouait les Césaire, je veux dire l'Arlésienne...

Enfin, à l'hôtel Impératrice, vieil établissement sans prétention, tout en charmes simples, sur la place de la Savane, en plein cœur de Fort-de-France et rendez-vous intello local, nous dénichâmes Patrick Chamoiseau, né en 1953, éducateur de prison et à qui on doit, principalement, les *Chroniques des sept misères*, sur la Martinique d'hier comme le titre l'indique.

Chamoiseau est aussi le co-auteur, en 1989, avec deux plumes de son âge – le romancier Raphaël Confiant et l'universitaire Jean Bernabé –, de ce fameux *Eloge de la créolité*, non sans perfidie dédié notamment à Aimé Césaire et à son rival littéraire inexpiable (à présent « exilé » aux Etats-Unis), Edouard Glissant. Un « éloge » du mélange antillais – « Ni Européens, ni Africains, ni Asiatiques, nous nous proclamons Créoles ! » – qui veut couvrir le vieux cri exclusivement négro-africain de Césaire : « A force de penser au Congo, je suis devenu un Congo bruissant de forêts et de fleuves. » Césaire au Congo, dans l'inconfortable et anarchique Congo, que ce soit l'ex-français ou l'ex-belge, rien que d'y penser, cela fait rire... Césaire, sa cravate, son gilet, ses lunettes, son marxisme académique et douillet...

Donc, pourquoi une dédicace à Césaire, alors qu'*Eloge de la créolité* est candidat à la succession du *Cahier d'un retour au pays natal*, bible des Antilles françaises littéraires depuis sa publication par Césaire à Paris, dans le numéro d'août 1939 de la revue *Volontés* ? « Parce que la négritude est une réduction, une négation de la complexité antillaise. Parce que cette négritude, encore dominante, est historiquement dépassée. Sans Césaire, que je n'ai d'ailleurs jamais rencontré, aussi étrange que cela puisse paraître dans cette île minuscule mais hérissée de barrières, sans Césaire, je n'existerais pas comme auteur. Ce n'est pas une raison pour accepter le blocage de notre vie culturelle à cause d'une théorie qui a joué son rôle, mais aujourd'hui a fait son temps ! », répond Chamoiseau.

Langage encore plus carré de la part de Raphaël Confiant, harponné dans le hall de mon hôtel où il s'était imprudemment aventuré après deux rendez-vous manqués. Cet enseignant, auteur de plusieurs romans en créole, a publié en français, il y a deux ans, *Le Nègre de l'amiral*, roboratif tableau de la Martinique sous le règne de l'amiral Robert, délégué de Pétain : « En littérature, Césaire n'est pas antillais, ni même américain, il est hexagonal. On s'ébaubit qu'il ait trouvé une erreur dans le dictionnaire des Blancs, qu'il se préoccupe des Indiens de l'Inde. Fort bien, mais il ne parle jamais créole en public et il ne s'est jamais soucié d'écrire sur les immigrés hindous qui l'ont élevé dans le village de Basse-Pointe où son père était percepteur », raconte Confiant avec une ironie sans pitié.

Il continue : « La créolité est le contraire du refus de l'autre puisque, à nos yeux, est antillais pas seulement le nègre mais quiconque se créolise, y compris le métropolitain. Que ceux qui ne veulent pas se créoliser respectent au moins nos coutumes et ne nous imposent pas les leurs ! De même, je dis aux Antillais de France : "N'infligez pas à vos voisins votre musique, vos bruits, votre façon de vivre !" La créolité est le seul moyen d'éviter tout rejet, car même le béké, le Blanc d'ici, exclu mentalement de la Martinique par la négritude, y est réintégré par la créolité. Et pourtant, moi qui vous dis ça, je suis arrivé à près de quarante ans sans m'être jamais entretenu avec un béké ! »

Ces terribles békés sont tout au plus trois mille, de nos jours, à la Martinique, soit quatre fois moins que leurs ancêtres des XVIIe et XVIIIe siècles, fils de flibustiers ou têtes brûlées à particule. Ces békés, qui donnèrent son plus grand amour à Napoléon, Joséphine de Beauharnais ; qui n'acceptèrent que contraints et forcés l'abolition provisoire de l'esclavage de 1793 à 1802, théorique durant les Cent-Jours (1815) puis définitive en 1848, possèdent encore en 1990 près de 80 % des meilleures terres martiniquaises !

On ne les voit guère, car beaucoup vivent dans les replis boisés de l'île, où les plus modestes sont surnommés *békés-goyaves*, mais ils restent omniprésents, presque magiques, en dépit, ou peut-être, en partie au moins, à cause de leur insignifiance politique présente. Le proverbe « L'œil du béké brûle l'œil du nègre », lui, a toujours cours...

C'est Suzanne Dracius-Pinalie, jolie romancière, qui nous l'a appris dans sa maison des hauts de Fort-de-France, déjà en pleine végétation tropicale, non loin d'une copie minorisée du Sacré-Cœur de Montmartre. Cette mulâtresse – le mot est admis – qui se dit *négropolitaine* car elle a passé une partie de sa vie à Paris, en a ramené une franchise que la bienséance éteint sans doute chez ses pareils restés dans le terroir. A ses yeux, « les Antillais ne sont pas africains. La négritude mal comprise a même pu susciter du racisme anti-Blancs, notamment à l'égard des métros ».

Les *métros*, on l'aura compris, ce sont les Blancs-France ou *z'oreilles*. Mais qui sont les *câpres*, les *coolies*, les *peaux-sauvées* ? Au fur et à mesure que Suzanne explique, on prend conscience que cette *pigmentocratie*, cette société fondée sur toutes les nuances de la peau (comme le Liban est construit sur les menues différences de rite religieux ou l'Angleterre sur les plus infimes distinctions sociales), décrite en 1952 par Michel Leiris, reste *grosso modo* inchangée.

Un *câpre* (féminin : *câpresse*) est un métis de Noir et de mulâtresse, un *peau-sauvée* mérite ce surnom s'il est plus clair que le moins foncé de ses deux parents. Un *échappé-coolie* est le fruit d'une union entre Noir et Hindou, et il pourra donc échapper à la catégorie *tout-coolie*, sans doute la moins prisée du pays, après les *Noirs-Congo*, travailleurs manuels libres, « très-très foncés », amenés après la fin de l'esclavage, encore reconnaissables à leur patronyme africain mais auxquels leur petit nombre a permis de se faire oublier peu à peu.

Et les *chabins* (et *chabines*) ? Vous donnez votre langue au chat ? Ce sont des Blancs avec traits négroïdes, les cheveux crépus, par exemple. Les chabins sont appréciés s'ils appartiennent à la catégorie « dorée », autrement dit ayant les cheveux clairs...

Mais, curieusement, tout le monde est *nég* (« nègre » et plus généralement « homme », comme on dit *hombre* en espagnol), y compris les mâles békés qui, au fil des générations, ont rempli l'île de mulâtres « naturels », tout en interdisant farouchement le moindre contact entre leurs femmes et les Noirs. Impossible de glaner à travers les siècles l'histoire d'un amour entre une békée et un nègre !

Marie-Reine de Jaham connaît peut-être quelques vieux secrets à ce sujet. Le seul écrivain béké martiniquais vivant réside en métropole. Injustement, elle n'avait pas été invitée aux Journées francophones de Fort-de-France. A défaut, donc, de pouvoir l'interroger sur *békétude* ou *négrité*, on pouvait lire son roman, *La Grande Békée*. A voir la couverture, son éditeur le destinait plutôt au public de gare. Effectivement, l'intrigue à ressorts peut parfaitement empêcher de somnoler dans les transports en commun.

La Grande Békée est également et surtout l'histoire du long combat, pendant la première partie du XXe siècle, d'une Martiniquaise blanche, prête à tout pour maintenir le rang des siens et en même temps vivant en parfaite intimité – et en tout bien tout honneur – avec des négs, mulâtres, câpres, peaux-sauvées, chabins et autres coolies, échappés ou encore 100 % hindous. *La Grande Békée*, à sa manière, illustrait la créolité sans le savoir. « C'est dans Jaham que j'ai enfin compris le rapport mystérieux et compliqué des békés avec les *das*, nourrices noires », avouait Raphaël Confiant.

En cette Martinique où *black* n'est pas vraiment *beautiful*, où le Blanc sent encore le soufre – le soufre rouge, car « béké » viendrait d'un mot africain signifiant cette couleur, – la créolité, à condition qu'elle soit assumée par tous, pourrait peut-être apaiser la sourde guerre quotidienne des bruns et des mats, des crêpus et des dorés, du lait et du jais. Mais il faudra beaucoup de temps, beaucoup de livres, beaucoup d'amour.

Mai 1990

Livres :

– Père Jean-Baptiste Labat, *Voyage aux isles 1693-1705*, Phébus, 1993.

– Aimé Césaire, *Cahier d'un retour au pays natal* (1939), Présence africaine, 1988 ; *Discours sur le colonialisme* (1973), Présence africaine, 1989.

– Eugène Revert, *La Martinique*, Nouvelles Editions latines, 1949.

– Michel Leiris, *Contacts de civilisation en Martinique et Guadeloupe* (1955), Gallimard-Unesco, 1987.

– Arlette-Rosa Lameynardie, *Regards sur la Martinique des années 1960*, Exbrayat, Fort-de-France. Photographies.

– Jean Bernabé, Patrick Chamoiseau et Raphaël Confiant, *Eloge de la Créolité*, Gallimard-Presses universitaires créoles, 1989.

– Marie-Reine de Jaham, *La Grande Békée*, 1989 ; *Le Maître-Savane*, 1991, Laffont. De ces deux livres, sous le titre du premier, Alain Maline a tiré en 1997 un téléfilm à succès. Chez le même éditeur, Mme de Jaham a publié en 1999, *Bois bandé* du nom du fameux aphrodisiaque populaire des Antilles...

CHAPITRE XXXII

MORVAN

Vercingétorix et Mitterrand co-parrains

A Alain et Christiane Dejammet

A la grandiose prosopopée de cette « race morvandelle, âpre et sauvage », il manquait quand même un grain du Diable : un sans-famille nommé Jean Genet l'apporta, encadré par deux chefs gaulois...

A deux cents kilomètres au sud de Paris, on quitte l'autoroute à Avallon et on se retrouve bientôt au pied d'une falaise de vieilles maisons patrimoniales adhérant on ne sait trop comment à la paroi rocheuse (peut-être grâce aux lierres noueux dont elles sont entortillées ? En tout cas, l'*Hedera helix*, contrairement à une calomnieuse idée reçue, consolide généralement les murs branlants au lieu de précipiter leur chute). On s'engage alors sur la départementale 994.

Très vite, on s'y sent « loin », « ailleurs », « jadis » – ou « demain » ; pas maintenant en tout cas. Le seul apport humain au panorama est le ruban de macadam slalomant à travers des sous-bois intacts, enchevêtrés, longeant des rivières limpides et potables. Des veaux blancs broutent à qui mieux mieux dans de vastes enclos, loin de tout signe d'élevage industriel, tandis que des troupeaux d'oies s'autogavent d'escargots, sans autre contrainte que leur voracité atavique. Il suffirait d'enfouir quelques lignes électriques pour que la noblesse innée de ses horizons soit restituée au Morvan.

On commençait justement à s'en occuper, lorsqu'a surgi cette horreur des horreurs, les pylônes de la téléphonie mobile, géants Meccanos inachevés, moignons métalliques, potences technologiques, colonnes de laideur obligatoirement élevées à l'insatiable déesse Communication. D'Azemmour (Maroc) à Changhaï (Chine), de Rians (Var) à Ouroux-en-Morvan, paysages urbains ou champêtres, classés par les Etats ou même par l'Unesco, sont désormais légion à être sabrés en toute impunité au nom des insupportables portables. A l'heure où j'écris ces lignes – septembre 2003 –, aucune voix, verte ou pas, ne s'est nulle part fait ouïr, chez nous ou à l'étranger, que je sache, contre cette nouvelle et sévère agression esthétique. Soumission totale à la tyrannie technico-financière ! Quand le gouvernement se réveillera, lorsqu'il décidera de sacrifier seulement tel ou tel site aux communications sans fil, d'y regrouper les pylônes des différents opérateurs et d'interdire qu'ils s'implantent ailleurs, le travail de réparation sera long et coûteux. Les Verts, une fois de plus, auront paradoxalement été muets quand il se sera agi de préserver la beauté des campagnes françaises.

Au revers d'une colline pentue, encore vierge, elle, de tout outrage, accrochées à une large terrasse, qui doit sans doute autant au doigt de Dieu qu'à la main des hommes, se déploient tours, murailles et portes de Chastellux, mille ans d'âge et plus, requinquées en 1825, sous Charles X. « Voici la plus ancienne propriété de France toujours restée dans la même famille ! » Un peu à l'écart, le village est minuscule, silencieux, éparpillé, avec sa mairie de poupée, plantée seule au milieu d'un pré.

On est entré insensiblement au royaume des vallons veloutés et verdoyants, en Morvan (ou plus précisément dans le parc naturel régional éponyme : deux mille six cents kilomètres carrés). Pays, région ou contrée au sein de la Bourgogne, nul n'a jamais su vraiment où il commençait et finissait. Mi-XXe siècle encore, la réputation des Morvandiaux, hommes de peine ou femmes de charge, palefreniers ou nourrices, immigrés de l'intérieur, était, en particulier à Paris, socialement si médiocre, que les naturels, chez eux, quand on leur demandait si on se trouvait bien en Morvan, répondaient systématiquement : « Pas encore, c'est plus loin, continuez, etc. ». Ainsi, on se débarrassait honteusement des voyageurs trop curieux et iceux se retrouvaient ensuite au-delà du Morvan sans s'être aperçus qu'ils l'avaient traversé...

Du coup, le passant éconduit, berné, frustré, s'il avait quelques lettres, se remémorait et reprenait à son compte les diatribes antimorvandelles produites à Paris après le siècle dit des Lumières, contre le *Morvennensis Pagus*, peuplé de « débris des hordes hunes », avec « leurs têtes carrées, leurs petits yeux en amande, leurs faces aplaties et glabres, leurs cheveux raides », sans oublier les chevaux de ces gens-là, bas sur pattes et rétifs, « issus sans doute des montures asiatiques d'Attila », et « increvables comme leurs maîtres »... (Au reste, ces « bêtes noires », « bidets presque nains de Morvan et Nivernais », se recommandèrent, de Louis XV à Napoléon Ier, pour leur résistance pendant les guerres inter-européennes et furent tellement sollicitées durant la Révolution et le Premier Empire qu'elles finirent par quasiment disparaître...)

J'ai en main un livre intitulé *Bourgogne-Morvan*, écrit par un Dijonnais vers 1975-1980 et où il n'est jamais question du... Morvan. Le résultat conjugué de cette sorte de néantisation, de cette méchante auréole, de la rugosité des indigènes (qui peut être regardée aussi comme de la timidité, de la réserve ou une sage méfiance), du désintérêt des voies ferrées au XIXe siècle et des voies goudronnées au XXe, le résultat pour ce petit massif, qui plus est réputé glacial et pauvre, est tout simplement de nos jours un paradis sans apprêts et spontanément écologique à deux heures de la capitale.

Bien sûr, de tout temps, sans remonter à Jules César, le Morvan a eu ses amateurs extérieurs éclairés : Balzac, évidemment, ce re-découvreur, cet inconditionnel de la roborative France provinciale, en plein Romantisme urbanisé et poitrinaire : « Ce qui distingue la France, c'est des pays où se rencontrent réunies, adoucies, fondues les beautés des paysages situés en diverses contrées (...) et parmi [ces beautés] qui sont le propre de la France, on devrait placer en première ligne le Morvan. Le Morvan est une Suisse que la nature a mise à soixante lieues de Paris pour éviter le voyage des Alpes à ceux qui craignent l'échange perpétuel des monnaies, la cherté des auberges et tous les inconvénients de l'Helvétie, etc. »

Et Balzac de conclure son dithyrambe, dans *Les Méfaits d'un procureur du Roi* (1847), par cette adresse virile aux « Morvandiaux, race âpre et sauvage, relativement aux contrées gangrenées de demi-civilisation qui cerclent Paris à une distance de quarante lieues »...

Au cours des années 1920, *Morvan*, relation de voyage sur cette contrée « sombre et magnifique », sur « la beauté de ses paysages et de ses habitants », due à Maurice Constantin-Weyer (1881-1964), auteur à l'époque follement prisé, connut une vingtaine d'éditions. Cet écrivain, Goncourt 1928 pour *Un homme se penche sur son passé*[1], sacré « Jack London français » à son retour du Canada où, durant onze ans, il fut successivement trappeur, fermier, cavalier, reporter, retrouva en Morvan « la vraie solitude » ou bien « telle toute petite auberge, du genre coupe-gorge, avec son bouchon[2] de genêts

1. Réédité en 1983 par 10/18 avec une préface d'Yves Berger.
2. Paquet de brindilles entortillées servant à bouchonner les montures.

suspendu au-dessus de la porte, et deux ou trois cabanes de bûcherons contiguës... »

Après avoir avantageusement remplacé l'Helvétie pour Balzac, le Morvan se mue donc en « Petit Canada » pour Constantin-Weyer, et tels nos grands-parents, nous nous laissons facilement emporter par son lyrisme botanique où il ne nous épargne pas un « *fou* ou *fau*, *fouet*, *fayard* et *foyard*, autant de noms populaires désignant le *Fagus* latin, le hêtre, l'arbre d'or de l'automne... »

Last not least[3], vint François Mitterrand, né à Jarnac (Angoumois) en 1916, politiquement parachuté à Château-Chinon (Morvan) en 1946, ville au rêche prestige, naïve et à distance commode de la Chambre des députés. Or le futur chef de l'Etat, amateur congénital de terroirs intégraux, s'énamoura extemporanément pour la Nièvre morvandelle, semant dès lors son *cursus honorum* de déclarations câlines pour sa circonscription adoptive, gravées à présent dans l'émail des panneaux balisant la longue promenade chinonaise, à la fois urbaine et sylvestre, dédiée au défunt président : « Ma vie a [ici] été éclairée ». « J'aime dans cette forêt respirer et penser ». *« Le Morvan sait se taire »*, etc.

Les visiteurs, aussi, mitterrandolâtres ou pas, venus en pèlerinage ou par simple curiosité compatriotique au musée du Septennat, à Château-Chinon ; et puis, vite ils se dérident : s'ébahissent, s'ébaubissent, s'ébaudissent, s'esclaffent même devant le prodigieux capharnaüm des centaines de cadeaux reçus de ses pairs ou d'inconnus par « François III », arpentant l'Hexagone et le reste du globe durant ses quatorze ans de règne (1981-1995). L'idée est excellente, au demeurant, de montrer tels quels ces présents à ceux qui n'assisteront jamais que par procuration télévisuelle à ces cérémonies enfantines et compassées des palais français ou étrangers durant lesquelles les Grands,

3. Et non point « Last *but* not least », si du moins on veut rester shakespearien...

entre eux, se *cadeautent*, selon le judicieux néologisme africain, ou bien sont *cadeautés* par moins hauts placés qu'eux, tels ces barbouilleurs du dimanche qui remettent une de leurs croûtes à l'hôte illustre de leur cité ou de leur pays...

L'ancien couvent des Clarisses (XVIIIe siècle), où ont été logées ces collections nationales, désormais départementales car offertes à la Nièvre de son vivant par Mitterrand, a donc été involontairement (encore que... le donateur savait être pince-sans-rire...) « promu » en temple kitch du toc et du cher, du (mauvais) goût officiel mondial : service à café en jade vert caca d'oie, enrichi de têtes de lion dorées à la feuille remis par Hassan II du Maroc, sabres nappés de pierreries synthétiques de l'émir qatariote ou du dictateur damascène, une douzaine de verres à pied bleu et argent représentant les douze tribus d'Israël, la piètre reproduction du casque fleurdelisé de Charles VI le Fol offert par le président du Grand Louvre, des vases, enfin, du monde entier, hideux à faire fuir les rombières les plus endurcies, envoyés de Chine ou de Hongrie rouges, du Cambodge royal, de l'Egypte néo-militaire ; de partout les mêmes monstruosités, le record de laideur, toutefois, étant peut-être atteint par une *Marine*, à vous dégoûter pour toujours de la mer, signée Ronald Reagan lui-même... Et pour finir en apothéose, la galerie des portraits de Mitterrand en laine, en bois, en soie, en coton, en papier, le président enlacé dans un drap avec une jeune république ou en roi nègre avec toque et toge africaines...

Mitterrand s'attacha tant au Morvan qu'il souhaita y faire inhumer sa dépouille sur le Mont-Beuvray, haut lieu dans l'Antiquité du face-à-face gallo-romain. C'est là, à Bibracte, en -52, que Vercingétorix fut, après sa victoire sur les Latins à Gergovie (Auvergne), impétueusement proclamé général en chef des Gaulois tandis que César, la même année, après sa victoire sur les Celtes à Alésia (Bourgogne), vint, au pied de l'*Oppido maximo et copiosissimo* du Morvan, terminer flegmatiquement la rédaction du *De Bello Gallico*.

Quelle année prodigieuse fut donc pour Gaulois et Romains ce millésime 52 avant Jésus-Christ ! Agé de vingt ans environ, Vercingétorix l'Arverne commence par faire échec au généralissime César avant d'être plébiscité par l'assemblée des Gaules, de voir les légions de Rome tailler en pièces sa cavalerie en Burgondie, de rompre le siège alésien par la plus noble des redditions, d'en être récompensé, par un bien peu chevaleresque adversaire, de six ans de cul de basse-fosse en la prison Mamertine, près du forum romain, avant de figurer, entre Arsinoé d'Egypte et Juba de Numidie, au triomphe exotique du vainqueur puis d'être sordidement étranglé dans sa geôle...

Napoléon III, sincèrement passionné d'archéologie gallo-romaine, fut lui-même auteur, on l'a oublié à cause de l'infamant désastre de 1870, d'une estimable *Histoire de Jules César* (il désirait ainsi – *Pro pudor ! horresco referens !*, si on veut, pour une fois, citer en entier l'exclamation de Virgile – justifier le césarisme de sa propre lignée ; après tout pourquoi pas ? S'il n'y avait pas eu Sedan, et en tablant sur l'atavique monarchisme des Français, les Napoléonides seraient sans doute restés au pouvoir et l'un d'entre eux, vers 1900, aurait probablement épousé une Capétienne ; la quatrième race dynastique française, jeune mais charriant le sang des trois précédentes, puisque des Capétiens se marièrent avec des Carolingiennes pourvues elles-mêmes d'ancêtres mérovingiens, aurait vraisemblablement alors entamé une longue traversée... Charles-Napoléon, né en 1950, descendant du roi Jérôme de Westphalie, dernier frère de Napoléon Ier, épousa en premières noces Béatrice de Bourbon-Siciles).

Napoléon III, donc, lança sur le Mont-Beuvray les fouilles de Bibracte qui durent encore, relancées qu'elles furent, par Mitterrand justement, en 1984. Redémarrage auquel on doit, entre autres, en 1987, au lieu-dit la Pâture-du-Couvent, la trouvaille d'un admirable bassin de onze mètres de long, pisciforme, en roche plutonique rose taillée à l'hellénistique.

Au flanc de cette montagne gironde, culminant modérément à huit cent vingt mètres, le président Mitterrand, à la fin et de son second septennat et de ses jours, jeta donc discrètement son dévolu sur une infime parcelle de pré, de dix mètres sur dix, cernée d'arbres. Le secret révélé (en août 1995 par un hebdomadaire parisien, *L'Evénement du jeudi*), ce fut un déferlement médiatique et polémique jusqu'au sein de l'entourage élyséen. De tous côtés, on cria à la « mégalomanie », alors que le trait était plutôt louable voire ennoblissant, de la part du plus aventurier des chefs de l'Etat français de la seconde partie du XXe siècle, de vouloir reposer *ad vitam æternam* là où, comme il l'avait lui-même remarqué, « s'était manifesté, avec l'élection de Vercingétorix, le premier signe de l'unité française ». Bref, « beaucoup de bruit pour rien », ainsi qu'aurait dit Shakespeare, car la bourrasque politique s'étant, semble-t-il, compliquée d'un imbroglio juridique à propos du terrain choisi sur le mont, dans un périmètre relevant du parc morvandiau, Mitterrand renonça à son assez belle idée.

Certainement, il y a deux millénaires, la séduisante « sylve celte » du Beuvray, avec ses houx géants, n'était pas aussi étendue qu'aujourd'hui car, de la place forte, enserrant peut-être dix mille habitants sur deux cents hectares, dont quarante bâtis, il fallait pouvoir surveiller les alentours, où croissaient en outre les nécessaires épautre, orge et millet, et d'où risquait à tout moment de surgir l'ennemi. Quoi qu'il en soit, la charge émotionnelle reste très forte en ce Morvan où persiste à « régner l'esprit du granit, des bois et des eaux », note le marcheur Yves Paccalet, ajoutant : « Ici toutes les saisons sont belles : printemps de fleurs parfumées, étés de forêts généreuses. Les automnes de feuilles mortes y sont splendeurs. Les hivers de froidure et de givre y déploient une magie. »

Plus prosaïque est, par contre, Alligny-en-Morvan, bourg célèbre de la littérature universelle depuis qu'y ont défilé les biographes de Jean Genet (1910-1986). L'auteur de *Journal du voleur*, orphelin, passa ici les douze premières années de sa vie : « Je fus élevé dans le Morvan par des paysans », a-t-il laconiquement raconté par la suite.

Cependant, il eut la chance de tomber sur une famille d'accueil particulièrement chaleureuse, selon tous les témoignages réunis par les chercheurs, dont l'Etats-unien Edmund White ; le garçonnet trouva également à Alligny un curé évangélique, un instituteur laïque, des condisciples farceurs et obéissants en ces jours de gloire de l'Ecole communale. Cet environnement marqua indélébilement un enfant hyperréceptif, souffrant en son âme de sa condition d'orphelin. Genet saura plus tard, en la dramatisant à outrance, exploiter cette décennie paisible au fil de ses romans et également en tissant le scénario de *Mademoiselle*, film du Britannique Tony Richardson (1966), où Jeanne Moreau, pas encore cabotine, interprète à la perfection une institutrice de province, hystérique et pyromane.

Genet, une fois romancier, porté au pinacle par le Tout-Paris, de Jean Cocteau à Tahar Ben Jelloun, voudra à tout prix faire accroire que dès l'âge de dix ans, dans son village adoptif du Morvan, il s'était jeté à corps perdu dans « la pédérastie, la trahison et le vol », se glorifiant même d'avoir pioché sans vergogne dans les maigres économies de ses braves parents nourriciers... A la stupéfaction, lorsqu'on leur rapporta plus tard ces faits, des villageois, qui avaient connu Genet lors de sa période allignaise et conservé de lui le souvenir d'un pré-adolescent studieux, absorbé par ses lectures ou la préparation de sa première communion... White explique crûment par l'idéologie dominante ce noircissement, dû à Genet seul, de ses douze années morvandelles : « La rhétorique gauchiste de la fin des années 1960 et des années 1970 méprisait les bons sentiments bourgeois : Genet se devait d'affirmer sa légitimité de paria. » Evidemment, dès l'enfance... Tout art est « mensonge ».

Le Morvan, depuis Jules César, en avait vu d'autres et ne s'émut pas pour si peu... Savourons la prose pur cristal laissée par Genet et cessons de dauber sur ses arrière-cuisines et coulisses ! D'autant plus que le Voleur a apporté le petit grain de soufre qui manquait à la prosopopée morvandelle. Les chefs gaulois Vercingétorix et Mitterrand peuvent encadrer sans rougir le Voyou des Lettres.

Février et septembre 2003

Livres :

– Jules César, *Commentaires sur la guerre des Gaules.*

– Napoléon III, *L'Histoire de Jules César* (1865-1866).

– Balzac, *les Méfaits d'un procureur du Roi* (inachevé, 1847).

– Maurice Constantin-Weyer, *Morvan*, Rieder, 1929.

– Georges Bordonove, *La véritable histoire de Vercingétorix*, Pygmalion-Watelet, 1978.

– Bernadette Lizet, *La Bête noire*, Maison des sciences de l'homme, 1989.

– Gonzague d'Eté, *Sémelay la Mystérieuse*, 2001, chez l'auteur à Sémelay (Nièvre).

– Christian Gondineau, *Par Toutatis ! Que reste-t-il de la Gaule ?*, Le Seuil, 2002.

– Jean Genet, *Journal du voleur* (1946), Gallimard, 1949.

– Arnaud Malgorn, *Jean Genet*, La Manufacture, Lyon, 1988.

– Edmund White, *Jean Genet*, Gallimard, 1993.

*

Films :

– *Un chant d'amour* de Jean Genet, scénario du même, 1950 (25 minutes).

– *Mademoiselle ou les jeux interdits* de Tony Richardson, scénario de Jean Genet, 1966. Avec Jeanne Moreau.

– *Genet* d'Antoine Bourseiller, 1981 (documentaire, 60 minutes).

– *Jean Genet le Vagabond* de Michel Dumoulin, 1991 (documentaire, 63 minutes).

CHAPITRE XXXIII

MORVOIS

Week-end chez les Casimir-Périer

A l'historien Philippe Delorme

A Pont-sur-Seine, dans le *Pagus Mauripensis* des Carolingiens, coup d'œil aux vestiges d'une thébaïde où se plurent Madame Mère puis des banquiers louis-philippards.

A une heure et demie du périphérique, passé Nogent-sur-Seine et sa menaçante usine nucléaire, la Seine se tortille entre de souples collines, boisées ou emblavées. C'est déjà l'Aube et encore la Champagne. Puisque la dame ministre Dominique Voynet, au nom de l'écologie et de l'aménagement du territoire, a ressuscité nos anciens *pays*, sachez qu'on est ici dans le Morvois, le *Pagus Mauripensis* des Carolingiens !

L'hiver, les débordements du fleuve viennent geler au pied des fermes, les peupliers givrent, et il suffit de quelques poules noires, d'une brouette et de quelques barques abandonnées pour que le paysage tourne au Breughel l'Ancien. On se sent extrêmement loin de Paris.

Côté Histoire, on pourrait aussi remonter fort haut, lorsque Pont-sur-Seine, aux âges romains, s'appelait *Duodecim Pontes*, « Douze-Ponts », ou quand Jeanne de Navarre apporta cette précieuse cité passante en dot à son époux, le roi de France Philippe le Bel. Contentons-nous cette fois d'aller jusqu'au sieur Bouthillier, bras droit de Richelieu dont il fut surintendant des Finances. On rapporte que le cardinal récompensa la vertu de ce haut commis de l'Etat en lui remettant assez d'écus pour offrir, à Pont-sur-Seine, à sa femme qui portait le nom dumassien de Bragelonne, « l'une des plus belles demeures de France » (à en croire la Grande Mademoiselle). Elle échut ensuite à Xavier de Saxe – oncle maternel de Louis XVI, Louis XVIII et Charles X –, qui bourra les souterrains de porcelaines importées de chez lui.

Faisons cependant notre deuil de ce château dont la masse classique – dessinée par Le Muet, architecte de plusieurs fameux hôtels du Marais – cousinait avec celle de Maisons-Laffitte. En 1814, il fut férocement brûlé, après avoir été sciemment bourré de foin, par le prince héritier du Wurtemberg, traître à Napoléon Ier. Sa sœur Catherine (épouse du roi Jérôme de Westphalie, le plus jeune frère de l'empereur) lui avait pourtant écrit, quelques mois avant la campagne de France, qu'elle venait d'« être reçue à merveille à Pont ». Et ce, par Madame Mère, à laquelle Napoléon avait fait don en 1805 du palais champêtre des Bouthillier.

Marie-Letizia Ramolino, veuve Bonaparte, malgré son esprit de « cumulation », dépensa des fortunes pour aménager cette résidence secondaire, qu'elle dut quitter à contrecœur lors de la débâcle de son fils mais que Louis XVIII, entre autres gracieusetés accordées sans tapage à la cupide famille de l'Usurpateur, lui permit galamment de revendre. C'est ainsi que s'y établirent pour un siècle et demi les Casimir-Périer. Le banquier, un moment principal ministre de Louis-Philippe, eut le loisir, avant de mourir du choléra en 1832, de rebâtir ici un castel. Son fils Casimir II, député de l'Aube et ministre de l'Intérieur durant six jours agités en 1871, n'ayant pu empêcher la voie ferrée et un canal séquanien d'être tracés au bas de son parc, piqua une colère et jeta sottement bas le bâtiment paternel.

L'irascible et capricieux bonhomme avait néanmoins des goûts architecturaux en avance sur son temps et il se réinstalla un peu plus haut sur le coteau, dans les splendides communs en brique rouge et grès, de plain-pied, imaginés par Le Muet et rénovés par Madame Mère. Les finitions furent effectuées sous Casimir III, président de la république en 1894-1895, démissionnaire sur un coup de tête après une gueulante contre l'instabilité gouvernementale.

Lorsque ce Casimir le Bref mourut en 1907, commença le long règne, dont tout Pontois est aujourd'hui encore nostalgique, de « la bonne Madame Sommier ». Germaine Casimir-Perier (1881-1968), fille de l'éphémère hôte de l'Elysée, mariée au richissime industriel Edme Sommier, dit le « roi du sucre » (et qui l'était pour de bon), veuve en 1945, partagea sa vie entre le « Versailles de Fouquet », Vaux-le-Vicomte, qu'elle possédait également, et Pont-sur-Seine où elle était née. Le dimanche, elle ouvrait ses jardins pontois à la population. Paulette Semoutre qui, en cette fin d'hiver 1997-1998, nous fait consciencieusement visiter l'église sans curé de Pont, à l'intérieur entièrement peint en 1636 à la façon d'un appartement par Eustache Lesueur (le « Raphaël français »), évoque elle aussi « la grande époque de Madame Sommier où on pouvait venir se promener sous ses beaux cèdres à condition de ne pas couper de fleurs ».

Il n'y a plus désormais de massifs fleuris, mais les cèdres sont toujours là, comme le gros pigeonnier d'Ancien Régime, la pièce d'eau avec fontaine permanente, la véranda aux vitres bleu irisé et les arcades à l'italienne fermant la cour d'honneur. Tout disparaît sous le lierre, les ronces, le buis.

L'édifice n'a jamais été classé ni protégé. Les œuvres d'art accumulées par les trois Casimir, ainsi que leur bibliothèque, se sont envolées il y a belle lurette. Des cambrioleurs incrédules ont néanmoins fracassé quelques croisées. A part les corbeaux, pas âme qui vive sur ce site à la Belle au bois dormant.

Après la mort sans postérité de Germaine, il y a trente ans, ses héritiers, un duc et un marquis lointains, vendirent le domaine par bribes. La maison de maître, c'est-à-dire les ex-communs palatialement aménagés, fut même séparée de sa ferme. L'actuel propriétaire du « château », un médecin, veut le transformer – pourquoi pas s'il respecte la ligne architecturale et les arbres centenaires ? – en centre de convalescence. En attendant, le ci-devant fief des Casimir-Périer, avec sa légende historique antérieure et son exemplaire cachet grand-bourgeois louis-philippard et mac-mahonien, mériterait d'être mis en valeur. Malgré sa déshérence, la thébaïde de Pont a su préserver une manière d'âme. Ce n'est peut-être que celle d'une fille à papa de la Troisième République, mais qu'importe...

Février 1998

Livre :

– Alain Decaux, *Letizia. Napoléon et sa mère*, Perrin, 1969 et 1996.

CHAPITRE XXXIV

NÎMES

Rendez-vous algérianiste

Aux pieds-noirs, aux harkis
et à leurs descendants
A Marc d'Anna

Les pieds-noirs ont fait de la cité gardoise leur point de rencontre culturel et cultuel favori. En outre, on y trouve des vins souvent bien plus fins que ceux de naguère en Algérie, comme ces crus nouveaux que des agriculteurs oranais ont su faire jaillir d'ingrats terrains languedociens.

Janine de La Hogue est grand-mère, peut-être arrière-grand-mère. Elle a publié *Ballade triste pour une ville perdue* mais sa nostalgie, qui n'a rien de morbide, est le moteur de sa militance : « Perpétuer la mémoire culturelle pied-noir, transmettre l'héritage nord-africain. » Du Festival du film algérianiste, créé à Nîmes en 1992, au pèlerinage oranais de Santa-Cruz transféré dès 1963, peu après l'indépendance de l'Algérie, dans la banlieue nîmoise, Mme de La Hogue est de presque toutes les manifestations cultuelles ou culturelles des rapatriés d'Afrique du Nord. Elle n'est pas la seule.

Les quinze pèlerinages annuels à la très modeste chapelle Notre-Dame-de-Santa-Cruz, où rien n'a survécu – hélas ! mille fois hélas ! – du triomphaliste catholicisme hispano-pied-noir, attirent environ cent cinquante mille fidèles au sanctuaire du Mas-de-Mingue. En y grimpant, on passe sous les mûriers de la place Bachaga-Boualem, du nom de ce notable arabo-musulman anti-indépendantiste de l'Orléansvillois qui se définissait comme « le plus fidèle des Infidèles... ». Le lieu est bordé des « logements sociaux » qui attirèrent là, en 1962, une masse de « petits Blancs » d'Oranie et sont à présent majoritairement peuplés de Maghrébins « harkis ou anti-harkis mais qui, ici, s'observent sans trop se colleter », se félicite un élu gardois. Selon lui, il y a à Nîmes, « qui groupe deux cent trente mille habitants, moins de dix mille pieds-noirs, descendants compris, et environ trente mille musulmans ».

Le Cercle algérianiste, fondé en 1973 par des jeunes rapatriés et qui compte aujourd'hui plus de trente succursales à travers la France, a pour emblème une blanche main de Fatma et deux pieds, noirs bien sûr [1]. L'*algérianisme*, que l'Encyclopédie Hachette définit un peu trop sentencieusement comme « mouvement littéraire destiné à créer entre les communautés une convergence culturelle et spirituelle », n'est pas une invention de rapatriés. Il fut lancé dès les années 1920, en Algérie même, par des plumes originales comme Robert Randau (1873-1950), ancien zouave mais pourfendant « l'orientalisme tout de bric-à-brac » ; Sadia Lévy (1875-1951), érudit israélite oranais ; Louis Lecoq, fondateur avec Pierre

1. Lire la revue *L'Algérianiste* (BP 213, 11102-Narbonne) et visiter le musée de l'Algérie française, 52 rue Maréchal-Foch, 66000 Perpignan.

Benoit de la revue *Méditerranée* ; Jean Pomier, auteur en 1936 de *Poèmes pour Alger* ; Jean Grenier, le marquant professeur de philosophie d'Albert Camus, etc.

Le poète Jean Sénac (1926-1973), paladin pied-noir oranais de l'indépendance algérienne, dont Actes-Sud a publié les œuvres complètes, se réclama toujours du trio Randau-Lévy-Pomier et défendit le truculent Edmond Brua des *Fables bônoises*, le « métaphysicien hermétique » Marcello-Fabri, et Geneviève Baïlac, inventrice sur scène de l'assourdissante *Famille Hernandez*. Mme Baïlac vit maintenant à Nîmes et l'esprit de son travail se retrouve dans les farces du Théâtre pied-noir de Narbonne, qui se produit notamment dans le chef-lieu du Gard.

Mieux que les larmes qui sourdent encore parfois au Festival de cinéma en visionnant des « films tournés là-bas », aux congrès algérianistes ou bien à Santa-Cruz en entendant des cloches oranaises sonner *La Marseillaise* – « les Arabes regrettent sans se gêner l'Andalousie cinq cents ans après. Pourquoi aurions-nous honte de pleurer l'Afrique du Nord, moins d'un demi-siècle après notre départ ? » –, la lecture de *L'Algérianiste* révèle des cicatrices éternellement sensibles et également une résistance identitaire, dépassionnée mais exigeante. Cette revue, forte de cinq mille abonnés, est donc capable de parler aussi bien de l'*achaba*, migration estivale des dromadairiers sahariens, que des séjours d'Arago chez le dey d'Alger vers 1810 ou du projet à Marseille, depuis des lustres perpétuellement relancé et (scandaleusement) enterré, de *Mémorial-musée de l'aventure française outremer*.

Les plus fouineurs des tenants de la transmission culturelle franco-nord-africaine profitent de leur passage à Nîmes pour explorer les étals d'un éditeur *sui generis* : Christian Lacour, descendant de colporteurs d'almanachs, héritier de la plus ancienne papeterie de France, fondée en 1791, conseiller municipal tendance monarchiste mais soutenant au coup par coup le maire communiste de la ville, dirige l'une des principales maisons d'éditions régionalistes de l'Hexagone. Son dernier catalogue comporte même une trentaine d'ouvrages relatifs à l'Algérie d'hier, dont plusieurs « introuvables » comme le *Petit Dictionnaire arabe-français* de Ben Sedira (1882), le guide Joanne *Algérie* (1893), les *Fables* de Kaddour (1920) ou *L'Oranie avant l'occupation française* de Camille Kehl (1942), qui font les délices des algérianistes et de tout autres curieux de notre passé colonial, loin des polémiques historico-politiques ou des rivalités entre associations de rapatriés. Jusqu'aux traditionalistes montant à Santa-Cruz, qui peuvent acquérir chez Lacour *Le manuel de dévotion du pèlerin*, conçu à Oran en 1904...

Enfin, ne manque même pas, pour dissiper d'éventuelles humeurs noires, lors des rencontres algérianisantes de Nîmes ou d'ailleurs, la présence sur les tables de vins fort estimables, souvent infiniment plus fins, disons-le carrément, que ceux de jadis en Algérie, comme les crus que les agriculteurs oranais de Perrégaux (devenue Mohamedia) ont su faire jaillir des terrains rocailleux autour du mas de la Tuilerie et de Garons, près de l'aéroport nîmois. L'avenir du patrimoine littéraire algérianiste est certes encore incertain, car il dépendra évidemment de l'intérêt des nouvelles générations. L'algérianisme vinicole, en faisant « encore mieux que là-bas », n'a plus, lui, d'inquiétude à se faire. *In vino veritas !*

Octobre 1998

Livres :

– Robert Randau, *Les Colons* ; *Les Algérianistes* ; *Les Explorateurs*, etc., textes du début du XXe siècle qu'a repris Laffont pour la plupart, 1979 ; *Isabelle Eberhardt. Notes et souvenirs*, Charlot, Alger, 1945.

– *La Première Communion d'Abdelkader* (1927) de Paul Odinot, Omnibus *Maroc*, 1996.

– Jean Pélégri, *Les Oliviers de la justice*, Gallimard, 1959 et 1996.

– Emmanuel Roblès, *Saison violente*, Le Seuil, 1974.

– Jules Roy, *A propos d'Alger, de Camus et du hasard*, Charlot, Pézenas, 1982.

– Janine de La Hogue et Simone Nerbonne, *Mémoire écrite de l'Algérie depuis 1950*, Maisonneuve et Larose, 1992.

– Pierre Boulanger, *Le Cinéma colonial de* l'Atlandide *à* Lawrence d'Arabie, Seghers, 1975.

– Abdelkader Benali, *Le Cinéma colonial maghrébin*, Éd. du Cerf, 1998.

– Dictionnaire *Des chemins et des hommes. La France en Algérie (1830-1962)*, préfacé par René-Jean Clot, éd. Jean Curutchet, Hélette, 1995.

– Bédés historiques sur l'Afrique du Nord française, de Pierre Joux et Evelyne Joyaux-Brédy, et de Jacques Ferrandez.

– J.-P. Péroncel-Hugoz, *Assassinat d'un poète* (Jean Sénac, suivi d'un inédit d'icelui), préface de Tahar Ben Jelloun, Jeanne Laffitte, Marseille, 1983. Deux films franco-algériens, une fiction et un documentaire, inspirés en partie par cet essai et réalisés en 2003, doivent sortir en 2004.

– Jean Sénac, *Œuvres poétiques*, Actes-Sud, 1999.

– Marion Vidal-Bué, trois livres-albums sur *L'Algérie et ses peintres*, le dernier de la série, sur le Sahara, ayant été publié en 2003. Ed. Paris-Méditerranée.

– Françoise Durand-Evrard et Lucienne Martini, *Archives d'Algérie 1830-1960*, Hazan, 2003.

*

Films :

Sélection opérée parmi les trois cent soixante longs métrages inspirés par l'Afrique du Nord entre 1911 et 1962 :

– *Vengeance kabyle* de Camille de Morlhon, 1911.

– *L'Atlantide* de Jacques Feyder, 1921. D'après Pierre Benoit.

– *L'Atlantide* de Georg-Wilhelm Pabst, 1932. D'après Pierre Benoit.

– *L'Arabe* de Rex Ingram, 1924. D'après Pierre Benoit.
– *La Fille de Carthage* d'Albert Samama-Chikly, 1924.
– *Les Fils du soleil* de René Le Somptier, 1924.
– *L'Occident* d'Henri Fescourt, 1927 et 1937.
– *Le Bled* de Jean Renoir, 1929.
– *La Croix du Sud* d'André Hugon, 1931.
– *Pépé le Moko* de Julien Duvivier, 1935.
– *La Bandera* de J. Duvivier, 1935. D'après Mac Orlan.
– *Les Hommes nouveaux* de Marcel L'Herbier, 1936. D'après Claude Farrère.
– *L'Appel du silence* de Léon Poirier, 1936.
– *Oasis* d'Yves Allégret, 1955.
– *Goha* de Jacques Baratier, 1958.
– *Les Oliviers de la justice* de James Blue, 1962. D'après Jean Pélégri.
– *Le Soleil assassiné* d'Abdelkrim Bahloul, 2003. Avec la collaboration de J.-P. Péroncel-Hugoz.
– *Jean Sénac, forgeron algérien du soleil*, documentaire d'Ali Akika, 2003. Avec la participation de J.-P. Péroncel-Hugoz.

CHAPITRE XXXV

NORMANDIE

1

Château-Gaillard prêt pour le XXIe siècle

A Chérif Boubekeur,
double citoyen
de l'Orléansvillois et du Mantois

De sainte Clotilde, femme de Clovis, à Marguerite de Bourgogne, épouse infidèle de Louis X, encore noircie par Dumas père, les fantômes contrastés ne manquent pas aux Andelys, sur la butte du fameux site médiéval.

Au pied de la falaise livide du Vexin normand, la Seine louvoie vers l'un des plus anciens horizons industriels de France : entrelacs de manufactures en brique rouge, d'usines en plastique crème, de voies ferroviaires, d'autoroutes, de supermarchés et de gravières. La forteresse des Andelys, dite « Château-Gaillard », quoique démantelée par ordre d'Henri IV, dès lors qu'on put ne plus soupçonner la fidélité normande, continue néanmoins de protéger le paysage par la seule force de son aura historique : nul n'a osé, au cours des siècles, sur les collines alentour, rompre par des constructions le déploiement harmonieux de bois et d'herbages dessinés ici, depuis la nuit des temps, beaucoup par la nature, un peu par les hommes.

Les énormes murailles de craie et de silex de Château-Gaillard régentent donc toujours la contrée, comme lorsque Richard Cœur-de-Lion, roi d'Angleterre et duc de Normandie, les fit élever en une grosse année pour narguer son suzerain français, Philippe-Auguste, avec lequel il s'était querellé en croisade.

Le Capétien n'était pas homme à se laisser intimider par un vassal, fût-il en sus chef d'un Etat étranger et, sous le règne du successeur de Richard, Jean sans Terre, après un semestre de siège, il prit sans coup férir « la citadelle imprenable » ; ce qui lui permit cette fois de rattacher directement la Normandie au royaume des Lys.

Le tribunal des Andelys expose en permanence une immense toile de l'artiste péronnais Francis Tattegrain (1852-1915), donnant la vision « grande tartine historique », mais non dénuée pour autant de vérité, à en croire la chronique par Guillaume Le Breton de cet événement médiéval qui, en 1204, fit frémir l'Occident : entre les fortifications anglaises et les quatorze tours de siège françaises, un bon millier d'Andelysiens, chassés des premières comme bouches inutiles, mais bloqués par les secondes en tant que suspects, durent, entre deux feux, se nourrir par eux-mêmes jusqu'à l'anthropophagie, en attendant que Philippe-Auguste, sa mansuétude l'emportant enfin sur sa soupçonnite, décide de les laisser passer.

Au siècle suivant, Château-Gaillard, symbole étincelant de la puissance régalienne française, fut ravalé au rang de prison d'Etat pour princesses adultères : l'affaire de la Tour de Nesle qui, démesurément accentuée, ferait un jour les choux gras d'Alexandre Dumas père, trouva ici son épilogue : Marguerite de Bourgogne, femme du roi Louis X le Hutin, avait, comme disent les vieux livres de prix de l'époque romantique, « un goût effréné pour le plaisir qui l'entraîna aux pires débordements ». Elle ne faisait pas coudre ses amants dans un sac avant de les jeter en Seine mais, de conserve avec sa belle-sœur Blanche, Bourguignonne elle aussi, et conjointe du futur roi Charles IV le Bel, elle eut une liaison avec deux frères, deux gaillards, Philippe et Pierre Gaultier d'Aulnay, dont l'origine normande n'est pas étrangère au lieu choisi par les maris cocus pour la captivité des coupables. Si Blanche fut finalement reléguée dans un couvent, Marguerite, épouse de chef d'Etat en exercice dans un système de pouvoir héréditaire, fut laissée à Château-Gaillard puis, croit-on, impitoyablement étranglée dans sa cellule du donjon.

Il n'y manque qu'un éclairage mélodramatique, un mannequin façon Grévin, une cruche d'eau et quelques souris en peluche guettant les miettes du pain sec de la reine déchue, de la « Messaline médiévale », pour donner des frissons aux écoliers et autres amateurs d'histoire événementielle. Cela se fera peut-être, parmi une foule d'autres aménagements devant permettre de rendre mieux lisible et plus accessible ce site, attractif vu de loin mais malaisé et non balisé. L'Etat et la commune des Andelys se sont mis d'accord sur un programme censé installer Château-Gaillard dans le troisième millénaire, restauré et pomponné sans être *violletleducquisé* ou *dysneylandisé*.

Lorsqu'en 1851, le prince-président fit saisir au profit de son gouvernement les biens de la dynastie d'Orléans, renversée en 1848, la forteresse s'y trouvait, Louis-Philippe en ayant hérité par les femmes. Jusqu'à aujourd'hui, l'administration n'a jamais voulu céder le donjon à la mairie, alors que les autres ruines, notamment le bastion avancé ainsi que les terrains environnants, sont propriété communale...

Cette disparité juridique, regardée avec grandiloquence par certains élus locaux comme « une survivance de l'absolutisme », n'a pas empêché l'élaboration d'un double plan associant les deux propriétaires, afin de mieux protéger un monument en partie ouvert aux quatre vents et soumis à des actes de « minivandalisme ».

Dans l'enceinte même, l'histoire et la fonction de la citadelle sont expliquées en français, allemand et anglais, avec deux parcours : sur l'esplanade et dans les fossés, « le siège de Philippe-Auguste » ; dans les souterrains, « la vie quotidienne au XIIIe siècle ». A propos de souterrain, les responsables communaux du projet se demandent encore, comme s'ils n'avaient jamais été enfant ou n'en avaient pas autour d'eux, si la remise en état et l'ouverture au public du boyau secret allant du donjon à la falaise dominant le fleuve, valait la peine d'être entreprise... Les caves offrent en tout cas assez de place pour la reconstitution de l'existence au jour le jour dans cette forteresse qui fut avant tout une caserne – pas forcément très peuplée : les Anglais n'étaient qu'une centaine lors du siège de 1204 – mais aussi un lieu de culte, un terrain de sport, de jeux et de danse, un magasin approvisionnant les cuisines des soldats, des officiers, du chapelain et du gouverneur. On sait ce qui se mangeait à la cantine militaire mais aussi lors des sonores séjours royaux, car Château-Gaillard n'entendit pas que les sapeurs de Philippe-Auguste et les plaintes de Marguerite : venaison, oies, choux, poireaux, raves et navets, etc.

Iconographie, maquettes et figurines font revivre la construction de l'édifice et les « joyeuses entrées », oubliées car sans lendemains tragiques, de Saint Louis et sa femme Marguerite de Provence, Philippe le Bel, Jean le Bon, etc. Le nouveau millénaire s'annonce donc historiquement convivial aux Andelys. Surtout s'il vient à l'idée d'un mécène, les jours de fête, de remplacer l'eau de la fontaine Sainte-Clotilde, au pied de la butte fortifiée, par du vin, comme le fit, il y a mille cinq cents ans, avec l'aide divine il est vrai, la femme de Clovis, première personnalité officielle à visiter les Andelys, alors que la « Roche gaillarde » était encore vierge de créneaux.

Cependant, ne quittons pas Les Andelys et ses fantômes contrastés sans jeter un œil, cela en vaut la peine, dans la vieille maison normande à colombages associée au nom de Nicolas Poussin (1594-1665), enfant du pays et « le plus grand peintre français », si on en croit son collègue du XXe siècle, Claude Lagoutte. Vous vous étiez peut-être demandé, si vous aviez figuré parmi les visiteurs des expositions Poussin, au Grand-Palais de Paris et au musée Condé de Chantilly, en 1994, pourquoi ne n'y trouvait pas la fameuse toile, marquante dans le *cursus* poussinien, représentant *Coriolan cédant aux prières de sa mère*, brossée à Rome vers 1650 et propriété de la Ville des Andelys depuis que Napoléon Bonaparte, en 1802, l'y envoya.

C'est que ce tableau insigne, préfigurant la frise néo-antique où s'épanouirait plus tard David, « ne voyage pas ». Pour le voir, il faut accomplir le pèlerinage (agréable et facile) de la sous-préfecture de l'Eure, il faut donc un peu le mériter. On ne le regrette généralement pas quand on a pu admirer cette peinture sûre d'elle-même, ferme, énergique, ce déploiement de treize personnages gravitant autour du général romain, traître repentant. La « repentance », cependant, n'était pas encore à la mode, comme aujourd'hui, sous Louis XVI, lorsque ce *Coriolan* augmentait la gloire de la galerie personnelle d'un certain Boutin, trésorier de la Royale, et qu'elle fut confisquée provisoirement par les sans-culottes, avant que le Premier consul ne l'expédie définitivement là où il fallait : au pied de Château-Gaillard, chez Poussin.

Février 1995

2
Louis-Philippe en vacances

Berceau de l'Entente cordiale, la ville comme le château d'Eu, ancienne thébaïde royale, savent aussi montrer qu'il existe un cosmopolitisme celte et nordique.

L'automne à Eu. C'était un rêve de Louis-Philippe qui, l'été, prenait ses quartiers dans l'ancienne propriété des Guise et de la Grande Mademoiselle, site abrité de l'arrière-pays du Tréport, hérité de sa mère. Mais les affaires de l'Etat ramenaient obligatoirement le roi-bourgeois à Paris avant la saison rousse, entassé avec femme, enfants et petits-enfants dans une tapissière, grosse voiture de douze places, tirée par six chevaux entiers, renouvelés souvent durant le trajet.

Aujourd'hui, la distance Eu-Paris (cent soixante-dix kilomètres) se franchit en deux heures et demie ; avec, si l'on veut, agréable étape architecturale à Abbeville, dans l'extravagante gare Second Empire, monument historique fraîchement réhabilité.

On imagine Eu vivant vieillottement comme Versailles, dans la nostalgie de ses heures royales, dans le souvenir des deux visites grandioses (1843 et 1845) de la jeune reine Victoria qui, l'air de rien, inventa ici, avec le vieux Louis-Philippe, le concept et le terme d'*Entente cordiale*, après mille ans de guerres. Et puis, non, ce n'est pas ça, pas que ça, en tout cas, et on trouve un gros bourg, une petite ville si vous préférez, de huit mille six cents âmes, bien insérée dans sa conque de forêts, remuante, industrielle mais propre, avec les fabriques des environs produisant « 80 % des flacons de parfum utilisés dans le monde », toute bruissante de langues et drapeaux étrangers, cosmopolite du coup.

Si vous ne tombez pas sur une délégation irlandaise venue hisser en prière le pavillon de l'Eire devant la collégiale (1186) qui porte le nom de saint Laurent O'Toole, archevêque de Dublin, mort à Eu (1180), vous verrez passer en fanfare une mission royale norvégienne, célébrant ici le millénaire du premier comte d'Eu, petit-fils de Rollon, brutal envahisseur viking, assagi en fondateur de la paisible Normandie.

Quant aux Britanniques, outre l'arôme romantique d'Albert et Victoria, ils recherchent à Eu les traces d'un autre couple mythique qui s'y maria et y prépara l'invasion de l'Angleterre : Guillaume le Bâtard, plus tard le Conquérant, et Mathilde des Flandres, plus tard la Brodeuse, à cause de la fameuse tapisserie de Bayeux à laquelle, d'ailleurs, elle n'aurait même pas travaillé...

Toute cette imagerie princière, mélange d'histoire de France et de *Point de vue-Images du Monde (Coin de rues-Images immondes*, selon un farceur...), mixture de vieux terroir français et d'exotisme ultramarin, s'est prolongée jusqu'à nous grâce à Isabelle du Brésil, plus connue sous son nom de dame : comtesse de Paris. Cette descendante des empereurs luso-brésiliens et des monarques français naquit en 1911 [1], au

1. Elle est morte à Paris en 2003.

château d'Eu, qui, par rachat, est devenu bien municipal en 1964. Mais la princesse native continua de résider fréquemment ici, au fond des bois, dans son pavillon Montpensier, quand elle n'était pas embringuée dans quelque cérémonie commémorative eudoise. Sa succession locale est assurée, dynastie oblige, puisque l'un de ses quarante petits-enfants a été titré comte d'Eu.

Le château, cœur de ce dispositif touristico-historique, n'était vers 1830 qu'une « baraque avec des corridors ondulés comme des vagues, tremblant en cas de tempête », a raconté le prince de Joinville, l'un des cinq fils de Louis-Philippe. Le souverain fit redresser couloirs et tourelles, installer baignoires et galeries de peinture, afin d'y recevoir dignement sa collègue d'outre-Manche et sa propre nombreuse famille, surnommée « la ménagerie ambulante » par Joinville...

Le roi-citoyen s'attacha à tel point à sa résidence des confins normando-picards qu'il lançait parfois à ses ministres : « Si on me fait trop de misères, je me retirerai à Eu avec ma bonne reine. » Les émeutiers parisiens de février 1848 ne lui laissèrent pas ce loisir. Il alla mourir en Angleterre, chez son ex-visiteuse, Victoria.

Le manoir incommode est à présent le siège d'un musée Louis-Philippe, à la fois riche et de bric et de broc, un peu comme les salles Napoléon-III à Compiègne : œuvres d'art et étoffes jaunies. Le public apprécie ce côté désordre, familier, non intimidant, mais qui désole les adeptes d'une muséologie plus rigoureuse, susceptible, il est vrai, d'empêcher vols de chandeliers ou d'espagnolettes. Ce qui est sûr, c'est que, après les restaurations consécutives aux dégâts des eaux, en 1993-1996, Eu reste gravement menacé par la *mérule*, terrible champignon dévoreur de boiseries, qu'elles soient en charme, ébène, chêne, palissandre ou acajou. A Eu, on ne le dirait pas, mais même les parquets sont cosmopolites.

Octobre 1997 et octobre 2003

Livres :

– Alain Mérot, *Poussin*, Hazan, 1990.

– John Baldwin, *Philippe-Auguste et son gouverment*, préfacé par Jacques Le Goff, Fayard, 1991.

*

– Prince de Joinville, *Vieux Souvenirs 1818-1848*, Mercure de France, 1970.

– *Mélanges* [sur Eu] *dédiés à Madame la comtesse de Paris*, Amis du musée Louis-Philippe, 1992.

– Raymond Cazelles, *Le duc d'Aumale, prince aux dix visages*, Tallandier, 1984.

– Guy Antonetti, *Louis-Philippe*, Fayard, 1994.

CHAPITRE XXXVI

ORLÉANAIS

Au paradis de César Birotteau

A Constance de Bartillat

Le musée français le plus désiré au Japon et aux Etats-Unis d'Amérique est, juste après le Louvre, le château de Chamerolles, fils légitime de l'Histoire de France et des industries du parfum regroupées maintenant au sud de Paris.

Oyez, oyez bonnes gens ! Grasse n'est plus dans Grasse... Certes, la cité azuréenne joue toujours sa partition parfumée mais la vraie capitale des senteurs s'est petit à petit discrètement déplacée vers le Septentrion.

En bonne compagnie, il convient de ne vexer personne ; néanmoins, la réalité industrielle est là, toute nue, toute crue : la chaîne productive de la haute parfumerie française et mondiale donne maintenant à Orléans et au Loiret comme un étincelant collier dont les grains seraient Dior (mille cinq cents emplois dans la seule usine au monde où la maison de l'avenue Montaigne fabrique ses parfums), Séphora, Guerlain, Shiseido, Prestige et Collection, Gemey, Pochet du Courval, Orlane, Printor, Paco Rabanne, Lachartre, etc.

Un collier qui aurait toutes les vertus d'une poule aux œufs d'or. Car l'industrialisation et l'argent public ont du bon, surtout quand leur enfant, le mécénat, s'en mêle : sans eux, Chamerolles serait peut-être resté un palais en déshérence où se passaient « des choses pas très catholiques », ou bien il aurait été transformé en asile ou hospice.

Or il est, à présent, ce manoir de Chamerolles, même s'il reste méconnu en son pays, le plus fameux, à travers la planète, des monuments consacrés à la gloire de la parfumerie ; on vient le voir et on nous l'envie, de Tokyo à New-York et jusqu'au Sultanat d'Oman, haut lieu des senteurs orientales.

Acquis en 1987, avec les cinquante ultimes hectares saufs de son domaine, par l'opulent département du Loiret (déjà propriétaire et sauveur de trois autres magnifiques demeures de nos siècles royaux : Beaugency, Gien et Sully), le château de Chamerolles, tel qu'il a été transformé, offre un complet dépaysement. Et cela à une heure et demie de Paris et à égale distance (vingt-cinq kilomètres) d'Orléans et de Pithiviers.

Nous voilà donc face à ce castel semi-fortifié, non loin de l'anodin village au vilain nom de Chilleurs-aux-Bois ; devant ces tours, ces dômes, ces meneaux, ce pont-levis qui fonctionne, Chamerolles fait très Belle au bois dormant – mais authentique, rien de nord-américain, pas de plastique, tout est en pierre, ardoise, brique et fer. L'ensemble ayant été amoureusement restauré puis organisé par Jacques Moulin et l'agence parisienne Mérimée.

Les aspects Moyen Age avaient presque tous été habillés Renaissance au début du XVIe siècle par le maître des lieux, Lancelot du Lac, homonyme tardif (mais ça en jette quand même...) du légendaire héros médiéval lié au *Cycle breton*. Notre Lancelot orléanais fut chambellan de Louis XII (régnant de 1498 à 1515) puis, sous son gendre et successeur, François Ier (1515-1547), gouverneur et *bailli* (juge) d'Orléans. Le roi-chevalier séjourna d'ailleurs à Chamerolles, au hasard de ses chasses, en 1530 et 1532. Ensuite, les Majestés très chrétiennes auraient plutôt eu envie de prendre la maison forte – Renaissance, certes, mais non sans donjon et meurtrières –, le mariage de Lancelot avec une Coligny ayant peu à peu mué Chamerolles en place huguenote, temple compris...

Protestant ou catholique, pas de différence : en 1794, le vieux juriste Guillaume Lambert, possesseur du site, et qui avait été proche du banquier genevois Necker dont Louis XVI fit un ministre, monta sur l'échafaud. Entretemps, Lancelot II du Lac, retour d'Italie et « religionnaire » mais épicurien, avait eu l'heureuse idée d'aménager des jardins derrière son logis familial. Deux paysagistes de notre époque, Thierry Gilson et Brigitte Barbier, ont ressuscité le parc de Lancelot II avec arbustes à fleurs, chèvrefeuille, rosiers anciens, futaies, miroirs aquatiques, *préau* ou salon d'extérieur avec bancs herbus *(pré-haut...)*, broderies de thym et buis, labyrinthe où les ifs cernent un hêtre central, carrés potagers, etc. Superbe et reposant.

Pénétrons maintenant dans l'édifice : point ici d'atmosphère sépulcrale comme dans tant de manoirs inhabités, muséifiés. Le parti choisi de dérouler, à travers les ci-devant appartements des châtelains, l'histoire de la parfumerie, en mobilisant aussi bien la technique que les beaux-arts, les objets que les personnages, et sans oublier l'odeur même des parfums, transforme en plaisir la possible corvée.

Du XVIe au XXIe siècles, défile l'aventure olfactive universelle, où la France joue constamment un rôle pionnier, décisif, incomparable, notamment grâce à des « nez » exceptionnels, « presque diaboliques », estime un connaisseur nippon...

Des « senteurs-médicaments » naturelles et fragiles, sous les Valois, aux célèbres marques actuelles mariant, pour une quasi-éternité, essences naturelles et synthétiques, en passant par les « pères innovateurs », Houbigant, Pivert, Lubin, Roger et Gallet, Guerlain ou Pinaud, le travail multiséculaire et jamais achevé des inventeurs, des chimistes et des artistes est ici illustré de manière à faire comprendre quel condensé de civilisation est un bon parfum, quelle somme incroyable de labeur il représente.

Les modes, les guerres, l'amour, le commerce, la botanique, la poésie, tout se ligue pour nous captiver entre *l'eau de la reine de Hongrie* ou *l'eau du Portugal*, sans préjudice évidemment de l'eau de Cologne.

Plusieurs des quatre cents étudiants actuels, français ou étrangers, de l'Institut supérieur international du parfum, des cosmétiques et de l'aromatique alimentaire, à Versailles, reconnaissent volontiers avoir trouvé leur vocation en parcourant les salles chamerolliennes. L'Isipca, qui possède déjà douze laboratoires de parfumerie et arômes permet de se présenter à un baccalauréat professionnel et de devenir, par exemple, préparateur en parfums et peut-être inventeur de fragances inédites, ambition de tout « nez » en herbe.

La visite de Chamerolles se poursuit par une découverte de l'art des flacons, en particulier après que le parfumeur Coty, associé au maître-verrier Lalique, eut révolutionné le contenant, en faisant quasiment une discipline créative à part entière, il y a déjà plus d'un siècle.

Puis vient en quelque sorte l'apothéose, l'« orgue à parfums », réunissant près de trois cents essences dont les combinaisons permettent de créer de nouvelles senteurs. La plupart des grands parfums, nationaux ou extérieurs, sont, à la sortie, proposés au visiteur dans une boutique attenant à la gentilhommière des Lancelot et des Lambert.

In fine, cependant, s'il est une figure qui déboulonne toutes les autres et s'impose au visiteur, jusqu'à l'obsession, au fil des alambics, flacons, étiquettes et extraits, c'est César Birotteau. Ce parfumeur royaliste, façonné par Balzac pour personnifier l'ascension et le dynamisme mais aussi les illusions et la naïveté de la classe moyenne française sous la monarchie selon la Charte, résume également à lui seul le génie de la parfumerie propre au pays des... lys (même si de Gaulle, dans *La France et son armée*, préfère voir dans cette fleur « un javelot à trois lances »...). Car, à travers son « marchand parfumeur, adjoint au maire du IIe arrondissement de Paris, chevalier de la Légion d'honneur, etc. », glorieusement montant en son commerce, ensuite jalousé, grugé, enfin rétabli par son seul acharnement au travail, à travers ce « Socrate bête », Balzac, comme toujours patriote jusqu'au moindre détail, a voulu résumer plaisamment l'inventivité parfumeuse de la France, atteignant des sommets avec le lancement par Birotteau de l'*Eau carminative* et de la *Double Pâte des Sultanes*...

Le risque de ridicule et de frivolité a été évité par le romancier qui nous a soigneusement informé auparavant de la belle action du jeune César, blessé au service de ses convictions, sur les marches de Saint-Roch, en 1795, lorsqu'un militaire inconnu nommé *Napoleone Buonaparte* y fit mitrailler sans pitié et à bout portant les royalistes (avant de faire couler en 1804, à Vincennes, le sang royal du duc d'Enghien...). Qui plus est *César Birotteau* fut dédié à Lamartine, le moins boutiquier de nos poètes romantiques, par « son admirateur Balzac ».

Un Balzac qui, à propos même de parfumerie, se régale une fois de plus à stigmatiser ce qu'on appelle de nos jours, en France, où cela a pris des proportions phénoménales, pathologiques, l'*autodénigrement* national : « L'eau de rose prétendue de Constantinople se faisait, comme l'eau de Cologne, à Paris. Ces noms de lieux étaient des bourdes inventées pour plaire aux Français qui ne peuvent supporter les choses de leur pays. »

Nul doute, en revanche, que la réussite de Chamerolles, en tant que temple de la haute parfumerie française, réjouirait fort M. Birotteau : en 2002, l'année de son dixième anniversaire, le charmant musée orléanais a dépassé les soixante mille entrées et s'apprête à débiter cent mille tickets en 2004. Il a fallu l'engouement à l'étranger pour que nos compatriotes se dérident...

Décembre 2002

Livres :

– Balzac, *Histoire de la grandeur et de la décadence de César Birotteau* (1837).

– Maurice Brunetti, *Parfums d'Histoire*, Presses du Midi, Toulon, 2001.

CHAPITRE XXXVII

PARIS

1
Bagatelle sans massacre

A Plantu, dessinateur au Monde

Minichef-d'œuvre architectural et maison galante avant 1789, parc à jeux de trois enfants-rois et manoir anglais au XIXe siècle, le castel du bois de Boulogne est devenu le principal but de promenade agreste des Parisiens.

Non, Bagatelle ne doit pas son nom à une réplique du comte d'Artois, futur Charles X, à sa belle-sœur Marie-Antoinette, le mettant au défi de remplacer la méchante bâtisse qu'il venait d'acquérir en bordure du bois de Boulogne par une demeure digne d'une visite royale !

En effet, Bagatelle – de l'italien *bagatella*, « tour de bateleur » – s'appela ainsi dès la maréchale d'Estrées, femme aussi haut placée que légère, pour laquelle fut édifié là, au début du règne de Louis XV, « un rien et beaucoup d'élégance » – une *bagatelle* en somme. On dirait un peu plus tard une *folie*, non d'ailleurs pour la déraison de ces demeures coûteuses quoique menues, qu'en référence aux petites maisons italiennes « sous la feuille » – *foglia*. Administrativement nommées par la suite « résidences secondaires », en somme...

Lord Chesterfield, en Angleterre, avait eu sa *babiole*, la Pompadour son *brimborion*, le comte d'Artois, second frère du roi de France, aurait sa *bagatelle*, construite, il est vrai, en deux mois, jour pour jour, à la suite d'un pari – nouvelle mode anglaise, alors en France – entre Marie-Antoinette (vingt-deux ans) et Charles (vingt ans). La reine perdit, et l'on n'a pas de trace de sa visite ici à l'automne 1777 qui vit s'achever la construction.

Onze ans plus tard, l'épouse de Louis XVI fut reçue officiellement à Bagatelle par Artois, non sans quelques froncements de sourcils d'un souverain dévot, peu soucieux de voir la mère de ses enfants mettre les pieds dans ce qui était devenu une maison de rendez-vous – princière, mais cela n'y changeait rien.

Artois, encore adolescent, avait racheté Bagatelle à son capitaine des chasses et il devait y abattre les murs laissés par la d'Estrées et l'occupante suivante, la Monconseil, autre – et bien nommée – entremetteuse à particule, puisque toutes deux avaient notamment organisé dans leur gentilhommière des cinq-à-sept pour Louis XV, grand-père du nouveau propriétaire.

Ce dernier ne modifia point l'« esprit » du lieu, au contraire, et on peut toujours admirer, sur le perron arrière de Bagatelle, deux sphinges jumelles de marbre blanc au minois effronté et aux seins exposés, qui passent pour reproduire Rosalie Duthé, surnommée « le passage des princes », et qui fut l'une des invitées d'Artois, entre la mûlatresse Isabeau et la blanche Contat...

Avec une pendule dorée, quelques panneaux stuqués néo-antiques et un plumier en cuivre, cette double statue est à peu près tout ce qui reste ici du bâtisseur, lequel, dès le lendemain de la chute de la Bastille, prit la poudre d'escampette. Même la baignoire à deux places du prince disparut sous la Révolution.

Les sans-culottes affectèrent la garçonnière bourbonienne aux « menus plaisirs de la Nation » tandis que le Directoire, naturellement, rendit le minipalais à sa vocation première, ou quasiment, en le cédant à un organisateur de bals où se commirent les « nouveaux débauchés », type Barras, madame Tallien et la veuve Beauharnais.

Joséphine est le seul personnage historique qui vint à Bagatelle comme femme aux mœurs libres, puis comme dame respectable : en 1812, l'impératrice répudiée y fut conduite pour voir l'héritier qu'elle n'avait pu donner à Napoléon, le petit roi de Rome, âgé d'un an et qu'on amenait prendre l'air au bois de Boulogne.

Lorsque le comte d'Artois revint en France, sous le nom protocolaire de *Monsieur, frère du roi* (le souverain étant alors Louis XVIII), en 1814-1815, il avait viré, après 1804, à une telle dévotion – suite à un serment arraché par son ultime maîtresse mourante, Louise de Polastron –, qu'il s'empressa de faire badigeonner les peintures plus que lestes, priapiques même, qui subsistaient dans son ci-devant nid d'amour. Le château échut alors à son fils, le duc de Berry, fine braguette pas du tout repentie mais qui n'eut guère le temps de marquer les lieux, puisqu'il fut assassiné en 1820.

C'est son fils posthume, « Henri V », qui vint donc, jusqu'à l'exil de la branche aînée des Bourbons en 1830, villégiaturer à Bagatelle ; avec sa mère, une Napolitaine ayant du goût pour la décoration et à laquelle on doit, à l'intérieur, la commande de quelques fines et convenables peintures anonymes ornant des volets, et à l'extérieur, sans doute aussi, une ruine *Troubadour*, selon une manie très Restauration.

Troisième enfant royal à être venu jouer ici, troisième espoir d'une dynastie condamné à mourir à l'étranger, déchu et sans postérité : le fils unique de Napoléon III et Eugénie de Montijo. Le manège du Prince impérial a été remplacé par une vaste roseraie, mais le kiosque sinisant, où s'installait l'impératrice pour voir « Napoléon IV » s'initier à l'équitation, ponctue toujours les bosquets que domine une vertigineuse pyramide, récemment remise en état et enrichie d'un belvédère avec panorama sur l'ancienne forêt du Rouvre (rebaptisée « bois de Boulogne » par un décret de Louis XI se référant à Notre-Dame-de-Boulogne-sur-Mer) et sur le faux horizon new-yorkais ou montréalais de la Défense.

Cette pyramide cachait la glacière où l'on conservait la neige pour les sorbets des favorites éphémères de Charles d'Artois, car c'est finalement lui qu'on retrouve le plus souvent dans ce parc, certes modifié par les occupants anglo-saxons du XIXe siècle mais où ont survécu rocailles d'Hubert Robert, (en revanche, ses six panneaux peints de paysages pour l'un des salons se trouvent à présent au Metropolitan Museum de New-York), ponts à la manière de Chine et courbes de verdure propices aux apartés galants.

Ce sont des Anglais, entre autres Richard Wallace (1818-1890) – celui de nos populaires fontaines publiques et de la célébrissime collection londonienne de meubles français XVIIIe siècle –, qui à la fois sauvèrent et défigurèrent Bagatelle, racheté à l'Etat français en 1835 par les Yarmouth-Hertford, pépinière d'excentriques, dont la figure extrême est Milord l'Arsouille. De son observation de cette famille, Balzac tira le couple dépravé de lady et lord Dudley, ce dernier étant le père naturel d'Henri de Marsay, type du dandy dans *La Comédie humaine*.

De même, Richard Wallace était l'enfant illégitime de lord Hertford IV (1800-1870), premier propriétaire britannique de l'ancienne garçonnière du comte d'Artois et qui augmenta la propriété de quatorze à vingt-quatre hectares, remplaçant les anciennes barrières princières en bois par une muraille de pierre toujours debout.

Hélas, le zèle remodeleur de l'Anglais ne s'arrêta pas là ! Son immense fortune et son non moins immense besoin d'activité n'étant pas suffisamment captés par la réunion de peintures, sculptures, meubles et vaisselle, il eut l'idée fort malheureuse, vers 1860, de surélever Bagatelle, cassant à jamais le côté à la fois palladien et intime, noble et campagnard du dessin de l'architecte Bélanger. Pour couronner le tout, c'est le cas de le dire, le lord fit recouvrir le dôme modéré du salon de musique, la seule pièce haute du bâtiment, par une seconde et lourde coque ardoisée, digne du Louvre de Napoléon III et qui écrase l'arrière du castel.

Certes, le rachat anglais, d'ailleurs au prix fort, avait probablement permis d'éviter que Bagatelle fût dépecé par la *Bande noire* mais on ne peut pas ne pas regretter aussi le « remodelage » partiel, au profit d'une insipide pelouse, du parc anglo-chinois imaginé vers 1780 par le paysagiste écossais Blaikie ou la « simplification » du mini-jardin à la française de même période, privé de son cabinet de verdure et de ses boulingrins (pourtant de l'anglais *bowling-green*...).

Devenu propriétaire durant la guerre de 1870-1871, Richard Wallace fut surnommé « le bienfaiteur de Paris » – du fait, entre autres, de ses livraisons de vivres aux Parisiens assiégés par les Prussiens – mais, dès 1872, il démolit, on en frémit, le délicieux pavillon des pages d'Artois, indispensable complément d'époque à la maison de maître, et le remplaça par un hideux Trianon d'imitation, destiné au rejeton que lui avait donné, en 1840, une commise en parfums française, mais qui ne l'habita jamais.

Le personnel fut alors tristement logé sous une terrasse en pierre meulière regardant la Seine – les Anglais, et là c'est heureux, ayant obtenu que le fleuve ne serait jamais dérobé au regard des Bagatellois (cet espace est occupé aujourd'hui par des terrains de sports que surplombe l'ancienne machinerie à clocheton ayant longtemps amené l'eau fluviale au château).

Après sa mort en 1890, dans la chambre du comte d'Artois, où avait également trépassé Hertford vingt ans plus tôt, les Français découvrirent non sans déception que Wallace avait légué « à la Nation britannique » ses innombrables collections françaises, y compris celles alors encore conservées à Bagatelle.

La veuve Wallace, à son décès en 1897, laissa l'ancienne folie à son secrétaire, Henri Scott, qui ne « restructura » rien mais, sans scrupules, vendit cheminées, vases et statues, et même se proposait de lotir le parc lorsque la Ville de Paris – enfin ! – intervint et racheta édifices et terrains en 1905. La municipalité devait cependant attendre près de soixante-dix ans avant de commencer à remettre le château en état, sans se presser, puisque la chambre même du bâtisseur, à l'heure où nous écrivons, n'est pas encore restaurée [1] !

Ces lieux peuvent écœurer légèrement par leur passé au stupre trop facile et à cause de l'amoralité imperturbable qui y trouvèrent gîte entre les effigies, au cas où on n'aurait pas compris (c'est cette insistance artistique qui soulève un peu le cœur, finalement...), de la Nuit, du Plaisir, du Mystère et de la Folie... Mieux vaut cela, tout compte fait, que des traces de sang !

Bagatelle sans massacre ! Même si toutes les têtes d'affiche qui y défilèrent, de Stanislas Leczynski à Napoléon III *via* l'Autrichienne et l'Espagnole, subirent – ailleurs – des malheurs de tailles diverses. Pour qu'un peu de politique réapparaisse un instant entre les nymphéas – consultés par Monet – et le bassin des Oies-de-Magellan, il fallut l'autorisation exceptionnelle donnée en 1990 par la mairie de Paris au parti de Jean-Marie Le Pen de tenir sa fête annuelle dans le parc de Bagatelle.

Depuis, le calme est revenu, rythmé seulement par les concours non plus de quelques beautés humaines dans le boudoir mais de près de trois cents roses poussant en pleine terre ; par les cris stridents des paonnes en liberté défendant leurs minuscules poussins contre la gloutonnerie des pies tueuses ; par les travaux, surtout, d'une armée de jardiniers :

1. C'est toujours le cas début 2004.

quarante-quatre hommes œuvrant sur deux cent trente-cinq mille mètres carrés, soit deux fois plus de personnel pour la même superficie qu'au moment de Richard Wallace... « Ce n'est pas qu'on travaille moins que jadis, mais c'est que jamais on n'a pris ici autant de soin pour mettre en valeur la nature », assure un paysagiste.

Au reste, qu'importe que le *Platanus hybridus acerifolia* ou le *Cedrus atlantica glauca* aient été mieux taillés ou non sous Louis XVI ou le Second Empire que sous les septennats républicains ! Parmi les bois parisiens d'aujourd'hui, les allées bagatelloises peuvent se targuer d'être les seules à ne comporter jamais ni papier gras, ni seringues, ni bouteilles, ni sous-vêtements et autres « colifichets »...

Bagatelle, jardin des vertus, jardin rangé finalement.

Janvier 1994

2
La sainte montagne réhabilitée

De la foi populaire à la controverse architecturale, l'histoire très politique du Sacré-Cœur de Montmartre, où se réfugieront peut-être un jour les derniers chrétiens de Paris, à en croire Nicolas Saudray....

Un urbaniste parisien, accueillant chez lui récemment un journaliste algérois exilé, s'excusait presque, en ouvrant les volets de sa chambre d'amis, de l'échappée qu'on y découvrait, au-delà de la colonnade de Notre-Dame-de-Lorette, sur la masse livide du Sacré-Cœur. « Savez-vous, s'exclama son invité, qu'à Alger, nous sommes encore très fiers d'avoir, sur une de nos collines, Notre-Dame-d'Afrique, réplique ocre, et tout aussi byzantinoïde, de votre Sacré-Cœur ? »

A cela près que la basilique d'Alger, où se voit toujours l'invocation attribuée à l'évêque Pavy et reprise par le cardinal Lavigerie, « Priez pour nous et pour les musulmans », n'est pas une copie mais le prédécesseur, sinon l'un des modèles du sanctuaire parisien. Si l'idée de couronner Montmartre germa après la défaite de 1870 dans le cerveau de deux pieux beaux-frères, « amis des arts et manufactures », Alexandre-Félix Legentil et Hubert Rohault de Fleury, l'élan qui aboutit à la construction de Notre-Dame-d'Afrique avait été donné, lui, quelque vingt ans auparavant par deux non moins dévotes demoiselles, Marguerite Berger et Anna Cinquin, militantes catholiques lyonnaises qui avaient probablement souhaité qu'en Algérie, colonisation rime avec évangélisation. L'église africaine fut consacrée en 1872, trois années donc avant la pose de la première pierre du Sacré-Cœur, laquelle fut accompagnée d'un « vœu national » qu'ont rappelé à Paris plusieurs manifestations, en 1995.

Un « vœu » très marqué par l'attente de restauration bourbonnienne de l'époque – la défaite de 1870, face aux Prussiens, avait entraîné la chute de Napoléon III – et grâce auquel on peut toujours discerner, dans l'immense film historique en mosaïque dominant l'autel central, Louis XVI *roi-martyr* priant avec sa famille. L'architecte du monument, Paul Abadie (1812-1884), n'eut cure de cet aspect idéologique, pas plus qu'il ne se laissa démonter par les critiques, d'une violence inouïe, contre son « vandalisme falsificateur », contre sa « folle mosquée ». Critiques qui faillirent aboutir à la destruction de l'édifice, ainsi que le rapporte Zola dans son *Paris*, ou tout au moins à sa réaffectation à une institution laïque, comme le préconisait Clemenceau, lequel avait commencé sa carrière – médicale (et érotique) – sur la Butte. Le polémiste catholique antidémocrate Léon Bloy devait être l'un des rares à défendre ouvertement sa « chère basilique ».

« Mon crime d'aujourd'hui sera peut-être une cause de glorification dans deux cents ans. » Le vieil Abadie, qui ne vit pas terminée son œuvre, ne s'était trompé que d'un siècle. Depuis peu, on en vient parfois à tomber presque dans le travers inverse du dithyrambe, l'un des faiseurs de goût de la fin du XXe siècle se délectant devant la « grâce perverse » du Sacré-Cœur, un autre allant jusqu'à louer sa « dimension wagnérienne »...

Un énarque en vue, Patrice Cahart, a publié en 1990, sous le pseudonyme de Nicolas Saudray, un roman d'anticipation. *Voyage au pays des Frogs* où, vers 2050, les derniers catholiques parisiens, fuyant l'hégémonie islamique et regroupés en haut de Montmartre, sont approvisionnés par hélicoptère... Et n'omettons pas les méditatives visites du notable chiraquiste Alain Juppé – selon ce qu'il confesse dans sa *Tentation de Venise* – chez les bénédictines du mont des Martyrs...

Bien avant ce retournement, qui sera peut-être demain un engouement parmi notre intelligentsia, l'adhésion populaire n'avait pas été marchandée, étant décrite, avec peut-être une pointe d'ironie, par Proust, qui imagina « un petit commerçant » éprouvant, sous les voûtes neuves, « la sensation du Moyen Age ». L'auteur d'*A la rencherche du temps perdu* aurait pu y ajouter le sentiment du grandiose oriental.

Toujours est-il que, bien des lustres avant le point final des aménagements – l'ouverture de l'escalier monumental en 1927 –, un véritable culte avait pris, et bien pris, exprimé par la multitude des dons modestes en faveur de la plus importante souscription du XIXe siècle français : autour de sept cents millions de francs 1995, reçus de près de dix millions de donateurs entre 1872 et 1925.

L'adoration du Cœur de Jésus avait du reste chez nous des racines bien plus anciennes que l'inscription, en 1856, au calendrier romain, de la fête universelle du Sacré-Cœur. Dès 1671, en Bourgogne, une moniale de la Visitation, Marguerite-Marie Alacoque, eut des visions au cours desquelles le Messie lui révéla « les secrets inexplicables de Son sacré-cœur ». Du coup, en 1674, Louis XIV fit élever à Caen la première église jamais dédiée au cœur du Christ. La femme de son successeur, Louis XV, Marie de Pologne, relança l'affaire, et la chapelle royale de Versailles eut son autel *sacré-cordien*. Toutefois, c'est

Marseille qui fut la première ville du monde, à l'occasion de la peste de 1720-1721, à être consacrée au Sacré-Cœur, grâce à une autre visitandine, Madeleine Rémuzat, laquelle inspira l'évêque Henri de Belsunce.

L'hispanique impératrice Eugénie, plus tard, ne fut pas en reste, tout en se battant comme une lionne pour sauver les Etats pontificaux. A peine les Napoléonides renversés, les Italiens mirent la main sur le « territoire de saint Pierre », sacrilège dont l'écho se retrouve jusque dans le « vœu national » de 1875, puisque l'un de ses buts, avant même celui de « faire cesser les malheurs de la France », était de « délivrer le souverain pontife de sa captivité »...

Ainsi, l'éminence prédestinée du *mont Martre*, cette hauteur devant son nom aux victimes de l'âge héroïque du christianisme ; cette colline champêtre, qui avait vu Ignace de Loyola concevoir sa Compagnie de Jésus, est devenue l'un des principaux pèlerinages catholiques de l'Univers – Jean-Paul II l'a accompli pour sa part en 1980 –, avec plus de six millions de visiteurs annuels, sans compter les fantômes. Parmi ces derniers, Maurice Utrillo, dont les vues du Sacré-Cœur répétées *ad nauseam* ont, à tout le moins, fait connaître bulbes et coupoles blanches à travers la planète ; le Père de Foucauld, dont la confrérie saharienne se réclame de Montmartre ; le poète Max Jacob, qui venait y prier en tant que catholique et fut arrêté comme israélite ; sans oublier les poseurs de bombe « communards » de mai 1974, qui provoquèrent l'écroulement de l'un des cinq dômes mineurs et n'aboutirent par leur geste qu'à mener vers la montagne sainte de Paris plus encore de pèlerins et de sympathisants. Le communiqué des terroristes, revenants de la Commune, plus de cent ans après, avait affirmé : « L'ascension de Giscard d'Estaing est mal barrée. Dans cette campagne, il y a eu une telle inflation de cœurs qu'il ne faut pas s'étonner qu'explose le Sacré-Cœur versaillais, pour la plus grande joie de tous les communards »...

Ces fadaises n'enlèvent rien, au contraire, à un plébiscite centenaire, récemment renforcé par un début de consécration intellectuelle. Espérons que cette dernière n'éclipsera pas l'esprit paillard de la Butte, où l'on aime voir dans le Sacré-Cœur le téton blanc de la Parisienne, la Tour Eiffel en étant le téton noir... Ceux qui, jadis, opposaient le chef-d'œuvre d'Eiffel, moderniste et laïque, à l'œuvre maîtresse d'Abadie, réactionnaire et calotine, en sont donc pour leurs frais. Paris, tétons ou pas, est inconcevable aujourd'hui de par la Terre entière sans sa tour et sa basilique.

Juin 1995

3

Charonne, résidence secondaire

Entre un barbosaponophile et Casque d'or, une bâtarde du roi-soleil et un secrétaire de Robespierre, Brasillach et des Croates islamomanes, on respire un air infiniment corsé sur les hauteurs populaires de la capitale...

La nouvelle a vite fait le tour du quartier – on devrait dire du village : « Vous avez entendu sur Europe 1 ? – Quoi ? L'histoire de notre boulanger qui marquait "artisan" sur sa devanture et nous vendait du pain décongelé... Ma fille rouspétait : "Il est bizarre, ce pain, on dirait qu'il a été mâché..." – Vous avez vu qu'il a pris 1 500 euros d'amende au tribunal, le boulanger, comme quoi quand le gouvernement veut se faire respecter, il le peut. » Des cafés aux supérettes, de la librairie bien rangée de la rue de Bagnolet au bric-à-brac de mon ami *barbosaponophile*, l'information a vite circulé partout, consternant les mangeurs de mauvais pain qui trouvaient

« une bonne bouille » au boulanger marron. Le brocanteur barbosaponophile n'est pas adepte de quelque nouveau vice abominable, mais seulement collectionneur d'étuis de savon à barbe, à l'instar du fameux coiffeur Gérard Boussin de l'avenue du Maine, dans le XIVe arrondissement. Chacun des deux les a alignés sur des étagères, tous pareils et tous dissemblables, en galalithe bordeaux, fer blanc ou métal argenté. C'est l'une des moindres curiosités de Charonne, ce district parisien au vilain nom, mais aux multiples histoires, touchant parfois la grande.

Telle une vigie d'opérette, installée sur une émince, au coin de ce qui constitue maintenant la rue des Balkans, veille, depuis les années 1730, ce qui passe pour la dernière « folie », autrement dit « maison sous la feuille », subsistant sur le territoire parisien actuel, outre bien sûr Bagatelle. Infiniment moins connu, et dû d'ailleurs à un architecte méconnu, Serin, le pavillon charonnais de l'Ermitage ne fut pas construit pour n'importe qui mais à la demande de Françoise de Bourbon, bâtarde de Louis XIV et de la Montespan, légitimée sous le nom de Mademoiselle de Blois et épouse de son cousin germain, le Régent. Cette altesse par rattrapage figure donc en droite ligne dans les ancêtres de la Maison d'Orléans, présentement prétendante à la couronne de France. Passée de main en main, jusqu'à se muer, sous la Révolution, en « repaire de comploteurs » souhaitant délivrer la famille royale (parmi lesquels le baron de Batz qui, dans l'aventure, perdit sa maîtresse, l'actrice Marie Badin, décapitée pour « royalisme » en 1794), la folie eut derechef une courte heure de gloire par raccroc, puisque sous la Restauration elle fut propriété de François Pomerel, « confiseur de S.A.R. la duchesse de Berry » ; une Capétienne de Naples, parfaitement légitime, elle, et mère d'Henri V, ultime Bourbon français direct.

Ce Pomerel fut bien plus tard enseveli en contrebas, dans le minuscule *campo santo* attenant à la paroisse Saint-Germain-de-Charonne, non loin d'un autre François, Bègue dit Magloire, « peintre en bâtiments, patriote, poète, philosophe et secrétaire de Monsieur de Robespierre... » La statue en fonte de ce personnage-accordéon a été volée de longue date et quelques érudits, entre Charonne et Bagnolet, se disputent encore parfois pour trancher, c'est le cas de le dire, de savoir si ce supposé proche du guillotineur, en effet, fut ou non un imposteur en quête de notoriété posthume, ce qui, le cas échéant, est réussi... En effet, cette sépulture est la seule que signale aux visiteurs le jardinier de cette nécropole restreinte et pentue. Il y a pourtant encore du beau monde sous terre par ici, ainsi Josette Clotis (1910-1944), auteur du *Temps vert*, parrainée par Henri Pourrat, et l'une des femmes d'André Malraux, morte écrasée par un train, et aussi leurs deux fils Gauthier et Vincent, tués ensemble en 1961, à la fleur de l'âge, lors d'un accident de la route.

Un peu plus loin, c'est la tombe grise et sans crucifix de l'acteur Pierre Blanchar, vedette de *Malatesta*, *Crime et châtiment*, *Pontcarral*, *La Symphonie pastorale*, etc., né à Philippeville (ou Skikda, Algérie) en 1892, croix de guerre 1914-1918, décédé près de Paris en 1963 ; enfin, celle, inatendue, de Robert Brasillach, datée 6-2-1945, jour où il fut fusillé au fort de Montrouge pour « intelligence avec l'ennemi ». Un de ses fidèles auquel je rapporterai ma « découvert » funéraire, me fera lire l'écrit dernier du condamné, *Poèmes de Fresnes* – mais l'œuvre de l'écrivain toujours maudit que je continue, et de loin, à préférer est la très « incorrecte » (mais si intelligible et intelligente) *Histoire de la guerre d'Espagne*, que Brasillach a coécrit avec son beau-frère Maurice Bardèche ; travail à relire puisqu'un révisionnisme nouveau genre tend à nous cacher que Franco, avec tous ses défauts, eut l'immense mérite d'arracher l'Espagne au vertige communiste – sinon le royaume de Juan Carlos ressemblerait sans doute aujourd'hui aux pauvres Russie, Ukraine ou Roumanie, pour longtemps encore désarticulées par le marxisme appliqué.

Pied-noir mais connaissant bien son quartier parisien d'adoption et son histoire littéraire, Pierre Rivas me mettra, lui, sous les yeux cette phrase de Brasillach, si on veut prémonitoire, extraite de *Notre avant-guerre* (1941) : « Saint-

Germain-de-Charonne dresse en haut de la rue de Bagnolet son clocher villageois, orné d'un coq, ses murs réparés au ciment, sa merveilleuse simplicité paysanne. Tout autour, un jardin, mais non, un cimetière, le dernier, je crois bien, des cimetières de villages parisiens »...

Devant le 109 rue de Bagnolet, chassons les cauchemars rouges en imaginant le brave roi Henri IV franchissant tout guilleret ici, en 1601, le portail du château disparu de Charonne où l'attendait une « bonne fortune » et où séjournèrent ensuite Richelieu, « pour la bonté de l'air et la beauté du lieu », puis Mazarin et le jeune Louis XIV. En ce temps-là, et jusqu'au Directoire, Fouquier-Tinville compris, les hauteurs de Charonne formèrent l'une des résidences secondaires favorites du gratin parisien. Religieux inclus car, au milieu du Grand Siècle, s'installèrent dans ce secteur aéré, calme et vert, les Filles de la Croix, celles de la Providence de Dieu, les augustines de Notre-Dame, organisées par Marguerite de Lorraine, belle-sœur de Louis XIII, enfin l'Union chrétienne, chargée en 1672 de recatholiciser les jeunes parpaillotes revenues à la religion majoritaire. On dit aussi que Cyrano de Bergerac – le vrai, Savinien de Cyrano, bel homme à femmes, soldat méritant et auteur heureux du *Pédant joué*, bien différent de celui d'Edmond Rostand, laid et malheureux – fut inhumé en 1655 dans un de ces couvents féminins dont était prieure sa cousine Catherine.

De nos jours, en ce XXe arrondissement comptant officiellement dix synagogues, huit églises, trois temples et deux mosquées, le site divin le plus exotique du coin est sans doute Saint-Cyrille-Saint-Méthode, laborieusement bâti de 1935 à 1962 pour remplacer la branlante église Saint-Germain, fondée au XIIe siècle, finalement réparée grâce à Malraux ministre, ce qui a permis d'attribuer le plus récent des deux sanctuaires aux Croates d'Ile-de-France, particulièrement nombreux depuis l'éclatement de la Yougoslavie, à la fin du XXe siècle. Une messe croate vaut le détour, avec sa populeuse ferveur, qui ne peut faire oublier qu'après la mort du Croato-Slovène communiste Tito, en 1980, la Croatie, redevenue papiste comme un seul homme, scia suicidairement la branche de ses cousins slaves, les Serbes orthodoxes, au profit des Bosniaques musulmans, survivance de la colonisation ottomane dans les Balkans, et mettant, eux, pas si bêtes, dans le même sac catholiques et orthodoxes...

La place et l'artère centrales du Vieux-Charonne sont vouées à saint Blaise qu'un almanach rural de 1860, dégoté dans la boutique barbosaponophile, définit ainsi : « Arménien canonisé, protecteur des bestiaux et des adolescents. » Sa *baraka* ne doit cependant pas agir à tous les coups, sinon, il n'aurait pas, le 26 mai 1943, laissé les boches fusiller Cadix Sosnowski, 17 ans, qui habitait justement 13 rue Saint-Blaise.

D'autres plaques, alentour, heureusement remontent le moral, du moins aux amateurs de bonne prose, avec la « Rue Stendhal, littérateur » que coupe la voie dédiée, fait rare, à un de ses personnages, Lucien Leuwen ; de même que, pas très loin, la rue Monte-Cristo répond au métro Alexandre-Dumas. Il y a enfin un mini-square Antoine-Blondin (1922-1991), heureusement interdit aux chiens, et une artère pour Prosper Enfantin, excellent socialiste utopique du XIXe siècle qui, de Ménilmontant à l'Egypte, tenta de créer d'impossibles phalanstères dont Paul Morand, avec humour et compassion, a résumé l'histoire à jamais engloutie dans une nouvelle au titre de prime abord énigmatique : *Les Compagnons de la Femme*.

Ayant appris qu'un reporter du *Monde* fourrait un peu son museau dans les affaires du secteur, jusqu'à rechercher le comment et le pourquoi de certains noms de rue, une dame associative indigène me donna rendez-vous à Flèche d'or Café, « gare scénique », 102 *bis* rue de Bagnolet, mais au jour dit, l'établissement étant inexplicablement fermé, je ne saurai donc jamais ce que cachaient ces deux mots accolés au nom du café. Nous nous réfugiâmes dans un bar voisin, genre club privé miteux, mais nous y trouvâmes une fracassante musique techno et surtout un tintamarre verbal exhalé par la clientèle uniquement masculine, quoique pas très virile. « C'est un endroit gay, non ? – Ça vous dérange ? – Euh ! Non, c'est plutôt le bruit, nous ne pourrons pas discuter... » Je proposai donc à mon interlocutrice de déménager, tout en me remémorant *in petto* une phrase impitoyable de Mac Orlan, dans *Quartier réservé*, composée vers 1930 et qui, aujourd'hui, lui vaudrait probablement d'être traduit en justice : « Les invertis, naturellement frivoles et écervelés, se distinguent toujours par leur extraordinaire manque de tact. Ils se montrent parfaitement agaçants... »

Finalement, comme il faidait bon, nous échouâmes sur un banc du boulevard de Charonne où la dame me récompensa de ma persévérance en m'y contant la vie de Casque d'or, « qui se prostituait là même où nous sommes ». Diantre ! Celle qui inspira en 1952 le film éponyme de Jacques Becker, avec Simone Signoret dans le rôle-titre, était née Amélie Hélie, en 1879, à Orléans. « Saviez-vous qu'elle vint très jeune à Paris avec ses parents et fut excessivement précoce au point, dès 13 ans, de fuguer pour se mettre en ménage avec un apprenti serrurier de 15 ans ? ... » Puis ce fut l'amour-passion pour Bouchon, chef des apaches charonnais, au profit duquel elle commença à se vendre avant de « se ranger en garni » avec un autre voyou et de finir provisoirement en enjeu de bandes rivales. Les journaux du monde entier montrèrent alors le visage de « la Parisienne fatale coiffée à la chien », laquelle profita de ces circonstances favorables pour se lancer dans la chanson. Dès 1902, « la môme Casque d'or » vendait ses *Mémoires* à la presse, avant de faire une fin convenable en épousant un bonnetier ventru auquel elle donna quatre rejetons. Un siècle ou deux en arrière, l'Orléanaise, comme la fille du roi-soleil, aurait absolument voulu une folie sur les crêts de Charonne...

Septembre 2003

Livres :

– Jacques Barozzi, *Bagatelle*, éd. *Ouest-France*, 1984.

– Collectif, *La Folie d'Artois*, édité par la revue *L'objet d'art*, 1988.

– Pierre de La Gorce, *Charles X*, Plon, 1928.

– José Cabanis, *Charles X, roi ultra*, Gallimard, 1972.

– Georges Bordonove, *Charles X*, Pygmalion, 1990.

*

– Nicolas Saudray, *Voyage au pays des frogs*, Desclée de Brouwer, 1990.

– Alain Juppé, *La Tentation de Venise*, Grasset, 1993.

*

– G. Lenôtre (Théodore Gosselin, dit), *Paris et ses fantômes*, Grasset, 1933.

– Gilles et Jean-Robert Ragache, *La Vie quotidienne des écrivains et des artistes sous l'Occupation* (1940-1944), Hachette, 1988.

CHAPITRE XXXVIII

PAYS BASQUE

Le négus d'Hendaye

A Robert Coustet,
professeur émérite à Bordeaux III

Un explorateur en turban noir et caftan vert, un factotum abyssin en chéchia rouge, la dédicataire de *Ramuntcho* et son chapelain peuplent toujours les terrasses néogothiques jetées par Viollet-le-Duc sur l'Atlantique...

Caprices du terrain et épais boqueteaux font que, souvent, le voyageur empruntant la route côtière Saint-Jean-de Luz – Hendaye manque un étrange édifice. Tout enchevêtré de tourelles, ceinturé de palmiers chinois et regardant tout à la fois la Rhune, montagne magique des anciens Basques païens reconvertie en relais de télévision, et la côte océane, dans une rare portion que le Conservatoire du littoral a su protéger de la furie constructrice de nos contemporains, le château d'Abbadia fait figure d'énigme architecturale et historique.

Le monument fut pourtant célèbre en son temps. Napoléon III lui-même devait venir inaugurer ce « chef-d'œuvre » d'Eugène Viollet-le-Duc et de son élève préféré, Edmond Duthoit (1837-1889) ; ce résumé de la vie aventureuse et prodigue d'un explorateur-astronome, commensal du Roi des rois d'Abyssinie et membre de l'Académie des sciences. L'empereur des Français ne vint pas à Abbadia, pour cause de conflit avec la Prusse, et la balustrade d'une des terrasses attend toujours la « dernière pierre » qu'il aurait dû y encastrer.

Antoine d'Abbadie, par sa vie et ses œuvres, est un condensé de notre XIXe siècle, romantique et scientiste, découvreur et bâtisseur. Les Abbadie, comme leur nom le suggère, procèdent d'« abbés laïques », égrénés jadis le long des Pyrénées pour contenir les Sarrazins. Lors de la révolution de 1789, l'Abbadie du moment se retira en Irlande, où il épousa une catholique qui lui donna six enfants, dont Antoine (1810) et Arnault (1815). La tribu ne rentra en France qu'en 1820, une fois les Bourbons consolidés sur le trône, et l'aîné se fit remarquer par sa propension à toutes sortes d'études : science, histoire, religions, philosophie, langues – y compris le basque familial.

L'étudiant pyrénéen royaliste sut, par le biais de l'astronomie, séduire le savant pyrénéen républicain, Dominique Arago, qui, dans les années 1830, le dépêcha au Brésil afin d'y observer « le sens du mouvement de l'aiguille aimantée ». Ce ne fut que la première étape d'une longue vie (Antoine mourra en 1897, à l'âge de quatre-vingt-sept ans) de déplacements aux antipodes, par amour de la géodésie et de la géographie, de Jérusalem à Saint-Domingue, des fjords de Norvège aux sources du Nil bleu. L'une de ces expéditions dura plus de dix ans, en Ethiopie où, tandis que son cadet devenait général dans une des armées princières, Antoine, explorateur écologiste avant la lettre, voyageait « seul et sans arme, vivant sobrement à la manière du pays, en respectant les coutumes ». Trafic de munitions en moins, c'était déjà un peu Rimbaud en mer Rouge, une génération à l'avance.

Le poète devenu négociant eut son Djami, petit esclave musulman affranchi ; avant lui, l'astronome itinérant posséda son Abdoullah, « reçu en cadeau du *ras* Ali, chef abyssin islamisé ». Fils adoptif ou favori, peu importe, Abdoullah occupa bientôt une grande place dans l'existence d'Abbadie.

Au XXe siècle, durant la période où Abbadia ne fut plus qu'un observatoire, des voleurs devaient emporter le portrait d'Antoine d'Abbadie, l'explorateur, avec son factotum éthiopien Abdoullah, le premier en turban noir et caftan vert, le second en chéchia rouge et veste assortie. Ce portrait avait été exécuté à leur retour d'Abyssinie, vers 1850, alors qu'Abdoullah était encore adolescent. « L'Empire, c'est la paix ! », avait promis Napoléon III. Cependant, les conflits se succédèrent, ce qui n'était pas pour déplaire à la tradition guerrière des Gallas, ethnie d'Abdoullah. Une fois adulte, il s'engagea dans l'Armée impériale et, à Solférino, pendant la campagne d'Italie, en 1859, sa combativité exemplaire parvint jusqu'aux oreilles de l'empereur. Après Sedan, Abdoullah, abandonné à lui-même dans Paris, suivit des communards et finit par être fusillé par des Versaillais. Abbadie ne parla plus jamais du « pauvre Abdoullah », mais il laissa sa statue dans l'entrée d'Abbadia, où on peut toujours la voir.

L'Abyssinie-Ethiopie fut donc particulièrement chère au cœur du « négus français » et, en son castel marin, bâti à Hendaye à partir de 1860, il s'entoura d'une collection d'armes est-africaines et de fresques inspirées par la vie populaire abyssine. La « salle éthiopienne » fut le pivot de ce manoir néogothique grâce auquel Antoine d'Abbadie époustoufla le Pays Basque à l'heure impériale.

Entretemps, le maître de céans avait épousé une « vraie jeune fille », Virginie de Saint-Bonnet, nantie d'un chapelain particulier. La seule dissipation de Madame était de recevoir un marin, Julien Viaud, qui encourageait le goût des châtelains pour l'orientalisme et l'historicisme ; devenu Pierre Loti, il dédia son *Ramuntcho* à Virginie...

Viollet-le-Duc, après avoir réinventé les ruines de Pierrefonds et Roquetaillade, accepta de concevoir Abbadia *ex nihilo* et il s'en donna à cœur joie : plan en tripode étiré, donjon fantaisie répondant à un authentique observatoire, boas, crocodiles, éléphants, lévriers, escargots géants, et même un singe à longue-vue courant sur faîtes et façades, le tout en pierres d'Angoulême ou de Fontarabie. On reste bouche bée. Sylvie Fourrel de Frettes, une Bordelaise qui a obtenu sa maîtrise d'histoire de l'art grâce à un mémoire sur Abbadia, estime qu'en ce lieu, « Viollet-le-Duc est parvenu à associer parfaitement l'espace médiéval à la rationalité de la structure »...

A l'intérieur, c'est Duthoit qui se défoula. Cet héritier d'un sculpteur amiénois était revenu l'esprit enflammé d'une mission archéologique au Levant. S'inspirant de ses pérégrinations et de celles de son commanditaire, le disciple de Viollet appliqua sans frein sa méthode dans le palais du « négus d'Hendaye » : « Que je le veuille ou non, mon arabe sent le gothique et mon gothique a un arrière-goût d'arabe ou de byzantin ! »...

Lorsque le couple d'Abbadie disparut sans postérité, à l'aube du XXe siècle, et après son inhumation dans le sanctuaire du château, le tout fut remis, selon la volonté d'Antoine et Virginie, à l'Académie des sciences. A part le vol mentionné *supra*, pas un bouclier du Tigré ou du Choa, pas une coupe néomédiévale, pas un guéridon du fumoir-mosquée ne fut déplacé, tandis que l'observatoire continuait à fonctionner jusqu'en 1975. Sinon, Abbadia eût été une demeure morte.

Aujourd'hui, grâce en particulier à Martin Telléchéa, astronome mandaté par l'Académie des sciences, l'extravagante forteresse a rouvert ses portes, notamment aux jeunes des classes « patrimoine », dont beaucoup s'émerveillent devant cette architecture décriée mais qui sut refléter l'imagination débordante d'Orient et de Moyen Age des hommes du « stupide XIXe siècle » (Léon Daudet). Stupide en politique peut-être, mais quant à la culture, toujours inventif et jamais ennuyeux.

Dans la partie du domaine cédée au Conservatoire du littoral, on a pris en compte les aspirations actuelles en créant des espaces pour oiseaux migrants et une « banque fruitière du futur » où sont maintenues des espèces disparues de nos vergers et qui connaîtront peut-être un jour une nouvelle renommée. Antoine d'Abbadie peut dormir tranquille, il ne se ruina pas en vain pour inventer sa fantasmagorique thébaïde.

Novembre 1995

Livres :

– Abbé Jules Leroy, *L'Ethiopie. Archéologie et culture*, Desclée de Brouwer, 1973.

– Murray Gordon, *L'Esclavage dans le monde arabe. VIIe-XXe siècles*, Robert Laffont, 1987.

– Berhanou Abebe, *Histoire de l'Ethiopie d'Axoum à la révolution* (de 1974), Centre français des études éthiopiennes-Maisonneuve et Larose, 1998.

– Xavier Paoli, *Leurs Majestés*, Atlantica, Biarritz, 1999.

– François Guyot, *Le Voyage en Ethiopie*, *Les Nouvelles d'Addis*-L'Harmattan, 2001.

CHAPITRE XXXIX

PÉRIGORD

1

Les profits posthumes de Joséphine Baker

A François Augiéras, in memoriam

La chanteuse est morte ruinée par le coût de son parc d'attractions des Milandes, devenu ensuite l'une des affaires les plus prospères de Dordogne...

En contrebas de prés toujours verts, la Dordogne roule ses eaux fraîches, si douces pour le ventre que jadis un pape gascon, Clément V, en faisait venir de pleines outres jusqu'au Saint-Siège comme la reine Elizabeth II d'Angleterre emporte partout avec elle de l'eau de Malvern pour son thé. La petite danseuse américaine de la Revue nègre, Freda Mac Donald, devenue célèbre à vingt ans en France sous le nom de Joséphine Baker, bientôt reçue dans tous les palais de la Terre, Vatican compris, aimait raconter à ses invités cette double anecdote aquatique quand elle parcourait les terrasses de sa splendide propriété des Milandes.

Au cœur du Périgord noir, qui doit son label davantage à ses sombres forêts qu'à ses truffes, le château des Milandes est une authentique demeure à donjon, tours et tourelles de la fin du Moyen Age, dont le côté gothique fut encore accentué au XIXe siècle, lors de la mode Troubadour. La Baker en fut locataire puis propriétaire durant plus de vingt ans, avant d'en être littéralement jetée dehors au nom de ses créanciers, en mai 1968.

Ce n'était pas faute pourtant que se soient entremis ou aient signé de gros chèques pour les Milandes presque toutes les vedettes de la planète, de Fidel Castro aux princes de Monaco, du ménage Peron à l'impératrice Farah d'Iran, de Brigitte Bardot au roi Hassan II, du président algérien Ahmed Ben Bella au Premier ministre israélien Golda Meir et jusqu'au général de Gaulle, qui n'avait pas oublié l'espionnage de Mme Lion, du nom d'un de ses nombreux maris, au profit de la France Libre... Il n'y avait eu que l'Amérique WASP *(White Anglo-Saxon Protestant)* pour se moquer de « cette noiraude aux dents de souris, tout juste bonne à plaire aux Français »... Le mépris invétéré de nos partenaires anglo-saxons pour les peaux café au lait n'est plus à démontrer...

Rien n'y fit : les dettes étaient tellement énormes, le gouffre financier des Milandes si insondable qu'il fallut bientôt, malgré le demi-million de visiteurs payants annuels, les attractions, jeux et spectacles *a priori* rentables, les paillotes hôtelières annonçant celles du Club Méditerranée et l'immense popularité de l'artiste, tout abandonner, avec douze moutards adoptifs à élever pour lesquels Miss Joe remonta sur les planches comme meneuse d'une revue parisienne égrenant à Bobino sa vie fabuleuse. Ce qui lui fut fatal en 1975, à l'âge de soixante-neuf ans.

A présent, au terme de bien des péripéties, qui firent croire un moment à une « malédiction de Joséphine », la défunte accumule, si l'on peut dire, les profits, puisque les Milandes, entre les mains d'un jeune couple franco-algérien, les Chedal, aguerri par son succès à l'Aquarium du Périgord, ont dégagé en 1998, avec cent septante mille visiteurs, un chiffre d'affaires six fois supérieur à celui de 1994. Le domaine a donc suscité envies et jalousies dans toute la Dordogne, où des experts en la matière reconnaissent : « Les Milandes sont devenues la meilleure affaire touristique du département. » Au temps de Joséphine, les entrées étaient encore plus nombreuses, mais cent trente personnes se trouvaient alors employées aux Milandes contre quatorze par la suite... Il est vrai que la ruineuse ferme où Mme Baker s'emportait de voir que « les poules ne pondent qu'une fois par jour », et la non moins ruineuse piscine en forme de J, ont été juridiquement séparées du château et vendues à un rigoureux gestionnaire. Ce que ne fut pas le moins du monde la célèbre propriétaire, occupée à ses tournées, ses amants, ses divorces, ses adoptions, ses amis, ses singes, et jusqu'à son porcelet favori.

Pendant ce temps, on la volait à tout va ; elle le sentait mais au lieu de s'en prendre aux régisseurs, elle giflait une nurse ou un jardinier, celui-là lui rendant son soufflet. Scandale dans le département, suivi d'autres, tout aussi tristes et dérisoires : ainsi, elle refusait parfois de payer tels modestes fournisseurs ou artisans. Elle traitait publiquement de « pédé » son ultime époux officiel, le musicien Jo Bouillon (1908-1984), lequel dépensait en effet beaucoup pour attirer au manoir, sous prétexte de « sports », des garçons du village...

Le temps a, comme il se doit, adouci ces péripéties et tout cela est maintenant intégré à la légende locale et internationale de la star, nourrissant sa présence dans les salles un peu grandiloquentes du manoir où, néanmoins, nous n'avons pas vu l'original du portrait si kitch de Joséphine, couverte de renards argentés, à genoux devant Pie XII, l'infidèle Jo Bouillon baissant les yeux sur la scène... Vieux admirateurs de la danseuse-chanteuse, jeunes amateurs du style années

1950 se rattrapent en contemplant les salles de bains noir et or ou vert Nil et ivoire des extravagants châtelains de naguère. Les ados se bousculent à la nouvelle attraction des rapaces « dressés comme à l'époque médiévale ».

Les parents envoient des cartes postales mariant la ceinture de bananes de Joséphine aux hêtres pourpres périgordins. Les amis de la Nature demandent où se procurer des boutures de rosiers des Milandes, ceux-là mêmes que la bouillante propriétaire refusa un jour – à juste titre ! – de régler à son pépiniériste « puisqu'il utilise *gratis* mon nom pour sa réclame ! ». Ce fut bien la seule fois de son existence où la dame du castel se comporta en caissière. Désormais, elle est vengée, car chacun reconnaît enfin qu'elle voyait loin lorsqu'elle proclamait que « les Milandes ont tout pour être une affaire en or ».

Septembre 1998

2
Sur les falaises de Domme avec Augiéras

La « géographie clandestine » d'un écrivain « suspect », né aux Etats-Unis et disparu en 1971 à Périgueux, nous donne une clé inédite pour circuler en Dordogne.

« Voilà, c'est ici ! » Paul Placet, ancien propagateur de francophonie à Madagascar et qui se voue maintenant à faire connaître l'œuvre de François Augiéras (1925-1971), désigne un petit muret, facile à enjamber et séparant le sentier communal autorisé du rebord interdit de la falaise de Domme. A nos pieds, sur grand écran naturel, se déploie le plus ample des panoramas aquatiques du Périgord noir, qui n'en manque point : la Dordogne, avant de recevoir la Vézère, arrose de ses eaux déjà abondantes maïs et tabac, forteresses et fermes, pruniers et peupliers. A ce propos, on cite rituellement la page, pourtant assez conventionnelle, qu'Henry Miller a consacrée, au début du *Colosse de Maroussi*, à ce « paradis des

Français dont l'existence doit remonter à des milliers et des milliers d'années »...

Né, lui aussi, aux Etats-Unis, en 1925, mais des amours d'un musicien périgordin et d'une immigrée polonaise, éduqué au Sahara français par un oncle colonel, muséographe et « immoraliste », façon jolie d'évoquer sa pédérastie qu'on nommerait à présent « pédophilie » ou « pédomanie », ce dernier néologisme ayant pertinemment été lancé par Anne-Aymone Giscard d'Estaing...

Correspondant avec André Gide et Marguerite Yourcenar, marié à trente-quatre ans avec une future postière dordognote de dix-sept ans, voyageant les poches vides d'Agadir au Mont-Athos ou au monastère tragique de Tibarine [1], dans l'Atlas algérien, Augiéras jeune nous a laissé, entre autres, à travers ses écrits, le guide le plus original sur le triangle Lascaux-Limeuil-Domme formé par Vézère et Dordogne.

Cette géographie secrète, personnelle, littéraire, a réussi à intellectualiser, mais sans excès de cérébralisation, ce paisible paysage *périgord*, personnification même de l'idée de campagne. « Une incroyable puissance magnétique se dégage de l'Acropole de Domme. Ce puissant magnétisme, cette beauté et cet environnement géométriquement parfait me sont très favorables. Je suis attiré par les champs de forces, au contraire des Hommes qui ne les ressentent pas. Leur civilisation n'est pas la nôtre », écrit Augiéras dans *Domme ou l'essai d'occupation*, texte posthume publié grâce au journaliste Jean Chalon, qui voit dans l'essayiste « un médium, un suspect, un précurseur ».

Ce livre en main, accompagné de Paul Placet et aussi d'un autre diffuseur du français outremer, de la Kabylie au

1. Puisque la graphie bien française de ce toponyme maghrebin est *Tibarine* depuis environ 1850, pourquoi se soumettre à la cuistrerie tiers-mondiste récente qui veut imposer des transcriptions compliquées type *Tibehirine* ? ... Soi-disant pour « être au plus près du son original... ». C'est en ce lieu, Tibarine, donc, dans l'Atlas blidéen, au sud d'Alger, que sept moines français, parce que chrétiens, ont été décapités en 1996 par des tueurs algériens à l'origine précise encore incertaine.

Chili, Jean-Pierre Rabassa, qui accueillait Augiéras dans sa maison de Sainte-Foy-de-Belvès, nous suivons le filiforme chemin de chèvres de la crête dommoise.

Seuls y viennent, comme au temps d'Augiéras auquel le maire d'alors reprochait de leur parler, voire de les soutenir (ou pis encore...), des garnements préparant quelque méchant coup contre un verger ou peut-être même se livrant à une *fumette*. Chênes, sumacs de Virginie, ifs et ronces emmêlés défendent l'accès à la Chambre royale, immense caverne à l'état brut, découverte ou redécouverte par Augiéras.

Il y réfléchissait, siestait, taquinait une guitare, buvait du thé et du café, amenait quelques visiteurs, et surtout, y composait ses livres en les pensant, les marmonnant, les chantonnant, avant de les mettre ailleurs noir sur blanc. Démuni de tout, vivant à l'asile des indigents de la ville, vêtu d'un paletot donné par le député communiste Lucien Dutard et d'un chandail offert par l'élu gaulliste Yves Guéna, s'éclairant avec des cierges dérobés à l'église de Domme, Augiéras fit de la Chambre royale un des pivots de sa création : « Accoudé à quelques pas du précipice, je suis libre absolument ou presque. Sans doute me faut-il coucher à l'hospice, y prendre hâtivement mes repas ; le reste du temps je suis libre comme l'air, mais il s'agit d'une terrible liberté qui m'effraie et m'attire à la fois, comme le vide au bord duquel je suis allongé. » A l'intention du petit écran, cette grotte littéraire a été filmée par le jeune téléaste Stéphane Sinde.

De la Vézère, encore plus méandreuse et plus verte que la Dordogne, Augiéras a fait un des autres points d'appui de la partie française de son œuvre transnationale : « Je n'ai rien vu d'aussi beau, une sorte de Vallée des Rois en Périgord mais où l'homme n'aurait point de part. C'est presque sacrilège de s'avancer plus avant [sur la rivière et ses îles]. Au désert, c'est la même pureté, une identique solennité des formes. Surtout ne pas perdre cet instant d'émotion ! » Cette exclamation tardive faisant écho, consciemment ou non, peu importe, à cette constatation de jeunesse dans *Le Voyage des morts*, itinéraire anarchique d'un « ascète épicurien », au fil des hauts-plateaux nord-africains : « L'Arcadie devait ressembler aux environs de Médéa. Le long des talus herbeux, des roseaux se balançaient au vent. Ce pays, dominé par les monts Ouarsenis, creusé de profondes vallées bleues et de trous de verdure, révélait ses sources... »

Sur l'autre face de Domme, le long des remparts regardant vers des jardins en pente douce qui nous changent des vertigineuses hauteurs sur la Dordogne, Augiéras a également laissé son empreinte. Contre un des parapets jouxtant la porte de Combe, il s'installait pour construire mentalement ses manuscrits mais aussi pour raconter aux gamins ses expériences de berger et de méhariste au Maghreb ou de candidat à l'initiation mystique dans la « Sainte-Montagne de Grèce » : les cavernes athosiennes se confondaient alors avec les grottes périgordes, la magie du verbe littéraire se mettait soudain à la portée du premier venu.

Il faut, ouvrages d'Augiéras en tête, accomplir l'ascension de Domme – si possible en dehors de juillet-août, qui voient un million de personnes (mais dont bien peu, il est vrai, s'intéressent à la caserne augiérassienne, ni même sans doute savent qui en fut l'occupant littéraire...) défiler sur l'étroit rocher fortifié – afin d'apprécier à fond l'interpénétration réussie d'une plume peu ordinaire et d'un site qui ne l'est pas moins.

Octobre 1998

3

Blanc, noir, pourpre et vert

Du crime bonapartiste d'Hautefaye aux trappistines « politiquement correctes » d'Echourgnac, du roi de Patagonie à la « mique » hivernale, un parcours périgordin qui oublie Lascaux, truffes et châteaux...

Délivrées des baigneurs et canoteurs, les rivières ont récupéré leurs mystères, Anglais et Hollandais restés pour l'hiver se font tout petits, finis les encombrements autour des fac-similés de Lascaux ou des authentiques manoirs de Fénelon et de Joséphine Baker. Dès les premières rousseurs automnales, routes et forêts, comme le reste, ont été réinvesties par les Dordognots d'origine ou de conviction, par les dévots des cèpes, sangliers et randonnées. Les Parisiens, « qui n'en ont que pour les truffes », semblent des extraterrestres. On se remet à la *mique*, ce plat inconnu des touristes. C'est le moment de pénétrer sans bruit en Dordogne par là où on vous attend le moins, *via* l'Angoumois.

L'avenante Charente s'estompe dans les sombres bois d'Horte, annonciateurs déjà du « Périgord vert » – surnom dû à la vigueur de ses frondaisons, encore que quasi tout le Périgord actuel soit couvert de chênes, hêtres, pins et châtaigniers... Hautefaye, premier village périgord rencontré, minuscule autour de son clocher roman et de son foirail abandonné aux seuls tilleuls, attire à force de rébarbativité. Ce lieu n'a jamais pu se débarrasser complètement du halo d'horreur dû au crime collectif qui y fut commis *coram populo* le 16 août 1870. En ce jour de foire (il y avait alors quatre grands marchés annuels dans cette minicommune), sur fond de guerre franco-prussienne, le bruit s'étant répandu qu'un jeune agriculteur à particule, Alain de Monéys, venu du hameau de Brétanges, avait crié « Vive la république ! », la foule rurale, largement bonapartiste, s'empara de lui, le supplicia abominablement durant deux heures et finit par le brûler encore vif...

Le 6 février 1871, la décapitation des quatre principaux meneurs eut lieu publiquement à Hautefaye même, où ils furent regardés comme des « martyrs » de la cause impériale. On songea en haut lieu « à rayer de la carte cette arène de la sauvagerie ». A tout le moins, on enferma Hautefaye dans une interminable quarantaine, ravivée encore en 1970, pour le centenaire d'un lynchage que rien ne rappelle sur place sauf le décor inchangé, bien plus parlant d'ailleurs que n'importe quelle stèle, pour peu qu'on soit tombé un jour sur un des textes inspirés par le drame de 1870, *Les Hobereaux* des Frères Tharaud ou *Le Village des cannibales* d'Alain Corbin.

Ambiance bien différente un peu plus au sud, en « Périgord blanc » – à cause de ses calcaires crayeux –, chez les moniales cisterciennes d'Echourgnac, célèbres pour leur fromage de vache « doucement bouqueté », inventé en 1815, l'un des dix crus fromagers fabriqués en France par des trappistes. Les vingt-huit trappistines cloîtrées de Notre-Dame-de-Bonne-

Espérance sont restées fidèles aux recettes ancestrales et à l'habit ; elles n'en sont pas moins assez « tendance », chantant en français plus volontiers qu'en grégorien ; accueillant et inhumant chez elles Jacques Loew (1908-1999), doyen des prêtres ouvriers ; n'oubliant dans leurs prières « ni les exclus et les émigrés, ni les juifs et les musulmans » ; vendant des bougies à la lavande naturelle destinés à masquer les odeurs de cigarettes ; lançant cette année un nouveau fromage à la liqueur de noix.

L'atmosphère n'a sans doute pas toujours été aussi lisse dans cette dense forêt de la Double, parsemée d'étangs donnant poisson et paludisme jusqu'à ce que, entre 1820 et 1880, soient organisés de pair, par des philanthropes et par l'Etat, drainages et chasse aux brigands et aux loups. L'écrivain régionaliste républicain Eugène Le Roy (1836-1907), créateur de Jacquou le Croquant, trace en son ultime livre, *L'Ennemi de la mort*, la rugueuse saga des Doubleauds, avec des accents meurtriers répondant aux cris d'Hautefaye.

Difficile d'oublier, en effet, ce que ces sites et événements ont inspiré à des plumes puissantes, de même que les eaux glauques de la Vézère, coulant parmi une végétation impénétrable, ne peuvent plus être envisagées d'une manière neutre quand on a lu ce qu'en dit le troubadour moderne du Périgord, François Augiéras [1].

L'Auvézère, elle, attend encore les talents qui mettront en littérature ou en audiovisuel ses vertus et secrets.

A Chourgnac-d'Ans, c'est la grande histoire qui a failli s'arrêter dans cette maison ocre pâle, au creux de prés vallonnés et veloutés, où naquit en 1825 « Antoine Ier, roi d'Araucanie et de Patagonie ». Cet avoué de Périgueux, fils de boucher, se sentit une vocation de conquistador indigénophile, un peu à la manière de Napoléon III en Algérie, de

1. Voir le sous-chapitre précédent : « Sur les falaises de Domme ».

Pedro II du Brésil et de Maximilien Ier du Mexique. Informé du sort affreux réservé par les colons européens d'Argentine et du Chili aux Indiens de l'Extrême-Sud américain, l'apprenti monarque comptait sur son affiliation à la franc-maçonnerie (avant d'en appeler au pape...) pour être aidé à installer un « royaume des Araucans et des Patagons » que la France naturellement épaulerait.

Les désastres de la fin de son règne empêchèrent Napoléon III d'appuyer le beau rêve de son « cousin » Antoine Ier qui, entre 1858 et 1878, n'essaya pas moins à quatre reprises de s'établir dans l'actuel Chili méridional. De ces tentatives, il reste jusqu'à nous une succession dynastique cooptative, à présent entre les mains d'un universitaire parisien, quelques reliques rigolotes ou pathétiques au musée de Chourgnac, et parfois des silhouettes du Nouveau Monde au teint cuivré pèlerinant à Tourtoirac, sur le tombeau de celui qui voulut être le cacique blanc de leurs ancêtres afin de les sauver du génocide.

Trêve de « funèbreries » ! En « Périgord noir », référence à la truffe selon les uns, à la pénombre des futaies, à en croire d'autres ; ou en « Périgord pourpre », allusion au rouge des raisins et vins de Bergerac et Monbazillac, les fraîcheurs pré-hivernales voient le retour de la mique au menu familial. Chacun a sa recette, du chef de l'hôtel Saint-Albert, à Sarlat, à Mme Raymonde Wingdich, qui, au dam des gourmets au gousset plat, vient de fermer sa table d'hôtes à Doissat, près de Belvès, car l'administration exigeait d'elle un forfait dépassant ses bénéfices... Elle n'accommode donc plus la mique que pour les siens. Dommage !

La base de cet antique mets paysan est le pain rassis dont on forme une boule avec de la graisse d'oie et de l'œuf, préparation qu'on enveloppe de farine et qu'on cuit lentement dans une eau où nagent les légumes du jardin, choux verts et navets notamment, sans oublier des morceaux de cochon salé, si la fortune du pot le permet. Plus la mique est aérée, à la fois moelleuse et ferme, assez compacte en tout cas pour être débitée en tranches, plus le plat est réussi. Souvent, le vrai régal c'est le bouillon dans lequel la mique a cuit. Une fois celui-ci avalé, le Périgordin de souche ou d'adhésion « fait chabrol » en versant dans son assiette à soupe un peu de vin qu'il boit aussitôt, « loin du regard écœuré des Parisiens et autres Bataves »...

A propos de bonnes bouteilles, justement, il y a cent ans, Eugène Le Roy, dans *La Damnation de saint Guynefort*, donna la version périgorde des noces de Cana, arrosées avec du saint-pantaly alors récolté en val d'Auvézère. Ce cru peu alcoolisé fut victime de la crise du phylloxéra avec d'autres vins locaux dont la qualité s'accrut sans doute avec le temps dans la tête des gens. A présent, la mode, en Dordogne et ailleurs, est aux « miracles » vinicoles, et la région de Domme (près de trois mille hectares de vigne en 1870 avant de tomber à zéro) produit derechef son ancien vin, recréé à partir d'un mélange merlot-cabernet. Deux mille bouteilles de ce « rocailleux nectar » ont été servies en 1998 sur les bonnes tables du Périgord, même si la plupart des amateurs jugent que « la nouvelle donne du domme » ne menace en rien l'hégémonie du pécharmant ou du jaubertie, deux des plus mémorables crus bergeracois.

Novembre 1999

Livres :

– Jean-Claude Baker et Chris Chase, *Joséphine, une vie mise à nu*, A contrario, 1995.

*

– Œuvres de François Augiéras éditées par Fata-Morgana, Grasset, Bourgois, Minuit, Novetlé, le Rocher, etc., et notamment *Une enfance au temps du maréchal, Le Vieillard et l'Enfant, Domme ou l'essai d'occupation*. Egalement *Lettres à Paul Placet*, Fanlac, Périgueux, 2000. Et *Le Diable ermite. Lettres à Jean Chalon 1968-1971*, La Différence, 2002.

– Paul Placet, *François Augiéras, un barbare en Occident*, Fanlac, Périgueux, 1988.

– Collectif, *François Augiéras ou le théâtre des esprits*, Ile-Verte, Poitiers, 1998.

– Philippe Berthier, *François Augiéras, l'apprenti-sorcier*, Champ-Vallon, Seyssel, 1994.

*

– Frères Tharaud, *Les Hobereaux* (1904).

– Eugène Le Roy, *L'Ennemi de la mort* (1907), Fanlac, Périgueux, 1988.

– Alain Corbin, *Le Village des cannibales*, Aubier 1990 ; Flammarion, 1995.

– Jean Raspail, *Moi, Antoine de Tounens, roi de Patagonie*, Albin Michel, 1981.

– Joëlle Chevé, *La Noblesse du Périgord*, Perrin, 1998.

– Jean-Noël Mourret, *Le Vin des écrivains*, Mercure de France, 1999.

– Tristan Hordé et Chantal Tanet, *L'Invention d'un paradis, le Périgord*, Fanlac, 2001.

– Dominique Richard et Anne-Marie Siméon, *Le Roman noir du Périgord. Histoires vraies*, Fanlac, 2001.

– Guide Fanlac *Dordogne-Périgord*.

*

Films :

– *Princesse Tam-Tam* d'Edmond Gréville, 1935. Avec Josephine Baker.

– *Pontcarral, colonel d'Empire* de Jean Delannoy, 1942. Avec Simone Valère.

– *Le Tatoué* de Denys de La Patellière, 1968. Avec Louis de Funès.

– *Le Boucher* de Claude Chabrol, 1970. Avec Jean Yanne et Stéphane Audran.

– *Périgord noir* de Nicolas Ribowski, 1989. Avec Jean Carmet.

CHAPITRE XL

PICARDIE

Hugues Capet réactualisé par le prince et le président

A Jean de France, duc de Vendôme

Le président François Mitterrand inaugura solennellement dans la nuit du vendredi 3 avril 1987, à Amiens, l'Année du Millénaire de la France, marquée par un nombre inattendu de manifestations scientifiques ou populaires à Paris et en province.

La France a connu, au XIXe siècle, un *prince-président* (le futur Napoléon III). La cérémonie en la cathédrale Notre-Dame d'Amiens était en quelque sorte placée, elle, sous le double signe du prince et du président, puisque ce dernier avait tenu personnellement à ce que le comte de Paris [1], chef

1. Henri de Bourbon-Orléans, comte de Paris (1908-1999), qui descendait d'Hugues Capet, a été remplacé, comme chef de la Maison royale de

de la Maison de France, fût invité à l'inauguration des festivités. Ce fut l'illustration d'une autre forme de cohabitation, celle du principe monarchique personnifié et du plus haut magistrat de la république.

Entre François Mitterrand, qui, dans sa jeunesse, eut de nettes tendresses royalistes, et Henri de Bourbon-Orléans, qualifié souvent de « prince rouge », et qui, en tout cas, s'est toujours efforcé de placer la *res publica* avant les « prétentions » de sa famille, il n'y avait rien de détonnant, bien au contraire. La rencontre eut même pas mal de gueule dans le site inspiré de l'immense sanctuaire amiénois.

Il manque toutefois à notre époque un Chateaubriand capable d'exprimer, au-delà de l'inévitable emphase, la continuité historique, à la fois fabuleuse et comme allant de soi, entre, d'une part, la dynastie capétienne, vieille de mille ans et qui gouverna plus de huit siècles notre pays, et, d'autre part, la royauté républicaine ou, plus précisément, élective qu'un de Gaulle, pénétré de l'idée monarchique, a léguée à la France, après quatre républiques qui firent parfois, mais sans l'avouer, la politique intérieure et extérieure des rois.

Quand on est dans un tel empyrée, où voisinent la figure presque effacée mais plus que jamais prestigieuse d'Hugues Capet, l'ombre démesurée du fondateur de la Cinquième République et le peuple de France, sous forme de tenaces et touchants militants socialistes passant deux heures sous une méchante petite pluie devant la cathédrale illuminée, juste pour avoir une chance de serrer la main de *Tonton Mitterrand* ; quand se mêlent sous nos yeux la plus haute Histoire et la politique du jour en train de tisser l'Histoire de demain, on devient exigeant sur la qualité des évocations offertes par les techniques contemporaines.

France, par son fils aîné Henri (né en 1933), d'abord titré par son père comte de Clermont et qui, dès son « avènement », s'est autotitré « comte de Paris, duc de France ».

D'où, sans doute, l'accueil plutôt froid réservé au spectacle son et lumière présenté dans la nuit du 3 au 4 avril 1987, par la région Picardie, à mille invités sous la plus haute voûte de l'Hexagone, après que le chef de l'Etat eut, sans discours, proclamé « l'ouverture des célébrations commémorant l'avènement d'Hugues Capet ». Les trompettes haendeliennes firent croire un instant au miracle, mais on passa vite à une douche de grandes phrases allant de l'érudition de société historique locale aux références les plus inattendues, puisque faisant résonner jusqu'à Confucius et au Coran entre les colonnes très chrétiennes bâties d'un seul jet sous Saint Louis...

Ces sentences sonores dans une nef encore plus sonore, cette musique difficilement classable commandée à un jeune compositeur québécois, Jean Cloutier, ces pinceaux lumineux tapissant tour à tour de roux, de bleu ou de blême le « Parthénon de l'architecture française » (selon l'écrivain britannique John Ruskin, dont Proust traduisit *La Bible d'Amiens*), tout cela a quand même coûté treize millions de francs. Il est vrai qu'on est parti maintenant pour une décennie de son et lumière dans un monument qui reçoit cinquante mille visiteurs par an...

Fallait-il pour autant choisir Amiens afin de lancer l'« année Hugues Capet » ? Le premier roi de la troisième et dernière dynastie royale française fut proclamé à Senlis, dans l'Ile-de-France voisine... Mais le président centriste du Conseil régional de Picardie a fait valoir que, de nos jours, Senlis était rattachée à la région picarde (dont Amiens est le chef-lieu) et qu'une partie de la centaine de manifestations qui vont y marquer le millénaire se déroulerait à Senlis, Noyon et autres cités de la France septentrionale, où les premiers Capétiens « ont entassé l'histoire de l'antique France », pour se référer à Michelet.

Faut-il, d'autre part, parler de « millénaire de la France » ? Icelle, sans remonter jusqu'à Vercingétorix, existant quand même de bien des manières dès Clovis ou Charles-Martel [2]. Il serait sans doute plus précis de parler du « millénaire de la personnalité française » – ou de « l'identité française », comme on dit de nos jours. C'est à partir des Capétiens, en effet, que la France allait peu à peu, tout en s'arrondissant, prendre le visage particulier qui est aujourd'hui toujours le sien en Europe. Cette Europe où, en Espagne, est-il besoin de le rappeler, un Capétien bon teint, le roi Juan Carlos, fait encore l'Histoire.

En Picardie, mais aussi dans la capitale et dans une foule de villes françaises – jusqu'à Narbonne, qui ne fut pas pourtant parmi les premières à être réunie à la couronne de France – des expositions, des colloques, des spectacles, tel un « tournoi de chevalerie » à Paris, vont se succéder durant près d'un an pour célébrer et dégager cette « essence française » dont certains ont parfois l'impression qu'elle s'évapore ou pâlit, dont d'autres pensent qu'elle a toujours été sur le fil du rasoir, ce qui fait son prix et lui donne sa saveur.

« C'est une passion complexe et parfois contradictoire, douloureuse et belle, un conflit intime jamais résolu tant nous craignons toujours de perdre une part de nous-mêmes », constate, à cet égard, le comte de Paris dans son ouvrage *L'Avenir dure longtemps*. Et François Mitterrand, avant de regagner Paris, a, devant la façade vertigineuse de la cathédrale gothique éclairée *a giorno*, naturellement évoqué l'occasion d'unité et de retrouvailles que représentent le millénaire et ses festivités.

Avril 1987

2. A ce sujet, voir la triple option du Général dans le chapitre « Gaullie » de cet ouvrage.

Livres :

– Balzac, *Rois de France* (1837). Dernière réédition : Debresse, 1942.

– Jacques Bainville, *Histoire de France* (1924). Plusıeurs rééditions jusqu'à nos jours.

– Henri, comte de Paris, *Mémoires d'exils et de combats*, Marcel Julian, 1979 ; *L'avenir dure longtemps*, Grasset, 1987.

– Comte de Paris et général de Gaulle, *Dialogue sur la France. Correspondance et entretiens 1953-1970*, Fayard, 1994.

– Laurent Theis, *L'avènement d'Hugues Capet*, Gallimard, 1984.

CHAPITRE XLI

PROVENCE

1
Une province avant son mariage

Aux Bellonais

Souvent réduite – vue de Paris – à quelques comportements culturels ou politiques jugés « pittoresques », la plus ancienne de nos provinces se souvient qu'elle s'unit librement jadis à la France « comme un principal à un autre principal ». En témoigne notamment l'œuvre redécouverte d'un historien provençal dont le nom résume à lui seul les heures contrastées du Midi : Bouyala d'Arnaud.

Au XIXe siècle, la Provence a été coupée, par les touristes anglais, de sa façade méditerranéenne, niaisement rebaptisée « Côte d'Azur ». Nul doute que l'excellent homme, haut fonctionnaire et écrivain, Stephen Liégeard (Dijon 1830-Cannes 1925) qui, en 1886, inventa la formule « Côte d'Azur » pour titrer un de ses livres, ne s'imaginait pas qu'on utiliserait ce néologisme afin de séparer le littoral provençal de son hinterland, en quelque sorte « démembrer » l'ancien comté souverain. Rappelons au passage que Liégeard, sous-préfet de Napoléon III à Briey, Parthenay puis Carpentras en 1864 – où il soutint le Félibrige, fondé officiellement en 1854, et les Jeux floraux –, servit de modèle à Alphonse Daudet pour son « sous-préfet aux champs », ou plutôt de contre-modèle, car Liégeard, contrairement à sa projection littéraire, jouissait d'une plume excessivement facile, sur laquelle il compta, en vain d'ailleurs, pour être admis à l'Académie française. Elu en revanche député de la Moselle (1867), département sur lequel régnait alors son beau-père, le maître de forges Joseph Labbé, l'inventeur sinon de la Côte d'Azur, du moins de l'expression la définissant, s'y retira précocement après l'effondrement impérial de 1870 et y finit ses jours dans l'oubli, presque centenaire.

Ce littoral, jadis splendide, est devenu en moins de cent ans, de Cassis à Menton, le plus long balcon en béton du monde, recouvert, il est vrai, d'une jungle de géraniums nourris des plus puissants engrais chimiques, lesquels contribuent à empoisonner la mer. La nouvelle chaîne alimentaire...

La départementalisation révolutionnaire avait auparavant privé l'ancienne *Provincia romana* de son domaine montagnard. Les Basses-Alpes, rendues ensuite honteuses de leur nom par le *lobby* du ski, ont obtenu de devenir « Alpes-de-Haute-Provence »... La régionalisation contemporaine a fabriqué le sigle PACA, quatre lettres au son désagréable pour raconter sous forme de double pléonasme deux siècles de saucissonnage : « Provence-Alpes-Côte-d'Azur ». On entend désormais couramment que, « en Paca, on entreprend ceci ou cela » ; que « M. X, président de Paca... »

La simplicité aurait sans doute commandé de revenir au terme unique de « Provence », encore que, d'une part, le Comtat Venaissin, bien pontifical rattaché à la France sous Louis XVI, d'autre part, le comté de Nice, amené définitivement dans le giron national par Napoléon III, auraient pu exciper de destins historiques distincts de leur sœur provençale et réclamer une mention dans la titulature administrative... Cela aurait pu donner « Provence-Nice-Comtat », PNC, ce qui ne serait pas plus laid que PACA, et en tout cas plus exact... Passons.

Le Midi provençal au sens large a eu longtemps une vie véritablement indépendante du Royaume de France, ce qui explique jusqu'à notre époque bien des comportements électoraux ou culturels *sui generis.* Cette « indépendance » s'est manifestée avec éclat plusieurs siècles encore après l'union franco-provençale (1482), quand on songe que le prix Nobel de littérature 1904 fut attribué à Frédéric Mistral pour une œuvre en provençal, langue devenue ultraminoritaire mais longtemps de grande réputation littéraire, idiome que pratiqua par exemple un homonyme de l'auteur du *Poème du Rhône*, Frédéric II de Hohenstaufen, empereur germanique, roi de Sicile et de Jérusalem, et modèle des intellectuels européens du XIIIe siècle.

Une autre idée de l'ancien rang provençal peut être donnée par la destinée unique des « quatre grands-mères de l'Europe », dynastiquement à tout le moins, reconstituée par l'historien André Bouyala d'Arnaud (1894-1967) : Raimond-Béranger V, comte souverain de Provence durant la première partie du XIIIe siècle, éblouit l'Europe et la Méditerranée par son œuvre législative et culturelle – notamment au sein des « cours d'amour » d'Aix-en-Provence, des Baux et de Romanin, près de Saint-Rémy –, qui lui valut plus tard d'entrer au *Paradis* de Dante. La nation provençale faisait alors très bonne figure dans le peloton de tête de la Chrétienté. Ce prince des Lumières médiévales eut quatre filles.

L'aînée, Marguerite, épousa Louis IX, le futur Saint Louis, qui l'aima au point de l'emmener en croisade. Du troubadour Catelan (ayant suivi sa princesse à Paris, ce Méridional fut, par la suite, assassiné dans le bois de Boulogne où un « pré » porte depuis lors son nom) à Mistral, dans ses *Lis Isclo d'or*

(*Les Iles d'or*, 1876), la reine enflamma les poètes (Mistral, cependant, était plutôt républicain).

Sa sœur Eléonore fut mariée au roi d'Angleterre, Henri III. Elle supporta les maîtresses de son époux et lui fut fidèle jusqu'à entrer au couvent après son veuvage. En compensation, l'Eglise en fit une sainte.

Sancie, la troisième, fut, de par son mariage avec Richard de Cornouailles, rien de moins qu'impératrice d'Allemagne et reine des Romains, ointe à Aix-la-Chapelle dans le souvenir de Charlemagne.

Béatrix enfin, le *caganis*, ainsi qu'on appelle encore de nos jours en Provence le dernier-né, ne fut pas plus mal lotie. Le roi d'Aragon, parmi beaucoup d'autres, voulait pour son fils ce beau parti, à telle enseigne qu'il alla jusqu'à « menacer Aix de ses troupes »... En vain. La princesse, déjà héritière du sceptre provençal, non soumis à la loi salique, préféra épouser un frère du roi de France, Charles d'Anjou, grâce auquel elle devait monter également sur le trône des Deux-Siciles et porter en outre le titre, désormais fictif mais toujours prisé, de reine de Jérusalem.

Ce sont les lointains successeurs de ce couple, René Ier le Bon (1434-1480) et Charles III (1480-1482) qui, faute d'héritiers directs et incontestables, devaient « léguer » l'Etat provençal à leur cousin capétien Louis XI. En réalité, ledit legs fut préparé diplomatiquement par une négociation entre deux gouvernements indépendants et juridiquement égaux, et conçu non point à l'image d'un achat, rattachement ou annexion, mais comme l'union « d'un principal à un autre principal et non d'un accessoire à son principal ». Bref, un mariage sur un pied d'égalité.

Le dernier membre de la lignée d'Hugues Capet à porter – honorifiquement – le titre de comte de Provence fut, avant qu'il soit roi, Louis XVIII.

A l'heure où un peu partout en Europe, tantôt pour le pire, tantôt pour le meilleur, se ravivent les distinctions identitaires les plus oubliées, les mieux digérées, la Provence intérieure, celle que bureaux et intérêts ont amputée de ses territoires alpestres ou méditerranéens, fait de sa mémoire l'étalon de l'avenir. Cette Provence d'Aix, Rians, Brignoles ou Draguignan, qui ne sait presque plus le provençal, traduit un peu absurdement dans cet idiome ses panneaux indicateurs ; ranime, par de confortables crédits, rites et festivités plus ou moins tombés en désuétude ; regarde sans comprendre les émissions de France 3 en provençal et réserve le meilleur accueil à nombre d'ouvrages anciens ou nouveaux sur le passé régional.

Parmi les textes ressortis, deux volumes de Bouyala d'Arnaud, *Histoires de la Provence* et *Provence des villages*, respectivement de 1965 et 1968. Dans sa préface au second titre, Marcel Pagnol n'a pas d'expressions trop élogieuses pour évoquer le travail de Bouyala : « Historien minutieux, d'une parfaite sûreté d'information, servie par un écrivain de tout premier rang. »

L'œuvre éditée de Bouyala, forte d'une dizaine de titres, n'est en rien idéologique ou polémique. Elle est le fruit sain tant des archives remuées – l'auteur fut de 1920 à 1960 l'un des animateurs puis le conservateur de la Bibliothèque municipale de Marseille – que des séjours sur le terrain de ce fils sportif d'un greffier en chef au tribunal civil de Nice ; les travaux de Bouyala, avec une pâte littéraire digne, par sa saveur, du meilleur XIXe siècle, et par son esprit, du meilleur XVIIIe, déploient une érudition scientifique tout à fait contemporaine mais – miracle ! – sans aucune trace de béton universitaire, drame du style de tant d'ouvrages contemporains comparables.

Bouyala devait peut-être cette clarté sans pesanteur à la profonde imprégnation gréco-latine qu'il ramena de chez les lazaristes niçois avant ses études de lettres à Aix. « Il se déplaçait beaucoup en Provence, en Méditerranée, et jusqu'en Turquie, d'où venaient ces Grecs de Phocée, fondateurs de Marseille. Il voyait les choses et pouvait restituer les événements historiques dans leur environnement. Il retournait aux sources à la fois dans les archives et sur les lieux, tout à fait à la manière de René Grousset », se rappelle Georges Bergoin, secrétaire perpétuel de l'Académie de Marseille ; fille de celle de Paris, fondée par Louis XV, cette institution avait élu Bouyala en 1950, à la faveur de la décision du diplomate-essayiste François Charles-Roux de se mettre en *vétérance* (le père de la romancière Edmonde Charles-Roux ne devait mourir qu'en 1961).

Les Bouyala, considérés maintenant comme une « vieille famille marseillaise », n'avaient en réalité quitté qu'au XIXe siècle, pour des alliances provençales, leur berceau languedocien de Lézignan-la-Cèbe, près de Pézenas, dans l'Hérault. Bouyala d'Arnaud, nom de plume propre à notre académicien marseillais, se réfère à sa mère, née Monier d'Arnaud, fameux sang provençal nourri des terroirs d'Apt et de Forcalquier, où le futur auteur devait « sentir ses racines » et contracter le goût de la langue provençale et des investigations dans la chronologie locale.

La consonance typiquement arabe de « Bouyala » – qui peut se traduire pas « le supérieur » ; l'un des premiers chefs du mouvement islamiste algérien actuel s'appelait Bouyali – indique peut-être des origines plus anciennes, sarrazines ou morisques, mais on ne trouve rien à ce sujet dans les publications du chercheur. Il a, en revanche, mis plusieurs fois en lumière l'intensité dramatique ou (et) fructueuse des rapports islamo-provençaux au Moyen Age.

Ainsi, *Histoires de la Provence*, au milieu de faits politiques d'importance continentale, ne craint pas de rapporter dans le détail cette « légende populaire » de Forcalquier sans doute pas si « légendaire » que ça... En 1020, courut le bruit que les Maures revenaient, « surgissant comme l'avalanche, se répandant en haute Provence ». Leur avant-garde, menée par un certain Omar Ben Mansour, fut rencontrée à la fontaine de Bédourin par la fille d'un notable du cru, Alaëte Nicolaï. Il y eut coup de foudre entre elle et le cavalier. Forcalquier prise, Omar sauva logiquement les Nicolaï du massacre. Alaëte, peut-être pour des raisons religieuses ou financières – l'épouse chrétienne d'un musulman peut conserver sa confession, mais ses enfants embrassent obligatoirement la foi paternelle et l'éventuel veuvage de la conjointe non convertie à l'islam n'est assorti d'aucune part d'héritage –, n'en refusa pas moins au conquérant sa main, tout en jurant qu'« aucune lèvre humaine désormais ne l'effleurerait ».

Et elle tint parole, même lorsque, après le départ de ces Arabes « passés comme l'ouragan », Omar relança sa dulcinée par le truchement d'un colporteur apportant dans sa besace, « de la part d'un émir de la montagne », un paquet. Il contenait « un collier de corail, monté sur or, très beau spécimen de l'art mauresque ». La jeune demoiselle réfléchit un temps puis fit don du bijou à la Vierge et finit vieille demoiselle.

Des romances de ce type, il dut y en avoir des centaines à la fin du premier millénaire, durant et après l'occupation arabo-berbère du Sud français (712-975), entre La Garde-Freinet et Narbonne, têtes de pont musulmanes en terre chrétienne. En 1995, l'écrivain algérien Salah Guemriche a composé pour la collection « Le Nadir », que je dirigeais alors aux éditions Balland, une fresque historique, *Amour de djihad*, à partir d'une autre idylle médiévale islamo-méridionale contrariée, elle, par les musulmans, celle de Lampégie, fille d'Eudes d'Aquitaine, avec un seigneur de la guerre berbéro-mahométan, Mounouza, opérant autour de Llivia (de nos jours enclave de souveraineté espagnole dans les Pyrénées françaises).

En lisant Bouyala ou Guemriche, les beurettes marseillaises, hyéroises ou manosquines, souvent confrontées à un rude *djihad* familial lorsqu'elles veulent convoler avec un *gaouri* – « l'Infidèle » – rencontré au collège, à l'atelier ou au bureau, puiseront sans doute dans ces livres des raisons d'espérer... pour leur descendance. Car au siècle le plus rapide, sur ces questions-là, on ne va pas beaucoup plus vite qu'aux âges où la Provence n'était pas encore française.

Janvier 1993

2

Hyères-Massillon plutôt que Hyères-les-Palmiers !

Entre les pinèdes côtières pour baigneurs et les jardins suspendus des riches « estrangers », un espace urbain latino-arabe, incertain mais typé, où le prédicateur qui troubla Louis XIV reste à son aise.

Les jeunes terrassiers en tricot de peau qui achèvent d'enfourner les fils électriques sous les dalles de schiste gris-vert de la place Massillon sont à la page : ils sifflotent le dernier succès du groupe de reggae français Regg'liss :

Tu n'es pas jamaïcain, tu es languedocien
Tu chantes en anglais, ta chanson, on comprend rien
Mets de l'huile, dans la vie, faut que ça glisse, petiton !

Enfin, un tube « national » où ceux qui ont l'accent du Midi brocardent les autres, et non le contraire !... Toute la Méditerranée française savoure.

Avec la rénovation du forum de Hyères, l'hypercentre historique a pris un coup de beauté. La mairie a grillé des millions pour rendre son teint de nacre et de rose au rude visage calcaire de l'ex-commanderie des Templiers *alias* tour Saint-Blaise [1] ; personne ne sait plus pourquoi cet altier navire de pierre, amarré de traviole depuis le XIe siècle au pied des collines de Hyères, invoque un martyr arménien, protecteur des cardeurs, des adolescents et des bestiaux.

Et qu'importe, puisque cet édifice consacré à Jésus au rez-de-chaussée, à Mars aux étages élevés, maritimement dessiné [2] par un architecte médiéval oublié, étend sinon sa protection, du moins sa « noblesse », à cette place impossible en forme d'entonnoir dont le goulot est l'étroite rue Massillon ; à cet espace dangereusement pentu, avec ses ordinaires maisons jaunes arborant plus volontiers la lessive familiale que les pélargoniums ailleurs réglementaires !

« Noblesse, *qué* noblesse ! C'est la Casbah oui, avec Pépé le Moko allié aux fellagas ! », *bisque* le commerçant rapatrié d'Afrique du Nord, approuvé du reste par ses clients, de graves pères de famille marocains qui, dans l'horticulture et le bâtiment, ont succédé aux Italiens des années 1920 – des Italiens d'où est sorti le maire de la cité, Léopold Ritondale, dont le père fut le jardinier calabrais de Marie-Laure de Noailles, feu la madone des snobinards parisiens, tout là-haut, dans le quartier rupin.

Et c'est vrai que l'auréole soufrée qui, vue des sommets chics ou des grosses villas littorales, cerne la place Massillon n'est sans doute pas totalement imméritée : plusieurs règlements de

1. Saint oriental qu'on retrouve dans la capitale. Voir la troisième partie du chapitre « Paris » de cet ouvrage.

2. Répétition du geste architectural : un millénaire plus tard, sur les hauteurs du Vieux-Hyères, Robert Mallet-Stevens conçut pour les Noailles une résidence de mille six cents mètres carrés, semblable à un paquebot. Voir *Mallet-Stevens, la villa Noailles*, ouvrage collectif, Parenthèses, Marseille, 1990.

compte sont venus rappeler que les meurtres de *Gibier de passage*, polar de Maurice Perisset campé dans le Vieux-Hyères, pouvaient être inspirés par la réalité, sans parler de la fermeture par la police d'un restaurant à drogues et de lancinants maraudages. Là comme ailleurs, la trop forte concentration d'une population musulmane nouvelle venue, au code d'honneur irréductiblement distinct du nôtre, a eu, pour toutes les ethnies, des effets psychosociaux souvent ravageurs.

Chacun veut les oublier lorsque, pour telle commémoration, les écoliers de la communale du secteur, maghrébins à soixante-quinze pour cent (cent pour cent en maternelle), défilent place Massillon en costumes du Moyen Age chrétien ou quand, passant sous les fenêtres de leur école, on les entend déclamer : *France, ô belle contrée, ô terre généreuse !* du poète guillotiné André Chénier...

Ne nous illusionnons pas trop, cette récitation à contre-mode n'est sans doute due qu'à un « hussard de la laïque » en fin de carrière, resté fidèle aux bonnes méthodes d'antan, malgré les aigres remarques d'inspecteurs d'académie toujours à la pointe de l'« éducationnellement correct »...

Fils d'un maçon catalan, né à Perpignan, Périgordin d'adoption, à dix-huit ans, avec sa femme, il servait comme instituteur en Kabylie française, puis, plus tard, algérienne. Trois lustres au Maghreb. Ensuite, il porta la bonne parole francophone au Chili et à Rethel (Ardennes), où Verlaine l'avait précédé. Jean-Pierre Rabassa, dit Camusot, par allusion à un personnage de Balzac, directeur de l'école Jules-Michelet – le plus ancien des trente établissements scolaires hyérois, le plus beau aussi avec ses généreuses proportions XIXe siècle, enrobées de brique rose et de faïence bleu parme – continue d'enseigner avec plaisir et philosophie : n'a-t-il pas vu tant de réformes s'enliser ou s'autodétruire par leur propre inconséquence ? Ne voit-il pas chaque jour les merveilleux effets intégrateurs de la « communale », quand elle n'a pas honte d'elle-même ? Et pourtant, on compte un seul non-Maghrébin dans la classe de Monsieur le directeur, classe unanime dans son entrain à réciter Desnos, Eluard ou Albert Samain. (Samain, le poète préféré du général de Gaulle, qui alla jusqu'à mettre en exergue de son très grave *Vers l'armée de métier*, en 1934, une ligne d'*Au Jardin de l'Infante* – *Vieille argile faite aux douleurs* – qui lui avait paru résumer l'Histoire de France.)

Un regret quand même de M. Rabassa : l'interdiction, particulièrement idiote, des dictées d'auteurs – au profit de phrases anonymes ! – « qui donnaient à bien des jeunes le goût de la littérature ». Comme un pied de nez aux réformateurs en chambre, à « Michelet », « Le Repas préparé », de Samain, figure tout en haut du palmarès écolier :

Que le pain bien coupé remplisse les corbeilles !
Et puis ferme la porte et chasse les abeilles !

La poésie « marquée dans le livre », prenant en compte leur banalité quotidienne, enchante visiblement les enfants. Doux dans ses manières, ferme dans ses convictions, naturellement sans médailles ni congratulations, Jean-Pierre Rabassa, laïque et nationaliste, trouve sa récompense dans le regard tellement confiant de ses élèves. Comme Massillon jadis dans celui de ses ouailles.

Un autre petit miracle c'est que, à part deux ou trois innocentes boutiques de cartes postales et faïences pour touristes, la place dédiée à l'illustre prédicateur ne comporte que de « vrais » commerces, comme le boulanger héréditaire qui cuit toujours lui-même son pain ; rien, pas même quelques palmiers ou orangers comme dans le reste de l'agglomération, ne vient rappeler la Côte d'Azur, dont le mot, sinon le concept, fut inventé par ici, et pour ici, il y a un siècle bien sonné[3].

L'hiver surtout, lorsque le moutonnement estival des parasols de cafés et restaurants s'est retiré, la place biscornue

3. Voir le début du précédent sous-chapitre, « Une province avant son mariage ».

laisse revenir à la surface le plus méritant de ses fils, « l'alcyon d'Hyères », le prélat auquel Louis XIV confiait : « J'ai entendu de grands orateurs, j'en étais fort content. Vous, toutes les fois que je vous ai entendu, j'ai été très mécontent de moi-même... », bref Massillon.

De la place, l'œil se faufile dans la venelle Rabaton, vers une grande maison vieux rose : « Est né ici, en 1663, l'illustre évêque de Clermont, académicien et prédicateur. » Fils d'un tabellion, élève des oratoriens locaux, l'enfant eut très vite le goût de haranguer : aux sorties de messe, il imitait, pour les autres garnements, les sermons du curé, se juchant sur un *piol*, monticule en patois régional.

Ce mémorable bloc de schiste, dont le dernier morceau affleure dans les soubassements de la tour Saint-Blaise, un peu à gauche de la présente entrée, fut iconoclastiquement arasé au XVIIIe siècle, avant que la Révolution ne transforme un moment en prison le bâtiment divino-militaire, témoin dès avril 1789, avant même les Etats généraux, d'une émeute destructrice de grimoires. La bienfaisante Restauration répara l'affront par une haute colonne supportant le buste de Massillon, flanquée d'un templion néo-grec dévolu au négoce des poissonnières, ferventes royalistes. La fin républicaine du XIXe siècle fit disparaître le tout sous une halle métallique tandis que la municipalité puis les syndicats trouvaient logis chez les Templiers, « où il n'y avait même pas les cabinets, imaginez-vous ! », se souvient un vétéran. Désormais, élus et syndicalistes sont confortablement abrités dans la ville neuve, tandis que la tour, restaurée et poncée, se cherche toute seule, la pauvre, une nouvelle vocation, entre deux panneaux sur les Croisades, accessible seulement lorsque les *minots* du coin n'ont pas enfoncé des allumettes dans la serrure, pour faire enrager Mme le conservateur...

Pourquoi diable, puisqu'en France on dédie des musées à tout (jusqu'aux tire-bouchons et aux peignes...), ne pas vouer la commanderie à Massillon, ce moderne, ce champion de la simplicité oratoire, ce tenant de l'irénisme confessionnel, lui, la véritable gloire de Hyères, toujours ancrée dans l'esprit du lieu. N'importe quel Hyérois, ou presque, à défaut de l'oraison funèbre du roi-soleil (« Mes frères, Dieu seul est grand ! »), vous citera le voyage à pied Hyères-Clermont-Ferrand de la nourrice de Massillon, qui voulait voir avant de mourir son petit Jean-Baptiste sur le trône épiscopal. Gloire autrement plus durable que celles, passagères ici, c'est bien le cas de le dire, jetées ailleurs dans la conversation dès qu'il est question de Hyères : Lamartine, Michelet, la reine Victoria ou la vicomtesse de Noailles qui, tous, hantèrent des sites hyérois plus huppés que la place Massillon.

Et dire que conseil municipal et conseil général perdent du temps à ferrailler avec le Conseil d'Etat, lequel conteste à Hyères le droit de s'appeler Hyères-les-Palmiers ! Tant qu'à se battre, soi-disant pour distinguer phonétiquement Hyères de la banlieue parisienne de Yerres (Essonne), mieux vaudrait que ce soit pour Hyères-Massillon puisqu'il y a Ferney-Voltaire ou Labastide-Murat...

Novembre 1993

3
Marrons des Maures

Dans le Var, le liège ne paie plus, mais la contrée du braconnier Maurin expédie désormais jusqu'en Chine ses délices à base de châtaignes...

Précédé des Maurettes, comme les Alpilles annoncent les Alpes, le massif des Maures, géologiquement antiquissime, insère ses mille kilomètres carrés de rondeurs schisteuses (culminant à huit cents mètres) au milieu de la Provence calcaire. A peine a-t-on quitté la Côte hyperurbanisée, entre Hyères et Saint-Tropez, pour s'enfoncer dans les Maures, qu'on est frappé en toute saison par le vide, le silence, le naturel, les bois intacts de chênes pérennes ou de pins maritimes.

Contrairement à la légende pittoresque brodant sur la réelle présence militaire musulmane, ici, au Moyen Age, et qui aurait donné son nom au « groupe de montagnes ayant servi de boulevard aux Maures pendant le cours des IXe et

Xe siècles » (Elisée Reclus), la contrée devrait en fait son nom à un vocable local oublié, *maouro*, désignant une forêt profonde. Nos Maurin ou Mauron descendraient donc d'anciens bûcherons et non pas de guerriers mahométans, d'ailleurs plutôt appelés à l'époque, en Provence, Sarrazins et, plus tard, Barbaresques...

Les Arabes n'en ont pas moins marqué l'histoire régionale puisque, un peu avant l'an mil, ils occupèrent durant un siècle des sites fortifiés comme La Garde-Freinet, et que, jusqu'au XVIIIe siècle, leurs *raïs*, mi-corsaires mi-pirates, vinrent écumer le littoral, y laissant l'affreux souvenir des enlèvements d'enfants, mais aussi la *derbouka*, qui devint le tambourin des musiciens méridionaux et l'art de tailler les bouchons dans l'écorce du chêne-liège, qui fit longtemps la fortune de la contrée. Concurrencées par le plastique ou par le liège bon marché d'Ibérie, les nombreuses petites manufactures varoises de bouchons ont maintenant dû fermer.

Dans la capitale des Maures, Collobrières (mille six cents âmes), cachée au creux d'une « mer verte » de onze mille hectares à 99 % non constructible, la prospérité actuelle ne doit rien aux recettes sarrazines et tout au vulgaire châtaignier, dont on tire le luxueux marron glacé. Ce caviar du dessert est entouré d'un respect quasi religieux, surtout dans le Midi, où il n'apparaît guère que sur les tables de Noël et de la Saint-Sylvestre. « Quand mémé arrive avec sa boîte de marrons, le soir du réveillon, on dirait qu'elle porte le Saint-Sacrement », raconte un enfant marseillais. Le marron glacé remonterait au Grand Siècle, sa fabrication ayant été revue en 1882 par le confiturier ardéchois Clément Faugier.

Installée dans une bouchonnerie collobréenne déchue, la *Confiserie azuréenne* n'a qu'un demi-siècle mais elle est l'une des trois principales de France, les deux autres étant en Vivarais. Elle tire sa matière première des forêts de châtaigniers voisines dont les fruits, d'abord nommés « noix d'Héraklion » ou « glands de Sardaigne », servirent longtemps, rôtis ou bouillis, à sustenter gens et bêtes du terroir. « Glacée », la commune *castanea* se mue en fabuleux marron hors de prix.

« Né dans le sucre », Alain Lieutaud se souvient du temps pas si ancien où le confisage des châtaignes, à « Collo », durait quinze jours et se faisait dans un *tian* de terre cuite vernissée. A l'Azuréenne, il nous montre à présent la toujours délicate gestation de la coûteuse friandise, qui « ne dure plus qu'une semaine » mais reste pour une part majeure « confiée aux mains fines des femmes ». Les fruits les plus charnus, décortiqués, sont manuellement débarrassés de leurs nervures puis enveloppés deux par deux dans un tulle avant d'être purgés, à la vapeur, de leur tanin ; blanchis dans du sucre de canne blanc, brûlant et parfumé à la vanille Bourbon pure ; enfin « glacés et mordorés » au four très chaud, après saupoudrage de sucre glace. « Au total, une quinzaine d'opérations mais jamais rien de chimique, aucun adjuvant ni conservateur ! Aussi nos marrons doivent-ils être consommés moins d'un mois après leur fabrication. Nous ne les préparons qu'une fois les commandes confirmées », conclut M. Lieutaud.

Quinze tonnes de marrons sortent chaque année des salles façon labo de l'Azuréenne, quinze tonnes moelleuses, réparties en des milliers de « marronnières » en bois blanc, expédiées dans toute l'Europe occidentale mais aussi vers le Japon et, depuis peu, la Chine. La mairie de Collobrières a reçu une délégation de négociants chinois qui ont demandé que les marrons qu'on leur envoie à Pékin ou Canton soient « un peu moins sucrés que ceux correspondant au goût français ». Ces messieurs d'Asie ne veulent en tout cas que le premier choix, « dédaignant les marrons brisés, 10 % de la production collobréenne, et qui ont subi exactement la même préparation soignée que les marrons entiers, sont aussi goûteux et vendus moitié prix... ».

Collobrières, qui sut jadis fort bien exploiter son liège mais aussi ses mines d'argent, de calcite rose et de *collobriérite*, sait maintenant tirer profit de sa veine châtaignière, parvenant même à attirer chez elle maints habitués de la Côte d'Azur, grâce à ses glaces au marron, sa daube de sanglier ou ses fêtes automnales, les Castagnades. Il n'est pas jusqu'à Maurin des Maures qui n'ait été appelé à la rescousse.

Frère provençal du Raboliot solognot de Maurice Genevoix, Maurin a été inventé au début du XXe siècle par le romancier toulonnais Jean Aicard à partir de figures locales. « Prince des braconniers, duc des maires, empereur des gendarmes, roi des Maures », ou encore « César du pur idéal, qui fit ce que jamais Napoléon ne réussit : déclarer une guerre pour un combat vraiment humain », Maurin des Maures est revenu à son berceau, comme thème de dictée dans certaines écoles, profil de son et lumière ou en-tête d'auberge.

Son domaine est maintenant deux fois plus boisé que lorsque des gardes champêtres à moustaches gauloises l'y traquaient. Et partout les châtaigniers gagnent, en particulier sur les pins qui, en 1970, représentaient un tiers des forêts de par ici et pas plus de 10 % à présent. Clients chinois ou non, les marrons des Maures ont probablement un bel avenir devant eux.

Décembre 1997

4
Vertus de la Dracénie

Draguignan dévoile sans chichis ses attraits méconnus, de la préhistoire à la poésie, de Gastinel-Pacha à Lily Pons, de la dernière comtesse de Provence au musée de l'Artillerie...

La Côte d'Azur, grouillante et bouillante, aux plages et routes bondées, ne se trouve qu'à quelques coups d'accélérateur de la Dracénie mais à Draguignan et dans la campagne alentour, on se sent à des années-lumière de l'agitation azuréenne. Sous les pins, cyprès, thuyas, platanes, oliviers, palmiers et lauriers-roses du « boulevard-oasis » Georges-Clemenceau, non loin de la statue du Tigre – ce Vendéen fut élu dracénois –, la foule, détendue et *galéjeuse*, déambule, elle ne court pas. Ici, on va, on vaque, on prend son temps pour travailler ou festoyer, sans s'énerver. « Nous ne sommes pas *inquiets* [stressés] comme les Niçois ou les Parigots ! » Naturellement, la Dracénie jouit à présent, comme le reste de la France, de toutes les gâteries techniques du XXIe siècle et elle participe, mais à son rythme, à l'actualité culturelle nationale.

Aux Mille Colonnes, place aux Herbes, hier, Albert Cossery ou Sapho dissertaient, l'un de sa christiano-égyptianité, l'autre de sa judéo-marocanité, épanouies dans l'Hexagone comme nulle part ailleurs ; avant-hier, tels champions du tango ou du cha-cha-cha jetaient tout le quartier dans la danse ; demain, peut-être, Sempé viendra en voisin égrener quelques mots sur l'ironique philosophie de ses dessins. Cet établissement, récemment réhabilité et inscrit au registre officiel des Cafés historiques et patrimoniaux d'Europe, à égalité avec le *Brasileira* lisboète et le *Florian* vénitien, date de 1760 et son décor actuel de 1837. La maison dans laquelle il est installé remonte, elle, à 1318, quand la Provence ne s'était pas encore unie à la France.

Les nouveaux tenanciers des *Mille Colonnes*, Renaud et Marie Cavalier, ont su mettre leur table au diapason du cadre historico-artistique : le *tian* de courgettes est souple à souhait, les rougets sont vraiment sans arêtes, l'huile d'olive servie serait digne de porter sur son étiquette les vers qu'André Chénier, avant d'être décapité, en 1794, consacra à « la Provence odorante » :

Au penchant des collines pierreuses
La grasse olive aux liqueurs savoureuses.

Seuls les préservatifs aromatisés vanille, en caoutchouc de Malaisie, que l'on vous offre indiscrètement au comptoir, dans un délicat emballage « café branché », sont superfétatoires...

Atmosphère différente à l'entrée de la ville, où un canon pointé vers le ciel domine et le macadam et un panonceau « Draguignan, capitale de l'artillerie ». « Comme Saumur est celle des blindés », commente un sous-officier au musée de l'Artillerie. Privée sous le septennat de Valéry Giscard d'Estaing au profit de Toulon, de son rang de préfecture, qu'elle détenait jalousement depuis le Directoire, Draguignan a reçu « en compensation » l'Ecole d'application de l'artillerie qui a accentué la touche martiale de la cité du Dragon, surtout marquée auparavant par sa piété et sa ruralité, puis par son laïcisme.

L'art de Mars et celui de Polymnie s'y sont aussi rencontrés, ce qui n'arrive pas tous les jours, au 46 et au 31 rue de l'Observance, là où le poète et officier magyar Sandor Kisfaludy (six lignes dans *Le Petit Robert*), notre prisonnier durant les guerres de la Révolution, et sa maîtresse dracénoise de français, Mlle Caroline d'Esclapon, vécurent une idylle d'autant plus brûlante qu'elle resta, semble-t-il, platonique – d'où, en hongrois, *Le Cycle des amours malheureuses* (1801). A notre époque, Charles Ficat, dans ses *Stations. Une éducation intellectuelle*, n'a pas craint, à contre-courant, d'exalter le « rite initiatique » du service militaire, dont il fut l'un des derniers appelés, et qu'il accomplit en pays dracénois – mais sans amourette inaboutie apparemment.

Tout près de l'Observance – ce boulevard de l'histoire locale, qui vit même en 1780 s'échapper provisoirement le populaire bandit des grands chemins Gaspard Bouis, autrement nommé Gaspard de Besse –, la ruelle des Chaudronniers, surtout habitée aujourd'hui par des Maghrébins, ne comporte aucune plaque sur le modeste immeuble n° 9. C'est pourtant là que naquit Joseph-Bernard Gastinel (1811-1899), toujours regardé, dans des pays tels que l'Egypte (où il est connu sous le nom titré de *Gastinel-Pacha*) ou le Brésil, comme un bienfaiteur de l'humanité grâce à ses travaux pharmaceutiques, botaniques, hydrologiques, etc.

Le Musée municipal de Draguignan, créé en 1794 et installé dans une ancienne bastide épiscopale – mais qui n'est même pas connu du facteur desservant le district, n'expose aucun des objets légués à sa ville natale par Gastinel, comme la kyrielle de ses décorations exotiques, amoureusement encadrées par sa fille. Si le Rembrandt du musée a été volé, il lui reste en revanche des curiosités valant un petit détour, comme un Delaroche illustrant *La Prise du Trocadéro* d'Andalousie, fait d'armes français de 1823 – sans doute occulté parce que dû à la royauté et à Chateaubriand –, ou le portrait « à la rose » par Drouais de la dernière comtesse de Provence, Marie-Joséphine de Savoie (1753-1810) ; elle mourut en exil quatre ans avant de pouvoir devenir reine de France, puisqu'elle fut l'épouse du futur Louis XVIII (1755-1814-1824), ultime prince à avoir porté la couronne comtale provençale.

Extra-muros, sur la route d'Ampus, près d'un énorme chêne druidique, digne de séduire Astérix, des fumeurs de *kif* colloquent nuitamment sous un vaste auvent de pierre qu'ils croient « naturel ». C'est pourtant un monument humain, aussi ancien peut-être que les Grandes Pyramides de Guizeh : la Pierre-de-la-Fée, dolmen mégalithique de trois mètres de haut dont la table, reposant sur trois rocs levés, pèse à elle seule vingt mille kilos. Sous la monarchie de Juillet, la *Pèiro de la Fado* servait d'écurie. Sous Chirac II, elle reçoit les graffitis des amateurs insatisfaits de paradis artificiels. Depuis qu'elle a été dressée, elle n'a jamais cessé d'être utile aux hommes.

La chanteuse Lily Pons, morte à Dallas en 1976 et dont le second président Roosevelt affirmait que, « avec La Fayette, elle [lui] faisait aimer la France », aurait sans doute dit qu'elle ne connaissait pas la Pierre-de-la-Fée, ni même Draguignan. Ne prétendait-elle pas, par naïf snobisme, la pauvrette, qu'elle était née à Cannes en 1906 ? Le luxe primaire de la Croisette préféré à la solide provençalité... Maintenant, l'énigme peut être dénouée, Draguignan le réclame en tout cas : la diva de quarante-neuf kilos, refusée par l'Opéra de Paris mais bientôt gloire inouïe du Met new-yorkais, puis récupérée et décorée par de Gaulle à la Libération, où elle entonna une fameuse *Marseillaise* au Palais Garnier, Alice Pons, dite Lily, naquit bel et bien 100 % dracénoise chez un imprimeur du cru, et en... 1898.

Ce ne sont là que quelques-uns des traits, qualités et secrets de la Dracénie. Il en est d'autres ! En vrac, le « Watergate municipal dracénois », qui opposa burlesquement deux élus

(1986), la visite du pape ou antipape Benoît XIII (1404)[1], les « fourches patibulaires » ou gibet du col de l'Ange, exceptionnellement bien conservées depuis l'Ancien Régime, ou encore la recette aux herbes de la caillette de porc dracénoise, les appellations des vrais bons vins du terroir ou la fabuleuse carrière chilienne du savant universel, inconnu en France, Claude Gay, né et mort en Dracénie (1800-1873). Peut-être, à Draguignan, aux *Mille Colonnes*, au palais de l'Evêque ou au pied de la colonne dédiée au préfet Azémar, aurez-vous la chance, vous aussi, de croiser Charly Clairici, connaisseur de tous les souterrains, aux sens propre et figuré, de sa ville, à la fois discret et disert, figure même de cette spécialité européenne, héritière du meilleur de nos XVIIIe et XIXe siècles et qui chez nous perdure imperturbablement à l'âge du tout-informatique : l'« érudit local ».

Juillet 2002

Livres :

– M. Reinaud, *Invasion des Sarrazins en France et de France en Savoie, en Piémont et dans la Suisse, pendant les VIIIe, IXe et Xe siècles, d'après les auteurs chrétiens et mahométans* (1836), Orient Edition, Paris, 1964.

*

– Frédéric Mistral, *Mémoires et récits* (1906), Marcel Petit, Raphèle-lès-Arles, texte provençal-français, 1981.

– Henri de Régnier, *La Pécheresse* (1920).

– Albert Thibaudet, *Mistral ou la république du soleil* (1930).

– Raoul Busquet, *Histoire de la Provence des origines à la Révolution française*, imprimerie nationale de Monaco, 1954.

– Marie Mauron, *Une Reine de tragédie, Jeanne Ire de Naples et de Provence*, Amiot-Dumont, 1955.

---

1. Au sujet de Benoît XIII, voir le chapitre « Languedoc » et la troisième partie du chapitre « Comtat Venaissin » de ce livre.

– Henri-Paul Eydoux, *Monuments méconnus* (Provence), deux tomes, Perrin, 1978 et 1980.

– Louis Brauquier, *Le Cyprès couronné de myrte*, Astrado Provençalo, 1982. Texte français-provençal.

– Réédition des ouvrages d'André Bouyala d'Arnaud sur la Provence chez Jeanne Laffitte, Marseille, fin du XXe siècle.

– Gabriel Domenech, *Provence buissonnière*, Albin Michel, 1985.

– Pierre Magnan, *L'Amant du poivre d'âne*, Denoël, 1988.

– René Grosso, *Paysans de Provence*, Horvath, Lyon, 1993.

– Pierre Pélissier, *Pourrières-en-Provence 1797-1999*, Ville de Pourrières (Var), deux tomes, 1994 et 2001.

– *Voyage en Provence* (écrivains du XIXe siècle), Pimientos, Urrugne, 2002.

*

– Emile-Antoine Blampignon, *Massillon d'après des documents inédits* (1879), Slatkine, Genève, 1970.

– Maurice Perisset, *Gibier de passage*, polar, Le Rocher, Monaco, 1988.

*

– Jean Aicard, *Maurin des Maures* (1908) et le film éponyme qu'en a tiré André Hugon en 1931.

– E. Gueidan, *Le Jardinier provençal*, Tacussel, Marseille.

*

– Collectif, *Draguignan, 2 000 ans d'Histoire*, L'Aube, La Tour-d'Aigues, 2001.

*

Films :

– *Regain* de Marcel Pagnol, 1937, sur un scénario de Jean Giono, avec Fernandel et Orane Demazis. Du même auteur cinéaste, *La Femme du boulanger*, 1938, d'après Giono, avec Raimu, et *Les Lettres de mon moulin*, 1954, d'après Alphonse Daudet.

CHAPITRE XLII

RAPATRIÉS

Pieds-noirs et harkis dans le bled français

A Louise de Jerphanion,
dame d'Esparron, in memoriam

A la famille Djenane
A l'abbé Andrej Siekiera, né en Pologne,
missionnaire oblat de Marie-Immaculée,
curé de Rians, La Verdière, Esparron
et Artigues depuis 1989

Quelques éclats des jeunes terroirs franco-arabo-berbères ramenés du Maghreb se sont sans trop de mal insérés entre les vieilles mottes du territoire métropolitain.

Le département du Var n'usurpe pas que son nom, qu'il ne mérite plus depuis que la région de Grasse où coule ce petit fleuve a été rattachée, sous Napoléon III, au nouveau département des Alpes-Maritimes, formé essentiellement du comté de Nice, alors récemment cédé à l'Empire français par le Piémont-Sardaigne, avec la Savoie. De même, la réputation d'insouciante prospérité que lui vaut sa façade azuréenne laisse ignorer l'intérieur du Var, à des distances astronomiques de la Côte quant aux mœurs ou à l'économie. Ici, c'est vraiment le *bled*, ou, comme on dit dans le Midi, la *pacoule*. Près d'Artigues [1], certains hameaux ou fermes n'ont reçu l'eau courante et l'électricité qu'à la fin du XXe siècle.

Aux confins des quatre départements qui se partagent ce coin oublié de Haute-Provence, Rians, chef-lieu de canton varois, est typique de ce terroir où les hommes sont à la fois plus traditionnels dans leur façon de vivre et plus à gauche dans l'isoloir que leurs compatriotes du littoral. Jadis fief blanc puis place forte rouge, Rians a ensuite viré au rose et, depuis 1975 [2], vécu sous la houlette de Suzanne Janetti, ancienne directrice d'école du cru ; et surtout, épouse du député socialiste du Var et maire du village voisin de Saint-Julien-le-Montagné, Maurice Janetti, dit « le roi du haut Var », apôtre en son fief de l'écologie raisonnée. De son long passé de catholicisme royaliste, la petite cité de Rians, dont l'abord austère ne reflète guère le nom, a hérité de pas moins de quatre hauts clochers surveillant une église fin XIXe siècle aux proportions de basilique. De l'avenue ombragée de platanes, allant à l'ancien « camp des harkis », mué « en coquet quartier de villas néo-provençales » *(Var-Matin)*, en lisière de l'agglomération, on voit particulièrement bien se détacher sur le ciel le quatuor des « minarets chrétiens ».

---

1. L'une des six communes de l'Hexagone à avoir perpétué jusqu'à nous, à travers l'occitan *artigo*, l'antique terme pré-gaulois, peut-être ibère, *artig*, « friche » puis « terre nouvellement défrichée ».

2. Et jusqu'en 1989. Ont succédé à Mme Janetti deux maires de centre droit.

« Nous ne demandons pas qu'on nous en donne un pour en faire une mosquée. Allah est partout et on peut donc prier chez soi, et puis la mosquée de Pertuis n'est pas très loin. La seule chose que nous réclamons, c'est un cimetière musulman. » Le vieux harki auquel nous parlons, retraité de l'Office national des forêts, est à Rians depuis vingt-cinq ans. Echappé d'Algérie, avec sa femme et sa dizaine d'enfants, grâce à un officier français compassionnel, tandis que nombre de camarades de sa harka (unité mobile, de l'arabe *haraka*, mouvement) étaient massacrés, il ne retournera jamais là-bas. « Rians est devenu mon chez-moi. Je m'y sens bien. Je veux y mourir et y reposer. »

Parmi les fils et petits-fils de harkis riansais, l'écho n'est pas très différent, si ce n'est qu'on y pense davantage au rare travail d'aujourd'hui qu'à la dernière demeure assurée ; l'affection n'est pas moindre pour ce village qui, au lendemain de l'indépendance algérienne, en 1962-1964, vit avec étonnement débarquer chez lui, comme « rapatriés », les descendants de ces Sarrazins dont les incursions médiévales en Provence ont laissé subsister jusqu'à nous craintes et légendes dans les croyances populaires, sans parler des tours de guet et des chapelles fortifiées, telle Notre-Dame-du-Revest, à Esparron.

« Ça ne nous a pas empêchés de nous insérer peu à peu, et sans réaction de rejet parmi les villageois », raconte Moulker Nour, fille de harki et mère de famille divorcée d'un harki, mais dont le frère a épousé une Riansaise de souche. Vendeuse, représentante locale de l'Union nationale des travailleurs français musulmans d'origine nord-africaine et leurs amis, dont le siège est à Draguignan, Moulker Nour poursuit : « Le vrai drame, c'est le manque d'emplois qui aigrit nos jeunes. Il est inadmissible que l'ONF refuse aux fils de harkis retraités de succéder à leur père, alors que ces emplois sont confiés à des Français d'origine européenne appelés d'autres zones... »

A l'hôtel de ville, la « mairesse » rétorque au quart de tour : « C'est M. Courrière, quand il était secrétaire d'Etat [socialiste] aux Rapatriés, qui nous a fait savoir, lors d'une visite à Rians, qu'il valait mieux ne pas laisser les harkis se transmettre de père en fils les emplois de l'ONF. Cela se passe bien pourtant chez les notaires ou les commerçants ! Dans le cas des familles de harkis ce serait, paraît-il, contraire à leur intégration dans la nation, comme si le chômage n'avait pas en cela un effet contraire bien plus grand encore ! » (Le même Courrière, notaire de son état, affirma un jour[3] la volonté du gouvernement « de reconnaître et *protéger* le fait islamique en France », comme s'il était menacé...)

« La municipalité de Rians fait pour sa part le maximum : sur une vingtaine d'employés, elle compte deux enfants de harkis, catégorie à laquelle appartiennent aussi la moitié des huit *tucistes*[4] de la commune », indique encore Mme Janetti, avant de poursuivre : « L'espoir, pour toute la jeunesse riansaise, c'est que nous ne sommes plus un village qui meurt. De sept cents habitants en 1958, nous sommes passés à quelque trois mille, soit presque autant qu'à la grande époque de la commune, au XVIIIe siècle. Nous délivrons une moyenne de dix permis de construire par semaine ; la maternelle et l'école, qui groupent en tout près de trois cent cinquante enfants, doivent être régulièrement agrandies. Notre première usine, une entreprise privée de capteurs solaires, a vu le jour et emploie déjà cinq ou six personnes. »

En venant à l'affaire du carré musulman, c'est la droite que cette fois la mairesse cloue au pilori : « Notre demande de subvention au conseil général, présidé par M. Arreckx, a été refusée sous prétexte qu'il ne faut pas accentuer les clivages entre Français musulmans et Français tout court. Comme s'il n'existait pas déjà en France des nécropoles par religion ! »

---

3. *Le Monde* daté 24 septembre 1981.

4. TUC, éphémères « travaux d'utilité collective », créés par le gouvernement socialiste Fabius en 1984.

L'époux de Mme Janetti, ancien sénateur (1978-1986) et à présent député[5], est un descendant d'immigré italien, assimilé au point de parler provençal. A Saint-Julien, le village dont cet ancien directeur d'école est édile en chef depuis 1965, M. Janetti nous déclare : « Ma politique de l'emploi à l'échelle de tout le canton est d'abord de créer des équipements collectifs allant des adductions d'eau au traitement des ordures, en passant par des piscines solairement chauffées ou l'Ecole de musique et de danse du haut Var, sans oublier la télé-alarme dans les fermes isolées. Tout cela fait travailler, crée naturellement bien souvent des emplois permanents et fixe les gens, qu'ils soient nés ici ou qu'ils soient pieds-noirs ou maghrébins. Et naturellement, si les musulmans veulent une mosquée ou un cimetière, là où ils sont assez nombreux il faut les aider à les réaliser et également les laisser libres de succéder ou non à leur père à l'Office national des forêts. »

C'est un langage qu'on aimerait bien entendre à quelques kilomètres de là, au Logis-d'Anne, forte implantation harkie située sur la commune de Jouques. Mais nous sommes là dans un autre département – les Bouches-du-Rhône – et, pourrait-on presque dire, dans un autre monde. L'assimilation sans vrai drame et la quête pas trop pessimiste d'un emploi, constatés à Rians, font place au Logis-d'Anne à une atmosphère grinçante.

Ici, sous une pinède surplombant la Durance, se cachent de précaires bungalows, torrides l'été, difficiles à chauffer l'hiver. Dans l'un d'eux, une trentaine de jeunes chômeurs, fils de harkis, ont observé une grève de la faim durant une semaine, en avril 1987, jusqu'à ce que M. Santini, secrétaire d'Etat (centriste) aux rapatriés, vienne sur place leur promettre de s'occuper d'eux.

« Quoique musulmans d'origines arabe ou berbère, nous sommes français et ne voulons être que cela au regard de la loi.

5. Décédé en 1999.

Qu'on mette fin à la marginalisation, au chômage dont nous sommes victimes ! » Loin d'être un « meneur », Hamouche Zerrouki paraît au contraire le modérateur des Logidannois. Lecteur de Gandhi, de Martin Luther King et des mystiques musulmans (antinomiques des intégristes), vingt-six ans, marié, soudeur à l'arc, Hamouche réclame au fond pour sa communauté « le droit à la ressemblance ». Presque une provocation, à l'heure où c'est plutôt « le droit à la différence » qui est à la mode... à Paris.

« M. Santini nous a promis vingt-six emplois dans une unité nouvelle de sapeurs forestiers qui serait installée à Jouques, mais nous ne voyons rien venir si ce n'est des rumeurs affirmant que certains élus ne seraient pas d'accord... Pourvu qu'une fois encore, on ne nous ait pas roulés ! Comme en 1984, lorsqu'un grand architecte pied-noir, Roland Simounet, est venu ici avec un sociologue libanais, Mérouane Abi-Smara, mettre sur pied un projet de vrai village[6]. Nous étions fous de joie, et puis le dossier, comme d'autres auparavant, a été enterré... », raconte Hamouche dans ce paysage à la Giono où un mauvais génie aurait amené un peu de cette « misère de Kabylie » telle que Camus la décrivit dans ses *Chroniques algériennes* de 1939-1958.

Outre-Méditerranée, au temps de l'auteur de *La Peste*, ce fut la sanglante explosion de 1954. Au Logis-d'Anne, de nos jours, si on le laisse en l'état, peut-être bientôt quelques jeunes, par dépit, iront se jeter dans le chaudron islamiste en train de se constituer à une heure de voiture de là, à Marseille.

La comparaison *in vivo* entre le « malheur » du Logis-d'Anne et le « bonheur » de Rians force aussi à reconnaître, au-delà de tant de dénégations idéalistes et parisiennes, que

---

6. Roland Simounet (1927-1996), auteur notamment du musée Picasso de Paris et des *hachélèmes* modèles de Saint-Denis, et Mérouane Abi-Smara ont rédigé, en 1984-1985, un projet architectural et une étude sociologique de 156 pages : *le Logis-d'Anne : histoire d'un village ségrégué.*

sinon le « seuil de tolérance », puisque la formule est diabolisée, du moins la « capacité d'absorption » d'éléments allogènes par une communauté immémorialement constituée, doit bel et bien être prise en compte. Cela a été le cas à Rians, où une quinzaine de familles nombreuses musulmanes seulement a été installée, formant moins de 10 % de la population locale ; en outre, ces familles ont été dotées de logements comparables à ceux des villageois et proches de l'agglomération. Preuve absolue d'intégration, des mariages ou unions – y compris entre jeunes filles musulmanes et non musulmans – ont peu à peu fait leur apparition à Rians.

Au Logis-d'Anne, ce fut tout le contraire du village varois : non seulement, on établit les harkis et leurs familles en pleine forêt, à une dizaine de kilomètres de Jouques, dans des maisons de qualité inférieure à la norme locale, mais encore, la proportion des nouveaux venus a atteint jusqu'à 25 % de la population communale.

Une remarque générale, aussi, dans le secteur, c'est que les enfants de harkis n'ont guère de goût, à l'exception du bûcheronnage et d'activités saisonnières comme les vendanges, pour les tâches agricoles. C'est du reste là un trait typiquement « algérien ». « J'ai dû faire venir d'Oranie nos anciens ouvriers agricoles marocains », indique Gilbert Chapuis, conforme à l'image du pied-noir dynamique, en polo, et qui, sur les terres endormies de Château-Pigoudet, une ancienne résidence estivale des archevêques d'Aix, a réussi, à force de soins, à donner au canton un rouge de garde classé qu'on vient maintenant chercher de loin. « Et jusque d'Amérique et du Japon ! »

« 60 % de la production de nos cinquante hectares de vigne sont exportés », précise Gilbert Chapuis, nostalgique quand même sous une grande photo de Descartes (aujourd'hui Ben-Badis), son bourg sud-oranais où il est né en 1951, et « où nous produisions sur notre exploitation plus de vin que toute la commune de Rians réunie ! ».

Les viticulteurs originaires du terroir et qui, comme l'ancien Cartésien, peuvent, à Rians ou Artigues, inscrire eux aussi « Coteaux d'Aix-en-Provence » sur leurs bouteilles, moins fameuses que celles de Pigoudet, sont parfois un peu agacés par « ces pieds-noirs toujours plus malins que les autres » mais, l'air de rien, il s'essaient aussi à améliorer leurs cépages... Et y parviennent.

A quelques kilomètres de Château-Pigoudet, à la Mongestine, Claude Schmitz, autre viticulteur oranais, employant également des Marocains, est venu, lui, de Georges-Clemenceau (aujourd'hui Stidia), près de Mostaganem. Conseiller municipal d'Artigues, minuscule village d'une centaine d'électeurs, cela a été sa façon volontariste de s'incorporer au paysage français. Il faut dire que, comme les harkis, il n'était pas vraiment « rapatrié » lorsqu'en 1964, il débarqua d'Algérie après la nationalisation de son vignoble mais, au sens strict du terme, « immigré » : « Je suis en effet d'ascendance allemande. Venus de Rhénanie, mes ancêtres partaient en groupe pour le Brésil par Dunkerque lorsque le gouvernement de Louis-Philippe les détourna vers l'Algérie afin qu'ils y fondent un village de colonisation... Voilà comment nous sommes devenus français ! »

Entiché de politique, Claude Schmitz s'avoue déçu tant par le Parti républicain de François Léotard que par le Front national de Jean-Marie Le Pen, qui eurent tour à tour ses faveurs : « Quant aux socialistes locaux, je les soupçonne fort, à cause de mes opinions, d'avoir retardé l'irrigation de mes soixante hectares cultivables à la Mongestine. Vingt-deux ans qu'on me promet l'eau pour cette terre sèche, tellement plus incertaine que celle d'Algérie... Enfin, cette année, l'irrigation arrive ! » Pour le ci-devant Clémencien, une troisième aventure commence peut-être, car la concurrence sera rude pour bien vendre le maïs qu'il projette de planter[7].

7. A la fin du XXe siècle, l'exploitation de M. Schmitz, la Mongestine, a été déclarée en faillite et mise aux enchères.

Ainsi, dans cette région de Provence où, il n'y a pas si longtemps, les paysans, parfois maire en tête, refusaient qu'on irrigue leurs champs et où la seule irruption un peu spectaculaire de la modernité avait été constituée par l'implantation, vers 1960, dans l'ancien élevage avicole de Cadarache, d'un Centre d'études nucléaires – d'ailleurs resté bien mystérieux, voire inquiétant pour la majorité des habitants, en dépit des cinq mille emplois qu'il leur a fournis – ; dans cette région « marginale », l'apport humain d'Algérie, pied-noir ou arabo-berbère, a, malgré l'existence de gros problèmes non encore réglés, comme celui du Logis-d'Anne, été finalement bénéfique car proposé à petite dose et donc absorbé sans contrainte.

Rians, en particulier, avec le sourire brun de Fatiha Djenane qui vous accueille à la mairie, et le petit Farid non moins brun qu'un fils de harki a engendré avec la fille du clerc de notaire, Rians, avec son bon « vin pied-noir » et son menuisier ou son plombier tout aussi pieds-noirs, mais montrant tous le même attachement au village que les natifs, Rians, à sa modeste échelle, et encore qu'il reste une exception, peut être quand même un exemple optimiste de ce que la nation France est toujours capable de faire en matière d'assimilation, pourvu qu'on ne la brusque pas trop et qu'à Paris, là-bas, on l'y aide un peu, au lieu de s'étourdir en vains discours sur « tolérance » et « solidarité »...

Juin 1987 et février 2003

Livres :

– André Bouyala d'Arnaud, *Provence des villages*, Jeanne Laffitte, Marseille, 1992.

– Marie-Cardinal et *alii*, *Les pieds-noirs. Algérie 1920-1954*, Belfond, 1988.

– Augustin Ibazizen, *Le Testament d'un Berbère. Itinéraire spirituel et politique*, préface de René Rémond, Albatros, 1985.

– Suzon Pulicani-Varnier, *Jeté sur la terre d'Algérie*, préface de J.-P. Péroncel-Hugoz, éd. Jean Curutchet, Helette, 1997 ; *Alger-Marseille. Journal d'une rapatriée*, Atlantis, Friedberg-en-Bavière, Allemagne, 2002.

CHAPITRE XLIII

RÉUNION

Sous l'humus, Bourbon

A Yannish Itarre dit le Négrillon

Après ses pics, sa forêt et son lagon, le département français de l'océan Indien abat une nouvelle carte maîtresse : son patrimoine colonial, centré sur les « cases créoles » où s'élabora un art de vivre *sui generis*.

Ile-fleur, île-femme, négresse blonde, rose sauterelle, on a tout dit sur la féminité de la Réunion, ses « cavités insondables », ses « épais gazons aux touffes de velours » (Leconte de Lisle, poète natif), mais lorsqu'on y débarque pour la première fois, ces clichés prennent le relief sans pareil de la vie, acquièrent une nouvelle jeunesse, s'imposent. Dans un café dionysien de la rue piétonne, à l'ombre de la Grande Mosquée (où l'on a dansé le 11 septembre 2002 pendant que s'écroulaient les Tours jumelles new-yorkaises...), ou à celle du monument à Roland Garros (un créole, qui n'a rien à voir avec le tennis et tout avec l'aviation militaire), vous vous rendez finalement aux douces raisons de Leconte de Lisle, qui disait encore à son île :

Au fond de tes fureurs, comme au fond de tes joies,
Ta force est sans ivresse et sans emportement.

Malgré cyclones et volcans, la beauté naturelle de ces deux mille cinq cents kilomètres carrés, tout en gorges, pitons, futaies, sable et cascades, n'a pas tourné la tête des insulaires, ni gâté leur caractère. Déjà, au XVIIIe siècle, Bernardin de Saint-Pierre vantait « les mœurs fort simples des habitants de Bourbon ». C'était alors le nom dynastique de cette possession française, qui devait se voir imposer celui de « Réunion » lors de la révolution de 1789, pour, dit-on, célébrer « l'union devant les Tuileries des révolutionnaires marseillais et des gardes nationaux parisiens »...

La tempérance bourbono-réunionnaise persista, étant due au moins en partie à un climat si clément et si sain qu'il frappa les premiers découvreurs de l'île, arabes ou portugais, au même titre que « l'absence de moustiques, mouches, puces et autres insectes fâcheux, une terre sans rats, ni serpents venimeux, ni virus tropicaux ».

La sagesse îlienne explique sans doute l'exploitation, sans frénésie jusqu'ici, des ressources nationales de la Réunion, tranchant avec la fébrilité commerciale d'autres édens de l'océan Indien, comme l'île jumelle de Maurice. Quelque quatre cent trente mille voyageurs ont visité en 2000 le département ultramarin, ce qui représente plus de la moitié du nombre de ses habitants. La Réunion n'envisage pas, heureusement, de recevoir plus d'un demi-million de touristes par an. La majorité des visiteurs viennent de métropole.

Après avoir attiré le chaland avec ses vertigineuses randonnées pédestres entre cratères rougeâtres et sylve vert-noir ; ses quarante kilomètres de plages hyalines à l'abri du lagon ; sa flore fruitière et légumière savoureuse, allant du *chouchou avec brèdes* à l'ananas nain Victoria, en passant par la vanille Bourbon ; avec sa pêche en mer, du marlin noir aux dorades choryphènes bleutées et jaune poussin, la Réunion abat sans bruit un nouvel attrait, un nouvel atout. Elle le tâtait dans sa manche depuis un lustre ou deux, guettant l'essoufflement de l'anticolonialisme militant. Maintenant que la tendance penche plutôt vers un rééquilibrage des jugements politiques, comme le montrent Jean de La Guérivière dans *Les Fous d'Afrique* ou Bernard Lugan dans sa revue *L'Afrique réelle*, la Réunion commence à sortir son patrimoine colonial.

Il est considérable et méconnu ; il va de Louis XIV à la départementalisation (1946) ; il donne à l'île un poids artistique et historique inédit. Même la préfecture, à Saint-Denis, prend une tout autre importance, quand on regarde ce palais administratif résumant à lui seul trois ou quatre cents ans, de la Compagnie des Indes au général de Gaulle, *via* les bénéfiques remueurs d'hommes, de plantes et de pierres que furent au siècle des Lumières le gouverneur La Bourdonnais et l'intendant Poivre.

Sur les hauts de Saint-Gilles, on a ouvert au public, sous le nom un peu abusif de « musée Villèle » – patronyme du président du Conseil de la Seconde Restauration, qui passa dans cette demeure dont il épousa une fille –, l'« habitation Panon-Desbassayns ». Achevée en 1788, bâtie en lave et corail, sur un dessin emprunté aux architectures euro-hindoues de Goa ou Pondichéry, une des rares de ce style à la Réunion, cette rectangulaire villa blanche, simple comme bonjour, ouvre maintenant un large panorama sur la vie aux Mascareignes, au temps du roi-sucre (cent quatre-vingt-quatre moulins à cannes en 1830), des esclaves (le domaine comportait pour eux un hôpital où leurs descendants exposent des œuvres d'art « afin d'exorciser le passé ») et des cases aux lambrequins floraux de bois ou de tôle.

De ces cases-là, justement, qui peuvent être exiguës ou spacieuses (comme celle où naquit le futur Premier ministre Raymond Barre, 15 rue de Paris), on peut en visiter maintenant une dizaine, la plupart en bois de natte et tamarinier ; que ce soit la maison Folio (1860), à Hell-Bourg, le ci-devant Aix-les-Bains local du XIXe siècle, enfoncée dans son jardin-jungle tapissé d'orchidées et de fougères, où on attend qu'un membre de la famille Folio vienne vous chercher pour vous montrer l'intérieur à la créole ou le kiosque à thé ; ou encore aux Colimaçons, la propriété Châteauvieux, caparaçonnée de bardeaux et qui, vers 1850, fonctionnait autarciquement, fabriquant jusqu'à son cidre et ses fromages ; le parc abrite désormais un mini-empire botanique protégeant les végétaux indigènes menacés, tels le bois de senteur blanc ou bleu, ou le benjoin, sans parler du *Sideroxylon oxycantha* ou bois de fer, qui procure des charpentes incassables « mais ne fleurit que tous les deux cents ans... », selon les botanistes du terroir.

La tradition fromagère de Châteauvieux ne s'est pas perdue, se retrouvant maintenant dans le petit-takamaka, chèvre fabriqué par Jean-François Paul à Saint-Benoît, ou bien dans le fromage des Plaines au lait entier, sorti des pacages de la fromagerie de Bourbon, à Saint-Pierre. Si on sait que, sur les hauteurs volcaniques de Cilaos, Christian Dijoux produit entre autres un « bras-sec rosé » honorable, on ne pourra plus discuter de la francité de l'île tropicale...

Une francité charriant quand même, pour le plaisir du pérégrin, quelques solides spécificités. Ainsi, un peu partout à la Réunion, au bord des routes, le regard est attiré par des oratoires ou chapelles (on en compte environ trois cent cinquante) tous peints en rouge sang, tous surabondamment pourvus de cierges, ex-voto, fleurs en plastique et écharpes écarlates. Ce sont des autels à saint Expedit, « légionnaire romain lapidé en Orient pour avoir refusé de renier sa foi ». Canonisé par la *vox populi*, ensuite oublié, ce personnage a mystérieusement resurgi dans les mers du Sud, à l'ère coloniale. Aujourd'hui, outre les Mascareignes, il est extrêmement populaire au Brésil et dans les Caraïbes. Le haut clergé réunionnais a tenté en vain d'abolir ce culte peu orthodoxe, puisqu'Expedit est réputé « saint vengeur et rapide, auquel on peut même demander de nuire à autrui »... Chassé, sauf exception, des églises, Expedit s'est rattrapé à l'air libre, en occupant le terrain le long des chemins de l'ex-île Bourbon. Non loin du pic de la Fournaise, le saint dispose même d'une statue en forme de soldat antique, brandissant une croix, tel un apôtre...

Un vieil habitant de Sainte-Anne estime que l'engouement général pour le patrimoine colonial « n'est pas si nouveau que ça » et même « qu'il est né en 1969, lors du tournage ici par Truffaut de *La Sirène du Mississippi* avec Belmondo et Deneuve, un film qui fit connaître à l'univers entier la façade tarabiscotée de notre église, dont on se moquait jusque-là... » Dans un autre coin de la Réunion, à Sainte-Suzanne – village qui ne doit rien à la martyre antique et tout à l'expression créole *Sintsisan*, « endroit libre » –, un jeune îlien pense que « la mode patrimoniale sera vraiment bonne quand elle prendra totalement en compte l'art de vivre et l'art créoles, c'est-à-dire tout ce qui vient des Blancs, mais aussi l'ensemble de ce qui vient des Cafres ».

Et c'est vrai, par exemple, qu'est ridiculement modeste le naïf monument élevé en pleine nature, non loin de la route, à Bellevue, sur les crêts de Sainte-Suzanne, à l'enfant esclave Edmond Albius (1829-1880), inventeur en 1841 de la fécondation artificielle, ou plutôt manuelle, de la vanille ; une idée de génie qui enrichit notablement l'île, puis tous les vanilliers du monde, et qui, surtout, mit la saveur et l'odeur de cette délicate gousse d'orchidée à la portée du plus grand nombre.

Novembre 2001

Livres :

– Leconte de Lisle, *Poèmes barbares* (1862).

– Jean Albany, *Le Piment des mots créoles*, Hi-Land, Saint-Denis-de-la-Réunion, 1974.

– Collectif, *La Collection Ambroise-Vollard du musée Léon-Dierx*, à Saint-Denis-de-la-Réunion, musée Dierx, 1999.

– Catalogue de l'exposition André Blay (1914-1978), *Images de la Réunion*, musée Villèle, Réunion, 2000-2001.

– Th. Cadet, *Fleurs et plantes de la Réunion et de Maurice*, éd. du Pacifique, Singapour, 2001. En français.

– Jean de La Guérivière, *Les Fous d'Afrique*, Le Seuil, 2001 ; *Exploration de l'Afrique noire*, Le Chêne, 2002.

*

Film :

– *La Sirène du Mississipi* de François Truffaut, 1969.

CHAPITRE XLIV

SAVOIE

1
Bastion papiste en Chablais

A mes neveux Jérôme, Rozenn, Yohann et Ugo Chatelain

De l'antipape Amédée-Félix au papiste François de Sales, du pèlerinage d'Hermone au couvent de Ripaille, une route savoyarde (ou savoisienne...) sous égide céleste.

Dans les cafés et sur les marchés de Thonon, Douvaine ou Bons-en-Chablais, vous savez tout de suite à qui vous avez affaire : ici, les indépendantistes – ils ont envoyé pour la première fois un des leurs au conseil régional de Rhône-Alpes – ne se produisent pas encagoulés, comme en Corse, mais ils se disent *Savoisiens* au lieu de *Savoyards*. La perfide Genève (traditionnellement et sournoisement francophobe, alors que Lausanne porte haut sa francophilie) abrite même un « gouvernement savoisien en exil »... Il paraît que la finale *ard* est péjorative et date de l'époque où « la Savoie n'était pas riche et où ses petits ramoneurs parcouraient à pied la riche et méchante France voisine, afin de se constituer un pécule »...

Christian Favrat, lui, parle en *ard* et sans complexe. Né dans le hameau montagnard des... Favrats, ancien cheminot, ex-élu local, toujours militant socialiste et toujours patoisant, au point d'enseigner le franco-provençal (langue historique commune des Savoies et du Val-d'Aoste), il se soucie surtout de la sauvegarde et de l'exploitation de l'écosystème de ce « balcon vert et bleu » que forme le Chablais. Cette mini-contrée, ce « pays » étonnamment privilégié quant au microclimat et à la fécondité de ses sols, constitue le littoral français du Léman, avec son arrière-plan de montagnes modérées que, par temps clair, surmonte le Mont-Blanc. Bleu roi du lac, vert Empire des sapinières.

« Montez plus haut, conseille Christian Favrat sur le rivage lacustre, allez au-delà des Favrats, vers le Feu.

– Le feu ?

– Oui, le col du Feu ! Mais rassurez-vous, ce nom ne doit rien à un incendie... »

En effet, puisque ce *feu*-là, c'est le vieux *feug* celtique resté en Savoie sous cette forme, ou sous celle de *fayard*, pour désigner le hêtre. Le hêtre, bois blanc chéri des menuisiers, abonde toujours au col du Feu (mille cent dix-sept mètres). Ici, il y a cent dix ans, on ne trouvait encore qu'un oratoire indulgencier dédié à la Vierge à l'Enfant, construit en 1766 par des catholiques genevois. En 1881, des pionniers du cru, les Meynet, une famille de *fruitiers* – fromagers, en vocabulaire du coin –, bâtirent là une ferme. A peu près au moment où la route atteignit le col, en 1911, on y ajouta un café puis, en 1948, un restaurant, enfin, en 1965, un hôtel, le tout enroulé autour du chalet initial.

Les descendants des fondateurs ne *reblochent* plus, ne fabriquent plus leur beurre ni leur tomme (terme désignant à l'origine en Savoie tout fromage), mais préparent encore eux-mêmes leurs jambons, leurs terrines et leur vacherin (l'entremets à la meringue, non pas le fromage)

On est à moins de quarante kilomètres de Genève, mais c'est Lausanne qu'on aperçoit du haut du col, étalée à l'aise au flanc de montueux coteaux, sur l'autre rive du lac, tandis que, côté sud, on plonge vers la Vallée Verte surplombée par le double dôme alpin enneigé de l'Hirmentaz (mille six cent six mètres). A pied, la première grimpette qui se présente en sortant de l'auberge Meynet, c'est Hermone, *Armonna*, la « terre bénite ». Cinq fois séculaire depuis 1989, « la chapelle d'Hermone protège le Chablais » et fait l'objet chaque année, entre le lundi de Pentecôte et la Nativité de Marie, de trois pèlerinages exclusivement pédestres, appréciés des cathos-écolos.

Toute la Savoie, et spécialement le Chablais, baigne d'ailleurs dans une culture catholique, à la fois ancienne et vivante (ou ressuscitée) : les nationalistes ont ainsi choisi pour héros Amédée III, comte médiéval de Savoie, pape (antipape, selon le point de vue) sous le nom de Félix V, un sacré personnage, ensuite benoîtement retiré en son monastère de Ripaille, proche du Léman.

A Allinges, entre Ripaille et le Feu, il faut là aussi renoncer un peu à la voiture et monter « à patte » le petit raidillon menant au faîte de cette échine rocheuse fortifiée de toute antiquité. Campé sur ce belvédère à la fin du XVIe siècle, le jeune François de Sales, « savoyard de naissance et d'obligation », ramena avec doigté au dogme romain les vingt-cinq mille Chablaisans quasi tous passés à la Réforme (il y a de nos jours cent mille âmes dans le Chablais). Est-ce ce « repêchage » qui valut par la suite au héraut de la Contre-Réforme d'être canonisé puis proclamé patron des journalistes ? « Sans doute, nous rétorque un confrère du *Temps*, quotidien romand, car il sut retourner l'opinion chablaisane par la seule force de ses péroraisons et aussi grâce à des petits papiers argumentés et concis, des éditos avant la lettre, qu'il écrivait et glissait sous les portes des brebis égarées... [1] »

1. Le village suisse frontalier de Corsier conserve en sa vieille paroisse catholique un portrait de saint François de Sales (1567-1622) qui fut là, durant cinq ans (1595-1600), un jeune curé dont la fougue persuasive fit date et explique qu'il fut dès 1602 élevé à l'évêché de Genève-Annecy.

L'histoire ne dit pas quel vin de messe utilisaient Amédée-Félix ou François de Sales, mais sans doute aurait convenu à ces tempéraments énergiques le « crépy crépitant » blanc des parages (appellation d'origine contrôlée depuis 1948), que l'œnologue Raymond Dumay et son compère connaisseur, le *group captain* Townsend, décrivirent ainsi dans leur mémorable *Guide du vin*, en 1967 : « Teinte légèrement verte, parfum d'amande, pétillant à peine et naturellement assez capiteux ». On le propose au col du Feu, pour arroser le ferrat ou l'omble chevalier lémaniques, ce vin dans lequel Christian Favrat décèle également « juste la petite raideur qu'il faut » pour accompagner la fondue savoyarde (ou savoisienne...).

C'est peut-être l'occasion de rappeler que les « crus d'Allobrogie » étaient déjà prisées par Lucullus. Le gourmet et non moins martial général romain aurait à présent encore plus de choix car, entretemps, les croisés de Savoie ramenèrent de Chypre d'autres cépages, tels le roussette, « d'une distinction très grande, au-dessus des meilleurs vins blancs du pays », qu'on servait toujours à Chambéry sur la table des rois de Piémont-Sardaigne, avant la francisation définitive de la Savoie en 1860. Autre blanc de considération, le ripaille, que le Comte Vert, amateur de sa saveur fraîche, et autre forte figure locale, eut tout le loisir d'imposer, et cela dure encore, durant son long règne (1343-1383).

Avril 1998

2
Morzine-Avoriaz de Vuarnet à Rabelais

Pendant que les deux faces de la double station se regardent de travers, les glisseurs slaloment entre des toponymes rabelaisiens : Lancebranlette, Tête-du-Linga, Ardent, Ripaille, Cornettes-de-Bise, etc.

Elles ne s'aiment pas, se disent même parfois des sottises, allant jusqu'à faire mine de se séparer pour toujours, puis elles se retrouvent avec (fausse) émotion, complotent de nouveaux coups ensemble contre les marchands de neige concurrents, avant de se regarder derechef en chiens de traîneaux. Quelquefois même, soleil et nuages, histoire de rigoler en jetant un peu de piment sur le prurit fraternel, se mettent de la partie, dorant l'une et obscurcissant l'autre, et *vice versa*, à plusieurs reprises dans la même journée...

Morzine-Avoriaz – et non pas « Morzine et Avoriaz », s'il vous plaît ! – forme en Haute-Savoie une double entité skiable sur le même territoire communal, avec chacune ses mœurs et un style bien à elle, indéniable source d'attraits pour le chaland, inévitable prétexte à querelles intestines. En tout cas, cherchez bien, mais vous verrez que le duo est sans pareil en son genre dans les Savoies, et même à travers toutes les Alpes françaises et étrangères ! Les passions sont souvent plus fortes que les intérêts. Tablons quand même sur le bon sens particulièrement aiguisé de nos montagnards pour ne pas imiter *mutatis mutandis* les Tchéco-Slovaques, voire les Yougo-Slaves...

Et pour conserver à chacun des deux villages ses particularismes : à mille huit cents mètres, Avoriaz, avec son côté snob et parisien, son polyglottisme, ses couples célèbres croisés au bar-tabac ou dans l'un des multiples ascenseurs publics, son orgueil de station créée *ex nihilo* avec l'onction du champion olympique (morzinois) 1960, Jean Vuarnet, ses vrais gratte-ciel de l'architecte Jacques Labro, dominant des précipices ou des pistes de ski, sa falaise entrée dans la légende depuis qu'un adolescent s'y est suicidé par amour ; à neuf cent quatre-vingts mètres, Morzine, avec ses chalets tout en bois sombre, anciens ou bien imités, aux balcons dentelés fleuris exactement comme sur les cartes postales mais sans petits ramoneurs quand même, son remarquable accent lémanique, ses boutiques de souvenirs obsolètes, ses bonnes tables bourgeoises, sa reposante atmosphère familiale, ses six vallées boisées rendues accessibles à l'automobiliste ou au randonneur sans avoir dû abdiquer leur sauvagerie.

Les stations jumelles sont le sésame des « Portes du Soleil », un empire du ski de quatre cents kilomètres carrés, supervisé par le Mont-Blanc et pas moins de quarante-neuf autres pics, débordant sur la Suisse sans formalités douanières et offrant une panoplie presque décourageante à force de chiffres : quatre téléphériques, dix télécabines, quatre-vingt-un télésièges, cent dix-sept téléskis, deux cent douze remontées mécaniques pouvant satisfaire des nuées et encore des nuées de glisseurs... Au sommet de la saison, en hiver ou en été, la station peut passer en peu de jours – et en douceur – de trois mille à trente mille âmes. Les deux cent soixante-treize pistes, ouvertes mi-décembre, la plupart du temps reliables les unes aux autres, s'étendent sur pas moins de six cent cinquante kilomètres, des plus faciles aux plus vertigineuses. Les skieurs de fond ont accès à deux cent seize kilomètres de sentiers ; six cent quatre-vingt-dix moniteurs et mille deux cents pisteurs et autres agents sont à la disposition de tout débutant ou de tout perfectionniste.

Toutefois, on estime qu'un hivernant de Morzine-Avoriaz sur quatre ne skie pas (ou plus) ou donne désormais priorité à d'autres sports ou distractions, dont la double station est prodigue : du très macho scooter nocturne des neiges qui effraie les chevreuils aux classiques patinoire, piscine, sauna ; des raquettes sur neige qui permettent de lever lièvres ou hermines jusqu'aux balades en traîneau à chiens, sans oublier luge au clair de lune, parapente, montgolfière ou survol en hélico du point culminant de l'Europe. La dernière innovation pour enfants s'appelle le *ski-joering*, où le pratiquant est tracté par un poney.

Un moniteur du cru, « Petit Marcel », grand surfeur (et farceur) des neiges devant l'Eternel, s'est amusé à tracer un compliqué « itinéraire paillard et même troupier » en fonction de la seule toponymie locale ; Cornettes-de-Bise, pont du Diable, roc d'Enfer, val d'Enfer, Croix-de-Culet, Ardent, les Hauts-Forts, le Pissoir, Chamoussin, pointes de Ripaille, de Chéry ou du Paradis... Dans son tracé aux sonorités rabelaisiennes, notre homme avait néanmoins oublié Lancebranlette et Tête-du-Linga, lieux pourtant attestés par la respectable carte Michelin...

Les membres de la tout aussi sportive mais peut-être un peu moins rigolote Association internationale du tour des Dents-Blanches ont préféré baliser le sentier des chapelles et oratoires et patronner au bord de la route de Thonon la réfection soignée, par Marcel Pachon, de la « chapellette » peinte, vouée en 1806 à sainte Brigitte de Suède, mystique nordique qui ne doit pas se trouver dépaysée par les frimas savoyards.

Moins connue, car plus difficile à trouver, est la chapelle des Mouilles, élevée en 1871 entre pré et forêt par le curé des Gets (demander la clé à son successeur) pour protéger son frère, le botaniste Jean-Marie Delaay (1834-1895), « missionnaire à la Chine ». Cette promenade pédestre ménage de gratifiantes échappées sur la cime de Nantaux, blanche, brune et noire.

Le site morzinois le plus spectaculaire, surtout lorsqu'il est enneigé, reste cependant l'abbaye cistercienne ruinée Notre-Dame-d'Aulps – c'est-à-dire « des Alpes ». De nombreux pèlerins, en particulier valaisans, viennent vénérer les reliques médiévales du « bon abbé Guérin », par ailleurs saint du calendrier, à Saint-Jean-d'Aulps. De la fresque romane millénaire d'Allinges à la moderne Notre-Dame-de-Toute-Grâce au plateau d'Assy (Novarina, Léger, Lurçat, Bazaine, Rouault, Bonnard, Matisse, Braque, etc.), le paysage savoisien est profondément marqué par l'art et la foi. A Avoriaz, l'« églisette » isolée, vouée à la Vierge, a été construite, à la suite de leur vœu, par les Morzinois rescapés des prisons nazies et suivant le dessin de l'architecte René Faulée. Un mariage y est spectacle rare, guetté en particulier par les étrangers venus de pays luthériens ou calvinistes. Blanc sur blanc, arrosé au blanc de blanc...

Décembre 2000

Livres :

– Saint François de Sales, *Introduction à la vie dévote* (1608-1619).

– Sous la direction de Paul Guichonnet, *Histoire de la Savoie*, 1973 et *Nouvelle Histoire de la Savoie*, Privat, Toulouse, 1996.

CHAPITRE XLV

TARN

Via Jaurès

A mon confrère Alain Sanders
qui apprécie les fortes figures de notre Histoire

Le tribun socialiste connaissait son département dans le détail. Suivons-le autour de Castres et d'Albi, sur les routes placées désormais sous son invocation !

A l'écart des deux stars départementales que sont la cathédrale rouge d'Albi et le musée Goya de Castres, Ambialet, acropole déchiquetée et boisée, étageant dans une boucle du Tarn village, prieuré, auberge, viaduc et place, est un de ces lieux cachés de la campagne tarnaise sur lesquels on tombe par hasard. L'œil, les poumons, les jambes, l'esprit y trouvent leur compte. Et aussi le palais, puisqu'à l'hôtel du Pont, la même lignée, depuis 1860, accommode le poulet Célestine au gaillac et aux olives.

Amateur légendaire de plats régionaux mais également de marches à pied à travers champs et forêts, même quand il fut ventru et coiffé d'un haut-de-forme, Jean Jaurès, né à Castres en 1859, passait l'été à Bessoulet, un peu au sud-est de Villefranche-d'Albigeois, au bord de l'étroite départementale 74 qui mène aussi à Ambialet.

Bessoulet, maison sans prétention que lui apporta en dot sa femme, fille de sous-préfet, comportait (et comporte toujours) un pré à arpenter et un cabinet de verdure pratiqué dans un massif de buis. Jaurès aimait y lire un Balzac rare, par exemple *Béatrix ou les amours forcées*, y blaguer avec ses électeurs du canton, y préparer ses philippiques contre les massacres d'Arméniens en Anatolie, la peine capitale ou la guerre paneuropéenne qu'il sentait venir. Des conflits balkaniques de son temps, il écrivait : « Les événements donnent une idée de ce que serait la guerre universelle (...) La rivalité haineuse des peuples, dans les Balkans, fait un mal infini, etc. ». Un siècle après : *Rebus sic stantibus*, rien de changé...

Issu de ruraux comme la plupart des Français, Jaurès, à proprement parler n'était pas lui-même un paysan, malgré son enfance à Fédial-Haute, fermette castraise de ses parents. Il fut plutôt un « rurbain » avant l'heure, pourvu de trois amiraux dans sa famille, et il reçut une éducation des plus « bourgeoises », jusqu'à Normale-Sup et l'agrégation de philo. C'est justement peut-être parce qu'il n'était pas un vrai culterreux que le tribun socialiste sut parler de « l'odeur forte et saine [du maïs mûr] qui réjouit la poitrine », de « la route blanche, sous la clarté de la pleine lune » ou du « vallon frais » qui l'accueillait durant la canicule avec son ombrelle et son livre de botanique.

Pour se rendre de Fédial à Castres, le jeune Jean et son frère Louis franchirent des centaines de fois le « pierreux coteau de Peyrous tout couvert de vignes ». Ce site est aujourd'hui tapissé de prairies et de chênaies, mais on y reconstitue le chemin foulé jadis par le futur fameux député du Tarn ; ce nouveau sentier pédestre est l'une des cent ramifications de la « Route Jaurès » où le piéton, pour une fois, ne doit pas être moins considéré que l'automobiliste.

« Au confluent de l'Agout et du Thoré, au pied des monts du Sidobre et de la Montagne Noire, dans ce paysage de collines que domine le Massif Central, les hommes, depuis la plus lointaine préhistoire, ont inscrit leurs pas, inventé l'agriculture, su utiliser plusieurs terroirs, celui de la montagne et de la plaine, du calcaire, du granit et de l'alluvion ; là, les paysans ont le parler occitan ; là, la revendication libertaire est le sang même d'une civilisation qui a refusé de se soumettre aux orthodoxies » (Max Gallo, *Le Grand Jaurès*, 1984).

Appartenant historiquement au Languedoc, rattaché maintenant à la région Midi-Pyrénées, n'ayant pas sur son sol ces gorges – elles sont en Lozère et Aveyron – qui ont rendu célèbre le nom de Tarn, le département tarnais, en dépit de sa personnalité poivrée, peine, à notre époque friande d'« images » exclusives, à se tailler un profil bien à lui. On songea, comme porte-drapeau, à Toulouse-Lautrec, natif certes d'Albi, mais le peintre fut trop vite ravi à son terreau méridional par les femmes et l'absinthe parisiennes.

Jaurès, au contraire, sut toute sa vie accorder ses intérêts électoraux et ses sentiments personnels, et put donc demeurer proche de ses racines. Ce comportement paye encore si l'on en croit un sondage publié par *Marianne* : ayant à opter entre Jeanne d'Arc et Jean Jaurès comme héros national, 49 % des Français interrogés mi-avril 1999 ont choisi le héraut socialiste et 34 % seulement la Pucelle. L'élu passe pour le personnage le plus statufié de France, avec une trentaine d'effigies, la dernière ayant été érigée en bronze à Montpellier, en février 1999.

L'idée de susciter de l'intérêt pour itinéraires et panoramas du Tarn à travers le prisme jaurésien n'est donc pas incongrue. Le balisage routier achevé, les circuits sont là, de Carmaux à Castres, d'Albi à Alban, de Gaillac à Graulhet, tentants pour les amateurs d'étés agrestes, pimentés par une histoire encore palpable.

Jaurès, mentor écologique avant l'écologie, se double d'un bon connaisseur du patrimoine architectural, et d'abord des églises. Anticlérical – mais non point antireligieux –, l'adversaire politico-philosophique du dévot marquis de Carmaux prenait un malin plaisir à vanter à ses visiteurs les vertus artistiques des édifices chrétiens qu'on l'accusait à tort de vouloir démolir ; tel Saint-Salvy, où d'ailleurs Jaurès s'était marié, antiquissime sanctuaire albigeois, fondé sous les Carolingiens en mémoire d'un évêque mérovingien et qui a souffert par la suite de la « concurrence déloyale » de sa gigantesque voisine, la cathédrale Sainte-Cécile.

Faire halte, avant une randonnée, au très didactique Centre Jaurès à Castres est utile, même si les amateurs de reliques regrettent de ne pas y voir la redingote noire élimée du grand homme, ce vêtement mythique appartenant à une autre institution locale qui ne l'expose pas et, paraît-il, refuse de le prêter... Près d'un siècle après sa mort, y compris parmi ses sympathisants, Jaurès provoque encore des remous : ainsi, le centre jaurésien de Castres, tout à fait suffisant, aura peut-être bientôt un concurrent carmausin...

Pour dépasser le Tarn, certains jaurésiens actuels songent à prolonger, d'une manière ou d'une autre, la Route Jaurès jusqu'au... Portugal, en Argentine, voire en Algérie, pays où leur idole accomplit de marquants voyages. Sans courir si loin, il n'est pas défendu d'aller boire un *socialo* ou un *communard* au café du Croissant, 146 rue Montmartre, Paris-IIe, sur la table même où Jaurès le pacifiste, en train de se régaler d'une tarte aux fraises des bois, fut abattu par un belliciste. C'était à la veille même du début de la « grande boucherie » de 1914 contre laquelle, là-bas dans son jardin languedocien, il avait concocté tant de puissantes sentences jetées ensuite à la face du monde. En vain.

Mai 1999

Livres :

– Balzac, *Béatrix* (1839-1845).

– Henri Guillemin, *L'Arrière-pensée de Jaurès*, Gallimard, 1966.

– Max Gallo, *Le Grand Jaurès*, Robert Laffont, 1984.

– Pierdec, *Castres à travers l'Histoire*, bédé, mairie de Castres et Mas.

Article :

– J.-P. Péroncel-Hugoz, « Jaurès, le premier islamophile de gauche », *Historia*, août 2000.

CHAPITRE XLVI

TOULOUSAIN

Au vrai pays de Cocagne

A mon confrère Eric Zemmour
qui aime la France profonde

Jadis pavée d'or, fermée depuis Louis XVIII, la Route du pastel est rouverte.

Avec son très prégnant label aéronautique ; son député-maire jeune premier, le journaliste Dominique Baudis [1], *starisé* jusque sur des cartes postales ; sa foule estudiantine – quatre-vingt-cinq mille étudiants dans une agglomération de sept cent mille âmes – égayant les vieilles rues, Toulouse (Haute-

1. Il a été remplacé en 2001 par le sautillant Philippe Douste-Blazy, dont Jean-Edern Hallier disait, quand il fut, en 1995, nommé ministre de la Culture, et alors qu'il était seulement maire de Lourdes : « Avec Douste, la seule chose dont on soit sûr, c'est qu'il n'y aura pas de miracle... »

Garonne), contrairement à Marseille ou à Lille, « fait jeune », suscite l'immédiate et roborative impression qu'elle croit uniquement en l'avenir, qu'elle se soucie des siècles écoulés comme de colin-tampon.

Pourtant, depuis quelques années, elle s'est mise, sans bruit médiatique, à redécouvrir un pan très original et très oublié de son histoire, lié, il est vrai, au culte économiste actuel, car il s'agit d'un passé marchand, tout bruissant de mobilité sociale, de grandeur financière.

Un de ces trentenaires toulousains typiques, optimiste et précis, nous entraîne sur le terrain pour illustrer cette nouvelle tendance, et c'est, en plein centre-ville, la découverte tout à fait inattendue d'une cinquantaine d'édifices discrets et spectaculaires, cachés derrière de hauts murs ou au bout d'impasses, édifices témoins d'une ère d'énergie, de réussite, révolue, certes, mais fournissant sans doute au dynamisme présent une partie de son terreau.

Dans la cour de l'hôtel de Bernuy, dominé par les sept ou huit étages de ses tours accolées, rousses de briques, blanches de pierres, modèle de transition architecturale entre le Moyen Age et la Renaissance, notre cicérone déploie le grand jeu : « Voyez-vous, on a une idée fausse de la société de l'ancienne France, qu'on imagine verrouillée, figée. Ce petit palais fut construit entre 1530 et 1540 par un roturier, d'origine judéo-espagnole ayant francisé son nom, Jean Bernuy, qui devint *capitoul*, c'est-à-dire maire de Toulouse, ou plus précisément membre de la municipalité collégiale, épousa tour à tour deux filles nobles du coin et reçut ici, dans cet hôtel, le roi François Ier en personne. Tout cela parce que Bernuy avait réussi dans le pastel et que Toulouse admirait cette réussite.

– Le pastel ! Il dessinait ?

– Mais non, rien à voir, il vendait non pas des pastels pour orner les salons, mais du pastel, de la teinture bleue, dont on fit très large usage en Europe à partir du XVe siècle. La fortune de Montaigne même était partiellement due à ce commerce du pastel dont Bernuy et quelques autres furent, sinon les initiateurs, du moins les promoteurs, en Gascogne et Languedoc. »

L'existence de ce capitaliste tinctorial, de ce Jacques Cœur méridional, auquel, outre le pastel, presqu'aucun négoce ne fut étranger, entre 1500 et 1550, de Lübeck à Naples ; de ce fidèle mais surtout généreux sujet que le roi de France vint visiter, car il avait offert de payer à Charles-Quint la rançon de François Ier, prisonnier d'Etat, après la défaite de Pavie, l'existence donc de cet homme d'affaires international, qui eut une fin de paysan – il fut encorné par un taureau furieux échappé qu'il allait voir combattre des dogues –, illustre parfaitement le roman commercial du pastel.

Cette couleur si prisée qu'on faillit, pour elle, mener des guerres comme dans le cas des épices ou du café, fit durant longtemps de la Ville rose une « cité bleue » régentée, autour du capitoulat, par une vingtaine de familles donnant du travail dans la région, notamment en Lauragais, à des dizaines de milliers de cultivateurs et aussi à une nuée d'intermédiaires : meuniers, courtiers, transporteurs, mariniers de la Garonne entre Toulouse et Bordeaux, « facteurs », manufacturiers et jusqu'aux « peseurs de pastel », corporation s'étant donné, rien que ça, saint Michel archange pour patron. Au plus modeste rang même de la hiérarchie pastelière se ramifiaient de véritables dynasties d'emballeurs, métier organisé au point d'avoir sa caisse d'entraide, proto-Sécurité sociale, destinée au secours des travailleurs malades.

Les minipalais du XVIe siècle, dus peu ou prou à l'âge d'or du pastel et que Toulouse a réhabilités, ne sont pas les seuls restes visibles de cette efficacité économique du siècle des Valois. Les terroirs qui, il y a un demi-millénaire, pourvoyaient l'Europe entière en « bleu », sont toujours là, dans le triangle Toulouse-Albi-Castelnaudary.

Collines vertes et souples, adoucies depuis mille cinq cents ans par la main humaine, villages enfouis dans le relief comme les dents dans la gencive, châteaux masculins soumettant patriarcalement l'ensemble ; on trouve là, entre Saint-Félixde-Lauragais et Saint-Géry, entre Saint-Julia-de-Gras-Capou et Saint-Paul-Cap-de-Joux, le décor peu changé qui vit grandir à partir des années 1400, s'épanouir à la Renaissance et lentement disparaître, après la relance du Premier Empire, le primat du pastel. Une prospérité qui valut jadis à cette circonférence de quelque deux cents kilomètres autour de Lavaur d'être longtemps baptisée, de par tout le continent, « le pays de Cocagne », un eldorado rural de la vieille France en quelque sorte.

L'expression « pays de Cocagne », passée dans le langage courant pour décrire une « terre d'abondance imaginaire », vient très concrètement des paysages campagnards du Toulousain que nous venons de survoler : « On appelait ici, en occitan, *cocagne*, c'est-à-dire “petit gâteau”, la boule de feuilles fraîches de pastel écrasée et roulée à la main jusqu'à former une petite balle du format d'une orange, balle qui allait noircir et rétrécir en séchant », explique un ancien journaliste du *Parisien libéré*, acquéreur de ce château historique partiellement ruiné de Magrin (XIIe-XVIe siècles), haut lieu pastelier jusqu'à Louis XVI, et que son nouveau propriétaire a replanté – en pastel bien sûr.

Cette plante verte banale, à l'air de mauvaise herbe montée en graine – elle peut vous arriver jusqu'à mi-taille –, avec des fleurettes jaunes à l'odeur vaguement miellée, est l'*Isatis tinctoria*, crucifère teignante, mère du pastel. Il y en aurait jusqu'à septante-deux espèces poussant à l'état sauvage au Proche-Orient. La variété française, cultivée, produisant abondamment tous les deux ans, prospère de nouveau sur la butte de Magrin, au pied même du donjon qui vit passer Henri IV et possède le « seul séchoir à pastel, vieux de deux siècles, parvenu pratiquement intact jusqu'à nous », avec ses airs mi-volière mi-entrepôt à tabac, superbe exemple, en tout cas, des techniques agro-industrielles sous l'Ancien Régime.

Aujourd'hui, les « amis du pastel », entre écologie de luxe, affaires culturelles et affaires tout court, s'emploient, du Japon à l'Allemagne, en passant par le Toulousain, à travers congrès et expériences – tels les soixante hectares ensemencés en *Isatis* par la Coopérative agricole lauragaise de Castelnaudary –, à « relancer le pastel ». Le petit musée du Pastel aménagé à Magrin reçoit quinze mille visiteurs par an. Un intérêt existe pour cette teinture naturelle au pedigree plus que prestigieux. Il est encore trop tôt pour dire si les intérêts suivront mais ce végétal, donnant certains des plus beaux bleus du monde, qui plus est résistant au gel et à la canicule, a peut-être encore un avenir dans l'art ou les industries hauts de gamme.

L'expansion du pastel – notée aussi bien par Olivier de Serres, en 1600, dans son *Théâtre d'agriculture et ménage des champs*, que par un édit de Louis XIV, en 1699 – fut cassée par une « drogue pernicieuse et fausse, amenée d'Inde », d'où son nom d'indigo, venue en fait d'Amérique, et qui devait faire sortir de ses gonds jusqu'au débonnaire roi à la poule au pot (l'indigo n'est pas indigène au Nouveau Monde, mais cette légumineuse tropicale, apportée par les Européens, s'y acclimata merveilleusement bien).

Si Henri II, au milieu du XVIe siècle, avait dû, tant l'engouement paneuropéen pour notre pastel restait pressant, autoriser par lettres patentes la vente des produits de Cocagne à nos ennemis anglais ou espagnols, dès 1560, les perfides et avisés marchands d'Anvers, arguant d'une moins bonne qualité du bleu toulousain, due peut-être à de trop abondantes pluies dans le Sud-Ouest, mirent sur le marché l'indigo colonial, moins cher et, affirmait-on, aussi efficace que le pastel.

D'où la colère du très nationaliste Henri IV, qui fulmina « un arrêt en son conseil », prévoyant rien de moins que la peine capitale pour les complices de l'invasion indigofère, mais cette menace, d'ailleurs jamais mise à exécution, ne fit point reculer les spéculateurs tinctoriaux, pas plus qu'une mise en garde du pape lui-même, attaché au bleu traditionnel pour les ornements sacerdotaux ou les voûtes peintes des églises (Sainte-Cécile d'Albi en offre un divin exemple).

Le marché du bleu pastel fut lentement grignoté, en dépit de décrets et algarades, par le bleu indigo. Avec quelques jolis sursauts quand même, comme celui provoqué par le Blocus continental et les instincts guerriers de Napoléon Ier. A partir de ce qui restait – une vingtaine de moulins pastelliers, par exemple, en 1806, dans l'Albigeois, berceau de cette industrie au XIVe siècle, contre une quarantaine en 1790 –, l'empereur des Français, pour nuire aux industries ultramarines anglaises et pour habiller de pantalons bleus six cent mille soldats, relança le pastel.

Savants, comme le chimiste Chaptal, préfets et agriculteurs se mobilisèrent. La machine se mit en marche. On peut voir à Magrin une culotte militaire d'un beau bleu martial portée par un militaire napoléonien. En 1811, presque tous les départements du Grand Empire, du Tibre aux bouches de l'Escaut, durent planter de l'*Isatis tinctoria* : quatorze mille hectares en tout pour le pastel... Bernuy dut siffloter dans sa tombe. L'or bleu allait rendre riche derechef entre Toulouse et Villefranche-de-Lauragais.

En fait, après cet ultime éclat, ce fut la fin définitive – sauf à voir se concrétiser la résurrection attendue de nos jours par certains « militants du pastel » –, car Louis XVIII, pacifique et économe, rangea, dès la chute de l'Ogre corse, lois et subventions pastellières. Mieux : entre Toulouse et Albi, cultiver du « bleu » devint un moment synonyme de bonapartisme...

Mai 1993

Livres :

– Gilles Castes, *Le Commerce du pastel à Toulouse (1450-1561)*, Privat, Toulouse, 1962.

– Christian Cau, *Pastel en pays de Cocagne*, Loubatières, Portet-sur-Garonne, 1988.

CHAPITRE XLVII

TOURAINE

1

Acte dynastique à Amboise

A Lech Walesa, libérateur de la Pologne

Dimanche 27 septembre 1987, en présence de plus de trois mille invités réunis dans les jardins du château d'Amboise (Indre-et-Loire), propriété de la Fondation Saint-Louis qu'il présidait, le comte de Paris (soixante-dix-neuf ans), chef de la Maison de France, chargea son petit-fils, le prince Jean (vingt-deux ans), étudiant en philosophie, « d'exercer pleinement [après sa disparition] les droits et devoirs historiques et politiques de la famille capétienne ».

Homme politique bien de son temps, donc homme de médias, le comte de Paris avait visé juste en fixant aux deux tiers de l'année commémorant l'élection de son ancêtre

Hugues Capet au trône de France [1] l'*acte dynastique* par lequel il tenta d'assurer selon ses vœux sa succession.

Le prétendant à la couronne de France pouvait d'autant moins manquer d'attirer l'attention que la cérémonie d'Amboise constitue à proprement parler une innovation dans les traditions de sa famille – sauf à y voir une adaptation du sacre des héritiers présomptifs, du vivant de leur père, pratiqué jadis par les premiers Capétiens encore mal assurés...

Ajoutons le soleil frais de l'automne tourangeau et la vaste terrasse surplombant la Loire d'un palais à jamais marqué par les fortes figures de François Ier et de Catherine de Médicis. Sans oublier le petit piment politique contemporain apporté par l'absence remarquée du maire de la cité (douze mille habitants), le gaulliste Michel Debré, dont « un voyage à l'étranger était prévu de longue date » mais qui, en réalité, selon un de ses proches, « n'avait pas voulu cautionner un événement à ses yeux antirépublicain ». Pour compenser, les « gaullo-monarchistes » se poussaient du coude au passage du général Alain de Boissieu, gendre de De Gaulle.

Bref, ce fut une journée réussie avec de subtils équilibres. Sur une estrade en plein air, le comte de Paris – entouré de sa belle-fille Marie-Thérèse de Wurtemberg (divorcée de son fils aîné Henri et faite depuis lors par son beau-père duchesse de Montpensier), et de trois des cinq enfants (les deux autres sont handicapés) de celle-ci, Marie, Jean et Eudes – assista à une messe en français entrecoupée de quelques cantiques en latin.

Puis, celui que les royalistes nomment *le Prince*, faute de pouvoir dire *le Roi*, prit la parole, définissant l'« acte dynastique » comme « la réaffirmation publique de la volonté de la Maison de France de poursuivre son œuvre au service de la patrie ». Se tournant ensuite vers celui qui, pour quelques minutes encore, était simplement « Jean de France », il martela : « Tu sais que le chef de notre Maison doit préserver sa

1. Sur le Millénaire capétien, se reporter au chapitre « Picardie » de cet ouvrage.

pleine indépendance à l'égard de toutes les formations politiques et de tous les groupes d'intérêt. »

Le prince Jean, costume sombre et œil bleu de France, répondit : « Si, un jour, les circonstances amenaient les Français à me confier des responsabilités nationales, ce sera parce que, par mon travail et, je l'espère, par les services rendus, j'aurai mérité cette confiance. »

Le comte de Paris conféra ensuite les titres de « duc de Vendôme » à Jean et de « duc d'Angoulême » à Eudes. La république ne reconnaît naturellement que par courtoisie ces apanages fictifs, ultimes restes d'un antique usage de la lignée capétienne. Le nom de Vendôme appartient à cette dernière depuis 1364 et celui d'Angoulême depuis 1317. Avant d'être rois, Henri IV porta le premier et François Ier le second. Le dernier prince titré Vendôme fut Emmanuel (1872-1931), arrière-petit-fils de Louis-Philippe Ier et le dernier titré Angoulême fut Louis (1775-1884), fils de Charles X et époux de Madame Royale, fille de Louis XVI. Ce duc d'Angoulême-là, chef des « Cent mille fils de Saint Louis » (Chateaubriand) qui, en 1823, rétablirent dans ses droits Ferdinand VII d'Espagne, est parfois appelé « Louis XIX » car il fut roi de France quelques instants, en 1830, entre son père Charles X et son neveu « Henri V », enfant-roi que son cousin Louis-Philippe allait très vite supplanter.

La salle des Etats généraux – décorée d'un portrait de l'émir Abdelkader d'Algérie, hôte forcé d'Amboise de 1848 à 1852 – devait ensuite être le lieu d'une plus prosaïque conférence de presse du comte de Paris et des deux nouveaux ducs. Après un coup de chapeau à la « bonne Constitution de 1958 » et à la « présente cohabitation [2], qui est à la fois royale et républicaine », et une condamnation du référendum en Nouvelle-Calédonie, « qui coince la population [de l'île] dans un système ne donnant pas entière satisfaction », Henri

2. Il s'agit de la cohabitation, première du genre, entre le président Mitterrand et le Premier ministre Chirac (1986-1988).

de France a dû quand même s'expliquer sur le grand absent – et, pour tout dire, le « gros nuage » de la journée, un autre Henri de France, son fils aîné, père de Jean et d'Eudes.

Le bruit avait couru avec insistance dans les hôtels bondés d'Amboise que le prince Henri, aperçu en ville par plusieurs personnes, se trouverait sur le podium, en signe de réconciliation avec son père. Celui-ci lui tient en effet rigueur non point tant de son divorce d'avec Marie-Thérèse de Wurtemberg[3] (le comte de Paris vit lui-même séparé de son épouse Isabelle d'Orléans-Brésil) que pour son remariage en 1984, évidemment civil, et de plus sans consentement préalable du chef de la dynastie, selon l'usage, avec Micaëla Cousino, d'une famille franco-espagnole établie au Chili. (Selon le *Bottin mondain*, le nom complet de la dame est Micaëla Cousino Quiñonès de Léon ; selon d'autres sources, elle fut, en premières noces, la femme d'un certain M. Bœuf).

Révélant qu'il avait ces temps derniers « revu fréquemment » son fils, le comte de Paris a précisé : « Nous ne sommes pas encore parvenus à une entente, mais l'espérance demeure. » Dérisoire sans doute au regard de la vie politique actuelle sur laquelle les princes français n'ont plus de prise, important peut-être pour une minorité de Français (selon un sondage IPSOS-*Le Point* de début 1987, 17 % d'entre eux sont favorables au rétablissement de la royauté), l'acte dynastique d'Amboise porte en lui, sauf si un accord intervient ultérieurement, les germes d'une querelle de succession sans précédent dans les annales capétiennes[4].

Septembre 1987

---

3. A l'occasion de leur mariage en 1957, de Gaulle, qui y voyait un symbole de la réconciliation franco-allemande, avait écrit au comte de Paris : « L'avenir du prince Henri, celui des vôtres, sont intégrés aux espérances de la France. »

4. Depuis lors, les choses sont rentrées dans l'ordre car, après la mort du comte de Paris, en 1999, le comte de Clermont, devenu lui-même comte de Paris, a succédé à son père comme chef de la Maison de France, tandis que le duc de Vendôme reprenait sa place dans la lignée successorale, conformément aux usages capétiens.

2
Adultère royal à Loches

« Peut-être le chef-d'œuvre de la littérature française du XIXe siècle », écrit Apollinaire à propos de *Servitude et grandeur militaires*, que Camus conseille de « relire à l'âge d'homme ». Le général de Gaulle et le maréchal Juin apprécièrent eux aussi, au point de les préfacer, ces souvenirs romantisants d'un officier qui ne subit jamais le feu. A Loches, au contraire, on a toujours fait la moue devant cet Alfred de Vigny, auteur, dès *Cinq-Mars* (1826), d'une tirade vantant la Touraine mais qui, adulte, ne daigna pas revenir en cette « petite ville, jolie, dit-on », où il naquit en 1797.

Aussi aucun Lochois ne protesta lorsque la demeure natale du poète, une bâtisse à un étage en blanc tufeau, fut intégrée dans un méchant ensemble immobilier construit à l'emplacement du jardin de Vigny père. La pâtissière du quartier elle-même renchérit : « A part "La Mort du loup", je vous avoue que je sais rien de Vigny, mais à l'école, on nous a appris qu'il a rien fait pour Loches. Ici nous préférons Charles VII et sa bonne amie Agnès Sorel car, plusieurs siècles après, ils nous amènent encore du monde. » Outre, en confiserie, divers « caprices » ou « délices » perpétuant le nom de la maîtresse royale, le prénom millésimé du « roi de Bourges » a été donné à une sorte de camembert, plâtreuse copie du fromage normand, et surtout à un gâteau aux œufs, goûter idéal des écoliers.

Surplombant Loches, le manoir gothique a conservé la salle rectangulaire où Charles VII, homme d'intérieur forcé par le phénomène Jeanne d'Arc de passer la moitié de sa vie à cheval pour bouter hors de France les Anglais, inventa le *séjour*, le *vivoir*, y travaillant, y dînant, y recevant famille, familiers et fonctionnaires, en tisonnant. A ce monarque casanier, il semble qu'on doive encore, sinon le cerf-volant, du moins son appellation : le souverain avait pour emblème personnel un cervidé ailé et le peuple en lâchait en étamine vers le ciel quand le roi entrait dans une place reprise à l'ennemi.

Ça, c'est pour la France. Ce que Loches en particulier doit à Charles VII, c'est « la pauvre demoiselle, *la gentifemme* nommée Agnès Sorel ou Surelle », Tourangelle dont le patronyme rappelait le sureau, plante bénéfique. Modeste suivante de vingt ans, sa beauté gracile subjugua le roi dès qu'il l'aperçut à sa cour. Quadragénaire et jusque-là fidèle à sa femme, Marie d'Anjou, Charles fit d'Agnès la première favorite *en titre* de notre Histoire.

L'idylle flamba sept ans et ne se termina que par le décès de la dulcinée : elle se trouvait à Loches, dans cette tour dominant la verte vallée de l'Indre, tour qui porte toujours son nom et où elle achevait la grossesse de son quatrième bâtard capétien, quand elle eut vent d'un complot contre son amant ; elle partit séance tenante en litière, par les fondrières du plein hiver, pour la Normandie, où le roi guerroyait, afin de le prévenir. Mission et accouchement accomplis, elle mourut épuisée, le 9 février 1450, dans une dépendance de l'abbaye de Jumièges. Longtemps inconsolable, Charles ramena à Loches, site préféré de leur amour, le corps d'Agnès et le fit ensevelir sous l'un des plus parfaits gisants jamais conçus.

Rescapée des guerres et des révolutions, soigneusement décrassée à notre époque, on peut voir à Loches cette sculpture d'albâtre poli, reproduisant les formes menues de l'aimée, ses petits petons appuyés sur deux jeunes béliers symbolisant le mot « Agnès », un duo d'angelots surveillant la scène. Sous la Terreur, des soldats profanèrent le sarcophage de la Sorel, la prenant pour une sainte alors qu'elle avait été la première Française osant afficher une union libre... Napoléon Ier fit galamment rétablir en l'état le mausolée. Les romantiques – et c'est là où Vigny pourrait se réconcilier *post mortem* avec les Lochois – s'entichèrent d'Agnès ; redécouvrirent *La Vierge à l'Enfant* de Fouquet à Anvers, peinture qui s'y trouve toujours et où la dame Sorel prête son visage angélique à Marie ; mirent Loches enfin à la mode. Et ça dure encore, la pâtissière ayant dit vrai.

Cent mille personnes grimpent chaque année vers la garçonnière princière, le « logis » qui abrita la liaison coupable. La carte postale où le couple illégitime apparaît en médaillon se vend aussi bien que la tourte carliste et les sucreries soréliennes. Loches profite, et c'est normal, de cet engouement plus que centenaire. Fait-elle néanmoins tout ce qu'il faut pour tenir son rang, cette sous-préfecture de dix mille âmes qui vit également des sièges épiques, des prisonniers d'Etat et même le sommet François Ier-Charles-Quint ? Il paraît légitime d'en douter quand, de la terrasse où se promenait Agnès, le regard, avant de se régaler des maisons moussues baignées par l'Indre, doit affronter, d'un côté, les toits en tôle de divers appentis appuyés sur la base même de la forteresse ; d'un autre côté, l'épouvantable silhouette d'un château d'eau en fibrociment qu'on n'a même pas eu l'idée de vêtir de lierre. Quant au rare beffroi Renaissance, il est occupé par un transformateur électrique... La cité que Vigny, son enfant, crédita de joliesse sans l'avoir jamais vraiment vue puisqu'il la quitta à deux ans, ne méritera pas pleinement le jugement du poète tant qu'elle sera affublée de pareilles verrues.

Janvier 1998

3
Montrésor, enclave polonaise

Aucune carte ne mentionne la « route slave » traversant la France, avec arrêt obligatoire en Indre-et-Loire...

Montrésor ! Le mot sonne un peu mièvre, style néo-troubadour voire théâtre de boulevard. A l'avance on se demande comment ce nom s'est accommodé du roc fortifié autour de l'an 1000 par le capitaine Roger Petit-Diable, alors gardien peu commode de ce coin de Touraine enserré aujourd'hui dans le très paisible département d'Indre-et-Loire.

De plus, quand on arrive du Berry voisin, par la route de Luçay-le-Mâle et de Chaud-Buisson – appellations autrement énergétiques ! – et qu'on descend vers l'Indrois, rivière baignant Montrésor, ce n'est pas le fameux rocher qu'on aperçoit d'abord ni même la haute collégiale de pierre crayeuse, mais un dôme oriental...

Ce monument insolite domine la petite nécropole villageoise. A ses pieds, des dizaines de patronymes polonais, d'épitaphes en polonais, sans compter sur un marbre de l'église paroissiale l'officier au nom en « ki », parmi les Samain et autres Pintureau tombés durant la Grande Guerre. Même son slave sur deux ou trois plaques de rues et à la forteresse, dans le logis médiéval toujours habité, où deux dames vont nous gourmander avec un accent d'Europe de l'Est : « Mais monsieur, vous ne connaissez donc pas l'histoire de notre commune ? »

La coupole de la chapelle funéraire ? « C'est tout simplement un architecte polonais d'Ukraine, où il avait eu sous les yeux des tas de sanctuaires orthodoxes, qui est venu construire ici le tombeau de la famille catholique Branicki. » La suite de la conversation va beaucoup tourner autour de ces Branicki, de Xavier Branicki surtout, né en 1816. Son grand-père avait servi dans l'armée française, en particulier lors de sa victoire de 1745 sur les Anglo-Austro-Hollandais à Fontenoy. Il avait ramené au pays un bon souvenir de chez nous. Du coup, lorsque le jeune Xavier, qui avait en outre fréquenté chez Mme Hanska, le grand amour polono-ukrainien de Balzac, se trouva menacé d'arrestation par la police du tsar, alors maître de Varsovie, pour « esprit malin où la France révolutionnaire s'est greffée sur une âme polonaise », il s'enfuit dare-dare vers Rome et Paris.

Il s'y lia aux Bonaparte, en quelque sorte restaurés dès 1848 avec l'élection du futur Napoléon III à la présidence de la République française. Croyant, comme le futur empereur, en la vertu de l'industrie pour « éteindre le paupérisme », Branicki fut l'un des fondateurs du Crédit foncier ; il finança des chemins de fer jusqu'en Algérie ; il eut un hôtel néo-mauresque (disparu) à Paris et mourut en... Haute-Egypte en 1879. A l'instar de presque tous les hommes d'action de sa génération, il avait été égyptomane.

Et Montrésor dans tout cela ? C'est maman Branicka, venue en France avec sa cassette rejoindre son mauvais sujet de fils, qui lui acheta, « afin de le fixer quelque part », ces vieilles murailles, tout de même entourées de trois mille intéressants hectares de forêts et labours. Xavier s'enticha aussitôt de cette ample garçonnière des bois et restaura, répara, orna, planta.

Un siècle et demi après, la propriété appartient toujours à la même lignée, bien que, du fait des jeux successoraux, les héritiers actuels ne portent plus le même patronyme que Xavier. Près de la moitié des terres ont au fil des années été vendues mais ce qui en reste, et n'est pas négligeable, continue d'être exploité par ces Franco-Polonais qui n'ont jamais rompu avec Varsovie, allant de temps en temps s'y retremper par un mariage (d'où l'accent des dames du fort), accueillant parents ou amis au rythme des malheurs de la Pologne – et ils furent nombreux, du tsarisme russificateur au nazisme et au communisme. Aussi, à Montrésor (trois cent soixante-dix habitants), à présent dix-sept maisons, en comptant la demeure seigneuriale, sont habitées par des « Polonais » qui ont, entre autres, donné à leur terroir d'adoption un maire et une conseillère municipale.

Le respect pour l'œuvre du fondateur s'est manifesté de la part des siens en laissant en l'état les pièces où il vécut, d'où il aimait regarder les habitations paysannes serrées au pied de la falaise, la rivière aux eaux claires, les prairies épaisses, les peupliers effilés. L'appartement de Xavier Branicki a conservé la vingtaine de tableaux de maîtres italiens provenant de la fabuleuse collection (dont l'essentiel fait le fonds du musée d'Ajaccio) du cardinal Fesch, demi-frère helvétique de Madame Mère ; toute la parentèle polonaise portraiturée par Winterhalter ; les canapés de velours grenat capitonnés 1860 ; l'escalier de fonte en colimaçon provenant de la première Exposition universelle organisée à Paris sous le Second Empire ; également une bibliothèque franco-polonaise de dix mille volumes. Autour de ces livres – dont certains, rarissimes, proviennent des Tuileries où ils échappèrent aux incendiaires de la Commune en 1871 –, dix responsables des bibliothèques polonaises d'Europe ont tenu congrès à Montrésor en 1997.

Montrésor est plus connu en Pologne qu'en France, notamment parmi les pèlerins allant à Notre-Dame de Lourdes par la route. De longue date, ils ont élu le bourg tourangeau comme leur étape favorite.

Février 1998

Livres :

– Hugues Trousset, *La Légitimité dynastique en France*, Roissard, Grenoble, 1987.

– Louis Lataillade, *Abdelkader, adversaire et ami de la France*, Pygmalion-Watelet, 1984.

*

– Alfred de Vigny, *Servitude et grandeur militaires* (1835).

– Henri Guillemin, *M. de Vigny, homme d'ordre et poète*, Gallimard, 1955.

– Philippe Erlanger, « Agnès Sorel » in *Aventuriers et favorites*, 1963 ; *Charles VII et son mystère*, Perrin, 1973.

– Robert Philippe, *Agnès Sorel*, Hachette, 1983.

– Gonzague Saint-Bris, *Agnès Sorel, dame de beauté royale*, éd. *La Nouvelle République*, Tours, 1998.

CHAPITRE XLVIII

VARENNES

Un roi épinglé

A Régis Debray qui a décrit
« Le prestige abstrait des républiques
et la froideur de leurs pompes »
(La Puissance et les Rêves, *1984*)

La fuite de Louis XVI et de sa famille reste, deux cents ans après, l'une des « dramatiques » les plus mouvementées et les moins réussies de l'Histoire de France. A la revivre *in situ*, à travers des paysages presque inchangés, on comprend mieux l'enjeu du voyage et tout ce qui lui a manqué pour que l'échappée devienne belle. Etape après étape, l'itinéraire d'une dynastie millénaire qui, pour la première fois, voyageait, croyait-elle, *incognito*.

L'affaire s'engagea assez bellement puisque le roi, à La Villette, recherchant la berline qui, en cette nuit du 20 juin 1791, la plus courte de l'année, devait l'emmener loin de Paris, put admirer la superbe rotonde de l'octroi, récemment bâtie par Ledoux, le plus grand architecte de son règne. De nos jours, ce bâtiment, plein de force élégante, est criminellement frôlé par le métro aérien mais on lui a au moins rendu sa blancheur initiale et on l'a agrémenté d'une promenade sur sa façade demeurée libre.

A l'autre bout de la chaîne, à trois cents kilomètres de la station Stalingrad, un autre chef-d'œuvre méconnu d'architecture, militaire cette fois, la citadelle de Montmédy, attendait Louis XVI, qui ne la vit jamais puisqu'il fut intercepté cinquante kilomètres avant, à Varennes-en-Argonne. Empanachés par les deux clochers d'une église XVIIIe siècle, les remparts maintenant tout moussus de Montmédy doivent leur large dessin étoilé à Vauban, après que la France se fut emparée, en 1657, de cette place forte habsbourgeoise.

Le plan de Louis le Seizième, de celui que l'Assemblée nationale avait, le 4 août 1789, décoré du titre de « restaurateur de la liberté française », mais qui ne s'estimait lui-même plus libre, surtout en matière religieuse, était de s'installer à Montmédy et, en s'appuyant sur l'armée et les provinces, de s'opposer aux « excès parisiens ».

Si l'opération s'engageait bien, la famille royale se transporterait à Thonnelle, à trois kilomètre de Montmédy, dans une vaste maison blanche qui existe encore, au creux d'un vallonnement de verdure ponctué de vaches et de moutons. Un Petit Trianon d'attente en quelque sorte... Si au contraire, l'affaire tournait mal, toute la maisonnée se réfugierait aux Pays-Bas autrichiens, à présent Belgique wallonne, à cinq kilomètres de là et où gouvernait alors, pour le compte de Vienne, la régente Marie-Christine, sœur justement de Marie-Antoinette.

Un journaliste originaire de ce coin de Meuse, Alain Sanders, se fondant sur des traditions familiales, affirme même qu'a existé un souterrain entre Montmédy et la Belgique et que s'y trouve peut-être toujours le « trésor de guerre » envoyé, estime-t-il, par Louis XVI pour financer son action...

« Soyez bien persuadés qu'une fois le cul sur la selle, je serai bien différent de ce que vous m'avez vu jusqu'à présent[1] ! », s'écria le souverain en traversant Livry-Gargan, aujourd'hui banlieue parisienne, où l'on passe toujours sous le cèdre du Grand-Bernan, planté en 1650.

Le cul sur la selle ? On reste perplexe quand on a en tête l'image de « gros bouffi » laissée par le petit-fils du svelte Louis XV. Eh bien, on a tort ! Les recherches récentes sur Louis XVI et une vitrine du musée d'Argonne à Varennes montrent que l'époux de Marie-Antoinette mesurait entre 1,86 et 1,89 mètre, et que, s'il était corpulent, il n'en était pas moins sportif, semant presque tout le monde à cheval, grimpant à la corde à nœuds, à Cherbourg (en 1786), à bord de la canonnière *Le Patriote* – dont le nom prouve qu'on n'avait pas attendu la Révolution pour honorer ce magnifique substantif...

Le roi n'a que trente-sept ans en 1791. Il ne porte pas de perruque mais fait coiffer en catogan ses longs cheveux blonds qui, dénoués, lui descendent jusqu'à la taille. Pour quitter Paris, il les a cachés sous la moumoute grise d'un domestique. « J'étais censée être la baronne de Korff [une Russe existant réellement et qui était complice]. Le roi passait pour mon valet de chambre, la reine pour ma femme de chambre et Madame Elisabeth [sœur de Louis XVI, alors âgée de vingt-sept ans et qui sera décapitée en 1794] pour la bonne des enfants [le dauphin Louis, six ans, déguisé en fille pour l'occasion et la princesse Marie-Thérèse, treize ans] », racontera Mme de Tourzel.

1. *Mémoires* de Louise de Tourzel. Née en 1749, gouvernante des Enfants de France de 1789 à 1795, elle accompagnait la famille royale lors du voyage à Varennes.

Une autre légende à détruire est celle de la berline énorme et surchargée, Versailles roulant fatalement voué à attirer l'attention en chemin. Certes, elle devait contenir six personnes. « C'était une voiture tout à fait normale pour un long voyage, c'était l'équivalent de ce que serait maintenant une Mercedès ! », nous assurent les historiens Paul et Pierrette Girault. Mais le véhicule cossu – qui devait ensuite être utilisé comme diligence sur Paris-Dijon – n'emportait, le 20 juin 1791, que ses passagers avec quelques provisions (bœuf à la mode, poulets rôtis), sans aucun autre objet qu'un carton contenant le chapeau du roi.

La reine, toutefois, dans un accès de futilité, certes compréhensible mais typiquement féminin et « français » (elle était si peu « autrichienne », bien que le peuple le lui ait tant reproché), avait fait partir avant elle en calèche son coiffeur Léonard, porteur de l'habit d'apparat rouge et or de Louis XVI, de quelques diamants et, surtout, de ses peignes... Marie-Antoinette avait jugé ne pouvoir paraître devant le front les troupes à Montmédy sans les services « divins » de Léonard, un écervelé qui, soudain gonflé d'importance et affolé par les trois heures de retard de la berline sacrée, devait démobiliser des officiers guettant les fugitifs royaux à Varennes en leur affirmant de son propre chef que le roi n'avait pas dû pouvoir partir...

En attendant, il était six heures du matin, mardi 21 juin, et, sans encombre, après l'avoir fait une première fois à Bondy, on changea de chevaux – c'était la règle tous les vingt kilomètres – à Meaux. Le cœur de la ville de Bossuet n'a guère bougé depuis lors, avec ses étroites rues Saint-Rémy et Saint-Etienne qu'emprunta la voiture de « Mme de Korff » pour relayer face à la cathédrale. Mais la boulangère en short d'aujourd'hui confond Varennes et la rue de Varenne (aucun rapport, l'artère de l'hôtel Matignon portant, depuis 1605, le nom déformé de « garenne », bois giboyeux) et elle doit servir ses clients matinaux, Portugais ou Kabyles.

Passé Meaux, la famille Bourbon se crut sauvée. Après tout, rien ne lui interdisait de circuler, sans le crier sur les toits, à travers son royaume ! On descendit donc du coche non seulement « pour se mettre à l'aise », mais pour montrer églantiers, noisetiers ou cerisiers aux enfants. Le paysage, à partir de là et jusqu'à Varennes ou Montmédy, est resté à peu près intact si l'on excepte les faubourgs de Châlons-sur-Marne ou d'Epernay.

Partout, en Brie, en Champagne proprement dite, en Lorraine du Nord-Ouest, ce ne sont que grasses terres à vins fins, moire verte des blés, collines boisées, minuscules villages aux toits rouges pentus, sans industries voyantes. Une campagne d'hier, campagnarde en diable, aux portes de la capitale, ayant conservé sinon le *pavé du Roy*, du moins un macadam à deux voies, presque un promenoir, grâce à l'autoroute Paris-Metz qui absorbe une grosse part de la circulation interrégionale.

Durant la matinée, aux relais de Viels-Maisons ou de Fromentières, le roi, tout frétillant de sa nouvelle liberté, quitta la voiture pour s'enquérir des prochaines moissons auprès des paysans. Tout juste si, à Fromentières, il n'alla pas jeter un œil pieux sur le gigantesque retable gothico-flamand (classé monument historique en 1881) que recèle, depuis 1715, la modeste église. L'ancien relais de cette localité de deux cent vingt-deux âmes continue d'être habité par la même famille, des maîtres de poste de génération en génération bien avant la Révolution et jusqu'à la fin de l'hippomobilité. La commune abrite également un artisan maître verrier « à l'ancienne ». Miracle de la durée, des permanences humaines...

On en vient parfois, sur ce parcours, à se demander ce qui a changé par ici depuis deux siècles... Néanmoins, pour vous garantir contre la monotonie historique, à Montmirail et à Champaubert, surgit brusquement, grâce à deux hautes colonnes supportant chacune un aigle doré, édifiées vers 1860, la figure anxieuse d'un Napoléon Ier essayant, en 1814, d'endiguer l'avance de l'ennemi, de la coalition paneuropéenne antifrançaise. Mais Louis XVI et Marie-Antoinette, même là, ne veulent pas s'effacer : l'« empereur-usurpateur » ne fut-il pas, après tout, par son mariage en 1810 avec Marie-Louise d'Autriche, leur petit-neveu ?

A Chaintrix, plus que partout ailleurs, on se croirait en 1791 : le relais, qui semble à l'abandon [2], magnifique édifice de pierre blanche, à six fenêtres de façade, flanqué de deux portes cochères donnant accès à d'immenses écuries, continue d'attirer les regards. C'est là probablement que la dynastie *incognito* fut identifiée pour la première fois par les maîtres de poste Lagny et Vallet. Flattés – contrairement à leur teigneux collègue Drouet, de Sainte-Menehould, qui, lui, devait sonner l'hallali –, ils insistèrent pour que les voyageurs viennent chez eux se rafraîchir. Il était quatorze heures et le soleil tapait dur. On se sentait en confiance. Les invités laissèrent en souvenir deux timbales en argent à leur chiffre...

« A Châlons, on nous reconnut tout à fait », confiera plus tard Madame Royale, duchesse d'Angoulême, fille de Louis XVI. Mais à quoi bon s'inquiéter ? Les provinciaux n'étaient-ils pas fidèles ? Insouciants, les princes passèrent sous l'arc de triomphe fleurdelisé élevé en 1770 par l'architecte Nicolas Durand pour l'arrivée en France d'une jeune archiduchesse viennoise de quinze ans qui venait épouser le dauphin de France : Marie-Antoinette de Lorraine-Habsbourg.

Le 22 juin 1791, la reine repasserait, pour la troisième et dernière fois, sous cette arche monumentale de Châlons-sur-Marne, dont l'une des faces reste à jamais inachevée. Jadis appelée porte Dauphine, c'est aujourd'hui la porte Sainte-Croix, la bien nommée... A son retour à Paris, Marie-Antoinette

---

2. On peut se demander pourquoi l'un de ces relais de poste, par exemple celui de Chaintrix, vraiment remarquable, ne serait pas classé, tant en raison du passage de Louis XVI que comme exemple de l'architecture « routière » du XVIIIe siècle.

devait constater, par un phénomène psychosomatique aussi rare qu'impressionnant, que ses beaux cheveux châtains étaient, au cours d'une seule nuit de sa trente-sixième année, devenus complètement blancs, après l'effroyable déconvenue de Varennes...

La toponymie sur certaines portions du trajet aurait pu déjà donner de sombres pressentiments aux occupants de la berline car, avant même Châlons, défilent successivement Sept-Sorts, Montapeine, La Belle-Idée, Replonges, Malmaison, Chantereine, Montmort et jusqu'à Haute-Epine... A Varennes même, un hameau jouxtant l'agglomération s'appelle Ratantout... Et c'est là précisément que les militaires, qui pouvaient encore tenter d'enlever le monarque et les siens, renoncèrent, on ne saura jamais trop pourquoi, à cette entreprise.

Mais là encore le paysage, indifférent à l'Histoire, est resté lui-même, somptueusement verdoyant, parcouru d'eaux hyalines, de gibier, d'animaux domestiques ne connaissant pas les affres de la batterie. Une sorte de Trianon avant Trianon, dominé quand même au loin par un beffroi courtaud, dit bêtement « tour Louis XVI », construit dès 1793 et à l'emplacement duquel sombra la plus enviée des monarchies. Seule note susceptible de nous ramener dans notre siècle : presqu'en face de ce lieu historique officie un dentiste turc, chez lequel on vient, paraît-il, se faire traiter de tout l'Argonne...

Juin 1991

Livres :

– Marie-Antoinette, *Correspondance*, Micheline Vallée, Secqueville-en-Bessin, 1992.

– Louise de Tourzel, *Mémoires*, Mercure de France, 1969.

– Madame de Staël, *Réflexions sur le procès de la Reine* (1793), Mercure de France, 1996 (62 pages).

– Michelet, *Grandes Pages de la Révolution*, Pierre Walette, 1967.

– Alexandre Dumas père, *La Route de Varennes* (1858), republication des Nouvelles Editions Baudinière, préfacée par Alain Decaux, 1978.

– André Castelot, *Le Rendez-vous de Varennes*, Perrin, 1971. Excellent guide, avec cartes, photos, minutage des étapes, pour reconstituer *in situ* la fuite royale.

– Paul et Pierrette Girault de Coursac, *Sur la route de Varennes*, Table ronde, 1984.

– Noëlle Destremau, *Varennes-en-Argonne*, Nouvelles Editions latines, 1987.

– Voir La Reynière et Desclozeaux, *in* Bibliographie générale à la fin de cet ouvrage, pour la vraie recette des pieds de porc Sainte-Menehould (prononcer Sainte-Menou).

*

Film :

– *La Nuit de Varennes* d'Ettore Scola, 1982.

Bibliographie générale[1]

– Ibn Jobair, *Relations des péripéties qui surviennent pendant les voyages* (vers 1200), Geuthner, 1953-1956.
– Montesquieu, *Voyages* (vers 1730. 1re édition : 1894), Arléa, 2003.
– Arthur Young, *Voyage en France* (1791), 10/18, 1988.
– Mérimée, *Notes d'un voyage dans le Midi de la France ; dans l'Ouest de la France ; en Auvergne ; en Corse* (1835-1840), Hachette, 1971 ; Adam Biro, 1989.
– Stendhal, *Mémoires d'un touriste* (1838), Ressouvenances, 1999.
– Gustave Flaubert, *Voyages* (1840-1858), Arléa, 1998.
– G. Bruno (Augustine Fouillée dite), *Le Tour de France par deux enfants* (1877), dans sa 1re édition non expurgée, republiée par Belin, 1976.

1. De même que dans les bibliographies sectorielles, à la fin de chaque chapitre de ce livre, les ouvrages de cette bibliographie générale sans mention du lieu de leur publication, ont été édités à Paris.

– Alphonse de Candolle, *Origine des plantes cultivées* (1883), Jeanne Laffitte, Marseille, 1984.
– Edith Wharton, *Les Mœurs françaises et comment les comprendre* (1919), Payot, 1999.
– Paul Morand, *Rien que la Terre* (1926).
– Hermann de Keyserling, *Le Journal de voyage d'un philosophe* (1927), Le Rocher, Monaco, 1986 ; Bartillat, 1996.
– Pierre Champion, *Catherine de Médicis présente à Charles IX son royaume* (Tour de France royal de 1564-1566), Grasset, 1937.
– Gustave Thibon, *Diagnostics* (1942), Fayard, 1985.
– Blaise Cendrars, *Bourlinguer* (1948), Folio, 1991.
– Henry de Montherlant, *Un Voyageur solitaire est un diable*, Gallimard, 1961.
– Nicolas Bouvier, *L'Usage du monde* (1953-1963), Payot, 1992.
– Louis Brauquier, *Hivernage. Poésies posthumes*, Collection Sud, 1978.
– *L'Arbre en poésie*, présenté par Georges Jean, Gallimard, 1979.
– Christian Combaz, *L'Oncle Octave*, Le Seuil, 1983.
– Fernand Braudel, *Identité de la France*, Arthaud-Flammarion, 1986.
– Denis Tillinac, *La Corrèze et le Zambèze*, Laffont, 1990.
– La Reynière et Desclozeaux, *Autour d'un plat*, éd. *Le Monde*, 1990.
– Pierre Chaunu, *La France*, Laffont, 1992.
– Jean-Pierre Pernaut, *Les 100 plus belles fêtes de France*, éd. TF1, 1995.
– Philippe Delerm, *Les Chemins nous inventent*, Stock, 1997.
– *La France des écrivains*, guide Gallimard-*Le Monde*, 1997.
– Michel Pastoureau, *Les Emblèmes de la France*, 1998 ; *Les animaux célèbres*, Bonneton, 2002.
– *Histoires de jardins*, anthologie composée par Charles Ficat, Sortilèges, 1999.

– Robert Bourdu, *Histoires de France racontées par les arbres*, Ulmer, 1999.
– Renaud Camus, *La Campagne de France. Journal 1994*, Fayard, 2000.
– Michel Lis, *Le Jardin sur ma table*, Babel, 2000.
– Henry J.-M. Levet, *Cartes postales et autres textes*, Gallimard, 2001.
– Michel Houellebecq, *Plateforme*, Flammarion, 2001.
– Yves Paccalet, *Mes plus belles balades en France. 100 itinéraires sauvages*, Lattès, 2001.
– Dominique Pascal, *La Folie des outils*, Flammarion, 2002.
– *Les Pays d'ici. 15 terroirs de France*, textes du *Monde* coordonnés par Bruno Caussé, *Le Monde*-L'Aube, 2002.
– Jacques Brosse, *Dictionnaire des arbres de France* (1987), Bartillat, 2002.
– Paul Sébillot, *Croyances, mythes et légendes des pays de France ; Folklore et curiosités du Vieux Paris*, deux textes du début du XXe siècle republiés respectivement par Omnibus et Maisonneuve et Larose, 2002.
– Jean-Didier Urbain, *L'Idiot du voyage. Histoires de touristes*, Plon, 1991 et Payot, 2002 ; *Paradis verts*, Payot, 2002.
– Jean-Pierre Gilson, *Territoires de la France*, Marval, 2002. Photographies.
– Eugène Atget et Sylvie Aubenas, *Arbres inédits d'Atget*, Marval, 2003. Photographies.
– Giorgia Fiorio et Gabriel Bauret, *Des Hommes*, Marval, 2003. Photographies.
– Jean Sévillia, *Historiquement correct*, Perrin, 2003.
– Paul-Marie Coûteaux, *Un petit séjour en France*, Bartillat, 2003.

Filmographie générale

– *La Belle Nivernaise* de Jean Epstein, 1924. D'après Alphonse Daudet.

– *Voyage-surprise* de Pierre Prévert, sur un scénario de son frère Jacques, 1947.

– *Le Ballon rouge*, 1956 ; *Le Voyage en ballon*, 1960, d'Albert Lamorisse.

– *Le Beau Serge*, 1958 ; *Les Cousins*, 1959, de Claude Chabrol. Avec Gérard Blain.

– *Crésus* de Jean Giono, 1960. Avec Fernandel.

– *Zazie dans le métro* de Louis Malle, 1960.

– *Les Roseaux sauvages* d'André Téchiné, 1994.

– *Le Bonheur est dans le pré* d'Etienne Chatilliez, 1995. Avec Michel Serrault.

– *Demain ne meurt jamais* (Un « *James Bond in Asia* », tourné dans les Pyrénées...) de Roger Spottiswoode, 1997.

– *Le fabuleux destin d'Amélie Poulain* de Jean-Pierre Jeunet, 2001. Avec Audrey Tautou.

– *Le Peuple migrateur*, documentaire de Jacques Perrin, 2001.

– *Arbres*, documentaire de Marc-Antoine Rondil et Sophie Bruneau, 2002.

– *Etre et avoir* de Nicolas Philibert, 2002. Avec Georges Lopez.

– *Le Papillon* de Philippe Muyl, 2002. Avec Michel Serrault.

Index des lieux

C

H

I

N

Index des personnes

Cet index ne comprend pas les noms des auteurs de livres et de films cités à la fin des chapitres ou dans la bibliographie et filmographie générales à la fin du livre.

D

E

Merci

– A mon journal, *Le Monde*, grâce auquel j'ai pu accomplir la majorité des voyages m'ayant permis de bâtir ce livre.

– A ma consœur Anaïs Laurent, pour son acribique relecture de mes textes.

– A toutes les personnes, simples passants, érudits locaux, lecteurs connus ou inconnus, parents et amis, qui m'ont aidé lors de mes pérégrinations à travers la France métropolitaine et ultramarine.

J-P. P-H.

Montparnasse (Paris XIVe).
Nizoua (Oman).
Corsier (Romandie).
Roquescale (Provence)
2002-2003

Table des matières

Mis en pages par DV Arts Graphiques à Chartres,
cet ouvrage a été imprimé par Firmin-Didot – Groupe CPI
en janvier 2004
pour le compte des Éditions Bartillat

Imprimé en France

Dépôt légal : janvier 2004
N° d'impression : 66633
ISBN : 2-84100-303-5